틀리기 쉬운
국어문법 언어규범 공공언어 강의

임규홍

울산 울주에서 태어나 경상대학교를 나와 같은 대학에서 문학박사를 받고 경상대학교 국어국문학과 교수로 있다.

한국어문학회 부회장, 배달말학회 부회장, 언어과학회 편집위원장, 국어의미론학회, 문법교육학회, 한국국어교육학회, 우리말글학회, 담화인지언어학회 등 여러 학회에서 이사와 편집위원을 맡아오고 있다. 언어과학회에서 주는 봉운 학술상을 받았으며, 주로 담화(입말)에 대한 공부해 왔다.

저서로는 '틀리기 쉬운 우리말 바로쓰기(1993)', '국어교육의 이론과 실제(1996)', '어떻게 말하고 들을 것인가(1998)', '우리말 올바로 공부하기(2000))', '인간·문화·서사(2009)(공저)', '젠더를 말하다(2013)(공저)', '행복한 삶을 위한 대화(2015)' 등이 있다.

번역서로 '사고 과정으로서 글쓰기(Writing as a Thinking Process)'(1994). '당신도 말을 잘할 수 있다(2000).'가 있으며 관련 논문 70여 편이 있다.

틀리기 쉬운
국어문법 언어규범 공공언어 강의

초판 1쇄 발행   2017년 3월 10일
초판 2쇄 발행   2017년 6월 15일

지은이   임규홍
펴낸이   박찬익
편집장   권이준
책임편집 강지영

펴낸곳   (주)**박이정**
주소   서울시 동대문구 천호대로 16가길 4
전화   (02)922-1192~3
팩스   (02)928-4683
홈페이지   www.pjbook.com
이메일   pijbook@naver.com
등록   2014년 8월 22일 제 305-2014-000028호

ISBN   979-11-5848-284-8 (93710)

틀리기 쉬운

KOREAN GRAMMAR

국어문법
언어규범
공공언어
강의

임규홍 지음

(주)박이정

들머리

말은 시간이 지나면서 조금씩 바뀌기도 하고 새말이 만들어지기도 하며 있었던 말이 없어지기도 한다. 그 말의 변화는 좋은 쪽의 변화일 수도 있고 그렇지 않을 수도 있다. 그리고 우리말은 지역, 계층, 시간에 따라 다르고 또 개인에 따라 조금씩 다르다. 이처럼 말이 복잡하고 다양한 모습을 보이기 때문에 효과적이고 정확한 의사소통을 위해 우리는 말을 정리하고 규범화하지 않을 수 없다. 우리말을 규범화한 것이 바로 정부 차원에서 공적으로 공시하는 '한글 맞춤법' 및 '표준어 규정' 그리고 '외래어 표기법' 등이다.

우리는 일찍이 우리말에 대한 규정을 우리 손으로 만들지 못하고 나라 잃은 시대에 조선총독부가 제정한 '普通學校用諺文綴字法(1912. 4), 普通學校用諺文綴字法大要(1921. 3), 諺文綴字法(1930. 2)'이 있었다. 그 뒤 1933년 10월 29일에 우리 손으로 처음 우리말의 규범을 내놓게 되었는데 그것이 바로 조선어학회에서 제정한 '한글마춤법통일안'이었다. 그 이후 거의 반세기를 지난 1988년 1월에 문교부가 〈한글 맞춤법〉과 〈표준어 규정〉을 확정·고시하게 되었다. 아직 더 많이 논의되고 다듬어질 부분이 있지만 반세기를 지나 새로운 우리말 규범이 개정되어 나오게 된 것은 다행스러운 일이라 생각한다.

모국어 화자 어느 누구도 자기의 말글살이에서 우리말 표준어나 맞춤법과 같은 모든 어문 규정에 완벽하게 맞게 사용할 수가 없다. 그러나 우리는 공식적인 언어생활에서 가능한 한 정확한 규범언어를 사용할 수 있는 노력은 기울여야 한다.

이 책은 우리가 흔히 틀리기 쉬운 표준어나 맞춤법, 띄어쓰기 등 다양한 말들에 대해 필자 나름대로 설명을 붙인 것이다. 그리고 많은 사람들이 공통적으로 잘못 사용하고 있는 것들을 최대한 모아 설명한 것이다.

또한, 공공언어의 중요성을 강조하고 공공언어를 올바로 사용할 수 있도록 여러 자료를 함께 제시하였다.

이 책은 대학에서 글쓰기를 지도하는 교재로도 사용될 수 있으나 일반인들이 쉽게 익힐 수 있도록 문제 형식으로 구성되어 있다. 먼저 문제를 풀어보고 길잡이를 공부하는 것이 좋겠다.

특히, 앞으로 점차 강조되고 있는 이른바 '논술'이나 그 외 다양한 글쓰기, 그리고 한국어 능력, 국어 능력, 공공기관이나 각종 취업에 필요한 국어 시험을 준비하기 위한 교재로도 적절하게 사용될 수 있을 것으로 생각한다.

개정된 〈한글 맞춤법〉과 〈표준어 규정〉은 국어 연구소가 1987년에 내놓았던 '한글 맞춤법과 표준어 규정 개정안'을 문교부가 1988년 1월에 확정, 고시하여 1989년 3월 1일부터 시행되어 온 것이다. 그리고 지금까지 표준어는 2011년과 2015년, 2016, 2017년에 조금씩 바뀌기도 하였는데 이 책에서는 그동안 바뀐 표준어들까지도 모두 실었다.

이 책에서 사용한 낱말의 뜻과 보기들은 국립국어원에서 펴낸《표준국어대사전》을 기준으로 하였음을 밝힌다. '사전'이라고 한 것은 '표준국어대사전'을 말한다.

그리고 이 책의 특징은 다음 몇 가지로 정리할 수 있다.

첫째

우리말과 글에 대한 기초적인 지식을 공부할 수 있도록 했다.

둘째

여기에 실은 맞춤법과 표준어, 표준 발음, 외래어 표기 등은 공시된 내용을 중심으로 일상생활에서 애매하거나 가장 틀리기 쉬운 것들을 중심으로 모아 설명을 했다.

셋째

각 예문에 대한 〈길잡이〉는 학교 문법에 따랐기 때문에 어법 학습을 통해 학교 문법을 더불어 학습할 수 있다.

넷째

맞춤법이나 표준어 등 공시된 규정에 없는 것이라도 일상적으로 잘못쓰기 쉬운 낱말들도 실었다.

다섯째

표준어나 외래어들에 대한 어원과 그에 관련된 주변 정보를 함께 공부할 수 있도록 했다.

여섯째

틀리기 쉬운 한자어와 실생활에서 잘못 사용하고 있는 어법도 같이 공부할 수 있도록 했다.

일곱째

이 책은 공공언어에 대한 의식을 올바로 하고 공공언어를 순화하여 쓸 수 있도록 공공언어 순화자료를 덧붙여 놓았다.

이 책은 글쓴이가 그 동안 틈틈이 모아 두었던 자료들을 정리하고 설명을 한 것에 불과하다. 특히, 이 책은 1996년 필자의 〈틀리기 쉬운 우리말 바로쓰기〉, 2000년 〈우리말 올바로 공부하기〉를 바탕으로 많이 깁고 덧보탠 것이다. 그리고 많은 부분이 여러 선학자들의 연구 자료에 기대었음을 밝힌다. 그러면서 일일이 그 분들의 업적과 이름을 밝히지 못한 것은 책의 성격 때문이라고도 할 수 있으나 전적으로 필자의 게으름 때문이라고 생각한다. 이 자리를 빌려 이 책을 쓰는 데 도움이 되었던 많은 앞선 연구자들에게 깊은 감사의 뜻을 전한다. 그리고 필자의 무능으로 더러 설명이 잘못되었거나, 부족한 내용이 있을 수 있다. 잘못된 부분은 계속 깁고 고치고 더 많은 자료를 모아 덧붙여 나가기로 하겠다.

필자는 일생 사람들에게 말과 글의 가치를 조금이라도 알리려고 애를 쓰면서 살아왔다. 그리고 우리 겨레를 지금까지 든든히 이어져 내려오게 한 가장 큰 힘이 바로 우리말과 우리글이었다는 것도 알리려고 노력해 왔다. 그러나 재주와 능력이 모자라 부끄러울 뿐이다.

이 책 또한 모든 사람들이 우리말과 우리글을 올바로 쓰도록 하는 데 조금이라도 도움이 되었으면 하는 바람으로 엮게 되었다. 우리말글을 올바로 쓴다는 것이 얼마나 어려운 것인가를 이 책을 쓰면서 새삼 알게 되었다. 그냥 편안한 마음으로 하나하나 공부하면 좋을 것 같다.

이 책을 정리하고 쓰는 동안, 모든 면에서 부족한 필자를 이 자리에 있도록 일생 뒷바라지해 왔고 글을 쓸 때마다 곁에 붙어 보통 사람의 눈으로 잘못을 지적하면서 꼼꼼히 교정해 준 사랑하는 아내가 이 세상을 떠났다. 이 책을 사랑하는 아내에게 바친다.

교정을 도와준 백수진, 이은애, 이수현 선생에게도 감사의 뜻을 전하고 어려운 출판 사정에도 불구하고 선뜻 책을 내어 준 박이정 박찬익 사장님, 정성껏 편집을 해 준 강지영 선생님께도 감사의 뜻을 전한다.

2017. 2.

가좌동 연구실에서

차례

첫째 마당

◇◇◇◇◇◇◇◇◇◇

우리말과 우리글

　　우리는 매일 말글살이를 하면서도 말과 글을 구별하지 못하고 배달말과 한글을 구별하지 못하면서 살아가는 경우가 많다. 우리가 배달겨레라고 한다면 우리 겨레가 가지고 있는 가장 빛나는 유산이라고 할 수 있는 우리말과 글에 대한 기본적인 지식은 반드시 알아야 한다. 학생들은 말할 것도 없고 우리 국민 모두가 우리말과 글자에 대한 기본적인 지식을 앎으로써 배달겨레로서 자부심과 긍지를 가질 수 있도록 해야 한다. 나아가 우리 겨레 모두가 우리말과 글을 사랑하고 아끼고 보존하도록 해야 한다. 이 마당에서는 우리말과 글자에 대한 기초적 지식을 가능한 한 쉽게 이해할 수 있도록 설명했다.

1. 국어

우리가 흔히 말하고 있는 국어는 오래전부터 우리 조상들이 써 오던 우리말이다. 우리말을 정확하게 뜻매김하기는 매우 어렵다. 한마디로 우리 겨레가 사용해 온 토박이말이 순수한 우리말이라고 할 수 있다. 우리 겨레가 어느 나라, 어느 지방에서 살든지 그 말하는 사람이 우리 겨레이고 그 말이 우리 토박이말이면 그것은 우리말이 된다. 그리고 그 말이 옛말이라고 해도 그것 또한 우리말이다.

중국에서 들어온 한자어일지라도 오랫동안 입말로써 그 사용에 어려움이 없으면 그것도 우리말의 뜻넓이에 넣어야 한다. '학교(學校)'나 '선생(先生)'이라는 한자어도 우리말에 포함시켜야 한다. 우리는 '학교'라고 말했을 때, 배울 학(學)과 집 교(校)라는 한자어로 인식하지 않는다. 마찬가지로 '선생' 또한 앞 선(先), 날 생(生)이라는 낱 한자어로 생각하지 않는다. 이들은 하나의 우리말 낱말로 굳어 우리말로 올라선 말들이다.

그리고 지금은 쓰이지 않더라도 우리 겨레가 오랫동안 사용했던 아름다운 옛말들도 훌륭한 국어가 된다. 사라진 옛말이야말로 수천 년 동안 우리 겨레의 숨결이 담겨 있는 참다운 우리말이다. 따라서 우리 옛말을 잘 살려 내어 우리말의 말밭을 넓혀 나가야 한다.

또, 각 지방에서 사용하고 있는 지역어(방언)도 훌륭한 우리말이 된다. 방언이야말로 각 지역에서 그 문화와 삶을 오롯이 담고 있는 오염되지 않은 순수한 토박이 우리말이다.

우리말은 한글로 표현할 수 있는 말이어야 하고 한글로 표현했을 때 그 뜻을 쉽게 알 수 있는 말이어야 한다. 원래 말은 소리로 된 입말이기 때문에 글자 없이도 언어생활을 할 수 있어야 한다. 따라서 한글로 적지 못하는 말은 우리말이 될 자격이 없다. 어려운 한자어들이 우리말이 되기 어려운 것도 이런 한자어들을 한글로 썼을 때 그 뜻을 쉽게 이해하기 어렵기 때문이다.

중국 연변 자치구나 길림성에서 우리 겨레가 우리말을 사용하고 있다면 그것도 훌륭한 우리말이 될 수 있다. 그들도 우리 겨레이면서 지금까지 우리말을 간직하고 있었기 때문에 오늘날까지 그들의 삶의 모습이나 문화가 우리 겨레의 모습을 그대로 간직할 수 있었던 것이다.

이뿐만 아니라 오늘날 북한에서 사용하고 있는 우리말 또한 우리말의 뜻넓이에 포함해야 한다. 북한말이 오늘날 우리 남한의 말과는 다소 다르기는 하지마는 그 자체는 우리 겨레가 우리 땅에서 사용하고 있는 말이다. 하루 빨리 통일이 되어 북한에서 사용하는 말과 남한에서 사용하고 있는 말을 합쳐 우리말을 하나로 만들어 하나 되는 쪽으로 나가야 할 것이다.

그러나 외국 사람이 우리나라에 와서 우리말을 하는 것은 우리말이라고 할 수 없다. 그들은 우리말을 의사소통의 도구로 생각하여 우리말을 외국어로 보고 있다. 외국인이 쓰는 우리말은 단순히 외국어로서 '한국말'에 지나지 않는다.

2. 국어와 한글

우리는 말과 글을 구별하지 못하는 경우가 있다. 말과 글은 분명히 다르다. 인간은 일찍이 말을 사용해 왔다. 그러나 말만으로 생활을 하다 보니 어려운 점이 많았다. 말은 말하는 순간 사라지기 때문에 두고두고 알 수 없으며, 먼 곳에까지 전달할 수도 없다. 그래서 인간이 만든 것이 바로 문자인 글자이다. 따라서 세종대왕이 만든 것은 '국어'가 아니고 '훈민정음' 또는 '한글'이다. '국어는 세종대왕이 만든 세계적으로 가장 과학적인 글자이다'라고 하면 잘못된 표현이 된다. 세종대왕이 만든 것은 국어가 아니라 한글이라는 것을 바로 알아야 한다. '자네 이름을 한문으로 써라.'가 아니고 '한자로 써라.'라고 해야 하고, '이름을 영어로 써라.'라고 해서는 안 되며 '로마자로 써라.'라고 해야 한다.

다음 보기들은 말과 글을 구별하지 못한 표현들이다. 어디가 잘못되었는지 알아보자.

(1) 몇 해 전에 프란치스코 교황이 우리나라에 와서 고통받고 어려움을 겪는 많은 사람에게 위안과 사랑의 말을 남기고 갔다. 교황이 우리를 위해 '한글 트윗'으로 인사를 남겼다.

(2) 23개국 799개교에서 7만 6천377명의 외국학생이 한글을 제2외국어로 배우는 등 바야흐로 한글은 세계로 뻗어 나가고 있다.

(3) 길거리 간판이나 상표명, 단체 이름, 전문용어 등에 멀쩡한 우리말을 두고 외국어가 범람하고 있음은 다 아는 일이다. 국제화 시대에 외국어를 피할 수는 없지만 한글로도 충분히 표현할 수 있는 용어까지 굳이 외국어를 써야 할지는 다시금 생각해 볼 일이다.

(4) 하지만 필자는 축약어가 의사소통에 방해가 될 뿐만 아니라 한글이라는 우리 고유어의 순수성까지 헤쳐질까 두려움이 앞선다.

이 보기들은 모두 신문에 나온 글들이다. 이 글들을 보면 말과 글을 구별하지 못하고 있다.

(1)은 '한글 트윗'보다는 '우리말 트윗'이나 '한글로 우리말 인사'를 했다고 해야 더 정확한 표현이 된다. 외국말을 한글로 적을 수도 있기 때문이다. (2)는 '한글은 제2외국어'라고 하여 글을 말로 보았으며 (3)도 한글을 외국어와 나란히 놓고 있어 말과 글을 구별하지 못한 보기이다. (4)는 한글을 우리 고유어라고 하여 글을 말로 잘못 알고 있는 보기이다.

3. 우리말의 이름

우리말의 이름을 무엇이라고 해야 할까. 나랏말의 이름을 나라 이름을 따서 붙여야 할까, 아니면 겨레 이름을 따서 붙여야 할까. 우리나라 말을 일컫는 말로 한국어, 국어, 우리말, 배달말 등 여러 가지가 있다. 이 이름들은 누가 어디에서 사용하느냐에 따라 다르게 부르고 있다. 일반적으로 말 이름은 그 나라 이름을 붙여 짓는다. 그래서 중국어, 일본어, 영어, 독일어 등으로 부른다. 그렇다면 우리는 마땅히 우리말을 '한국어'라고 불러야 한다. 그런데 지금 우리는 '한국어'라고 하면 외국어로서 우리말을 일컬을 때 사용하고 있다. '국어'는 우리나라 안에서 우리말을 부를 때 사용하는 말이다. '국어'라는 말은 각 나라마다 말이 있기 때문에 중국 사람은 그들의 말을 '국어'라 하고, 일본 사람도 그들의 말을 '국어'라고 한다. 우리도 우리말을 나라 안에서는 '국어'라고 할 수 있다. 말 이름으로는 올바르다고 할 수 없다. 이 세계에는 나라말인 '국어'가 아닌 말이 하나도 없기 때문이다. 또한 '국어'라는 말은 말에 대한 주체가 분명하지 못하기 때문에 올바른 명칭이 되지 못한다. 서양에서는 자기 나라말을 '국어(national language)'라고 하지 않는다. 단지 '국어'라고 한 것은 어떤 언어가 자기 나라 안에서 공용어임을 나타내기 위한 명칭이다.

'우리말'이라는 말도 우리나라 안에서는 사용할 수 있다. 그러나 그것도 불분명한 이름이어서 말의 이름이 또한 될 수 없다. 어느 나라에도 보통명사로 나라말 이름을 일컫는 나라는 없다. '우리말'이라는 이름 또한 말을 사용하는 주체가 분명하지 못해서 올바른 이름이라고 할 수 없다. '모국어'라는 말이 있다. 이 말은 자기가 태어나서 자라면서 익힌 말을 뜻하는데 이것은 외국어에 상대되는 학문적인 말이다. 영어에도 모국어와 비슷한 말이 있다(mother language, native language, tongue). 우리는 흔히 이 '모국어'를 '토박이말'이라고도 한다. 말 연구에 있어서 외국말과 토박이말이 근본적으로 다른 점이 있기 때문에 이 용어는 학문적으로 구분할 필요가 있다. 그러나 이 말은 일상적으로 사용하는 말 이름으로는 적당하지 않다. 우리가 우리말을 '토박이말'이라고 하는 것도 올바르지 않다. 토박이말은 순수한 고유어에 대한 우리말 이름이다. 고유어라는 말보다는 토박이말이라는 말이 더 나을지 모르지만 겨레 말 이름으로는 쓰지 못한다.

그러면 '조선어'는 어떨까. 조선어도 '한국어'처럼 나라 이름으로 붙인 이름이다. 이것은 오늘날 북한에서 부르는 말이다. 역사적으로 볼 때 '조선'이라는 왕조가 있었고, 이때의 말 또한 '조선어'라고 할 수 있다. 우리가 북한에서 사용하는 '조선어'를 인정하지 않는 것처럼 북한 또한 남한에서 쓰는 '한국어'를 인정하지 않고 있다.

그렇다면 마지막으로 남은 것이 '배달말'이다. '배달말'은 '배달'이라는 겨레가 사용했고 사용하고 있으며 사용할 말이다. 우리말은 말하는 시대가 어느 시대이건, 말하는 곳이 어디이건 배달겨레가 사용하는 말이기 때문에 '배달말'이라고 하는 것도 좋을 듯하다.

4. 글자 이름

　세종대왕은 많은 어려움을 이겨 내고 우리 글자를 만들었다. 그런데 그 글자를 무엇이라고 불렀을까. 우리 겨레의 가장 고귀한 재산인 우리 글자와 그 낱글자의 이름을 아는 것은 우리 겨레로서 마땅한 일이다. 세종대왕은 우리 글자 이름을 '훈민정음'이라고 지었다. 그러나 그 이름은 여러 번 바뀌어 오면서 오늘날 '한글'이 되었다. 그리고 한글 낱글자의 이름도 오늘에 이르기까지 여러 번 바뀌었다. 이 장에서는 우리 조상들이 우리 글자를 무엇이라고 불러왔는지 알아보기로 한다. 조상들이 부른 우리 글자의 이름을 통해서 우리는 조상들이 우리 글자에 대해 어떻게 생각해 왔는지를 알 수가 있다. 우리 글자 이름의 역사를 아는 것은 우리글을 사랑하고 아끼는 마음을 가지는 데 매우 중요하다.

　우리 글자 이름을 세종대왕이 '훈민정음(訓民正音)'이라고 불렀던 기록은 세종실록에도 여러 번 나온다. 세종실록(세종 25년(1443) 음력 12월 30일)에 '이 달에 임금이 친히 언문 28자를 지었는데-이것을 훈민정음이라고 이른다.'라고 되어 있다. '훈민정음'은 세종대왕이 지은 글자를 적은 책 이름도 되고 글자 이름도 된다.

　그러나 당시에도 훈민정음을 '정음(正音)'이라고도 하고, '언문'이라고도 하였다. '정음'이라는 말은 '훈민정음'을 줄여서 이른 말이다. 정인지의 훈민정음 서문에도 '정음 스물 여덟 자'라고 하였고, 석보상절에도 '또 정음으로써 곧 인ᄒᆞ야 더 번역ᄒᆞ야-'라고 하였다.

　'언문(諺文)'이라는 말은 한글을 만들 때부터 훈민정음과 같이 쓰였다. 세종실록에서도 '언문 스물 여덟자(세종 25년 음력 12월 30일)', '-언문으로 운회를 번역하게 하였다(세종 26년 음력 2월 16일).', '집현전에 어명하여 언문으로 사서를 번역하게 하였다(세종 30년 음력 3월 28일). 등 곳곳에 '언문'이라는 말을 사용하였다. 그리고 '언문청'이라는 기관도 세웠다. 이 '언문'이라는 말은 19세기까지 오랫동안 쓰였던 이름이다. 유희(柳僖)는 '諺文誌(언문지, 1824)'라는 책도 썼다. 이것은 아무래도 중국을 의식해서 중국의 글자와 같은 자리에 놓을 수 없었던 당시의 시대 상황에서 나온 말이라고 생각한다. 그래서 우리 스스로 우리말을 '속(俗)되다'는 '언(諺)'자를 써서 세속적인 것이거나 하나의 지방말 정도로 생각하여 '언문'이라고 하였을 것이다. 이와 비슷한 말로 '언서(諺書) 또는 '언자(諺字)'라는 말을 썼던 사람도 있다. 이것은 중국의 한자를 '진서(眞書)'라고 한 것에 상대되는 말이다.

그리고 훈민정음을 '반절(半切)'이라고 한 사람도 있었다. 이 말은 최세진의 《훈몽자회》라는 책에 '언문 자모 속 소위 반절 이십칠 자'라는 말을 사용한 것에서 나온 말이다. 이것은 우리말이 초성, 중성, 종성이 합해서 한 글자가 되는 것으로 한자의 세 글자에서 각각 한 음절씩 따서 한 글자가 된다는 뜻이다. 예컨대, 동(東)자는 '덕홍절(德紅切)'로 표기하였는데, 그것은 '덕(德)'의 'ㄷ'과 '홍(紅)'자에서 중성인 'ㅗ'와 종성인 'ㅇ'을 따서 이루어진 글자라고 하였다. 그래서 글자의 반(反)을 끊어서(切) 글자가 된다고 하여 '반절'이라고 하였다. 그러나 이것은 우리말에 맞지 않는 말법이라 더 이상 사용할 수 없었다.

훈민정음 창제 이후 오랫동안 우리 글자는 쉽게 널리 쓰이지 못했다. 여전히 한문을 배우고 익힌 선비들은 한문으로 의사소통을 했으며 한글을 무시하면서 우리 글자로 인정하지 않았다. 그러나 시간이 지나면서 한글을 사용하는 사람들은 점점 늘어 갔다. 한문으로 공부를 했던 유학자 선비들까지도 한글로 여러 가지 글을 쓰기 시작했다. 그리고 시중에 떠돌았던 많은 우리 노래나 이야기들도 모아 우리 글자로 적게 되었다. 또한 양반들은 서당에 가서도 한문을 쉽게 배울 수 있었지만 서당에 갈 수 없었던 상민이나 여자들은 한글을 배워 의사소통을 쉽게 할 수 있었으며 그들의 생각을 한글로 적어서 후손에게 남겼던 것이다.

스님들도 불교의 교리를 전달하기 위해서는 어려운 한문으로는 불가능하다고 생각했다. 그래서 불경을 한글로 번역함으로써 한문을 배우지 못한 많은 여자 신도들에게 불경을 가르치기도 했다. 그때 번역한 불경들이 이른바 《석보상절》, 《월인석보》, 《능엄경언해》, 《법화경언해》, 《금강경언해》 등이다. 불교계에서 한글로 불경을 꾸준히 번역하였는데 그것은 포교 목적뿐만 아니라 불교가 궁중 안으로 발을 붙이는 데에 도움이 될 것이라고 생각했기 때문이다. 이뿐만 아니라 한쪽에서는 한글을 만들 때 승려의 힘을 빌렸기 때문에 불경을 한글로 번역한 언해가 많이 나왔다는 주장도 있다. 그래서 한글을 여자들이 많이 사용한다고 해서 '암클'이라고 하거나, 스님들이 불경을 번역하면서 널리 사용한다고 해서 '중글'이라고 한 적도 있었다. 당시 양반 계층에서도 여성 교육을 위해 한글 교화본을 만들어 널리 보급하였다. 이때 만들어진 것이 15세기에는 《내훈》과 《삼강행실도언해》가 있고, 16세기에는 《속(續)삼강행실도》와 《이륜행실도》, 《여씨향약언해》 등이 있다.

그 뒤 일본에 나라를 빼앗겨 식민지로 있으면서 우리말과 글자를 못 쓰게 되었다. 그러나 그 억압받던 시절에도 우리 선각자들은 우리말과 글을 빼앗기면 영원히 우리 배달민족이 없어진다는 것을 알고 자기의 목숨을 바쳐가면서 우리말과 글자를 지켰다. 그런 정신이 담긴 글자 이름이 '국문(國文)'이다. 이 '국문'이라는 말은 1894년 '갑오억변(갑오경장)'이후부터 쓰였다. 그 뒤 1905년에 지석영의 '신정국문', 리봉운의 '국문정리' 등 '국문'이라는 말을 줄줄이 쓰게 된 것이다.

그리고 한글을 '가갸글'이라고도 하였다. 이것은 한글의 차례가 '가갸거겨고교구기'라는 것에서 나온 것이다. 그래서 오늘의 '한글날'이 있기 전에는 '가갸날'이라고 하여 1926년 음력 9월 29일에 기념식을 가졌다. 이 가갸날은 1928년에 오늘의 '한글날'로 바뀌었다.

지금 우리가 쓰고 있는 '한글'이라는 말이 언제 누구로부터 시작되었는지는 지금까지 정확하게 알려지지 않고 있지만 대체로 주시경 선생이 지은 것으로 알려져 있다. '한글'이라는 말이 널리 쓰이게 된 것은 '한글학회'의 앞선 모임인 '조선어연구회'가 1927년에 '한글'이라는 학회지를 만들면서부터였다고 한다. 그 뒤 '한글날'은 국경일이 되었다. 글자 만든 날을 국경일로 경축하는 나라는 세계에서 우리나라밖에 없다.

'한글'의 뜻은 우리 겨레를 환웅의 후손이라고 해서 '환족'이라 하였고, 나라 이름을 '환국'이라 한 데서 나온 것으로 보인다. 이때 '환'의 소리에서 '한'이 나온 것으로 보는 사람도 있다. 그리고 고대 삼한이나 한국의 '한'도 여기에서 왔다고 한다. 또한 '한'은 '크다', '하나' 또는 '한울(하늘)'의 뜻도 가지고 있는데 여기서 '한글'이라는 말이 나오게 되었다고 보는 사람도 있다.

'우리글'은 글자 이름으로는 적당하지 않다. 우리나라에서 우리가 쓰는 글을 편의상 '우리글'이라고 할 뿐이다. 우리글을 '배달글'이라고 하자는 학자도 있다. '배달'이라는 우리 겨레가 쓰는 글자라는 뜻이기에 생각해 봄 직하다.

5. 낱글자 이름

우리 한글의 낱글자 이름을 누가 어떻게 붙였을까.

우리 글자를 처음 만든 훈민정음 해례본에서도 한글의 낱글자 이름은 알 수가 없다.

훈민정음 해례본에는 그냥 'ㄱ는 엄쏘리니 군(君)ᅳ'으로 되어 있어 글자 이름을 유추할 수밖에 없다. 만약 'ㄱ'을 오늘날처럼 '기역'이라고 불렀다면 소리 규칙에 따라 그 뒤에 이어지는 토씨는 'ᄂᆫ'이 될 수 없고 '은'이 되어야 한다. 'ㄱ'뿐만 아니라 다른 글자들 뒤에 이어진 모든 토씨들이 모두 'ᄂᆫ'이기 때문에 다른 글자 이름도 오늘날의 글자 이름인 '니은'이나 '디귿', '키읔' 등으로 부르지 않았다는 것은 분명하다. 그러면 'ㄱ'을 무엇으로 읽었을까. 아직 정확하게는 알 수 없지만, 추측하건대 'ㄱ'을 '기'로, 'ㄴ'은 '니'로, 'ㄷ'은 '디'로 불렀을 것으로 주장하는 사람들이 많다. 그래야 글자 뒤에 나온 토씨와 맞아떨어지기 때문이다. 이것도 단지 추측일 뿐이다.

우리 낱글자의 이름을 처음 쓴 책은 최세진의 《훈몽자회(訓蒙字會)》이다. 훈몽자회는 1527년(중종22년)에 최세진이 간행한 책으로 그는 당시 한자 학습서인 천자문(千字文)과 유합(類合)의 내용이 경험 세계와 직결되어 있지 않고 추상적이어서 어린 아이들이 글자를 배우기가 어렵다고 보았다. 그래서 새, 짐승, 풀, 나무와 같이 실제 어린이들이 접할 수 있는 사물을 통해 아이들이 글자(실자)를 쉽게 배울 수 있도록 만든 책이다. 이 책은 전체 3권으로 되어 있는데 각 권에 1,120자로 모두 3,360자의 글자가 실려 있다. 거기에는 초성(첫소리)과 종성(끝소리) 모두에 쓰이는 여덟 글자(初聲終聲通用八字)의 이름과 초성에만 쓰이는 여덟 글자(初聲獨用八字)의 이름만 적혀 있다.

① 초성 종성 통용 팔자(初聲 終聲 通用 八字)

　ㄱ 其役　ㄴ 尼隱　ㄷ 池(末)　ㄹ 梨乙　ㅁ 眉音　ㅂ 非邑　ㅅ 時(衣)　ㆁ 異凝

② 초성 독용 팔자(初聲 獨用 八字)

　ㅋ 箕　ㅌ 治　ㅍ 皮　ㅈ 之　ㅊ 齒　ㅿ 而　ㅇ 伊　ㅎ 屎

③ ㅏ 阿　ㅑ 也　ㅓ 於　ㅕ 余　ㅗ 吾　ㅛ 要　ㅜ 牛　ㅠ 由　ㅡ 應　不用終聲　ㅣ
伊　只用中聲 · 思不用初聲(中聲獨用11)

앞의 ①은 초성과 종성에도 나오는 글자이기 때문에 그 글자 이름도 초성과 종성에 쓰이는 꼴로 되어 있다. 'ㄱ'을 '기역'이라고 한 것은 초성에 쓰인다고 해서 '기'자를 앞에 썼고, 종성에도 쓰인다고 해서 '역'자를 붙여 글자 이름을 만들었다. 다른 글자 이름도 마찬가지이다. 그러나 ②의 글자 이름들은 그 글자들이 초성에만 쓰이기 때문에 글자 이름도 초성에만 쓰이는 꼴로 되어 있다. 그래서 'ㅋ'을 그냥 '키'라고 하였다. 다른 것도 마찬가지이다. 글자 이름으로도 글자의 쓰임을 알 수 있도록 했다는 데서 우리 조상들의 뛰어난 지혜를 알 수 있다.

그런데 글자 이름 가운데 'ㄱ'을 다른 글자처럼 '기윽'이라고 하지 않고 '其役(기역)'으로, 'ㄷ'을 '디읃'이라 하지 않고 '池末(지말)'로, 'ㅅ'을 '시읏'이라고 하지 않고 '時衣(시의)'라고 하였다. 그것은 '기윽'의 '윽'에 해당하는 한자어가 없었기 때문이었다. 'ㄷ'도 '디'라는 한자어가 없었기 때문에 구개음화된 '지'의 한자어를 초성에 썼고 종성에는 '끝'의 뜻을 가진 한자어 '末(말)'의 뜻을 빌려 썼던 것이다. 또 'ㅅ'도 초성에는 '시'로 되어 있지마는 종성에는 '읏'에 대한 한자어가 없기 때문에 '옷'의 뜻을 가지고 있는 한자어 '衣(의)'의 뜻을 빌려 쓴 것이다.

③은 모음 글자의 이름을 나타낸 것이다. 이 글자의 이름도 오늘날과 거의 같다.

그 뒤에 다음과 같이 홍계희(1751)라는 학자는 'ㄱ'을 훈민정음에 초성의 용례인 '君(군)'과 종성의 용례인 '役'을 합쳐서 '君役(군역)'이라고 한 적도 있었다.

그런데 당시에는 '윽'이나 '귿', '읏'의 한자어가 없어서 그랬다고 하더라도 오늘날은 글자 이름을 전체 체계에 맞게 통일하여 '기윽, 디읃, 시읏'이라고 하는 것도 생각해 볼 만하다.

오늘날 글자 이름은 1933년 〈한글마춤법통일안〉에서 완성되었고, 이것은 1987년 '한글맞춤법개정'에도 이전과 같이 되어 있다.

ㄱ 기역 ㄴ 니은 ㄷ 디귿 ㄹ 리을 ㅁ 미음 ㅂ 비읍 ㅅ 시옷 ㅇ 이응 ㅈ 지읒 ㅊ 치읓
ㅋ 키읔 ㅌ 티읕 ㅍ 피읖 ㅎ 히읗 ㄲ 쌍기역 ㄸ 쌍디귿 ㅃ 쌍비읍 ㅆ 쌍시옷 ㅉ 쌍지읒

북한에서도 1966년에 우리의 〈한글 맞춤법과 표준어 규정〉과 비슷한 〈조선말 규범집〉을 내었고, 그 뒤 그것을 다시 고쳐 1987년에 새로운 〈조선말 규범집〉을 내놓았다. 북한의 글자 이름을 보면 다음과 같다.

북한 〈조선말 규범집 1987〉

ㄱ 기윽 ㄴ 니은 ㄷ 디읃 ㄹ 리을 ㅁ 미음 ㅂ 비읍 ㅅ 시읏 ㅇ 이응 ㅈ 지읒
ㅊ 치읓 ㅋ 키윽 ㅌ 티읕 ㅍ 피읖 ㅎ 히읗(ㄲ 된기윽 ㄸ 된디읃 ㅃ 된비읍 ㅆ 된시읏 ㅉ 된지읒)

(ㄱ) (ㄴ) (ㄷ) (ㄹ) (ㅁ) (ㅂ) (ㅅ) (ㅇ) (ㅈ) (ㅊ) (ㅋ) (ㅌ) (ㅍ) (ㅎ) (ㄲ) (ㄸ) (ㅃ) (ㅆ) (ㅉ)

　　남한과 북한의 글자 이름이 다른 것은 'ㄱ', 'ㄷ', 'ㅅ' 그리고 된소리 글자이다. 북한에서는
'ㄱ', 'ㄷ', 'ㅅ'의 이름을 우리와는 달리 다른 글자 이름과 통일하여 '기윽', '디읃', '시읏'이라고
하였다. 된소리 글자 이름도 우리는 꼴을 따서 '쌍-'을 붙였고, 북한은 소리 중심으로 '된-'
을 글자 앞에 붙여 지었다. 특히, 글자의 순서 배열도 남한과 북한이 다른데, 남한에서는
'ㄱ-ㄲ, ㄷ-ㄸ, ㅂ-ㅃ, ㅅ-ㅆ, ㅈ-ㅉ' 순서로 되어 있지만, 북한은 'ㄱ, ㄴ, ㄷ, ㄲ, ㄸ, ㅃ-'처
럼 홑글자 뒤에 된소리를 배열하였다.

6. 글자 이름과 글자 소리

　　많은 사람들이 한글의 글자 이름과 글자 소리를 구별하지 못하고 있다. 필자가 칠판에
[ㅍ]을 적어 두고 학생들에게 이것을 어떻게 소리 나는지 소리 내어 보라고 하니까 많은 학
생들이 주저하지 않고 "피읖!"이라고 하였다. 그러자 필자는 다시 영자 [f]를 적어 주고 이 글
자는 어떻게 소리 나는지 물었다. 그러자 학생들은 윗니를 아랫입술에 대고 정확하게 [f]소
리를 내려고 하였다. 그래서 필자는 다시 학생들에게 '피읖'은 [ㅍ]의 글자 이름이라고 하니
까 다시 학생들은 [프]라고 소리 내었다. 또 필자는 다시 칠판에 '프'라고 써 놓고 [ㅍ]과 [프]
는 소리가 어떻게 다른지 물었다. 학생들은 난감한 표정을 지었다. 영어 [f]소리는 정확하게
낼 줄 알면서 우리 낱글자 [ㅍ]의 소리는 정확하게 내지 못하는지 도무지 알 수가 없었다. 이

것은 글자 이름과 소리를 정확하게 구별할 줄 몰랐다는 것과 우리말 낱소리의 소리 내는 방법을 모르고 있다는 것을 말한다. 국어교육에서 우리말에 대한 가장 기본적인 글자와 소리에 대한 공부가 되어 있지 않았기 때문이다.

7. 나라 잃은 시대 우리말글 탄압

우리는 나라 잃은 시대 때 일제가 우리말과 글을 얼마나 탄압하고 조직적으로 말살하려고 했던가를 알 필요가 있다. 다음은 일제가 우리말과 글을 없애려고 했던 과정을 나타낸 것이다.

(가) '일 후, 왕복 문서에 있어서 일본은 일본말로 쓸 것이고, 조선은 한문으로 써라.'
(1876년 2월 13일 병자수호조약 6조)

(나) '외교 문서는 모두 일본말을 쓸 것이며, 그것을 한문으로 번역하지 않는다.'
(병자수호조규 부록 무역 규칙 1항)

(다) 漢文은 解得키 어렵고 매우 힘듭니다. 多幸히도 諺文이 있어 日本의 假名과 泰西의 "A·B·C"와 같이 매우 便利한 것이다. 바라옵기는 오늘의 國家의 永遠의 基礎를 닦고 世宗大王의 正音制定의 聖意에 보답하는 것이 될 것이다.'
(이노우에(井上角五郎)'의 고종 건의서)

(라) '나는 조선의 언문을 써서, 우리나라(일본)의 가나와 통하는 글과 같은 문체를 창시하였는데, 이를 보급하여 조선인이 사용하게 되면, 피아 양국을 동일 문체의 국병이 되며, 이로써 문명 지식을 함께 할 수 있고, 일본에서 고래의 고루한 사상을 일변시키려는 한 후꾸자와 선생의 뜻을 중시하여, 한문이 언문을 받아들인 문체에 따른 신문을 발행하였다.'
〈'이노우에' 조선신문사, 1936〉

일제가 우리나라에 들어오면서 우리말에 대해 공식적으로 간섭하기 시작한 것은 1876년 2월 13일 '병자정월겹약(병자수호조약)'부터다. 병자년 2월 13일부터 인천, 부산, 원산에 일본인이 살 수 있도록 했으며, 그 뒤 7월에 부산 항구와 동래의 동서남북 10리 땅에 일본인이 살 수 있도록 한 것이 이른바 병자정월겁약이다. 그것은 모두 여섯 조항으로 되어 있는데 그 가운데 여섯 번째가 위 (가)이다. 그 뒤 같은 해 7월 6일 '병자칠월왜란(병자수호조규 부록 무역 규칙)'에 다시 두 개의 조항을 내밀며 강제로 도장을 찍게 했는데, 그 첫 번째 조항이 위 (나)이다.

일제는 우리나라를 빼앗으면서 우리말뿐만 아니라 우리 글자도 못 쓰게 하였다. 일본이 우리 겨레를 황국 신민으로 바꾸기 위한 방법으로 우리말을 못 쓰게 했는데, 그 가운데 가장 중요한 방법이 우리말을 모두 한자어로 바꾸어 한자로 쓰게 하고 조사나 어미만 우리말과 글로 쓰게 한 것이다. 그것은 우리말을 일본말로 바꾸려는 일차 음모였던 것이다. 우리말에 한자를 쓰게 함으로써 우리말을 그들이 사용한 일본식 한자어로 자연스럽게 바꾸고 조사나 어미는 나중에 그들의 말로 바꾸기만 하면 자연스럽게 우리말은 없어지고 우리말은 일본말로 넘어갈 수 있다는 계산이었다. 이것이 바로 '한자—한글 섞어 쓰기'이다. 그들의 음모는 '한자—한글 섞어 쓰기'에서 '한자—가나 섞어 쓰기'로 넘어가도록 하는 것이었다. 이와 같은 '한글—한자 섞어 쓰기'에 앞장섰던 사람은 '이노우에(井上角五郎)'라는 일본 사람이다. 그는 고종에게 '한자—한글 섞어 쓰기 글'을 신문에 실어야 한다고 위 (다)와 같은 건의서를 내었으며, 결국, '한자—한글 섞어 쓰기'를 한 〈한성주보〉를 만들었던 것이다. 그의 음모는 위 (라)의 글에서 분명하게 드러나게 되었다.

당시 일본은 '일본말'을 '국어'라 하고 우리말은 '조선어'라고 하여 외국어로 생각했다. 학교에서도 조선어 교육의 비율은 갈수록 줄어들었다. 그리고 그들은 1938년 제3차 조선 교육령을 발표하면서 '내선일체'를 교육방침으로 내걸고 학교 교육에서 '조선어' 교육을 완전히 없앴던 것이다. 1942년에는 10세 이상 조선인의 일어 해독률이 30%를 넘어섰으며 도시지역은 거의 50%에 이르렀다. 당시 이른바 개화파라고 일컬었던 많은 사람들은 '한자—한글 섞어 쓰기'를 주장하는 일본의 계략에 말려 우리말을 없애는 데 앞장섰다.

둘째 마당

◇◇◇◇◇◇◇◇◇◇

공공언어
바로 쓰기

공공기관의 주인은 국민이다. 공공기관은 국가 기관이기 때문에 국가에서 정해 놓은 국어기본법을 지켜야 할 의무가 있다. 이 두 가지 대전제를 생각한다면 공공기관에서 사용하는 모든 말과 글은 국민들이 알 수 있도록 해야 한다. 그리고 그렇게 하지 않는 것은 법을 어기는 셈이다.

공공기관에서 사용하는 말을 공공언어라고 한다. 이 마당은 지난날과 오늘날의 각종 공공언어정책과 규정을 살펴보고, 오늘날 그릇된 공공언어 사용 모습을 보임으로써 공공언어를 올바로 사용하도록 하는 데 그 뜻이 있다.

1. 언어규범의 필요성

표준어는 한 나라가 공식적으로 쓰는 바른 말을 말한다. 지방에 따라 다른 말을 쓰거나 개인에 따라 다른 말을 쓰게 되면 서로의 의사소통이 어렵게 된다. 또한, 하나의 뜻을 가진 말이 여러 개 있다면 그것을 알리고 이해시키는 데 쓸데없는 시간과 노력이 들게 된다. 그래서 나라말을 하나로 해야 국민들의 의사소통이 정확하고 효과적일 수가 있다. 이것을 표준어의 '통일의 기능'이라고 한다. 그리고 오늘날처럼 인터넷 언어가 발달하고 계층에 따라 말이 급격하게 변해 가는 시대일수록 언어 규범이 파괴되고 말이 나쁜 쪽으로 바뀌기가 쉽다. 따라서 이렇게 나쁜 쪽으로 변해 가는 말을 국가에서는 올바른 말을 공식적으로 지정하고 규범화하여 국민이 올바른 언어생활을 할 수 있도록 이끌어 가야 한다. 이것을 표준어의 '순화의 기능'이라 한다.

그 외 표준어의 기능은 언어 사용의 기준이 된다고 하는 '준거의 기능', 표준어를 사용함으로써 자부심과 교양 있는 사람으로 생각하게 하는 '우월의 기능'이 있다.

그리고 겨레의 힘을 하나로 동아리 지우기 위해서도 말이 같아야 한다. 우리나라는 좁은 땅덩어리에서 한 겨레가 뭉쳐 살아왔기 때문에 지역에 따라 말이 크게 다르지 않다. 땅이 매우 넓어 지역마다 다른 말을 가지고 있거나 소수 민족이 많았던 중국이나 소련과도 다르다. 그리고 독어, 불어, 이탈리아어, 로망스어를 공용어로 사용하는 스위스나 왈룬말과 프라망 말을 쓰는 벨지움에 비하면 우리는 한 겨레가 하나의 말을 사용하게 된 것은 매우 자랑스러운 일이다. 그렇다고 각 지역에서 사용하는 방언이 가치가 없다는 것은 결코 아니다. 방언은 각 지역의 독특한 문화를 반영하고 있는 매우 중요한 문화 자산이다. 방언은 방언대로 가치가 있기 때문에 애써 살려 찾아내고 아름다운 우리말 밭에 심어 가야 한다. 방언이나 옛말도 표준어로 살려 쓰는 일을 계속해야 한다.

2. 공공언어

공공언어는 2009년 국립국어원의 공공언어지원단에서 처음 쓴 말이다. 공공언어의 개념에 대해서는 다양한 논의가 있지만 핵심적인 것은 '공공'이라는 말의 뜻넓이이다. 사전에 공공(公共)의 뜻은 '국가나 사회의 구성원에게 두루 관계되는 것'이라고 제시해 놓았다. 따라서 공공언어는 '국가나 사회의 구성원에게 두루 관계되는 언어'라고 폭넓게 규정할 수 있다. 국립국어원에서 제시한 공공언어의 뜻넓이는 다음과 같다. '공공언어'는 '사적 관계에서 이야기하는 개인적인 언어와 달리 일반 국민을 대상으로 사용하는 모든 언어'를 뜻하며 '정부에서 일반 국민을 대상으로 공공의 목적을 위해 사용하는 언어'라고 하였다. 공공언어는 국가기관이나 공적으로 관련된 단체에서 사용하는 언어이기 때문에 국가가 규정한 어문규정에 맞도록 사용해야 할 의무가 있다. 다음 표는 공공언어의 잘못으로 인한 경제적 손실을 나타낸 것이다. 그런데 실제로 공공언어를 잘못 씀으로써 입는 피해를 아래 표와 같이 돈으로 계산할 수 없다. 말과 글은 의사소통의 문제이고 정신적인 문제이며 겨레의 정체성과도 밀접하게 관련이 있기 때문이다.

구분	대민기관 행정서식 용어 개선의 경제적 기대효과			정책명 개선의 경제적 기대효과	전체 공공언어 개선의 경제적 기대효과
시간 비용	일반 국민	118.3억 원	연간 170.1억 원	연간 114.4억 원	연간 284.5억 원
	민원 처리 공무원	51.8억 원			
정책 추진 결과에 따른 비용 절감 효과 (NPV)	3,431.1억 원			2,085.4억 원	총 5,516.5억 원

〈2010년 국립국어원, 현대경제연구원〉

2.1 공공언어의 종류

공공언어는 공공기관이나 기업, 언론에서 만들어 내는 모든 종류의 표현물을 말한다. 국립국어원에서는 다음 표와 같이 공공언어의 종류를 제시하고 있다. 특히 중앙이나 지방자치단체에서 만들어 내는 모든 공적인 표현물들이 이에 해당되며, 특히 공공기관에서 만들어 내는 공문서나 모든 행사 이름, 사업 이름, 보도 자료, 대중에게 알리는 알림글들이 이 공공언어의 뜻넓이에 속한다.

생산주체	대상	종류	
		문어	구어
국가 공공기관	국민	정부 문서, 민원서류 양식, 보도 자료, 법령, 판결문, 게시문, 안내문, 설명문, 홍보문 등	정책 브리핑, 대국민 담화, 전화 안내 등
민간단체 민간기업 공인	국민	(신문, 인터넷 등의) 기사문, 은행·보험·증권 등의 약관, 해설서, 사용 설명서, 홍보 포스터, 광고문, 거리 간판, 현수막, 공연물 대본, 자막 등	방송 언어, 약관이나 사용 설명 안내, 공연물의 대사 등
국가 공공기관	국가 공공기관	내부 문건, 보고서 등	국정 보고, 국회 답변 등

〈국립국어원〉

2.2 공공언어의 요건

국립국어원에서는 공공언어의 요건을 다음 표와 같이 제시하고 있다. 현재 우리나라에서 사용하고 있는 공공언어가 아래 요건에 맞는지 꼼꼼히 살펴야 한다. 그리고 이 요건에 덧붙인다면 우리가 쓰고 있는 공공언어가 어려운 한자어나 외래어가 아닌 '모든 국민이 알 수 있는 순화된 우리말'로 쓰였는지, '한글로 쓰였는지'를 따져 살펴야 한다.

영역	요소	항목
정확성	표기의 정확성	한글 맞춤법과 표준어 규정을 준수하였는가?
		띄어쓰기를 정확하게 하였는가?
		외래어 표기법과 국어의 로마자 표기법을 준수하였는가?
	표현의 정확성	어휘를 적합하게 선택하였는가?
		문장을 문법에 맞게 표현하였는가?
		단락 구성을 짜임새 있게 하였는가?
소통성	공공성	공공언어로서의 품격을 갖추었는가?
		고압적·권위적 표현을 삼갔는가?
		차별적 표현(성, 지역, 인종, 장애 등)을 삼갔는가?
	정보성	정보를 적절한 형식으로 제시하였는가?
		정보의 양을 적절하게 제시하였는가?
		정보의 배열이 적절하게 이루어졌는가?
	용이성	문장을 적절한 길이로 작성하였는가?
		쉽고 친숙한 용어와 어조를 사용하였는가?
		시각적 편의를 고려하여 작성하였는가?

〈국립국어원〉

2.3 공공언어 정책의 흐름

다음 표는 광복 이후 정부에서 제시한 공공언어에 관련된 법률과 규정 및 정책 내용이다. 지난날의 언어 정책을 살펴봄으로써 오늘날 그리고 앞으로 우리가 공공언어 정책을 어떻게 세워 나가야 할지 길잡이로 삼을 수 있다.

(가) 1945년 12월 8일 '조선 교육 심의회' 한글만 쓰기 결의(미군정청)

(나) '대한민국의 공용문서는 한글로 쓴다. 다만, 얼맛동안 필요한 때에는 한자를 병용할 수 있다. 부칙 본법은 공포한 날부터 시행한다.(1948년 10월 9일 '한글 전용에 관한 법률')

(다) 한글전용실천요강(1957. 12. 6. 제117회 국무회의의결, 1958. 1. 1. 시행)

1. 공문서는 반드시 한글로 쓴다. 그러나 한글만으로써 알아보기 어려운 말에는 괄호를 치고 한자를 써 넣는다.

2. 각 기관에서 발행하는 간행물은 반드시 한글로 한다.

3. 각 기관의 현판과 청내 각종 표지(標識)는 모두 한글로 고쳐 붙인다. 특히 필요한 경우에 한하여 한 자나 다른 외국어로 쓴 현판 표시를 같이 붙일 수 있으되, 반드시 한글로 쓴 것보다 아래로 한다.

4. 사무용 각종 인쇄 및 등사물도 한글로 한다.

5. 각 기관에서 사용하는 관인(官印) 기타 사무용 각종인은 한글로 하고, 이에 필요한 경비는 각부에서 부담한다. 관인조처의 상세한 것은 따로 정한다.

6. 각 관공서는 그 소할 감독 밑에 있는 사사단체에 대하여도 위의 각 항목에 따르도록 한다.

(라) 1968년 10월 25일 대통령의 '한글 전용 촉진 7개 사항'

1. 70년 1월 1일부터 행정·입법·사법의 모든 문서뿐만 아니라, 민원서류도 한글을 전용하며, 국내에서 한자가 든 서류를 접수하지 말 것.

2. 문교부 안에 한글 전용 연구 위원회를 두어 69년 전반기 내에 알기 쉬운 표기 방법과 보급 방법을 연구·발전시킬 것.

3. 한글 타자기 개발을 서두르고, 말단 기관까지 보급하여 쓰도록 할 것.

4. 언론·출판계의 한글 전용을 적극 권장할 것.

5. 1948년에 제정된 [한글 전용에 관한 법]을 개정하여, 70년 1월 1일부터 전용하게 하고, 그 단서는 뺀다.

6. 각급 학교 교과서에 한자를 없앨 것.

7. 고전의 한글 번역을 서두를 것.

(마) 1991년 정부 사무관리 규정

모든 문서를 한글로 작성하되 한글 맞춤법에 맞게 가로로 쓴다.

(바) 1999년 2월9일–문화관광부

공문서와 도로 표지를 한자로 병기할 수 있다.

1단계로 공문서에 필요할 경우 한자를 함께 쓰고, 도로 표지판에 영문문에 보태 한자로 나란히 쓰며, 2단계로 현행 한문 교육 체계를 재검토하겠다.

(사) 2004년 국어기본법

제14조(공문서의 작성) ①공공기관의 공문서는 어문규범에 맞추어 한글로 작성하여야 한다. 다만, 대통령령이 정하는 경우에는 괄호 안에 한자 또는 다른 외국문자를 쓸 수 있다.

②공공기관이 작성하는 공문서의 한글사용에 관하여 그 밖에 필요한 사항은 대통령령으로 정한다.

제17조 국가는 국민이 각 분야의 전문용어를 쉽고 편리하게 사용할 수 있도록 표준화하고 체계화하여 보급하여야 한다.

(아) 2016년 국어기본법 합헌 결정

공문서의 한글 전용을 규정한 국어기본법 제14조–헌법재판관 전원 일치로 합헌 결정

2.4 언론 언어 순화 규정

국어 순화 운동은 언론계에서도 관심을 가지고 있다. 1983년에 발족된 'KBS 한국어연구회'의 활동을 통해 방송 언어 순화 운동도 한층 활발해졌다. 그리고 이 연구회에서 발간하는 《방송언어순화자료》는 방송 언어를 순화하는 데 큰 영향을 주었다. 그러나 이러한 방송 언어 순화 활동에도 불구하고 오늘날 방송 언어는 갈수록 외래어나 비속어가 넘쳐 나며 어법에 벗어난 말들이 더 많아지고 있다.

다음은 방송위원회의 방송심의 규정 가운데 방송 언어에 대한 내용과 KBS와 MBC방송강령이다.

방송위원회의 '방송심의에 관한 규정'

제52조(방송언어)

① 방송은 바른말을 사용하여 국민의 바른 언어생활에 이바지하여야 한다.

② 방송언어는 원칙적으로 표준어를 사용하여야 한다. 특히, 고정 진행자는 표준어를 사용하여야 한다.

③ 방송은 바른 언어생활을 해치는 억양, 어조 및 비속어, 은어, 유행어, 조어, 반말 등을 사용하여서는 아니 된다.

제53조(사투리 등) 방송은 사투리나 외국어를 사용할 때는 국어순화의 차원에서 신중하여야 하며 사투리를 사용하는 인물의 고정 유형을 조성하여서는 아니 된다.〈개정 2004. 10. 25.〉

'KBS방송강령'

제4항: '방송은 표준어 및 표준 발음법에 따른 언어와 품위 있고 순화된 우리말을 사용해 국어문화 확산에 이바지한다.'

'MBC방송강령'

'13. 언어·표현'은 (1) 방송 언어는 원칙적으로 표준어를 사용하며, 되도록 알기 쉽게 표현한다.

2.5 오늘날 공공언어 모습

국가나 지방자치단체에서 실시하는 사업 이름을 보면 도대체 무슨 내용인지 알 수가 없는 것들이 수없이 많다. 공공기관의 사업은 그 사업에 관련된 사람들뿐만 아니라 일반 국민도 무슨 내용인지 알 수 있어야 한다. 일반 국민들이 모르는 이름으로 사업을 계획하고 추진하면 그것은 국민을 기만하는 행위에 지나지 않는다. 따라서 공공기관의 정책 이름이나 사업 이름, 기관 이름은 외래어로 못 짓게 만들도록 하는 강력한 법이 있어야 한다. 다음은 공공기관에서 만들어 낸 공공언어 보기들이다.

마더세이프상담센터, 데이케어센터, 플로팅아일랜드, 맘프러너, 시프트, 디자인월드플라자 도시갤러리 프로젝트

리버프런트, 에코델타시티, 에코스마트시티, 굿모닝콜, 메디컬스트리트, 드림스타트, Bridge of BUSAN 통합 브랜드 네이밍, 로컬푸드, 마이스산업, 희망드림론, K-move, Work Together 센터, 아웃리치, R&E 페스티벌, 그린시티 대전 프로젝트, 목척교 르네상스 프로 서울정책아카이브, 클린업 시스템, B2 시스템, 서울에너지드림센터, 에코투어, '3아웃(out) 7업(up) 프로젝트.

BK(Brain Korea), HK(Humanities Korea Project), CK(University for Creative Korea), SSK(Social Sciences Korea), ACE(Advancement of College Education), PRIME(Program for Industrial needs-Matched Education), CORE(initiative for COllege of humanities' Research and Education)

'그린필드형 투자', '밸류 체인'(외교부), 'Safe & Clean Hub'(검찰), 'Support-chain'(산업통상자원부), 'Go Region, Get Vision'(지역박람회 표어), '홈리스'(보건복지부), '2012년 탑라이스 생산 시범사업'(농림부), '그린스타트 운동 확산을 위한 그린 리더 참가신청서'(환경부)

반대로 쉬운 한자어나 아름다운 우리말을 쓰는 경우도 있다.

'미소금융', '보금자리', '행복주택', '졸음쉼터', '차 타는 곳', '차 내리는 곳', '차 바꾸어 타는 곳'

다음은 공공기업의 이름과 상징 그림의 보기이다.

위에 보기로 든 공공기업 이름을 보면 그 기관이 무엇을 하는 곳인지 도무지 알 수가 없게 되어 있다. 대부분 공공기관의 이름들도 이와 마찬가지이다. 반면에 서울도시철도나 한국관광공사의 이름이나 상징 그림의 경우는 한글로 잘되어 있는 보기이다.

다음은 전국 지방자치단체 표어와 상징 그림이다. 우리는 이러한 공공언어의 모습을 보면 우리 공공언어가 앞으로 어떻게 나아가야 할 것인지를 깊게 생각하게 한다.

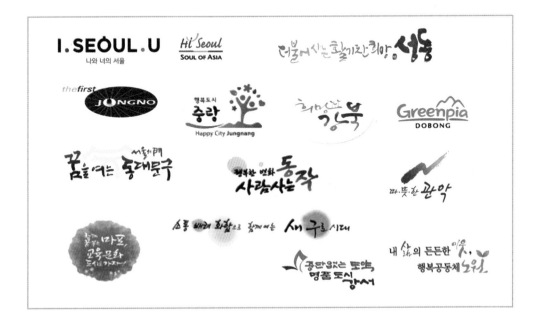

북한산 큰숲, 은평

행복중심 영등포

사람이 ♥아름다운 강동
따뜻한 공동체·행복한 구민

신나는변화푸른 서초

미래도시 용산
Harmonious Yongsan

SHINING GEUMCHEON 금천

구민의 소통하는 희망광진

아름다운 변화, 열린구정, 행복도시
서대문구

Change More
Namgu

SeaYou
Suyeong

Dynamic BUSAN

Excellent Yeonje

Sun&Fun Haeundae

일꾼 동래 DONGRAE

Bright Gangseo

Nice busan junggu

新나는 사상

VISION Saha

Hu Nature Bukgu

실고싶은 행복도시 부산광역시 서구 Since 1957

Colorful DAEGU

부산진구 Busanjin-gu

smile! Geumjeong

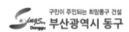
Sings Donggu 구민이 주인되는 희망동구 건설 부산광역시 동구

동구는 대구의 미래입니다

구민 중심, 기본이 바로 선 강한 동구

Dreampia 대구 남구

Smiling Dalseo

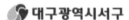
대구광역시 서구

900만 변화 50만 행복

대구광역시 달성군 DAEGU CITY DALSEONGGUN

SUSEONG

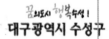
꿈의도시 행복누성! 대구광역시 수성구

새로운 북구! 행복을 누리다.

인천의 꿈, 대한민국의 미래

Fly Incheon

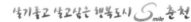

 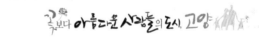

 대한민국 희망도시 PAJU

 City of Masters
안성맞춤도시 안성
 Best Gimpo
 안산시 상상 그 이상을 꿈 꾸는 도시

 A·R·T Icheon 이천시
 The Way to Better Living 길이 열리는 화성시
 Gwangju Clean
 아름다운 변화 양주

 통일 한국 심장 Miracle 연천 The Heart of Korea · YeonCheon
 남한강의 비상 여주시
 무궁무진 포천

 생명과 태양의 땅 충북
 사람이 반갑습니다 휴먼시티 수원
 Rainbow YEONGDONG
 맑은행복 양평

청주시 CHEONGJU CITY 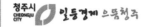 일등경제 으뜸청주
 자연치유도시 제천 HEALING CITY JECHEON
 참 좋아 보은
 your 옥천

대한민국 녹색심표 단양
 Good 충주 Chungju
 생거진천
 행복한 서산 Happy Seosan

 ChungNam Heart of Korea
Energetic Dangjin  당찬 당진
 만세보령
 행복한 군민 희망찬 서천!

 엔스민 YESMIN
흥미진진 공주
 Fresh GyeRyong
Smart Asan
錦山 비단뫼 Vidanmoe
 G 굿 뜨 래

美來路 홍성
 NEW START YESAN
희망찬 태안, 행복한 군민

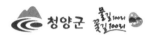

   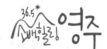

  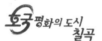 

*위 상징 그림과 표어는 조사 당시의 것으로 현재 바뀌었을 수도 있다.

*위 상징 그림과 표어는 해당 누리집(홈페이지)에 나타난 것만 조사하였다.

2.6 공공언어 쉽게 쓰기와 정책 방향

우리말과 글을 보존하는 일은 무엇보다 공공기관에서부터 실천해야 한다. 그러나 오늘날 우리나라는 공공기관이 먼저 우리말과 글을 훼손하는 데 앞장서는 것처럼 보인다. 공공언어는 국가가 정해 놓은 언어 규범으로 공공기관과 공교육에서 이를 지켜야 할 의무가 있다. 그리고 공공언어는 우리 국민이 모두 알 수 있는 쉬운 말과 한글로 써야 한다. 그렇지 않고 공공기관에서 어려운 외래어나 외래 글자를 써서 올바르게 의사소통을 할 수 없게 하는 것은 공공기관으로서 의무를 다하지 못하는 위법적 행위이다. 공공기관에서 어려운 말을 써서 국민이 불이익을 받는다면 그 책임은 전적으로 국가에서 져야 한다.

외국 공공언어에 대한 법률과 정책에 대해 알아보자.

1979년 영국에서 어려운 행정용어를 몰라 비극적인 사건이 발생하였다. 한 늙은 어머니와 그 자녀가 정부로부터 난방보조금을 제공받을 수 있는 행정적 절차가 있었음에도 불구하고, 어려운 행정용어 때문에 난방보조금을 받을 수 없어서 난방을 못 했다. 그래서 그들은 한겨울의 한파로 얼어 죽고 말았다. 이를 옆에서 지켜본 크리시 메이어 여사는 관공서 앞에서 알아들을 수 없었던 말로 된 공문서들을 갈기갈기 찢는 행위를 하면서 어려운 행정용어의 문제점을 영국 전역에 알렸다. 이를 계기로 영국에서는 '쉬운 영어 운동(Plain English Campaign)'이 시작되었다.

미국에서도 1940년부터 쉬운 말 쓰기 운동을 시작했다. 2010년에 버락 오바마에 의해 '쉬운 영어 쓰기 법(The Plain Writing Act of 2010)'이 제정되면서 미연방정부기의 신규 또는 개정 문서는 쉬운 언어로 쓰도록 하였다. 공무원은 그들만이 아는 어려운 말로 작성해 왔던 공문서를 일반 시민들의 눈높이에 맞춰 순화 과정을 거치도록 했다. 1970년대 리처드 닉슨 대통령은 관보에 보통사람(layman)들의 언어로 공문서를 작성하도록 지시했고, 클린턴 행정부 때 앨 고어 부통령은 "쉬운 언어는 시민이 누릴 권리이다."라고 규정하고 알기 쉽게 공문서를 작성한 공무원에게 공무원상을 주기도 했다.

뉴욕 타임스는 "이번 법안(쉬운 영어 쓰기법)으로 일반 시민들이 공문서를 해독하기 위해 변호사를 고용하고 국세청 문의를 위해 길게 줄을 서야 하는 불편이 줄어들기를 바란다."라고 하였다.

중국은 주은래가 1958년에 당전문자개혁적임무로 〈한어 병음 방안〉이라는 언어정책을 수립하여 중국 어문자의 규범화와 표준화를 강화하였으며 개혁 개방 이후 사회에서 글자를 잘못 표기하는 현상을 강력하게 제제하였다. 1986년 '국가언어문자사업위원회'와 1990년대 이후 '중화인민공화국언어문자법'을 만들어 언어문자의 규범화와 표준화를 강화하고 있다.

프랑스는 1966년에 프랑스어 보호와 학대를 위한 고등 위원회를 설립하고, 2001년부터 이것을 '프랑스어와 프랑스 언어들의 총국'으로 바꾸어 외국에서 들어오는 전문용어를 쉬운 프랑스어로 바꾸는 작업을 하고 있다. 현재 이 작업을 통해 부처마다 활동하는 '전문용어와 신조어 전문위원회', '프랑스어와 프랑스 언어들의 총국', 총리실 소속 '전문용어와 신조어 총괄위원회'를 조직하여 프랑스어 순화 정책을 펼치고 있다. 그리고 1975년에 제정한 '바로리올법'과 1994년에 이 법을 개정한 '투봉법'이 있다. 바로리올법의 기본이 되는 조문 다음과 같다.

- 제1조: 상품명, 소개, 광고, 사용 안내, 상품과 용역의 보증 조건, 신용장, 청구서 및 영수증에서 프랑스어 사용을 의무화한다. 외국어나 외국 용어의 사용은 금지한다.
- 제4조: 프랑스 영토 내에서 유효한 고용계약서는 프랑스어로 작성되어야 한다. 외국어의 용어나 표현이 포함되지 않을 수도 있다.
- 제8조: 그 목적이나 형태가 어떠하든지 공공기관이나 단체의 계약, 개인 간의 계약은 프랑스어로 작성되어야 한다. 프랑스 공공기관과 외국의 공적, 사적 계약 단체와 맺은 계약은 외국어가 병기될 수 있고, 이는 프랑스어 계약서와 동일한 법적 권리를 가진다.

우리나라에서는 1976년에 문교부 안에 '국어순화운동협의회'를 정부 각 부처 실장 및 국장 11명과 학계 및 언론계 인사 9명으로 발족하였고, 이어 국어심의회 속에 '국어순화분과위원회'를 위원 28명으로 발족하였다. 그리고 1977년《국어순화자료》제1집을 간행한 이래 그때그때 각 부처에서 의뢰한 것을 심의하여 그 결과를《국어순화자료》로 간행하였다. 이제는 국립국어원에서 국어 순화 운동과 연구를 이어가고 있다.

민간에서도 1976년 9월에 각계인사 77명이 발기한 '국어순화추진회'(회장 주요한)가 발족되었다. 국어순화추진위회에서는 잃어버린 우리말을 되찾고 다듬어 순화시키는 일, 잘못된 우리말을 바로잡고 필요 없는 외래어를 몰아내는 일, 올바른 우리말을 모든 국민에게 보급하는 일을 사업목적으로 하였다. 그리고 '국어순화추진회'는 우리말 순화에 관한 연구·심의·평가 및 지정에 관한 일을 하는 '국어심의위원회(회장 허 웅)'를 따로 조직하였다.

이후 정부에서는 1981년부터 본격적으로 행정용어 순화 작업을 시작하여 1992년에 《행정용어순화편람》을 내었다. 그리고 최근 광역지자체와 기초지자체에서도 자발적으로 행정용어순화 작업을 벌이고 있을 뿐만 아니라 올바른 국어사용에 관한 조례도 제정하였다.

또 국어기본법에 의해 각 공공기관에 국어책임관을 두도록 하면서 문화체육관광부 산하 국립국어원, 거점지역에 지정한 국어문화원, 지자체 공공기관이 함께 공공언어 사용에 대한 교육과 다양한 사업을 활발히 벌이고 있다.

그러나 이와 같은 정부나 지자체의 정책과 관심에도 불구하고 공공기관 현장에서는 국어를 순화하는 일에 큰 변화가 없는 것도 사실이다. 실제 국어기본법에 모든 공공기관에 국어책임관을 두도록 하고 공공언어를 순화하고 올바로 쓰도록 하고 있음에도 국어책임관 가운데는 자기가 국어책임관인지도 알지 못할 뿐만 아니라 무엇을 하는지도 모르는 사람들이 많다.

이러한 문제를 해결하기 위해서 다음과 같은 정책을 제안한다.

(1) 국어기본법을 반드시 준수해야 하는 의무 조항으로 개정해야 한다.
(2) 국가에서 국어기본법을 개정하여 모든 공공기관에 공공언어 사용에 전문성을 가진 전문 국어책임관을 의무적으로 두도록 해야 하며, 그들이 공공기관에서 만들어 내는 모든 공공언어를 점검하고 관리할 수 있도록 해야 한다.
(3) 국가에서는 모든 공공기관의 언어 사용을 주기적으로 평가하고 관리·감독을 의무적으로 하도록 해야 한다.
(4) 공무원의 근무 평정이나 승진 평가 점수에 국어사용 능력을 넣어야 한다.
(5) 공공기관 직원에게 정기적으로 공공언어와 언어 사용에 대한 교육을 받도록 해야 한다.
(6) 국가는 공공언어 개선 사업에 정부 지원을 대폭 늘려야 한다.
(7) 거점 지역에 있는 국어문화원이 지자체와 협력하여 공공언어 개선과 교육을 정상적으로 할 수 있도록 예산을 대폭 늘려야 한다.

현재 국어기본법이 있음에도 공공기관에서 만들어 내는 공문서나 안내문, 사업 이름 등에 국민들이 알지 못하는 어려운 한자어나 외래어 그리고 외국글자들이 갈수록 더 많아지고 있다. 이대로 두면 얼마 가지 않아 우리나라의 공공언어는 보통의 국민은 알 수 없는 특권층들의 전유물이 되고 말 것이다. 그렇게 되면 국민들은 국가의 정보를 온전히 알 수 없게 되고 나아가 국가에서 제공하는 각종 지원이나 정책에서 불이익을 받게 된다. 이것은 세종대왕이 글이 없어 의사소통을 하지 못한 어리석은 백성을 위해 만든 훈민정음 창제의 뜻과는 거꾸로 가는 것이다. 세종대왕은 한글을 통해 정보 소통의 민주화를 이룰 수 있다고 생각했다. 이로써 나라에서 제공하는 정책을 백성이 모두 알고 골고루 혜택을 받도록 하는 데 큰 뜻이 있었다. 더 이상 우리는 어려운 말과 글로 몇몇 지식인이나 권력층이 국가의 정보를 독점해서는 안 되며, 우리 국민이 말과 글을 몰라서 국가로부터 손해를 보고 불이익을 보는 일은 없어져야 한다. 그것이 바로 모든 국민이 정보를 골고루 가질 수 있는 '정보의 민주화'이고 '의사소통의 민주화'인 것이다.

셋째 마당

◇◇◇◇◇◇◇◇◇

틀리기 쉬운
한글 맞춤법

　우리 겨레가 만든 최초의 한글 맞춤법은 1933년 10월 29일에 한글학회에서 발표한 '한글 마춤법통일안'이다. 이전에는 나라 잃은 시대인 1912년 4월 조선총독부에서 만든 '언문 철자법'이 있었다. 그러나 이것은 우리 겨레가 만든 것이 아닐 뿐만 아니라 우리말을 그들의 말인 일본어에 맞추어 설명한 것으로 올바른 것이 아니다. 속내는 우리말을 나쁜 쪽으로 설명하려고 했으며 나아가 우리말을 없애려고 한 것이다.

　우리 손으로 만든 '한글마춤법통일안'은 광복 이후 국어 교육을 포함한 모든 우리말글살이의 길잡이가 되었다. 이것으로 모든 국어사전을 만들었으며, 오늘날 우리가 쓰고 있는 '한글 맞춤법'을 만들었다.

　현재 쓰고 있는 한글맞춤법 규정은 1989년 3월 1일부터 시행된 것이다. 여기에 제시해 놓은 〈틀리기 쉬운 맞춤법〉은 그 동안 많은 사람들이 실제 잘못 쓰고 있는 것들을 모아서 나름대로 설명을 한 것이다. 그리고 〈길잡이〉로 어법에 대해 좀 더 자세하게 알 수 있도록 문법 설명을 덧붙였다. 문법은 맞춤법 내용과 관련이 있는 것을 중심으로 현재 학교 문법에 따라 설명하였다. 〈길잡이〉는 필요한 사람만 보면 될 것으로 생각한다.

한글 맞춤법

(문교부 고시 제88-1호)

제1장: 총칙

소리대로, 어법

제1항: 한글 맞춤법은 표준어를 소리대로 적되, 어법에 맞도록 함을 원칙으로 한다.

한글 맞춤법은 '표준어'를 적어야 한다. 표준어를 적되 소리대로 적는 것을 원칙으로 한다. '소리대로 적는다'는 것은 규정이 입말을 중심으로 되어 있다는 것을 말한다. 그런데 표준어를 소리대로만 적으면 사람마다 소리가 다르고 지역마다 소리가 다르기 때문에 그것을 읽는 사람들은 그 뜻을 쉽게 알 수가 없다. 그래서 어법에 맞도록 적도록 한 것이다. 어법에 맞도록 적는다는 것은 소리보다 형태를 중시한 규정이다.

예컨대, '책이'를 '채기'라고 적는 것은 소리대로 적는 것이다. 그러나 이것을 '채기'라고 적으면 그것을 읽는 사람은 그 뜻이 무엇인지 알기가 어렵다. 그래서 '체언과 조사는 따로 적는다'는 어법에 맞도록 적게 한 것이다. '먹어'도 마찬가지이다. 이것을 소리대로 '머거'라고 적으면 사람과 지역마다 조금씩 소리 내는 것이 다르기도 하고, 또 소리 나는 대로 '머거'로 적는다면 그것을 읽는 사람은 그 뜻이 무엇인지 쉽게 알 수가 없다. 그래서 '어간과 어미는 따로 적는다.'라는 어법에 따라 '먹어'를 '머거'로 적지 않고 '먹어'로 적게 한 것이다. 그렇게 함으로써 이 말이 동사 '먹다'에서 온 것임을 누구나 쉽게 알 수가 있다. 한편으로 소리 중심으로 적는 것에는 이전에 '암개', '숫개', '암돼지', '숫돼지'라고 했던 것을 '암캐', '수캐', '암퇘지', '수퇘지'라고 한 것이 있다. 이처럼 우리말을 소리대로 적는 것이 '소리 중심 표기'라면, 어법에 따라 형태를 나타내어 적는 것을 '형태 중심 표기'라고 한다. 맞춤법과 표준어 규정에는 형태 중심으로 된 것도 있고, 소리 중심으로 된 것도 있다.

제2항: 문장의 각 단어는 띄어 씀을 원칙으로 한다.

무엇을 단어라고 할까? 단어에 대한 뜻넓이는 온전히 통일된 것이 없다. '철수가 책을 읽었다.'라는 문장에서 주시경 선생은 단어를 '철수, 가, 책, 을, 읽, 었다'로, 최현배 선생은 '철수, 가, 책, 을, 읽었다'로, 이숭녕 선생은 '철수가, 책을, 읽었다'라고 하였다. 즉, 이숭녕 선생은 조사를 단어로 보지 않았다는 것이다. 지금 학교 문법에서는 자립해서 쓰일 수 있는 모든 말과 조사를 단어라고 한다. 조사는 앞말에 자립적으로 쓰이는 말이 오며 그 말과 분리해서 사이에 다른 조사도 올 수 있다고 하여 단어에 포함시키고 있다. 어쨌든 조사를 단어에 포함하고 있다는 것을 잘 알아야 하겠다.

제2장: 자모

낱글자 이름 적기

한글 자음 'ㄱ'의 이름은 기역( ), 기윽( )이다.

한글 자음 'ㄷ'의 이름은 디귿( ), 디읃( )이다.

한글 자음 'ㅅ'의 이름은 시옷( ), 시읏( )이다.

한글 자음 'ㅌ'의 이름은 티읕( ), 티긑( )이다.

길잡이 맞춤법 제4항: 한글 자모의 수는 스물넉 자로 하고, 그 순서와 이름은 다음과 같이 정한다.

ㄱ기역 ㄴ니은 ㄷ디귿 ㄹ리을 ㅁ미음 ㅂ비읍 ㅅ시옷 ㅇ이응 ㅈ지읒 ㅊ치읓 ㅋ키읔 ㅌ티읕 ㅍ피읖 ㅎ히읗 ㄲ쌍기역 ㄸ쌍디귿 ㅃ쌍비읍 ㅆ쌍시옷 ㅉ쌍지읒

현재 한글 글자 이름 가운데 전체 체계와 다른 것이 'ㄱ, ㄷ, ㅅ'이다. 다른 것들은 모두 '니은, 리을' 등과 같이 '자음+ㅣ/으+자음'으로 되어 있다. 그런데 'ㄱ'은 '기역', 'ㄷ'은 '디귿', 'ㅅ'은 '시옷'이다. 북한에서는 모든 자음의 이름을 통일하여 각각 '기윽, 디읃, 시읏'으로 부르고 있다. 그리고 참고로 'ㄲ, ㄸ, ㅃ, ㅆ, ㅉ'을 우리는 각각 '쌍기역, 쌍디귿, 쌍비읍, 쌍시옷, 쌍지읒'이라고 하는데 북한에서는 '된기윽, 된디읃, 된비읍, 된시읏, 된지읒'으로 부르고 있다.

이 항에서 잘 알아야 할 것은 사전에 올릴 적의 자모 순서이다. 특히, 모음의 순서는 복잡하기 때문에 잘 익혀야 한다. 그 순서는 'ㅏ, ㅑ, ㅓ, ㅕ, ㅗ, ㅛ, ㅜ, ㅠ, ㅡ, ㅣ'를 기본으로 하고 이 순서로 다른 모음을 붙여 나가면 된다.

[붙임 2] 사전에 올릴 적의 자모 순서는 다음과 같이 정한다.

자음 ㄱ ㄲ ㄴ ㄷ ㄸ ㄹ ㅁ ㅂ ㅃ ㅅ ㅆ ㅇ ㅈ ㅉ ㅊ ㅋ ㅌ ㅍ ㅎ

모음 ㅏ ㅐ ㅑ ㅒ ㅓ ㅔ ㅕ ㅖ ㅗ ㅘ ㅙ ㅚ ㅛ ㅜ ㅝ ㅞ ㅟ ㅠ ㅡ ㅢ ㅣ

'자모'는 '자음'과 '모음'을 줄여서 부르는 말이다. '자음'은 허파의 공기가 날숨으로 나올 때 발성기관에 닿아서 나는 소리이다. 우리말로 '닿소리'라고 한다.

'모음'은 허파의 공기가 성대를 울리면서 바로 나와서 입술이나 혀의 모양에 따라 다르게 나는 소리이다. 그래서 공기가 홀로 나와서 내는 소리라고 해서 모음을 우리말로 '홀소리'라고 한다. 모음은 모두 성대(목 떨판)를 울려서 내는 소리라고 해서 유성음(울림소리)라고 하고, 자음 가운데 'ㄴ, ㄹ, ㅁ, ㅇ'을 제외한 모든 자음은 성대를 울리지 않고 내는 소리라 해서 무성음(안울림소리)이라 한다. 자음 가운데 성대를 울리고 내는 소리인 유성음은 'ㄴ, ㄹ, ㅁ, ㅇ'이 있다. 다른 자음을 소리 낼 때 성대가 울리면 소리를 잘못 낸 것이다.

제3장: 소리에 관한 것

제1절 된소리

제5항: 한 단어 안에서 뚜렷한 까닭 없이 나는 된소리는 다음 음절의 첫소리를 된소리로 적는다.

된소리를 예사소리로 적기

그는 나의 손을 덥썩( ), 덥석( ) 잡았다.

그는 갑자기( ), 갑짜기( ), 몹시( ), 몹씨( ) 화를 내면서 법석( ), 법썩( )

을 떨었다.

 맞춤법 제5항: 한 단어 안에서 뚜렷한 까닭 없이 나는 된소리는 다음 음절의 첫소리를 된소리로 적는다. 다만, 'ㄱ, ㅂ' 받침 뒤에서 나는 된소리는 같은 음절이나 비슷한 음절이 겹쳐 나는 경우가 아니면 된소리로 적지 아니한다.

→ 국수 깍두기 딱지 색시 싹둑(~싹둑) 법석 갑자기 몹시

우리말에 '왈칵 달려들어 닁큼 물거나 움켜잡는 모양'의 뜻을 가지고 있는 말로 '덥석'이 있다. 소리는 [덥썩]으로 나지만 적을 때는 '덥석'으로 적어야 한다. 이것은 맞춤법 제5항의 예외 규정에

따른 것이다. '덥석'과 비슷한 말인 '텁석'이 있다. '텁석'은 '덥석'과 같은 의미이지만 보다 거센 느낌을 주는 말이다. '텁석'도 '텁썩'으로 써서는 안 된다.

'법석'은 불교의 야단법석에서 나온 말이다. 야단법석(野壇法席)은 '야외에서 크게 베푸는 설법의 자리'이다. 그리고 다른 의미로 '야단법석(惹端--)'은 '많은 사람이 모여들어 떠들썩하고 부산스럽게 굶'의 의미로 야기요단(惹起鬧端)의 '야단'과 '법석(法席)'이 결합되었다고 하기도 한다. 그러나 법석(法席)의 의미를 보아서 '법석'은 불교의 '야단법석'에서 온 말로 보인다.

따라서 '갑자기, 몹시, 법석'이 맞는 표기이다.

문법공부 **자음과 모음 체계**

조음방법 \ 조음위치		양순음 (입술소리)	치조음 (잇몸소리)	경구개음 (센입천장소리)	연구개음 (여린입천장소리)	성문음 (목구멍소리)
파열음 (터짐소리)	예사소리 (평음)	ㅂ	ㄷ		ㄱ	
	된소리 (경음)	ㅃ	ㄸ		ㄲ	
	거센소리 (격음)	ㅍ	ㅌ		ㅋ	
파찰음(터짐 갈이소리)	예사소리			ㅈ		
	된소리			ㅉ		
	거센소리			ㅊ		
마찰음(갈이 소리)	예사소리		ㅅ			ㅎ
	된소리		ㅆ			
비음(콧소리)		ㅁ	ㄴ		ㅇ	
유음(흐름소리)			ㄹ			

전후(혀의 앞뒤)	전설모음		후설모음	
고저 (혀의 높고 낮음) 　입술 (평평하고 둥긂)	평순	원순	평순	원순
고모음	ㅣ	ㅟ	ㅡ	ㅜ
중모음	ㅔ	ㅚ	ㅓ	ㅗ
저무음	ㅐ		ㅏ	

문법공부 **'음소'와 '음운', '음절'**

'음소'는 더 이상 작게 나눌 수 없는 음운론상의 형태적 최소 단위를 말한다. '음절'은 음소가 모여 이루어진 말의 단위이다. 예컨대, '집'은 음소 'ㅈ+ㅣ+ㅂ'이 모여 음절 '집'이 된다.

'음운'은 말의 뜻을 구별해 주는 가장 작은 소리를 말한다. '말'과 '발'에서 두 말의 뜻을 구별해 주는 것은 [ㅁ]과 [ㅂ]이다. 따라서 [ㅁ]과 [ㅂ]은 음운이 된다. 음소와 음운의 구별이 쉽지 않은데 음소는 단순한 구성 단위라면 음운은 뜻을 구별해 주는 대립적인 단위이며 추상적인 소리다. 영어의 [r]과 [l]은 서로 다른 뜻을 가진 어휘를 만들 수 있으나 우리는 이 둘의 소리를 구별해서 뜻을 나누지는 않기 때문에 [ㄹ] 하나만 음운이 된다.

음소는 형태적 단위이며, 음운은 소리의 단위이다. 따라서, 소리와 소리가 합쳐졌을 때 변동이 일어나는 것을 '음운변동'이라고 하지 '음소변동'이라고 하지 않는다.

문법공부 **음소 〉 음절 〉 형태소 〉 단어 〉 어절 〉 구 〉 문장**

우리말의 단위는 가장 작은 단위가 음소이며, 음소가 모여 음절을 이룬다. 음절은 형태소가 되고 형태소는 단어가 된다. 형태소 하나가 단어가 될 때도 있고 그렇지 않을 때도 있다. 단어가 모여 어절을 이루며, 어절은 띄어쓰기 단위가 된다. 그리고 어절이 구를 이루며 구가 문장이 된다. 다음 문장을 통해 문장을 구성하는 단위들을 보자.

(1) 나는 달리기를 잘한다.

음소는 스물세 개(ㄴ, ㅏ, ㄴ, ㅡ, ㄴ, ㄷ, ㅏ, ㄹ, ㄹ, ㅣ, ㄱ, ㅣ, ㄹ, ㅡ, ㄹ, ㅈ, ㅏ, ㄹ, ㅎ, ㅏ, ㄴ, ㄷ, ㅏ)가 되고, 음절은 아홉 개(나, 는, 달, 리, 기, 를, 잘, 한, 다)이다. 그리고 형태소는 아홉 개(나, 는, 달리, 기, 를, 잘, 하, ㄴ, 다). 단어는 다섯 개(나, 는, 달리기, 를, 잘하다), 구는 두 개(나는, 달리기를 잘한다)이고 문장은 하나(나는 달리기를 잘한다)가 된다.

　말의 단위에서 뜻을 가진 최소의 단위를 형태소라고 한다. 형태소는 크게 자립할 수 있는 '자립형태소'와 항상 다른 말에 의존해야 하는 '의존형태소'로 나뉜다. 그리고 실질적인 뜻을 가지고 있는 '실질형태소'와 문법적 기능을 하는 '형식형태소'로도 나뉜다. 형태소를 분석하면 그 낱말의 구조를 잘 알 수가 있다. 실질형태소를 '어휘형태소'라고도 하며, 형식형태소를 '문법형태소'라고도 한다.

　(1) 나는 달리기를 잘한다.

　자립형태소: 나
　의존형태소: 는, 달리, 기, 를, 잘, 하ー, ㄴ, 다

　실질(어휘)형태소: 나, 달리, 잘, 하ー
　형식(문법)형태소: 는, 기, 를, ㄴ, 다

　* 주의를 기울여야 하는 것은 '용언의 어간'이다. 모든 자립형태소는 실질형태소인데 '용언의 어간'만은
　　의존형태소이면서 실질형태소이다.

　소리(음운)와 형태소를 공부할 때 어려운 용어가 이음과 이형태소이다. 국어에서 [ㄹ] 소리는 영어의 [r]과 [ㅣ] 소리를 구별하지 않고 쓴다. 영어의 [r]과 [ㅣ]은 의미를 구별하는 하나의 음운(right와 light)이지만 국어에서는 이 두 소리가 의미를 구별하지 못한다. 달([da]), 다리([dari])와 같이 [r]과 [ㅣ]은 환경에 따라 다르게 소리 난다. [ㄹ]은 음절 끝이나 자음 앞에서는 [ㅣ]로 소리 나고, 모음 사이에는 [r]로 소리가 난다. 이때 [r], [ㅣ]은 [ㄹ]의 이음이라고 한다. 이 (변)이음은 같은 환경에서는 같은 소리가 실현되지 않는다고 해서 '배타적(상보적) 분포'를 가진다고 한다. 이외 [g]와 [k], [b]와 [p]는 각각 국어 [ㄱ], [ㅂ]의 (변)이음이다.

　이형태소도 마찬가지로 같은 기능을 하지만 환경에 따라 다르게 실현되는 형태소를 말한다.
　주격조사 '이'와 '가'는 같은 주격조사이지만 다른 환경에서만 실현된다. 앞 소리가 모음으로 끝이 나면 '가'가, 받침 있는 소리로 끝이 나면 '이'가 쓰인다.

　(1) '철수가', '책이'

　이 또한 두 형태소가 서로 상보적으로 실현된다고 해서 '상보적 분포' 또는 '배타적 분포'의 특성을 가진다고 한다.

'걷히다'와 '거치다'

구름이 걷혔다( ), 거쳤다( ), 그쳤다( ).

길잡이 '걷히다'는 '걷다'의 피동형이다. '걷다'는 '구름이나 안개 따위가 흩어져 없어지다.', '비가 그치고 맑게 개다.'와 같은 보기로 쓰이고 [거치다]로 소리가 난다. 그리고 소리는 둘째 음절인 '-치-'가 긴 소리로 난다. '걷히다'와 '거치다'는 소리는 같지만 그 뜻이 다르다. '걷히다'가 [거치다]로 소리 나는 것을 구개음화라고 한다. 즉, '거+ㄷ+ㅎ+ㅣ+다'에서 '거티다'로 또 이것이 '거치다'로 된다. '거티다'의 'ㅌ'이 뒤에 'ㅣ'모음과 합쳐져서 '치'가 되기 때문에 이것을 구개음화 현상이라고 하는 것이다. '거치다'는 '무엇에 걸리거나 막히다.', '마음에 거리끼거나 꺼리다.', '오가는 도중에 어디를 지나거나 들르다.'의 뜻으로 쓰인다. '칡덩굴이 발에 거치다.', '진주를 거쳐 남해에 간다.'와 같이 쓰인다. 이때 '거치다'는 첫음절 '거'가 긴 소리로 난다.

그런데 이와 비슷한 말인 '그치다'가 있다. '그치다'는 '계속되던 일이나 움직임이 멈추거나 끝나다. 또는 그렇게 하다.'의 뜻이다. 그래서 '비가 그치다.', '노래가 그치다.'와 같이 쓰인다. 위에서 구름은 행위나 일이 계속되는 동작 대상이 아니다. 따라서 '그치다'는 쓸 수가 없다.

문법공부 구개음화

말은 항상 쉽게 소리 내려는 쪽으로 바뀌는 성질이 있다. 적은 노력으로 소리를 구별할 수 있으면 그쪽으로 바뀌어 가는 것이 말의 본질적인 속성이다. '굳이'의 앞 끝소리 'ㄷ' 소리는 혀끝과 앞 잇몸에서 공기가 터지면서 소리나는 것을 우리는 이미 앞에서 알았다. 그런데 뒤에 이어지는 'ㅣ' 소리는 혀의 양쪽을 중간 잇몸에 대면서 목에서 소리가 난다. 따라서 'ㄷ' 소리와 'ㅣ' 소리가 결합하는 것보다 '이' 소리와 'ㅈ' 소리가 결합하는 것이 더 쉽게 소리낼 수 있다. 그것은 'ㅣ' 소리를 낼 때의 혀의 위치와 'ㅈ' 소리를 낼 때의 혀의 위치가 서로 비슷해서 자연적으로 '디'나 '티'보다 '지'나 '치' 소리를 더 쉽게 낼 수 있기 때문이다. 이것을 혀끝소리인 'ㄷ'와 'ㅌ'이 '구개음(입천장소리)'이라고 하는 'ㅈ'과 'ㅊ'으로 바뀐다고 해서 '구개음화' 또는 '입천장소리되기'라고 한다. 그리고 이러한 현상을 'ㄷ' 소리가 'ㅣ'와 비슷한 'ㅈ'로 꾄다고 해서 '소리 닮기(동화)'의 하나로 본다. 소리 변화의 방향으로 본다면 앞소리가 뒷소리에 의해 바뀌어서 '역행 동화'라고 할 수 있고 완전 여부를 보면 불완전하게 닮았다고 해서 '불완전 동화'라 할 수 있다.

'ㄷ'소리 적기

덛저고리( ), 덧저고리( )

반짓고리( ), 반짇고리( )

길잡이 '덧저고리'는 '저고리 위에 겹쳐 입는 저고리'이다. 접두사 '덧-'이 결합되어 이루어진 모든 말은 '덧-'으로 쓴다. 이것은 맞춤법 제7항 "'ㄷ'소리로 나는 받침 중에서 'ㄷ'으로 적을 근거가 없는 것은 'ㅅ'으로 적는다.'에 따른 것이다.

'반짇고리'는 '바느질고리'에서 온 말이며, 그 뜻은 '바늘, 실, 골무 등 바느질 도구를 담는 그릇'이다. '반짓고리'가 아니고 '반짇고리'가 되는 것은 맞춤법 규정 제29항 '끝소리가 'ㄹ'인 말과 딴 말이 어울릴 적에 'ㄹ'소리가 'ㄷ'소리로 나는 것은 'ㄷ'으로 적는다.'에 따른 것이다.

이에 따른 표준어로 다음과 같은 것들이 있다.

잔다듬다(잘--), 잔주름(잘--), 숟(술)가락, 이튿(틀)날, 섣(설)달, 사흗(흘)날

본음 적기

민족과 겨레( ), 겨레( )
핑계( ), 핑게( )
게시판( ), 계시판( )
휴게실( ), 휴계실( )

길잡이 '계'와 '게'의 구별은 쉬운 것 같으면서 간혹 잘못 쓰는 경우가 있다. '맞춤법 규정 제8항은 "계, 례, 메, 폐, 혜'의 'ㅖ'는 'ㅔ'로 소리 나는 경우가 있더라도 'ㅖ'로 적는다.'로 되어 있다. 따라서 '계수'는 발음이 [게수]로 소리 나더라도 '계수'로 적는다. 핑계는 [핑게]로 소리 나더라도 '핑계'로 적는다. 이것은 형태 위주의 표기이다. '게시판', '휴게실', '게시판'은 원래 본음이기 때문에 그대로 적는다고 되어 있다. 겨레말(民族語), '겨레붙이'의 '겨레'를 '겨레'라고 쓰면 틀린다.

'의' 적기

늴리리( ), 닐리리( )는 퉁소, 나발, 피리의 소리를 흉내 낸 소리이다.
하늬바람( ), 하니바람( )은 서쪽에서 불어오는 바람이다.
닁큼( ), 냉큼( ), 닝큼( ) 일어나지 못하겠느냐?

맞춤법 제9항: '늬'나 자음을 첫소리로 가지고 있는 음절의 '늬'는 'ㅣ'로 소리 나는 경우가 있더라도 '늬'로 적는다.

이 규정에 따라 '닐리리'가 아니라 '늴리리'가 된다. 이와 비슷한 말로 '하니바람'이 아니고 '하늬바람'이 된다. '늼큼'은 부사로 '머뭇거리지 않고 단번에 빨리'라는 뜻을 가지고 있는데 부사 '냉큼'과 의미가 거의 같다. '냉큼'은 사전에 '머뭇거리지 않고 가볍게 빨리'로 되어 있다. 따라서 '늼큼'과 '냉큼' 모두 쓸 수 있다. 그러나 소리가 [닝큼]으로 난다고 '닁큼'으로 적으면 안 된다. 그런데 '늼큼'은 '냉큼'과 의미가 거의 같기 때문에 '늼큼'은 '냉큼'으로 통일하는 것이 좋을 것 같다. '늼큼'을 쓰는 사람은 거의 없기 때문이다.

합격률( ),	합격율( )
백분율( ),	백분률( )
쌍룡( ),	쌍용( )
가정란(家庭欄)( ),	가정난( )
스포츠난(欄)( ),	스포츠란( )
어머니란(欄)( ),	어머니난( )
오능(五陵)( ),	오릉( )
남녀( ),	남여( )
고랭지(高冷地)( ),	고냉지( )
신여성( ),	신녀성( )
한국여자대학( ),	한국녀자대학( )
연이율( ),	연리율( )
서울여관( ),	서울려관( )

 맞춤법 제10항: 한자음 '녀, 뇨, 뉴, 니'가 단어의 첫머리에 올 적에는 두음법칙에 따라 '여, 요, 유, 이'로 적는다.
제11항: 한자음 '랴, 려, 례, 료, 류, 리'가 단어의 첫머리에 올 적에는 두음법칙에 따라 '야, 여, 예, 요, 유, 이'로 적는다.
제12항: 한자음 '라, 래, 로, 뢰, 루, 르'가 단어의 첫머리에 올 적에는 두음법칙에 따라 '나, 내, 노, 뇌, 누, 느'로 적는다.

두음법칙은 다음과 같이 정리할 수 있다.

1. 의존 명사는 두음법칙에 적용되지 않는다.

   냥(兩), 냥쭝(兩-), 년(年)

   리(里): 몇 리냐?

   리(理): 그럴 리가 있나?

2. '한자어 접두사+어근, 한자어+한자어의 합성어'일 경우 뒷말의 첫소리는 두음법칙에 따라 적는다.

   신여성(新女性), 공염불(空念佛), 남존여비(男尊女卑), 한국여자대학, 역이용(逆利用), 열역학(熱力學), 해외여행(海外旅行), 신흥이발관, 내내월(來來月), 상노인(上老人), 중노동(重勞動), 비논리적(非論理的)

3. 모음, ㄴ받침 + 렬, 률→ 열, 율: 실패율, 백분율, 성공률, 합격률

4. '란(欄)'은 '순우리말'과 '외래어' 뒤에 나타날 적에는 '란'이 아니라 '난'으로 적어야 한다. 따라서, '어린이난(欄)', '어머니난(欄)', '가십(gossip)난(欄)', '스포츠난(欄)' 등으로 적어야 한다.

5. '고랭지(高冷地)'는 '표고(標高)가 높고 찬 지방'이란 뜻의 한 단어이기 때문에 '고냉지'가 아니라 '고랭지'로 써야 한다.

문법공부 　두음법칙

'두음법칙'은 원칙적으로 한자어에만 해당되는 음운 현상으로 두음에 'ㄹ'이나 'ㄴ'음을 'ㅇ'이나 'ㄴ'으로 바꾸는 것을 말한다. 두음법칙이 일어나게 된 까닭은 첫소리의 'ㄹ'이나 'ㄴ'이 모음과 결합함으로써 소리내기가 어렵기 때문에 소리 내기 쉬운 'ㅇ'이나 'ㄴ'으로 바꾸어 소리 내게 하는 소위 '발음경제원칙' 때문이다. 국어의 음절 첫소리 /ㄹ/은 영어의 /r/음과 비슷한 소리인데, 이 소리는 혀끝을 치켜들어 입 앞 천장 앞부분을 향해 두들겨 내는 소리(舌彈音)로 그 소리를 내기 위해서는 상당한 혀의 움직임이 있어야 한다.

북한에서 두음법칙을 적용하지 않는 것은 북한은 일찍이 한자를 쓰지 않았기 때문이다. 그래서 한자어의 의미를 구별하기 위해서는 자연적으로 한자어 소리를 그대로 적을 수밖에 없었다. 발음하기가 어렵더라도 한자어 림(林)과 임(任)은 소리대로 적고 그대로 소리를 냄으로써 두 낱말의 의미를 구별했던 것이다. 그러나 우리는 한글과 한자를 같이 썼기 때문에 한자를 보고 두 낱말의 의미를 구별할 수 있었다. 그렇기 때문에 굳이 소리 내기 어려운 림(林)을 쓰지 않고 소리 내기 쉬운 '임'으로 소리 내고 그렇게 적었던 것이다.

이윤이 짭짤하다(   ), 짭잘하다(   ).

요즘 딱따구리(   ), 딱다구리(   )를 보기가 어렵다.

산이 민밋하게(   ), 밋밋하게(   ) 생겨 볼 것이 없다.

길잡이 우리말은 의성어나 의태어와 같이 사물의 모양이나 소리를 본 뜬 말이 발달해 있다. 그런 말 가운데 같은 소리가 반복되어 이루어진 말들이 많다. 맞춤법 제13항 '한 단어 안에서 같은 음절이나 비슷한 음절이 겹쳐 나는 부분은 같은 글자로 적는다.'라는 규정에 의해 같은 소리가 한 단어 안에서 반복이 될 때는 다음과 같이 같은 글자로 적어야 한다.

놀놀하다, 밋밋하다, 쌉쌀하다, 짭짤하다, 딱따구리

제4장: 형태에 관한 것

제1절: 체언과 조사

제14항: 체언은 조사와 구별하여 적는다.

문법공부 품사와 품사 분류 기준

국어 문법에서 어휘를 문법 범주로 나눌 때 품사보다 더 큰 묶음으로 '체언, 용언, 수식언, 관계언, 독립언'으로 나눈다. '체언(體言)'은 문장에서 중심이 되는 말, 몸(體)이 된다고 해서 붙여진 이름으로 문장에서 중심 성분이 될 수 있다는 뜻이다. 이 체언에는 '명사, 대명사, 수사'가 있다. '용언(用言)'은 활용을 할 수 있다고 해서 붙여진 이름으로 '동사, 형용사'가 포함된다. '수식언(修飾言)'은 문장에서 수식하는 구실을 하는 말이다. 여기에는 명사를 수식하는 '관형사(冠形詞)'와 용언과 다른 부사와 명사를 수식하는 '부사(副詞)'가 있다. 관형사는 뒤에 오는 체언을 수식하는 구실을 하는 말무리다. '관계언(關係言)'은 문장에서 성분과 성분의 관계를 나타내는 말인데 여기에는 '조사(助辭)'가 있다. 이것은 독립된 성분이 될 수가 없다. 그리고 '독립언(獨立言)'은 문장에서 독립되어 쓰이는 말이라고 해서 붙인 이름으로 여기에는 '감탄사'가 있다. 이와 같은 문법 범주는 문법을 쉽게 설명하기 위해 일부러 말무리를 묶은 것이다. 이처럼 낱말을 묶는 것을 '품사 분류'라 하고 그 분류 기준은 '의미, 형태, 기능'이다. 그런데 낱말을 이 세 기준으로도 명확하게 분류할 수 없는 어려움이 있다. 따라서 품사 분류는 품사를 분류하는 사람에 따라서 매우 다를 수 있다. 앞에 설명한 품사는 학교 문법에서 분류한 것이다.

국어의 어휘 중에는 형태가 같은데 쓰임에 따라 품사가 달라지는 경우가 있다. 이것을 '품사통용'이라는 말을 쓰기도 한다.

(1) ㄱ. 새가 <u>높이</u> 난다.

　　ㄴ. <u>높이</u>가 몇 미터인가?

(2) ㄱ. 나는 너<u>만큼</u> 키가 크다.

　　ㄴ. 공부하는 <u>만큼</u> 성적이 오른다.

(3) ㄱ. <u>이</u>는 우리가 생각한 바이다.

　　ㄴ. <u>이</u> 꽃은 외국에서 온 것이다.

(4) ㄱ. <u>여섯</u>이 앉아 있다.

　　ㄴ. <u>여섯</u> 명이 앉아 있다.

(5) ㄱ. 우리는 친구 <u>바로</u> 뒷집에 산다.

　　ㄴ. 우리는 집에 <u>바로</u> 갔다.

위 (1ㄱ)의 '높이'는 부사이고, (1ㄴ)의 '높이'는 명사이다. (2ㄱ)의 '만큼'은 조사, (2ㄴ)의 '만큼'은 의존 명사, (3ㄱ)의 '이'는 대명사, (3ㄴ)의 '이'는 지시관형사, (4ㄱ)의 '여섯'은 수사, (4ㄴ)의 '여섯'은 수관형사이다. 이처럼 한 형태가 어떤 구실(기능)을 하느냐에 따라 품사가 달라진다. 그런데 (5ㄱ)의 바로는 뒤에 '뒷집'을 꾸며서 관형사라고 해야 하나 학교문법에서는 여전히 부사로 보고 있다. (5ㄴ)의 '바로'도 역시 부사이다.

따라서, 이것은 품사 분류 기준 가운데 '기능'에 따른 분류라고 할 수 있다.

문법공부 조사

조사는 낱말 뒤에 붙어서 문법적인 기능을 하거나 의미를 덧보태는 말이다. 조사를 '토씨'라고 부르기도 한다. 조사는 체언 뒤에 붙어서 그 말이 문법적인 성분을 나타내는 격조사와 여러 가지 말 뒤에 붙어 말하는 사람의 태도의 뜻을 보조해 주는 보조사(보조조사, 특수조사)가 있다. 격조사를 '자리토씨', 보조사를 '도움토씨'라고도 한다.

격조사에는 주어를 나타내는 주격조사(이/가, 께서, 에서), 목적어를 나타내는 목적격 조사(을/를), 보어를 나타내는 보격조사(이/가), 관형어를 나타내는 관형격조사(의), 부사어를 나타내는 부사격조사(에/에서, 로, 로써, 로서, 에게 등), 서술어를 나타내는 서술격조사(이다), 인용을 나타내는 인용격조사(라, 라고, 고)가 있으며, 둘 이상의 단어나 구를 접속해 주는 접속조사(와/과, 랑, 하고)가 있다. 마지막으로 앞의 체언를 부르는 뜻을 나타내는 조사인 호격조사(아, 야, 시이여)가 있다.

보조사는 '만', '도', '까지', '부터', '처럼' 등 종류가 많다. 이들을 의미에 따라 크게 두 가지로 나누는데, 하나는 보조가 붙은 말과 같은 뜻을 전제하는 보조사로 이를 '협수 보조사'라 한다. '철수는 라면도 잘 먹는다.'라는 문장에서 '라면' 뒤에 붙은 '도'는 '다른 것도 잘 먹는다.'라는 뜻을 포함하고 있다. 여기에는 '도, 처럼, 까지' 등이 있다. 그리고 보조사가 붙은 앞말과 반대나 대립되는 뜻을 전제하고 있는 보조사가 있는데 이 보조사를 '표별 보조사'라 한다. 철수는 라면만 잘 먹는다.라는 문장에서 줄 친 '만'은 '다른 것은 먹지 않는다.'라는 뜻을 포함하고 있다. 여기에는 '는, 만, 까지' 등이 있다.

보조사 '까지'는 협수와 표별 뜻을 다 가질 수 있는데 문장의 의미에 따라 다르다.

그 구별은 같은 종류의 보조사로 바꾸어 써서 가능한지 알아보면 알 수 있다. 그리고 보조사와 보조사가 결합될 수 있는데, 이 경우는 같은 뜻을 가진 보조사끼리만 결합할 수 있다. 다음 (1)과 같이 '만은'과 같이 '만'과 '은'이 같은 뜻무리이기 때문에 같이 쓸 수 있으나 '*만도'는 '만'과 '도'가 서로 반대의 뜻을 가지고 있기 때문에 같이 쓸 수가 없다.

(1) ㄱ. 철수는 라면만은 잘 먹는다.

ㄴ. *철수는 라면만도 잘 먹는다.

그리고 우리말 보조사 '은/는'은 다음 (2)와 같이 '주제'의 뜻과 '한정'이나 '대조'의 뜻을 나타내는 두 가지 구실을 한다.

(2) 철수는 라면은 잘 먹는다.

'철수는'의 '는'은 '주제'의 뜻을 나타내고, '라면은'의 '은'은 '한정'이나 '대조'의 뜻을 나타낸다. 우리말에서 '은/는'은 주격조사가 아니고 보조사임을 알아야 한다. 주격 조사에는 '이/가, (높임)께서, (단체)에서' 뿐이다.

문법공부 **접속조사 '와/과'와 부사격조사 '와/과'**

조사를 공부할 때 헷갈리기 쉬운 것 중에 하나가 같은 형태인 '와/과'가 접속조사로 쓰일 때와 부사격조사로 쓰일 때를 구별하는 것이다.

접속조사로 쓰이는 '와/과'는 명사와 명사를 연결하여 이어진 문장을 만드는 구실을 한다. 그러나 부사격조사로 쓰이면 홑문장이 된다.

(1) 나는 책과 연필을 샀다.
(2) 나는 영희와 함께 여행을 갔다.
(3) 귤은 오렌지와 다르다.

(1)의 '과'는 '나는 책을 샀다'+'나는 연필을 샀다'라는 두 문장을 이어주는 구실을 한다. 따라서 이어진 문장이 되고, (2)의 '와'는 '함께함'의 뜻을 나타내는 부사격조사이며, (3)은 '비교'의 뜻을 나타내는 부사격조사로 쓰인 것이다. 이들 문장은 모두 홑문장이 된다.

문법공부 **조사 '하고'와 동사 '하고'**

우리말에 '하고'는 조사로 쓰일 때와 동사 '하다'의 활용형으로 쓰일 때가 있다. 조사 '하고'는 주로 구어(입말)에서 사용하며 조사 '와'와 같은 구실을 한다.

(1) 나는 너하고 결혼할 것이다.
(2) 나는 책하고 공책을 샀다.

위 문장 (1)에서 '하고'는 부사격조사로 쓰인 것이고, (2)는 접속조사로 쓰인 것이다. (1)은 홑문장이고, (2)는 이어진 문장이다.

(3) 선수들은 모두 "이기자!" 하고 외쳤다.

이때 '하고'는 직접 인용을 나타내는 동사로 쓰인 것이다. 이 경우는 앞말과 띄어 써야 한다.

문법공부 **보조사 '들'과 접미사 '－들'**

우리말 '들'이 보조사와 접미사로 쓰일 때를 구별해야 한다. '들'이 보조사로 쓰일 때는 체언이나 부사어, 연결어미, 합성 동사 뒤에 붙어서 주어가 복수임을 나타낸다.

(1) 어서들 들어가거라.
(2) 다들 자고 있구나.
(3) 안녕들 하세요.
(4) 영화를 보고들 있네.

'들'이 원래 셀 수 있는 명사 뒤에 붙어서 복수를 나타내는 구실을 해야 하는데, 그렇지 않은 곳에 붙어서 주어가 복수임을 나타내는 것은 자연스러운 표현이라고 하기 어렵다. 그러나 많은 사람들이 이런 말을 사용하고 있기 때문에 현재 사전에 보조사로 올려놓고 있다.
'들'이 접미사로 쓰일 경우는 셀 수 있는 명사나 대명사 뒤에 붙어서 복수의 뜻을 더하는 구실을 한다.

(5) 사람들이 많다. 너희들이 해야 한다. 사건들이 많이 일어났다.

제2절: 어간과 어미

제15항: 용언의 어간과 어미는 구별하여 적는다.

'너머'와 '넘어'

철수는 산을 넘어(　), 너머(　) 갔다.

산 너머(　), 넘어(　) 강촌에는 누가 살길래.

잘못이 자연스럽게 드러났다(　), 들어났다(　).

길잡이　맞춤법 제15항 [붙임1]: 두 개의 용언이 어울려 한 개의 용언이 될 적에, 앞말의 본뜻이 유지되고 있는 것은 그 원형을 밝히어 적고, 그 본뜻에서 멀어진 것은 밝히어 적지 아니한다.

　'넘어'는 동사 '넘다'의 어간 '넘–'에 연결형 어미 '–어'가 붙어서 된 말이다. '너머'는 동사 '넘다'에 부사 파생 접미사 '어'가 결합되어 부사가 된 것이다. '너머'는 동사에서 부사로 바뀐 말이다.

　'앞말의 본뜻이 유지되고 있을 경우는 그 원형을 적는다'는 원칙에 따라 '넘어지다, 늘어나다, 돌아가다, 들어가다, 벌어지다' 등과 같이 되고, 본뜻에서 멀어진 경우는 '드러나다, 사라지다, 쓰러지다'와 같이 그 원형을 밝혀 적지 않는다.

문법공부　어미 종류

위치	어미 종류		보 기
자리	선어말 어미	높임 선어말 어미	주체를 높여 주기 위하여 어간과 어말어미 사이에 들어가는 형태소(/–시–/) (1) 아버지께서 오신다.
		공손 선어말 어미	말하는 이가 말 듣는 이에게 공손한 뜻을 나타내기 위하여 어간과 어말어미 사이에 들어가는 형소(/–사옵–, –옵–, –잡–, –자옵–, –자오– / 등이 있다) (2) 당신의 뜻대로 하시옵소서.
		시제 선어말 어미	어떤 행위가 이루어진 때를 표시하는 기능을 가진 어미 (3) ㄱ. 철수가 밥을 먹었다. (과거) ㄴ. 철수가 밥을 먹는다. (현재) ㄷ. 철수가 밥을 먹겠다. (미래)

기능	종결어미	평서형	-다, -오
		의문형	-느냐, -가, -까
		명령형	-(아/어)라, -거라, -너라
		청유형	-자, -세
		감탄형	구나, -구료
	연결어미	대등적 연결어미	두 문장을 대등적으로 이어주는 어미 (4) 산은 높고 바다는 넓다. (-고, -며, -거나, -든지, -면서 등)
		종속적 연결어미	두 문장을 종속적으로 이어주는 어미 (5) 봄이 오니 꽃이 핀다. (-므로, -는데, -러, -어야/-아야, -ㄹ망정 -니까, -어서/아서 등)
		보조적 연결어미	본용언과 보조용언을 이어주는 어미 (6) 꽃이 피어 있다. (-아/어, -게, -지, -고 등)
	전성어미	명사형 어미	용언을 명사형으로 만들어 주는 어미 (7) 감기가 걸려서 말하기가 어렵다. (-ㅁ, (으)ㅁ, -기 등)
		관형사형 어미	용언을 관형어로 만들어 주는 어미 (8) 철수는 열심히 공부하는 학생이다. (-ㄴ, -(은/는), -ㄹ, -던 등)
		부사형 어미	용언을 부사어로 만들어 주는 어미 (9) ㄱ. 그는 돈도 없이 외국에 갔다. 　　ㄴ. 꽃이 아름답게 피었다. 　　ㄷ. 차가 지나가도록 길을 비켰다. 　　ㄹ. 나는 눈이 많이 와서 집에 가지 못했다. (-게, -도록, -어서) *부사형 어미에 대해서는 아직 통일된 이론이 없다. 제6차 교육과정에서는 '없이'와 '달리'만 부사형 어미라고 하고 다른 어미들은 연결형 어미라고 하였다. 그러나 제7차 교육과정에서는 (9ㄴ~ㄹ)의 -게, -도록 -(어)서는 부사형 어미와 연결형 어미로 모두 보고 있다. 부사형 어미로 보면 부사절로 안긴 문장이고, 연결형 어미로 보면 종속적으로 이어진 문장이 된다.

'-오-'와 '-요-'

어서 오십시오( ). 오십시요( ).

하시오( ). 하시요( ).

그것 뭐요?

이것은 책이오( ). 책이요( ).

이것은 책이 아니오( ). 아니요( ).

이것은 책이요( ), 책이오( ), 저것은 공책이요( ), 공책이오( ).

 길잡이 맞춤법 제15항 [붙임2]: 종결형에서 사용되는 어미 '-오'는 '요'로 소리 나는 경우가 있더라도 그 원형을 밝히어 '오'로 적는다.

　[붙임 3] 연결형에서 사용되는 '이요'는 '이요'로 적는다.

　높임 선어말 어미 '-시-' 뒤와 '-이-', '아니-' 등이 종결형에 쓰일 때도 모두 '-오'를 쓰면 된다. 발음은 [요]로 나는 것을 인정하더라도 '-오'로 통일한 것이다. 그러나 종결형이 아닌 연결형 어미로 쓰일 때는 '-요'로 써야 한다. 지금도 여러 곳에 '어서 오십시요'라고 잘못 적어 놓은 데가 많다.

이 책 읽어오( ), 읽어요( ).

이것 좋지요( ), 좋지오( ).

길잡이 맞춤법 제17항: 어미 뒤에 덧붙는 조사 '-요'는 '-요'로 적는다.

　'읽어요'는 '읽다'의 어간 '읽-'에 종결형 어미 '-어'가 결합되었기 때문에 조사 '-요'가 덧붙는다. '좋지요'도 이와 마찬가지로 '좋다'의 어간 '좋-'에 종결형 어미 '-지'가 결합되었기 때문에 '요'가 덧붙는다. 이때 '-요'를 문장 끝에 붙는다고 해서 '문장조사' 또는 높임을 나타내는 '보조사'라고 한다.

'우' 불규칙 활용

냇물을 푸니( ), 퍼니( ) 고기가 나왔다.

길잡이 우리말에 활용형이 하나밖에 없는 동사가 있는데 바로 동사 '푸다'이다. '푸다'는 '속에 들어 있는 액체, 가루, 낟알 따위를 떠내다'의 의미이다. '밥을 푸다, 물을 푸다'와 같이 쓰인다. 활용은 '퍼, 퍼서, 푸니, 푸고'와 같이 되며 이를 '우 불규칙 활용'이라고 한다. 따라서 '물을 퍼니'가 아니라 '물을 푸니'가 맞다. 우리는 흔히 물을 '퍼고, 퍼니, 퍼지, 퍼게' 등과 같이 쓰는데 잘못 쓴 것이다. 그런데 실제 많은 사람들이 '푸다'보다 '퍼다'를 사용하고 있으니 기본형을 '푸다'라고 하기보다는 '퍼다'로 바꾸는 것도 생각해 보아야 한다.

'ㅎ' 불규칙 활용

가을이 되니 논에 벼가 노랗네( ), 노라네( ).

길잡이 색깔을 나타내는 낱말의 활용은 실제 발음과 달라서 틀리기 쉽다. '노랗다'라는 형용사는 '노래, 노라니, 노라네, 노랗고, 노랗소'와 같이 활용한다. '누렇다'도 '누르네'와 같이 된다. 그러나 'ㅎ'으로 끝나는 형용사 가운데 '좋다'만 '조네'가 아니고 '좋네'로 된다. '하얗다'도 '하얘, 하야니 하야네 하얗고'와 같이 '모음'과 'ㄴ'음 앞에서 'ㅎ'이 탈락된다. 이것을 'ㅎ 불규칙 활용'이라고 한다. 그러나 2016년 표준어를 개정하면서 '노랗네', '하얗네'도 표준어로 삼기로 했다. 따라서 '노랗네'와 '노라네' 모두 맞다.

'ㅂ' 불규칙 활용

영희는 얼굴이 매우 아름다와( ), 아름다워( )졌다.
자랑스러운( ), 자랑스런( ) 대한민국

길잡이 맞춤법 제18항: 다음과 같은 용언들은 어미가 바뀔 경우, 그 어간이나 어미가 원칙에 벗어나면 벗어나는 대로 적는다.

이것은 모음조화 규칙에서 벗어난 것을 표준어로 삼은 규정이다. 어간의 끝소리 'ㅂ'인 형용사에 어미 '-어'가 와서 'ㅂ'이 'ㅜ'로 바뀔 적에 어간 끝소리가 양성모음이더라도 '와'가 안 되고 '워'가 된다. 이와 같은 보기는 다음과 같다.

괴롭다: 괴로워   가깝다: 가까워   아릅답다: 아름다워

그리고 우리는 흔히 '자랑스럽다'의 활용형 '자랑스러운'을 '자랑스런'으로 쓰는 경우가 많다. '자랑스럽다'의 활용형은 위에 보인 맞춤법 18항에 의해 '자랑스러워, 자랑스러우니'와 같이 'ㅂ'이 'ㅜ'로 바뀐다. 따라서 '자랑스럽다'에 관형사형 어미 '-ㄴ'이 결합되는 형태는 '자랑스러운'이 되어야 한다. '자랑스런'과 같이 ㅂ 불규칙 활용에서 'ㅜ'를 생략하고 관형사형 어미 '-ㄴ'을 바로 쓰는 것은 어법에 벗어난 것이다. 예를 들면, '사랑스러운'을 '사랑스런'으로, '다행스러운'을 '다행스런'과 같이 쓰는 것은 잘못된 표현이다.

동음어 활용

고기를 구워(   ), 굽어(   ) 먹는다.
엿가락이 구벘다(   ), 굽었다(   ), 구웠다(   ).

 우리말에 다음과 같이 기본형은 같은데 의미에 따라 활용이 다른 말이 있다.

굽다	불에 굽다(炙)	구워, 구우니, 구워서	ㅂ 불규칙 활용
	길이 굽다((曲)	굽어, 굽으니, 굽어서	규칙 활용
묻다	모르는 것을 묻다(問)	물어, 물으니, 물어서	ㄷ 불규칙 활용
	무엇을 땅에 묻다(埋)	묻어, 묻으니, 묻어서	규칙 활용
걷다	걸음을 걷다(步)	걸어, 걸으니, 걸어서	ㄷ 불규칙 활용
	빨래를 걷다(券)	걷어, 걷으니, 걷어서	규칙 활용
이르다	시간이 이르다(早)	일러, 일러니, 일러서	르 불규칙 활용
	어디에 이르다(至)	이르러, 이르니, 이르러서	러 불규칙 활용
	누구에게 이르다(日)	일러, 일러니, 일러서	르 불규칙 활용
누르다	빛이 누르다(黃)	누르러, 누르니, 누르러서	러 불규칙 활용
	무엇을 누르다(壓)	눌러, 눌러니, 눌러서	르 불규칙 활용

'ㄹ' 탈락 규칙—규칙 활용

나르는( ), 나는( ) 원더우먼

낯선( ), 낯설은( ) 타향 땅에

녹슨( ), 녹슬은( ) 기찻길

헐은( ) 위벽, 헌( ) 위벽을 아물게 한다.

여러분도 아다시피( ), 알다시피( ) 경제가 매우 어렵습니다.

 '날다'의 어간 끝소리 'ㄹ'이 어떤 어미 앞에서 줄 적에는 준 대로 적는다. '날다'의 어간 '날-'은 'ㄴ'음 앞에서는 'ㄹ'이 줄기 때문에 '나는'으로 적어야 한다. '낯선'의 기본형은 '낯설다'이다. 따라서 '낯설다'의 어간 '낯설-'이 관형형 어미 앞에서 'ㄹ'이 줄 적에는 준 대로 적어 '낯선'이 된다. '녹슬다', '헐다'도 'ㄹ탈락'의 규칙에 의해 '녹슨'과 '헌'이 된다.

이것은 어간의 끝소리 'ㄹ'이 '갈다'가 '가니, 갑니다, 가오, 가시오'가 되는 것과 같다. '알다'도 '아니, 알고, 알지, 압니다, 아오, 아시오'와 같이 된다. 그러나 어미 '-다시피'는 뒤 음절이 'ㄷ'으로 시작하기 때문에 'ㄹ'이 탈락할 수가 없다. 따라서 '알다시피'가 된다.

'ㄹ탈락 현상'은 용언이 아닌 명사나 부사에서도 일어나는데 '달달이'가 '다달이', '딸님'이 '따님'으로 되는 현상이 있다.

하늘을 우러르( ), 우러러( ), 우르러( ) 한 점 부끄럼이 없다.

하늘이 푸르러( ), 푸러러( )

 '우러러'의 기본형은 '우러르다'이다. 활용은 '우러르니', '우러러'가 된다. 이것을 이전에는 '으 불규칙 활용'이라고 한 적이 있었다. 그러나 지금 학교 문법에서는 '규칙 활용'으로 보고 있다. 이것은 어간 '르'의 '으'가 탈락되면서 '러'가 된 것이다.

그런데 이와 유사한 활용으로 '러 불규칙 활용'과 '르 불규칙 활용'이 있다. 우리말에서 이 두 활용이 다소 복잡하다. '러 불규칙 활용'은 어간 뒤에 '러'가 결합되는 것을 말하며, '르 불규칙 활용'은 어간에 'ㄹ'이 덧붙고 어미에 '러'가 붙어 어간과 어미가 모두 변하는 형태이다.

'러' 불규칙 활용과 '르' 불규칙 활용

불규칙	활용 모습	보기	
'러' 불규칙 활용	어미가 '러'로 됨	이르다(至)	이르러
		누르다(黃)	누르러
		푸르다	푸르러
'르' 불규칙 활용	어간과 어미가 'ㄹ러'로 됨	이르다(早) 이르다(曰)	일러
		누르다(壓)	눌러
		머무르다	머물러

'으' 탈락 규칙-규칙 활용

자물쇠로 문을 잘 잠궈라( ), 잠가라( ).

계곡물에 발을 잠그면( ), 잠구면( ) 발이 차갑다.

김치를 담궜다( ), 담갔다( ), 담았다( ).

길잡이 우리는 흔히 문을 '잠그다'의 명령형을 '잠궈라'고 하는데 '잠궈라'가 아니고 '잠가라'가 맞다.

'잠그다'는 '문을 잠그다'와 같이 '열지 못하도록 무엇을 걸거나 꽂거나 하는 것'이란 뜻과 '발을 물에 잠그다'와 같이 '무엇을 액체 속에 넣는 것'의 뜻이 있다. 이 모두 활용은 '잠그니, 잠가'가 된다. 이들의 과거형도 모두 '잠갔다'가 된다. 그래서 '잠궜다'는 표준어가 아니다.

그리고 '김치를 담그다'라는 말이 있다. 이것도 기본형이 '담구다'가 아니고 '담그다'이기 때문에 활용을 하면 '담가, 담그니, 감가서'와 같이 된다.

그런데 우리는 흔히 '김치를 담그다.'를 '김치를 담다.' 또는 '김치 담다'라는 말을 쓰곤 한다. 그러나 이 말은 표준어가 아니다. 사전에 '담다'는 '담그다'의 방언(강원, 경남, 전남, 평안)으로 되어 있다. 그러나 '김치를 장독에 담았다'는 말은 가능하다. 이때 '담다'는 '담그다'의 뜻이 아니라 '어떤 물건을 그릇 따위에 넣다.'의 뜻으로 쓰인 것이다.

글을 쓰서( ), 써서( )보내다.

그는 귀신에 씌였다( ), 쒸였다( ), 씌었다( ).

벽에 글이 씌어( ), 써여( ), 쓰여( ), 쓰이어( ) 있다.

모자를 씌우다( ), 씌다( ), 씨우다( ).

 길잡이 동사 '쓰다'에 어미 '어서'가 결합되면 '_'가 탈락하여 '써서'가 된다. 이러한 현상을 이전에는 '으 불규칙 활용'으로 보았으나 현행 학교문법에서는 '으 탈락 규칙'으로 설명하고 있다. 즉, 불규칙 활용이 아니라 규칙적으로 탈락하는 현상이라 하여 규칙 활용이라고 한다. 우리말에서 '으' 모음 으로 끝나는 동사나 형용사 어간 뒤에 어미 '−어'가 오면 '르 불규칙 활용'이나 '러 불규칙 활용'을 제외하면 자동적으로 '으' 모음이 탈락하게 된다. 즉, '치르다'가 '치러', '크다'가 '커'와 같이 된다. 그리고 '해가 뜨다'는 '해가 떠서'로, '불을 끄다'는 '불을 꺼서' 등으로 된다.

'쓰다'에 어미 '−으시오'가 결합되면 '쓰시오'가 된다. 그리고 '쓰다'의 피동형인 '쓰이다'의 준말 은 '씌다'가 된다. 그래서 글이 '씌어'와 '쓰이어', '쓰여' 모두 가능하다. 그러나 '써여'는 잘못된 표 현이다.

이와 비슷한 말로 '귀신 따위에 접하게 되다'라는 말로 '씌다'가 있다. 이 말의 과거형은 '씌었다' 가 된다. 그리고 '모자를 쓰다'에서 동사 '쓰다'의 사동사는 '씌우다'가 되고 준말은 '씌다'이다. 그 래서 '동생에게 모자를 씌웠다'가 된다. 따라서 '씌우다', '씌다'가 모두 맞다.

철수는 시험을 치러( ), 치르러( ), 치루러( ) 서울에 갔다.

부모님 환갑 잔치를 치렀다( ), 치뤘다( ).

길잡이 '치렀다'의 기본형은 '치르다'이다. 그래서 '시험을 치루었다' 또는 '치뤘다'가 아니라 '시험을 치 렀다'가 되어야 한다. 그리고 '치르니', '치러', '치르러'와 같이 활용이 된다. '치르다'는 다음과 같 은 보기로 쓰인다. '시험을 치르다'와 같은 뜻으로 '시험을 치다'도 함께 쓰인다.

(1) 국립대학 마지막 본고사 치러!
(2) 수능시험을 다 치러 기분이 상쾌하다.
(3) 철수는 서울에 시험을 치르러 갔다.
(4) 잔치를 치렀다.

설레이는(   ), 설레는(   ) 마음 억누를 수 없다.

목메이게(   ), 목메게(   ) 불러 봅니다.

길잡이   우리말에서 기본형을 잘못 알아 동사 활용을 틀리게 하는 경우가 있다. 그 가운데 흔히 '마음이 가라앉지 아니하고 들떠서 두근거리다'의 뜻으로 쓰이는 '설레다'가 있다. 이것을 '설레이다'로 잘못 알아 '설레이고', '설레이니', '설레여서' 등으로 잘못 활용하여 쓰는 경우가 많다. 이 말은 '설레고', '설레니', '설레어', '설레' 등과 같이 활용이 된다. 명사형은 '설레임'이 아니라 '설렘'이 맞다. 이와 비슷하게 잘못 쓰는 말로 '목메다'가 있다. '목메다'는 '기쁨이나 설움 따위의 감정이 북받쳐 솟아올라 그 기운이 목에 엉기어 막히다'와 같은 뜻으로 쓰인다. 이 말을 '목메이다'로 잘못 사용하는 경우가 많다. 따라서 '목메여', '목메이고', '목메이니' 등과 같이 쓰면 틀린다. 기본형이 '목메다'이기 때문에 '목메어', '목메', '목메니', '목메고', '목메게' 등과 같이 써야 한다.

대상에 따른 불규칙 활용 분류

불규칙 활용 대상	활용 모습
어간 활용	'ㅅ' 불규칙 활용, 'ㄷ' 불규칙 활용, 'ㅂ' 불규칙 활용, 'ㅜ' 불규칙 활용
어미 활용	'여' 불규칙 활용(-하다-하여), '러' 불규칙 활용, '너라' 불규칙 활용 (-거라-오너라), '오' 불규칙 활용(달다-다오)
어간, 어미 활용	'르' 불규칙 활용, 'ㅎ' 불규칙 활용

다음 중 맞는 답을 답지에 써라(   ), 쓰라(   ).

선생님께서 "답을 빨리 써라(   ), 쓰라(   )."고 하셨다.

길잡이   명령형 가운데는 직접 청자에게 명령하는 직접명령과 어떤 인쇄 매체를 통하여 간접적으로 명령하는 간접명령이 있다. 직접명령은 일반적으로 '아/어라' 또는 '-거라/-너라' 등과 같이 쓰고, 간접명령일 경우는 기본형 어간 뒤에 명령형 어미 '-라'나 '-(으)라'가 결합된다.

그래서 직접명령은 "하여라", "가거라", "오너라", "밝혀라", "솟아라", "써라" 등이 되고, 이들의 간접명령은 '하라', '가라', '오라', '밝히라', '솟으라', '쓰라' 등으로 된다.

어미 활용

알맞은( ), 알맞는( ) 답을 쓰시오.

맞은( ), 맞는( ) 답을 쓰시오.

그녀에게 걸맞은( ), 걸맞는( ) 신랑감이다.

길잡이 동사 어간 뒤에 관형사형 어미 '-는'이 오면 '현재 진행'을 나타내고, '-(으)ㄴ'이 오면 '과거'를 나타낸다. '읽는 책'과 '읽은 책'은 뜻이 서로 다르다. '읽는 책'은 현재 읽고 있는 책을 나타내지만 '읽은 책'은 과거에 읽은 책을 말한다. 그러나 형용사일 경우는 어간 뒤에 현재 진행을 나타내는 관형사형 어미 '-는'은 쓸 수 없다. 따라서 형용사일 경우 어간 끝소리가 자음으로 끝날 때는 관형사형 어미 '-은'밖에 쓸 수가 없다. 형용사 '좋다'의 관형사형은 '좋는'이 아니라 '좋은'이 된다. '알맞은 답'에서 '알맞다'가 형용사이기 때문에 '알맞은 답'이 되어야 한다. 그러나 '맞는 답'의 '맞다'는 자동사이고 앞말 끝소리가 자음으로 끝났기 때문에 어미 '-는'을 써야 한다.

그리고 '걸맞다'도 마찬가지로 형용사이기 때문에 관형사형 어미는 '-은'이 와서 '걸맞은'으로 써야 한다. '걸맞는'은 틀린 표현이다.

아이가 잘 자랄는지( ), 자랄른지( ), 자랄런지( ).

어디로 떠날런가?( ), 떠날는가( )?

길잡이 우리말에 어미 '-(으)ㄹ는지'가 있다. 이것은 연결어미로도 쓰이고 종결어미로도 쓰인다. 사전에 '((이다'의 어간, 받침 없는 용언의 어간, 'ㄹ' 받침인 용언의 어간 또는 어미 '-으시-' 뒤에 붙어)) 뒤 절이 나타내는 일과 상관이 있는 어떤 일의 실현 가능성에 대한 의문을 나타내는 연결어미'로 쓰인다고 되어 있다.

'나무가 잘 자랄는지'의 '자랄는지'는 '자라+ㄹ(미래시제)+는지(의문종결어미)'로 분석할 수 있다. '자랐는지(과거)', '자라는지(현재)', '자랄는지(미래)'가 된다. 이처럼 시제 선어말어미와 '-는지'가 일관되게 쓰인다. '자랄는지'의 발음은 [자랄런지]가 되지만 표기는 '자랄는지'로 해야 한다. '자랄는지'는 '자랄 것인지'의 뜻으로 '추측'이나 '가능성'을 나타낸다.

이처럼 '-는지'는 종결형 어미로도 쓰이지만 '비가 올는지 바람이 많이 분다.', '무슨 일이 일어날는지 아무도 모른다.'처럼 연결형 어미로도 쓰인다.

반면에 이와 유사한 표현으로 '-(으)ㄹ런가' 또는 '-(으)ㄹ런고'가 있다. 이것은 '모음으로 끝나는 어간에 붙어 '-겠던가'의 뜻으로 물음을 나타내는 종결형어미'로 쓰인다. 그래서 '어디로 떠날런가?'는 '어디로 떠나겠던가?'의 뜻으로 해석된다.

떡볶이( ), 떡복기( ), 떡볶기( )를 먹었다.

맞춤법 제19항: '어간에 '-이'나 '-음/-ㅁ'이 붙어서 명사로 된 것과 '-이'나 '-히'가 붙어서 부사로 된 것은 그 어간의 원형을 밝히어 적는다.

'떡볶이'는 '떡+볶(다)+이'의 짜임으로 된 말이다. '떡볶다'는 '떡을 볶다'에서 '볶다'의 어간에 '-이'가 붙어서 명사가 되었기 때문에 소리 나는 대로 적는 것이 아니고 그 원형을 밝히어 적는다.

그러나 동사 '볶다'에 명사형 어미 '-기'가 결합될 경우는 '볶기'가 되고 여기에 떡을 붙이면 '떡볶기'가 된다. '떡 볶기 대회가 열렸다.'라는 문장이 가능하면 '떡볶이'가 아니라 '떡 볶기'가 된다.

이밖에 '오뚝이'도 '오뚜기'가 아니다. '오뚝이'는 '오뚝하다'라는 형용사 어간에 명사 파생 접미사 '-이'가 붙어서 명사가 되기도 하고, 부사 파생 접미사 '-이'가 붙어 부사가 되기도 한다. 두 경우 모두 '오뚝이'가 된다.

나는 네가 성공하기를 진심으로 바래( ), 바라( ).
나도 그런 것 같애( ), 같아( ).

맞춤법 제34항: 모음 'ㅏ, ㅓ'로 끝난 어간에 '-아/-어, -았-/-었-'이 어울릴 적에는 준 대로 적는다.

우리가 사용하는 실제 발음과 맞춤법이 다른 경우가 많다. 그 가운데 하나가 다음과 같이 양성 모음으로 끝나는 용언에 어미 '-아/-어'나, '-았-/-었-'이 와서 줄 때는 준 대로 적을 경우 매우 어색한 경우가 있다. 대표적인 것으로 '바라다'인데 '바라다'에 어미 '-아'가 오면 '바래'가 아니고 '바라'가 된다. 형용사 '같다'에 어미 '-아'가 오면 '같아'가 되고 '같애'는 틀린 표현이다. '바래'는 '색이 바래다'에서 '바래다'의 활용형이다.

제4절 합성어 및 접두사가 붙은 말

문법공부 **어근과 어간, 접사**

어근은 항상 접사와 같이 따라붙는 말이다. '어근'은 '단어를 분석할 때, 실질적 의미를 나타내는 중심이 되는 부분'이다. '덮개'의 '덮-'이 어근이고, '-개'는 접미사이다. '어른스럽다'에서 '어른'이 어근이고, '-스럽-'은 접미사이다.

어간은 활용에 쓰이는 용어로 항상 어미와 짝이 되어 쓰인다. 어근과 어간은 같을 수도 있고 다를 수도 있다. '가다'의 경우 '가-'는 '어근'도 되고 어간도 된다. 그러나 접사가 없는 경우는 어근이라는 말을 쓰지 않고 어미 '-다'와 함께 어간이라는 말을 쓴다.

'달리기'라는 말에서 '달리-'는 어근도 되고 어간도 된다. '달리'가 어근이 될 때는 '-기'는 접미사이나 어간이 될 때는 명사형 어미이다. '달리기'가 어근과 접미사로 이루어지면 품사는 명사이고, 어간과 어미로 되면 동사이다.

접미사 '-이'와 '-히'

곰곰이(   ), 곰곰히(   )

깊숙이(   ), 깊숙히(   )

끔찍이(   ), 끔찍히(   )

틈틈이(   ), 틈틈히(   )

꼼꼼이(   ), 꼼꼼히(   )

길잡이 부사 뒤에 적는 '-이'와 '-히'의 쓰임이 매우 어렵다. 맞춤법 제51항에 '부사의 끝음절이 분명히 '이'로만 나는 것은 '-이'로 적고, '히'로만 나거나 '이'나 '히'로 나는 것은 '-히'로 적는다.'라고 되어 있다. 하지만 실제 소리에서 '-히'와 '-이'는 구별하기가 쉽지 않다.

우리가 알아 두면 좋을 대체적인 규칙을 보면 두 음절이 같이 나는 첩어와 부사 끝소리가 'ㄱ'으로 끝나는 말 뒤에는 주로 '-이'로 적으면 된다. 예외도 있지만 헷갈리기 쉬운 것만 챙겨서 익혀 둘 수밖에 없다. 위 문제는 '곰곰이', '깊숙이', '끔찍이', '틈틈이'가 맞는 말이다. 특별히 '꼼꼼'은 첩어이지만 끝소리가 '-히'로 나기 때문에 '꼼꼼히'로 써야 한다.

오뚝이( ), 오뚜기( )

뻐꾸기( ), 뻐꾹이( )

깍둑이( ), 깍두기( ), 깍뚜기( )

 맞춤법 제23항: '-하다'나 '-거리다'가 붙는 어근에 '-이'가 붙어서 명사가 된 것은 그 원형을 밝히어 적는다.

'오뚝이'는 형용사 '오뚝하다'에 부사화 접미사 '-이'가 붙어서 된 부사(코가 오뚝이 솟아 있다)로도 쓰이고, '-이'가 명사화 접미사인 경우는 명사(오뚝이 인생)로도 쓰인다. 위에서 '뻐꾸기'는 '뻐꾹하다'나 '뻐꾹거리다'가 되지 않기 때문에 '뻐꾸기'가 된다.

'깍두기'도 '뻐꾸기'와 마찬가지로 어근에 '-하다'나 '-거리다'가 붙을 수 없기 때문에 '깍둑이'는 불가능하다. 그리고 '깍뚜기'가 아니고 '깍두기'임을 잘 알아야 하겠다.

'살살이, 홀쭉이, 꿀꿀이'도 마찬가지이다.

더욱이( ), 더우기( )

코가 오뚝이( ), 오뚜기( ), 오똑이( ) 솟았다.

굽이굽이( ), 구비구비( ) 흘러가는 강물

맞춤법 제25항: '-하다'가 붙는 어근에 '-히'나 '-이'가 붙어서 부사가 되거나, 부사에 '-이'가 붙어서 뜻을 더하는 경우에는 그 어근이나 부사의 원형을 밝히어 적는다.

'더욱이'는 부사 '더욱'에 접미사 '-이'가 붙어서 된 부사이다. 마찬가지로 '오뚝이'도 부사 '오뚝'에 접미사 '-이'가 붙어서 된 말이다. 따라서, 부사의 어원을 밝혀 적어 소리 나는 대로 이어 적지 않고 분리해서 적는다. 부사뿐만 아니라 명사도 마찬가지이다. 그리고 특히, 형용사 '오똑하다'의 작은말로 '오똑하다'를 표준어로 보기 쉬운데 이 말은 표준어가 아니다. '오똑하다'의 큰말은 '우뚝하다'로 보기 때문이다. 사전에 '오똑하다'는 서부경남의 방언이라고 해 놓았다. 실제는 '오똑하다'는 매우 많은 사람들이 사용하고 있으며 서부경남의 방언만은 아니다. 그리고 상징어의 풍부한 생산성에 따라 복수표준어로 삼아야 할 것이다. 어쨌든 현재 부사 '오똑' 또는 '오똑이'도 표준어가 아닌 것으로 되어 있다.

그리고 '굽이굽이'를 '구비구비'로 잘못 쓰는 경우가 있다. '굽이'도 형용사 '굽다'에 접미사 '-이'가 붙어서 부사가 된 말로 그 어원을 밝혀 적어야 하기 때문에 '구비'가 아니고 '굽이'가 된다.

우리말 단어는 더 이상 형태소로 분석이 되지 않는 단일어가 있으며, 둘 이상의 형태소가 결합한 복합어가 있다. 복합어에는 실질적인 의미를 가진 어근과 어근이 결합하여 이루어진 합성어와 어근에 접사가 앞뒤로 붙어서 이루어진 파생어가 있다.

단어 ┌ 단일어
     └ 복합어 ┌ 합성어: 어근 + 어근
              └ 파생어: (접두사) + 어근 + (접미사)

[합성어]

합성어(合成語)는 둘 이상의 어근이 어울려(합성하여) 한 낱말이 된 말이다. 어근(뿌리)은 독립된 의미를 가지고 있으며, 자립해서 쓰일 수 있는 말이다. 예컨대, 합성어는 '꽃잎', '물난리', '값없다'와 같은 말들이다. '꽃잎'은 [꽃+잎], '물난리'는 [물+난리], '값없다'는 [값+없다]와 같이 각각 자립해서 쓰일 수 있는 두 낱말이 어울려 한 단어가 된 말이다.

[파생어]

파생어(派生語)는 독립된 하나의 어근 앞뒤에 품사를 바꾸거나 의미를 한정하는 말이 붙어 새로운 말(파생된 말)이 된 것을 말한다. 이같이 어근 앞뒤에 붙는 말을 접사(가지)라고 하며, 접사는 자립해서 쓰일 수 없다. 어근 앞에 붙으면 '접두사'라 하고, 어근 뒤에 붙으면 '접미사'라 한다.

[접두사]

접두사(接頭辭)는 독립되어 쓰이는 한 단어 앞에 붙어서 그 단어의 의미를 한정하거나 덧붙이는 구실을 하는 말이다. 예컨대, '첫아들, 홀아비, 홑몸, 헛웃음'의 '첫'이나 '홀–', '홑–', '헛–'과 같은 말을 접두사라고 한다. 이 말들은 홀로 쓰일 수 없으며 단지 자립된 단어에 붙어서 쓰인다.

[접미사]

접미사(接尾辭)는 어근 뒤에 붙어서 그 어근의 의미를 덧붙이거나 어근의 품사를 바꾸는 구실을 한다.
어근에 붙어서 새로운 품사를 파생시키는(만드는) 접미사라고 해서 '파생 접미사'라 한다.
합성어와 파생어 종류를 정리하면 다음 표와 같다.

단일어				논, 밭, 하늘, 집, 손
복합어	합성어	의미	대등적 합성어	밤낮, 논밭, 남녀, 맛, 높푸르다, 앞뒤
			종속적 합성어	길바닥, 돌다리, 눈물, 봄비
			융합 합성어	밤낮, 춘추, 돌아가다, 연세
		통사	통사적 합성어	밤낮, 어린이, 정들다, 앞서다, 새해
			비통사적 합성어	늦여름, 꺾쇠, 먹거리, 들것, 여닫다, 우짖다, 부슬비

단일어				논, 밭, 하늘, 집, 손
복합어	파생어	접두파생어	(의미 한정)	짓밟다, 개떡, 날고기, 드높다
		접미파생어	명사 파생 접미사	꿈, 웃음, 따개, 지우게, 읽기
			동사 파생 접미사	공부하다, 밥하다, 먹이다, 밝히다, 출렁거린다.
			형용사 파생 접미사	아름답다, 사랑스럽다, 슬기롭다, 높다랗다, 새롭다
			부사 파생 접미사	높이, 틈틈이, 깨끗이, 부지런히, 나날이, 다시금
			(의미 첨가)	선생님, 학생들, 지붕

'명사형 어미 '-ㅁ'과 접미사 '-ㅁ'

책꽂이를 만듦( ), 만듬( )

이웃에게 베풂( ), 베품( ) 운동을 하자.

길잡이 용언의 어간 끝소리가 'ㄹ'로 끝날 때 그 명사형은 끝소리 'ㄹ' 뒤에 '-ㅁ'을 써서 'ㄻ'의 꼴이 된다. 그래서 '만들다'의 명사형은 '만듦'이 되고, '날다'의 명사형은 '낢'이 된다. 그런데 '울음'은 '울다'에서 명사 파생 접미사 '-음'이 붙어 명사가 된 것이고, '욺'은 '울다'의 명사형 어미 '-ㅁ'이 붙은 것이다. 이와 비슷한 예로 '얼음'과 '얾', '알음'과 '앎', '갈음'과 '갊', '졸음'과 '졺', '놀음'과 '놂' 등이 있다. 마찬가지로 '베풀다'의 명사형은 '베풂'이지 '베품'이 아니다. 동사에 명사형 어미가 붙으면 아직 명사로 굳어진 것이 아니기 때문에 품사는 동사이며, 명사 파생 접미사가 붙으면 동사는 완전히 명사로 파생되었기 때문에 품사는 명사가 된다.

얼음: 물이 얼음으로 되었다.(명사)
얾: 물은 영도에서 얾.(동사)

알음: 전부터 알음이 있는 사이.(명사)
앎: 오래 전부터 앎.(동사)

갈음: 서신으로 갈음하고자 합니다.(명사)
갊: 새 것으로 갊이 좋겠다.(동사)

그러나 '삶'과 '앎'은 명사형과 파생명사가 같은 형태이다.

삶의 문제(명사)

십 년 동안 여기서 삶.(동사)

앎은 힘이다.(명사)

상식을 많이 앎은 생활에 많은 도움이 된다.(동사)

명사형 어미와 명사 파생 접미사

명사형 어미와 명사 파생 접미사가 헷갈리기 쉽다. 명사형 어미가 붙은 말은 품사가 동사나 형용사이며, 문장 성분은 서술어가 된다. 반면에 명사 파생 접미사로 된 말의 품사는 명사이며, 성분은 주어, 목적어, 보어가 된다. 명사형 어미는 '-ㅁ, -음, -기'가 있고, 명사 파생 접미사는 '-ㅁ, -음, -기, -애, -게, -개 등'과 같이 종류가 매우 많다.

따라서, '-ㅁ,-음, -기'는 명사형 어미도 되고 명사 파생 접미사도 된다.

(1) 철수는 달리기를 잘 한다.

(2) 모래밭에서 달리기가 어렵다.

위에서 (1)의 '기'는 '달리기'라는 운동 종목을 말하는 명사로 '달리다'라는 동사를 명사로 만든 명사 파생 접미사이다. 그리고 이것의 문장 성분은 목적어이다. 그러나 (2)의 '-기'는 동사 '달리다'의 명사형 어미로 품사는 동사이며, 문장 성분은 명사절의 서술어이다.

(3) 거북이는 백 년을 삶.

(4) 인간의 삶은 사람마다 다르다.

(3)의 '삶'의 'ㅁ'은 명사형 어미이고, (4)의 'ㅁ'은 명사 파생 접미사이다.

관형사형 어미, 관형절, 관형격 조사, 관형사 → 관형어

문법 용어 가운데 이름이 같아서 서로 구별하기가 어려운 것이 있다. 그 가운데 하나가 '관형사형 어미, 관형사, 관형어'이다. 모두 '관형-'자가 붙어서 된 문법 용어이다. '관형-'이란 말은 '앞(관)'에서 '꾸민다(형)'라는 말이다. 우리말로 '매김'이라고 한다. 이 셋을 구별하면 문법 범주를 잘 이해할 수가 있다.

먼저, 관형사형 어미는 어간과 어미로 된 용언이고, 품사는 동사나 형용사, 서술격 조사가 된다. 관형사는 품사 이름이다. 그리고 관형어는 문장 성분으로 관형사형 어미가 붙은 말과 관형사는 모두 관형어가 된다.

(1) 영희는 아름다운 눈을 가졌다.

(2) 영희는 새 집에서 살고 있다.

위에서 (1)의 '아름다운'의 'ㄴ'은 형용사 '아름답다'에 붙은 관형사형 어미이며, 이것은 '영희가 아름답다'라는 절을 관형절로 만드는 구실을 한다. 이 절은 관형어가 되어 뒤에 나오는 '눈'을 꾸민다. 그리고 (2)의 '새'는 관형사로 '집'을 꾸미면서 문장 성분은 관형어이다.

(3) 영희는 예쁜 옷을 샀다.

위의 '예쁜'의 품사는 형용사이며 문장 성분은 관형절 속의 서술어이다. 그리고 그 관형절은 '옷'을 꾸미는 관형어이다. 따라서 문장 성분은 절 속에서는 서술어이고 상위절에서는 관형어가 된다. '예쁜'은 한 어절로 되어 있지만 속에는 주어가 있는 하나의 관형절임을 알아야 한다.

관형격 조사는 체언을 관형어로 만드는 조사이다. 국어에서는 '의' 하나뿐이다.

(4) 영희의 옷

(4)의 조사 '의'는 '영희'를 뒤에 오는 '옷'을 꾸미도록 하는 관형격 조사이다. 관형격 조사가 붙은 말도 모두 문장 성분은 관형어가 된다.

따라서 '관형–'자가 붙은 용어는 모두 문장 성분은 '관형어'가 된다고 보면 된다.

그리고 형태는 같지만 쓰이는 곳에 따라 관형사도 되고 관형어가 되는 경우가 있다.

(5) ㄱ. 다른(他) 사람들은 모두 집에 갔다.

　　 ㄴ. 철수는 영희와 성격이 다른 사람이다.

위 (5ㄱ)의 '다른'은 서술어가 될 수 없기 때문에 관형사이고, (5ㄴ)은 형용사 '다르다'에 관형사형 어미 '–ㄴ'이 결합된 관형어이다. 이것은 '영희와 성격이 다르다'를 관형절로 안긴 문장이 되게 한다. '다른'의 문장 성분은 관형절 속의 서술어가 된다.

문법공부　　**관형사와 접두사**

관형사와 접두사를 구별하기가 쉽지 않다. 관형사는 이른바 체언인 명사, 대명사, 수사를 꾸미는 구실을 한다. 관형사는 활용을 하지 않으며 형태가 고정되어 있고, 조사도 붙을 수 없다. 따라서, 관형사는 항상 뒷말과 띄어 써야 한다. 그러나 접두사는 어근 앞에 붙여 써야 하며 하나의 단어가 된다.

(1) '개밥'과 '개떡'과 '개 발'

(1)에서 '개밥'의 '개'는 합성어로 어근이며, '개떡'의 '개–'는 '야생 상태, 질이 떨어지는' 의미를 가지는 접두사이다. 그리고 '개 발'과 같이 띄어 쓰면 '개'는 자립명사가 된다.

수사, 수관형사와 접두사

　수사와 수관형사를 구별하지 못하는 사람들이 많다. 수사는 체언이고, 수관형사는 관형사로서 체언을 꾸미는 구실을 한다.

　수사는 뒤에 조사가 올 수 있으나 수관형사는 조사가 올 수 없으며 체언을 수식한다. 그리고 수관형사 뒤에 오는 체언은 단위를 나타내는 단위성 의존 명사이다.

　(1) 셋이서 걸어가고 있다.
　(2) 하나에 둘을 더하면 셋이다.
　(3) 세 사람이 걸어가고 있다.

　위에서 (1)의 '셋'과 (2)의 '셋'은 뒤에 조사가 왔기 때문에 수사이고, (3)의 '세'는 뒤에 사람을 꾸미는 수관형사이다.

　그리고 수관형사와 합성어도 구별할 수 있어야 한다.

　(4) 한 번만 용서해 주십시오.
　(5) 진주에 한번 오시지요.

　(4)의 '한'은 수관형사로 단위성 의존 명사 '번'을 꾸미며 띄어 써야 한다. 그러나 (5)의 '한'은 '번'과 붙여 써서 '막연한 수'를 나타내는 '접두사'이다.

부사형 어미와 부사절

　문장에는 크게 홑문장과 겹문장으로 나누고, 겹문장을 다시 이어진 문장과 안은 문장으로 나눈다.

　이어진 문장은 대등적으로 이어진 문장과 종속적으로 이어진 문장으로, 안은 문장은 명사절, 관형절, 부사절, 인용절, 서술절을 안은 문장으로 나눈다.

　제6차교육과정까지는 부사형 어미를 '(달)-리'와 '(없)-이' 정도로 인정하였다. 제7차교육과정에서는 이전에 종속적으로 이어진 문장으로 본 '-게, -도록, -아서/어서, -니까' 등을 부사형 어미로 보고 이 말들이 붙은 앞 문장을 부사절로 인정한다고 되어 있다.

　(1) 눈이 소리도 없이 내렸다.
　(2) 꽃이 아름답게 피었다.
　(3) 축제 사람들이 많아서 복잡했다.

　따라서, 이전에 종속적으로 이어진 문장들을 모두 부사절을 안은 문장으로 볼 수도 있게 되었다. 앞으로 많은 연구가 있어야 한다.

문장 구성 성분은 '문장을 구성하는 성분'을 말한다. 품사는 '–사'로 끝나고, 문장 성분은 '–어'로 되어 있다. 관형사는 품사이고, 관형어는 문장 성분이다. 문장 구성 성분은 꼭 필요한 성분인 필수성분(주성분)과 그렇지 않은 부속성분, 그리고 독립성분으로 나눌 수 있다. 필수성분에는 주어, 목적어, 보어, 서술어가 있으며, 부속성분에는 관형어, 부사어가 있다. 그리고 독립성분에는 독립어가 있다.

그런데, 부속성분은 문장에서 반드시 필요한 성분이 아닌 것으로 생각하기 쉬우나 부속성분 가운데도 부사어가 문장에서 반드시 필요로 하는 서술어가 있다. 이러한 부사어를 '필수 부사어'라고 한다. 다음 서술어들은 필수 부사어가 필요한 서술어들이다.

(1) 같다, 다르다, 비슷하다, 닮다, 틀리다

(2) 넣다, 두다, 던지다, 다가서다

(3) 주다, 드리다

(4) 삼다, 변하다

(5) 여기다, 다니다, 뽑다, 어울리다, 의논하다

이들 서술어들은 부사어가 들어가야 온전한 문장이 될 수가 있다.

(6) 철수는 돈을 <u>저금 통장에</u> 넣었다.

밑줄 친 부분이 부사어이다. 이 말이 없으면 완전한 문장이 될 수가 없다. 다른 동사도 마찬가지로 문장을 만들어 보면 동사에 필수부사가 필요한지 필요하지 않은지 쉽게 알 수가 있다. 그리고 이들 부사어가 어떤 종류의 부사어인지는 명사 뒤에 붙는 조사를 보면 알 수 있다.

국어 문법에서 해결되지 않은 문제 가운데 하나가 보어와 서술절이다.
한 문장에 주격조사가 둘 이상 나올 때, 이것을 어떻게 보아야 할지가 어렵다.

(1) 코끼리<u>가</u> 코<u>가</u> 길다.
(2) 철수<u>가</u> 대학생<u>이</u> 되었다.
(3) 영희<u>가</u> 학생<u>이</u> 아니다.

한 문장에 하나의 주어가 오는 것이 보편적인 문법현상이다. 그런데 우리말에서는 주격조사 '이/가'가 두 개 이상 오기도 하는데, 이것을 '이중 주어문'이라 하기도 하고 '주제문'이라 하기도 한다.

학교문법에서는 (1)의 '코가 길다'를 서술절로 보고 서술절을 안은문장으로 본다. 따라서 (1)의 '코가'는 서술절의 주어로 보고 있다. 그리고 거의 비슷한 짜임으로 되어 있지만 서술어 '되다'와 '아니다'의 앞에 오는 '대학생'과 '학생'은 각각 주어가 아닌 '보어'로 보고 있다.

너 며칠( ), 몇일( ) 동안 있을 거니?

오늘은 몇 월 몇 일( ), 며칠( )이니?

길잡이 맞춤법 제27항 [붙임2]: 어원이 분명하지 아니한 것은 원형을 밝히어 적는다.

'골병', '골탕', '며칠', '오라비', '부리나케' 등이다.

'며칠'을 '몇'(幾)+'일'(日)을 결합하여 '몇일'로 알고 쓰는 사람이 많다. 그러나 '몇일'이 아니라 '며칠'이 표준어이다. '며칠'은 '며칟날'의 준말로 '그 달의 몇째 날'과 '몇 날'의 뜻으로 쓰인다. '몇일'은 우리말 발음 규칙으로 '며칠'이 될 수가 없다. 그것은 '몇'과 '일'은 모두 실질형태소이기 때문에 '몇'의 끝소리 [ㅊ]소리는 대표음 [ㄷ]으로 난다. 이것은 [웃안]은 [오단]으로 되는 것과 같다. 따라서 그 소리는 [면일]이 [면닐]로 되고 이 소리는 또 음운동화에 의해 [면닐]이 된다. 따라서 '몇일'의 소리를 [며칠]로 소리 낼 수 없기 때문에 그냥 '며칠'로 적게 된 것으로 보인다. '몇일'은 몇 째가 되는 순서를 나타낼 때와 몇 날의 뜻으로 날의 수를 나타낼 때 모두 '며칠'로 써야 한다. '몇일'로 적는 경우는 없다. 그런데 규정에서는 어원이 분명하지 아니하여서 '몇일'을 '며칠'로 적는다고 되어 있는데 이것은 설득력이 없다. '며칠'의 어원은 누가 보아도 '몇+일'임은 누구나 쉽게 알 수가 있기 때문이다.

부나비( ), 불나비( ) 사랑

부삽( ), 불삽( )으로 불을 넣었다.

쌀전( ), 싸전( )에 가서 쌀을 사 오너라.

길잡이 맞춤법 제28항인 '끝소리가 'ㄹ'인 말과 딴 말이 어울릴 적에 'ㄹ'소리가 나지 아니하는 것은 아니 나는 대로 적는다.'고 하는 규정에 따라 '불나비'는 '부나비'로 적어야 한다. '부나비'를 '불나방'이라고도 하고 한자어로 화아(火蛾)라고도 한다. 다른 보기로 다음과 같은 말들이 있다.

다달이(달-달-이)	따님(딸-님)	마되(말-되)	마소(말-소)
무자위(물-자위)	바느질(바늘-질)	부나비(불-나비)	부삽(불-삽)
부손(불-손)	소나무(솔-나무)	싸전(쌀-전)	여닫이(열-닫이)
우짖다(울-짖다)	화살(활-살)		

> 촛점(   ), 초점(焦點)(   )
>
> 싯가(   ), 시가(時價)(   )
>
> 머리방(房)(   ), 머릿방(   )
>
> 우유(牛乳)값(   ), 우윳값(   )
>
> 수돗물(   ), 수도(水道)물(   )
>
> 셋방(   ), 전셋방(   ), 전세(傳貰)방(   )
>
> 개수(個數)(   ), 갯수(   )
>
> 고깃배(   ), 고기배(   )
>
> 단옷날(   ), 단오(端午)날(   )

길잡이 1988년에 맞춤법이 개정되면서 눈에 많이 띄는 것처럼 보이는 것이 바로 사이시옷 쓰임이다. 많은 사람들이 새롭게 생겨난 말처럼 매우 어려워 하고 있다. '사이시옷'은 소리의 변화를 형태로 나타내려고 하는 표기방식이다. 우리말은 두 말이 합쳐져서 하나의 말이 될 때 두 말이 합쳐지면서 소리의 변화를 가져 오기도 하고 그렇지 않기도 한다. 그 가운데 '사이시옷' 규칙은 두 말 사이에 시옷을 써 넣는 것으로 소리의 바뀜을 표시하는 표지의 하나이다. 합성어를 이루고 있는 두 말 사이에 뒷말 첫소리가 된소리가 되거나 앞말과 뒷말 사이에 'ㄴ소리나 ㄴㄴ소리가 덧나는 경우'를 표시하는 방법이 바로 '사이시옷'이다. 그런데 중요한 조건이 한자어 합성어가 아니라 두 말 가운데 최소한 하나라도 고유어가 있어야 한다는 것이다.

'머릿방'은 '안방 뒤에 붙은 방'을 의미한다. 이 말은 최근에 '미장원'의 의미로 '머리방'으로 표기한 곳이 많은데 이것도 '머릿방'으로 표기하는 것이 맞다. 미장원의 '머릿방'도 '안방 뒤에 붙은 방'의 뜻인 '머리(頭)'와 '방(房)'의 합성어와 그 낱말 짜임은 같다. 그래서 '머릿방'이 되어야 한다.

그런데, 문제는 '머리글'과 '머리말'이다. '머리글'과 '머리말'은 모두 '순우리말+순우리말'이면서 '머리글'은 [머린끌]로, '머리말'은 [머린말]로 소리 나기 쉽다. 따라서 '머리글'이나 '머리말'이 [머린끌]이나 [머린말]로 소리 난다면 규정에 따라 마땅히 '머릿글'과 '머릿말'로 되어야 한다. 그러나 맞춤법에서는 '머리글'과 '머리말'로 표기하고 있다. 이것은 각각 [머리글]과 [머리말]로 소리 내는 것을 표준발음으로 보았기 때문이다. 그런데 이와 유사한 '머릿골'과 '머릿내'는 사이시옷을 쓰도록 하였다. 따라서 같은 환경에서 어떤 경우는 사이시옷을 쓰기도 하고, 어떤 경우는 쓰지 않기도 하여 표기에서 혼동을 가져올 가능성이 높다.

이와 비슷한 것으로 '인사(人事)말'이 있다. 이것도 [인산말]로 소리 나지 않는 것으로 보아 '인사말'로 표기하도록 하였다. 그러나 '수도(水道)+물'은 [수돈물]로 소리 나는 것으로 처리하였기 때문에 '수돗물'이 맞는 것으로 되어 있다. 또 '단오(端午)'와 '날'이 합쳐져 된 '단옷날'도 '단오날'로 쓰면 틀린다.

어근이 '머리-'로 이루어진 합성어는 대체로 다음과 같은 것들이 있다.

머리말, 머리글, 머리글자, 머리기사(記事), 머리말, 머릿돌, 머릿수, 머릿골, 머릿기름, 머릿돌, 머릿내, 머릿니

그리고 그 외 사이시옷이 들어가는 말들을 보면, 주로 합성어 뒷 어근의 첫소리가 [ㄱ]으로 시작하면서 앞 어근 끝소리가 받침이 없는 경우이다. 따라서 뒷 어근이 '-값, -길, -감'이면서 앞 어근에 받침이 없을 경우 앞말과 뒷말 사이에 사이시옷을 쓴다고 보면 된다. 보기를 보면, '대푯값', '기댓값', '우윳값', '최댓값', '최솟값', '사윗감', '며느릿감', '안줏감', '처갓집', '등굣길', '하굣길', '성묫길' 등이 있다.

그런데 한자어 합성어 사이에 시옷을 쓰는 경우는 의미 구별이나 사용의 빈도에 따라 여섯 개는 예외를 두고 있다. 사실 이것도 전체 규정에 따라 사이시옷을 쓰지 않도록 하는 것이 올바르다고 하겠다. 그러나 우선 규정이니 외워 둘 수밖에 없다. 그냥 외우기보다는 다음과 같이 하면 좀 외우기 쉽지 않을까 한다.

'툇간'에 가 보니 '곳간'이 있는 줄 알았는데 오래된 '찻간'이 있었다. 그래서 그것을 '셋방'을 두었는데 그 '횟수'를 '숫자'로 적어 두었다.

일반적으로 사이시옷이 들어가는 경우와 그렇지 않은 경우에 따라 의미가 달라지는 경우의 보기를 '고깃배'와 '고기배', '나뭇집'과 '나무집', '기왓집'과 '기와집'을 들고 있다.

예를 들면, 일반적으로 '고깃배'는 '어선'으로 '고기를 잡는 배'의 의미로, '고기배'는 '고기의 배'로 알려져 있다. 그러나 사전에는 '고기의 배'의 의미인 '고기배'는 등재되어 있지 않다. '나무집'과 '나뭇집'도 마찬가지이다. '나무집'은 '나무로 만든 집'으로, '나뭇집'은 '나무를 파는 집'으로 알려져 있으나 실제 사전에는 이 두 의미 모두 올라 있지 않다. 다만 '나무집'은 '물부리, 담배통, 물미 따위에 나무나 설대를 맞추어 끼우는 부분'의 뜻으로 우리가 알고 있는 '나무'와 '집'의 합성어와는 다른 뜻으로 사전에 올라 있다. 이와 비슷한 '기왓집'과 '기와집'도 '기왓집'은 '기와를 파는 집', '기와집'은 '기와로 된 집'의 의미로 알고 있는 사람들이 있으나 실제 사전에는 '기와집'만 올라 있고 '기왓집'은 올라 있지 않다. 따라서 발음도 [기왇찝]이 아니라 [기와집]으로 해야 맞다.

그런데 표준 발음법 제28항 해설에 표기상으로는 사이시옷이 드러나지 않더라도 기능상 사이시옷이 있을 만한 합성어의 경우에 된소리로 발음되는 예들을 제시하고 있다. '사이시옷은 15세기의 경우에 기본적으로는 관형격의 기능을 나타냈던 것이나, 현대 국어로 내려오면서 많은 변화를 겪어서 사이시옷에 의한 된소리의 실현도 일정치가 않다. '나뭇집(나무를 파는 집)'과 '나무집(나무로 만든 집)'은 그런대로 관형격의 기능을 보여 주지만–'으로 설명하고 있는데, 이 말대로 '나무집'이 표기상 사이시옷이 없더라도 관형격의 기능을 하기 때문에 발음을 [나묻찝]으로 해야 한다는 뜻으로 새겨지며, 위의 설명을 보면 '나뭇집'도 가능한 것으로 이해가 된다. '나무를 파는 집'의 '나뭇집'이 표준어로 가능하다는 말인지, 아닌지 알 수가 없다. 그리고 이와 비슷한 '차간'과 '찻간'은 '차간(車間)'으로 써야 한다. 차와 차 사이의 거리'와 같이 '차와 차 사이'의 의미로 쓰일 때는 '차 간'으로 띄어 써야 하며, '차간'의 형태는 차(車)의 의미와는 다르게 '차간(此間)'으로 쓰여 '요즈음 사이'의 뜻을 가지고 있다. '차와 차 사이의 거리'라는 뜻으로는 '차간거리'와 같이 하나의 단어로 사전에 올라 있다.

*'차'는 '다(茶)'의 뜻(훈)인 순우리말로 보고 이어지는 소리가 된소리로 나기 때문에 찻잔, 찻상,

찻주전자와 같이 사이시옷을 적는다.

*기와집, 초가집, 까치집, 누리집 / 전셋집, 처갓집, 외갓집, 국숫집

	된소리	ㄴ첨가	ㄴㄴ첨가
1. 고유어 + 고유어	냇가[낻까]	아랫니[아랜니]	허드렛일[허드랜닐]
2. 고유어 + 한자어	머릿방[머린빵]		예삿일[예산닐]
3. 한자어 + 고유어	전셋집[전섿찝]	푯말[푠말]	훗일(後일)[훈닐]
4. 한자어 + 한자어	곳간(庫間), 셋방(貰房), 숫자(數字), 찻간(車間), 툇간(退間), 횟수(回數)		

사실 이 사이시옷 규정은 문제가 많은 규정이다. 형태를 살리면서 소리 변화를 나타내려고 한 것인데 문제는 지나치게 예외가 많고 자의적인 면이 강해서 적용 여부가 매우 복잡하게 되어 있다는 것이다. 그리고 말꼴을 바꾸는 것이어서 글로 적었을 때 쉽게 알아 볼 수가 없다. 따라서 사이시옷에 대한 규정은 더 많은 연구를 해야 할 것으로 보인다. 규정의 일관성, 규칙성, 관습성을 고려해서 효율적으로 규정을 수정할 필요가 있다. 북한에서는 사이시옷을 쓰지 않고 있다.

'ㅂ'과 'ㅎ' 소리 덧남

그 사람은 접때(   ), 저때(   )보다 얼굴이 좋아졌다.
고기는 살코기(   ), 살고기(   )가 맛이 있다.

길잡이 맞춤법에 두 말이 어울려 합성어가 될 때 소리가 바뀌면 바뀐 그대로 적는 규정이 있다. 소리가 바뀐다는 것은 합성어의 원형대로 소리를 내면 소리 내기가 어렵기 때문에 어떤 소리를 넣어 쉽게 소리 내도록 한 것이다. 사이시옷도 마찬가지이다. 그래서 우리말에서 두 말이 어울릴 적에 다음과 같이 그 사이에 'ㅂ'소리가 덧나는 경우가 있고, 'ㅎ'소리가 덧나는 경우가 있다.

제31항: 두 말이 어울릴 적에 'ㅂ'소리나 'ㅎ' 소리가 덧나는 것은 소리대로 적는다.

1. 'ㅂ' 소리가 덧나는 것
    댑싸리(대ㅂ싸리) 멥쌀(메ㅂ쌀) 볍씨(벼ㅂ씨) 입때(이ㅂ때) 입쌀(이ㅂ쌀)
    접때(저ㅂ때) 좁쌀(조ㅂ쌀) 햅쌀(해ㅂ쌀)

2. 'ㅎ' 소리가 덧나는 것
    머리카락(머리ㅎ가락) 살코기(살ㅎ고기) 수캐(수ㅎ개) 수컷(수ㅎ것) 수탉(수ㅎ닭)
    안팎(안ㅎ밖) 암캐(암ㅎ개) 암컷(암ㅎ것) 암탉(암ㅎ닭)

제5절: 준말

내가 어제 만난 사람은 미영이었다(   ), 미영이였다(   ).

독립적인 지역이였다(   ), 지역이었다(   ).

 길잡이 맞춤법 제36항: 'ㅣ' 뒤에 '–어'가 와서 'ㅕ'로 줄 적에는 준 대로 적는다.

이 규정은 'ㅣ'로 끝나는 용언의 어간 뒤에 어미 '–어'가 오면 'ㅣ'와 'ㅓ'가 'ㅕ'로 준다는 것이다. 피동·사동 접미사 '–이–, –히–, –리–, –기–' 뒤에 '–어'가 결합되어 줄 적에도 마찬가지이다.

막히어   ⟶   막혀

치이어   ⟶   치여

놀리어   ⟶   놀려

감기어   ⟶   감겨

그런데, '미영이'와 같이 이름 뒤에 '이'가 올 때는 '미영이+이었다'와 '미영이+이어요'와 같이 분석이 되어 이것이 줄 적에는 '미영이었다'가 아니고 '미영이였다'가 된다.

그러나 '지역이었다'는 서술격 조사 '이다'와 과거시제 선어말어미 '–었–'이 결합된 것으로 'ㅣ모음 동화'를 적용하지 않는다. 따라서, '지역이었다'로 적어야 하고 발음은 [이ː역따]가 된다. 북한에서는 어미의 'ㅣ모음 순행 동화'를 인정하여 '지역이였다', '되여', '되였다'로 표기한다.

저는 영숙이에요(   ), 영숙이예요(   ).

아니예요(   ), 아니에요(   ).

길잡이 서술격 조사 '이다' 뒤에 어미 '–에요'와 '–어요'가 붙은 말로 '–이에요'와 '–이어요'가 있다. 그런데 이 두 말 모두 표준어로 삼고 있으니 쓰기가 매우 복잡하다.

표준어 제1부 26항에 '–이에요'와 '–이어요'는 복수 표준어로 되어 있다. 이때 '–이'가 서술격 조사이기 때문에 '–이에요'나 '이어요' 앞에는 모두 체언이 온다. 앞말이 받침이 없는 체언이 올 때는 '나비이에요', '나비이어요'와 같이 둘 다 가능하다. 줄어들면 '나비예요', '나비여요'가 된다. 그러나 앞말이 받침이 있을 경우는 줄어들지 않는다. 따라서 '공책이에요', '공책이어요'가 된다. 그런데 인명 뒤에 '-이'가 붙을 경우에는 이 '-이'를 인명 덩이로 보아서 받침 없는 말로 본다. 따라서 '정숙이에요'가 줄어 '정숙이예요'가 되고, '성자이에요'가 줄어 '성자예요'가 된다. 그리고 용언 '아니다'의 어간 '아니-' 뒤에 어미 '-에요', '-어요'가 결합하면 '아니에요', '아니어요'가 되고 이것이 줄면 '아녜요', '아녀요'가 된다. 따라서 사람들이 많이 쓰고 있는 '아니예요'는 잘못된 표현이다.

'이다'의 품사

우리말에서 문법적으로 아직 해결되지 않은 말 가운데 하나가 바로 서술격 조사 '이다'다.

'이다'가 문제가 되는 것은 '이다' 앞에는 항상 체언이 온다는 것과 '이다'가 활용을 한다는 것이다. 이렇게 두 가지 기능을 하는 말은 우리말에 이 '이다' 하나뿐이다. 그래서 최현배 선생은 이것을 '무엇을 지정한다'는 뜻을 가지고 있다고 해서 '지정사' 또는 '잡음씨'라고 하였다. 그런데 문제는 이 말 하나 때문에 품사를 하나 설정해야 하고 품사가 자립성이 없이 붙여 써야 한다는 것이 문제이다.

접미사로 보는 학자도 있는데 이것 또한 접미사가 되면 모든 체언이 파생어가 될 수 있다는 문제가 있다.

그리고 '이다'를 매개모음으로 보는 학자도 있다. 이것은 '산이다'와 '바다다'에서 앞말 끝소리가 종성으로 끝나면 '이'가 들어간다는 것이다. 그러나 그렇지 않은 '바다이다'도 가능하기 때문에 문제가 된다.

서술격 조사로 보는 학설이 있다. 체언에 붙어서 서술어를 만든다고 하여 '서술격 조사'라고 한다. 지금 학교 문법에서 이 주장을 따르고 있다. 그런데 격조사는 서술어에 의해 생겨나는 성분을 말하는데 서술어 자체가 조사를 만든다는 조사의 보편적 특성과도 맞지 않아서 문제가 된다.

따라서, 우리말 '이다'는 아직 공통된 문법범주를 설정하지 못하고 있는 매우 어려운 말이다.

'되'와 '돼'

이것 해도 되요?(   ), 돼요?(   )

한국은 세계 경제 대국이 돼(   ), 되(   ).

아버지께서는 저에게 학자가 돼(   ), 되(   )라고 말씀하셨다.

"너는 학자가 돼(   ), 되(   )라."고 말씀하셨다.

드디어 대학생이 됐다(   ), 됬다(   ), 되었다(   ).

길잡이 동사 '되다'를 활용해서 쓸 때 간혹 잘못 쓰는 경우가 있다. '되다'의 명령형인 '되라'와 '돼라'는 각각 그 쓰임이 다르다. '되라'는 동사 '되다'의 간접 명령(문어체나 간접 인용문)에서 쓰이는 명령형이고, '돼라'는 '되어라'의 준말로 직접 명령일 경우에 쓰이는 명령형이다. 그래서 '어머니께서 저 보고 학자가 되라고 말씀하셨다.'와 같이 '되라'라고 써야 한다. 이때 '되라'는 문어에서 명령의 꼴인 '되(으)라'가 되기 때문이다. 간접 명령꼴은 기본형의 어간 뒤에 '어간+(으)라'로 쓴다. 그러나 직접 명령할 때는 "너는 학자가 돼라"를 '되다'의 어간 '되-' 뒤에 명령형 어미 '-어라'를 붙여 써서 '되어라' 또는 준말 '돼라'라고 해야 한다. 따라서, "너는 학자가 되라"라고 해서는 안 된다.

그리고 동사 '되다'가 활용을 하면 '되다', '되고', '되니', '되지', '되어(서)', '되자' 등으로 된다. 이 가운데 어간 '되-' 뒤에 어미 '-어(서)'가 오면 '되어(서)'가 되든지 줄여 '돼(서)'로 쓸 수가 있다. 따라서 동사 '되다'의 어간 '되-'만 쓸 수가 없다.

이것은 동사 '하다'의 어간 '하-'에 어미 '-어'가 결합되면 '하어'가 아니고 '해'가 되는 것과 같다. '하다'도 '되다'와 같이 어미 없이 홀로 '하'로만 쓸 수가 없다.

'안-'과 '않-'

그는 여행을 안(　), 않(　) 간다.

그는 여행을 가지 않(　), 안(　)는다.

길잡이 우리말에 부정을 나타내는 말에는 '못'과 '안'이 있다. 그런데 '안'과 '않'을 구별하지 못하는 사람들이 더러 있다. 원래 부정 부사는 '안'이다. 그런데 '않'은 '아니하-'의 준말이다. '안'이 부사이기 때문에 항상 동사나 형용사 앞에 오게 되고, '않'은 동사나 형용사 뒤에 와서 앞 동사나 형용사를 부정한다. '않'은 항상 '-지 않-'의 꼴로 쓰이며, 이것이 줄면 '-잖-'이 된다.

'않은'과 '않는'

다음 중 알맞지 않은(　), 않는(　) 것은 어느 것인가?

요즘 책을 보지 않은(　), 않는(　) 사람이 많다.

길잡이 '않다'는 동사로 쓰일 때와 보조 동사와 보조 형용사로 쓰일 때가 있다. 모두 '-지 않다'의 꼴로 쓰인다. 동사로 쓰일 때는 어미 '-은/ㄴ'과 '-는'이 다 올 수 있다. 어미가 '-은/ㄴ'일 경우는 시제가 과거를 나타내고 '-는'은 현재를 나타낸다. '간 사람'과 '가는 사람'과 같이 쓰인다. 그러나 형용사로 쓰일 때는 '-는'은 쓰일 수 없다. '*예쁘는'이 될 수 없는 것과 같다. 따라서 위에서 '알맞다'는 형용사이기 때문에 '않은'이 되어야 하고, '보지 않은'은 보조동사로 쓰였는데 '요즘'이라는 현재를 나타내는 부사가 쓰여서 현재를 나타내기 때문에 '않는'을 써야 한다.

'아뭏든'과 '아무튼'

> 하여튼(   ), 여하튼(   ) 그 일을 해 놓아라.
> 아뭏든(   ), 아무튼(   ) 그것이 큰 문제이다.

길잡이 부사 '아무튼'은 '아무렇든'이 줄어서 된 말이고, '아무렇든'은 '아무러하든'이 줄어서 된 말이다. '아무튼'을 '아뭏든'으로 쓴 때가 있었다. '아뭏든'은 '아무렇든'의 '러'가 준 것으로 형태 중심의 표기라면 '아무튼'은 소리 중심의 표기라고 할 수 있다. '아무러하다'는 의문 대명사 '아무'가 형용사로 파생한 것으로 '아무렇게', '아무려면', '아무런' 등과 같이 활용한다. 그렇다고 '아무렇든'을 '아무러튼'으로 적을 수 없다.

이것은 **맞춤법 제40항 [붙임1]**의 "'ㅎ'이 어간의 끝소리로 굳어진 것은 받침으로 적는다.'라는 규정에 의한 것이다. 그래서 '어떻든(지), 이렇든(지), 저렇든(지)'과 같이 적어야 한다.

이와 비슷한 것으로 '여하튼'이나 '하여튼'이 있다. 이 둘은 모두 표준어로 규정하고 있다. '하여튼'이나 '여하튼'은 모두 '何如ㅎ든'이나 '如何ㅎ든'의 준말이다. 그리고 이들의 한자어는 '如何間' 또는 '何如間'으로도 가능하다.

'어쨌든'은 '어찌했든'의 준말이다. 그래서 '어쨌튼'이나 '어쨌던' 또는 '어쨌뜬'이 될 수 없다. 이 규정은 '한글 맞춤법 제40항 [붙임3]'에 의해 부사 가운데 소리 나는 대로 적는 부사에 해당된다. 여기에 해당하는 것으로 '결코', '요컨대', '정녕코', '하여튼', '아무튼', '무심코' 등이 있다.

'생각건대'와 '생각컨대'

> 간편케(   ), 간편게(   )
> 생각컨대(   ), 생각건대(   )
> 섭섭지 않다(   ), 섭섭치 않다(   )

많은 사람들이 '생각하건대'를 줄이면 '생각컨대'로 알고 있다. 그런데 '생각컨대'가 아니고 '생각건대'가 맞다.

어떤 말을 줄일 때 어떤 말을 줄일지 어려울 때가 많다. 동사 파생 접미사 '−하다'의 −하−'가 줄 때, 어떤 경우는 '−하'가 다 줄고, 어떤 경우는 '−하−'의 'ㅏ'만 줄고 'ㅎ'은 뒷소리와 어울려 거센소리가 되는 경우가 있다. 발음으로 보면 구별하기가 매우 어렵다.

> **맞춤법 제40항:** '어간의 끝음절 '하'의 'ㅏ'가 줄고 'ㅎ'이 다음 음절의 첫소리와 어울려 거센소리로 될 적에는 거센소리로 적는다.

대체로 다음과 같은 기준으로 알아 두면 쉽다.

1. 유성음(모음, ㄴ, ㄹ, ㅁ, ㅇ)+하+어미 → 어간+거센소리
   간편하게 → 간편케, 연구하도록 → 연구토록, 가하다 → 가타, 다정하다 → 다정타

   '간편하게'의 어간 끝음절이 '하'가 줄 적에 '하'의 앞 끝음절 '편'의 끝소리가 유성음 'ㄴ'이기 때문에 '−하−'의 'ㅏ'만 줄고 나머지 'ㅎ'은 뒤 음절 첫소리 '게'의 'ㄱ'과 어울려 거센소리 'ㅋ'이 된다.

2. 무성음(유성자음 제외한 모든 자음)+하+어미 → 어간+예사소리
   거북하지 않다 → 거북지 않다, 생각하건대 → 생각건대, 넉넉하지 않다 → 넉넉지 않다, 섭섭하지 않다 → 섭섭지 않다

   '거북하지'의 '하'는 그 앞 끝음절의 끝소리가 무성음 'ㄱ'이기 때문에 '하'가 다 줄어서 '거북지'가 된다.

'쐬다'와 '쇠다'

그는 밖에 나가 바람을 쐈다(   ), 쇘다(   ), 쇘다(   ).
벌에 쐐(   ), 쇄(   ), 쐬어(   ) 손이 부었다.

'쐬다'는 '바람을 쐬다'의 뜻과 '벌에 쐬다'의 뜻으로 쓰인다. '쐬다'는 '얼굴이나 몸에 바람이나 연기, 햇빛 따위를 직접 받다'의 뜻으로 쓰인다. '바람을 쐬다'의 '쐬다'는 타동사이고 '벌에 쐬다'의 '쐬다'는 자동사이다. 과거형은 둘 다 '쐬었다'이며 준말은 모두 '쐈다'가 된다.

또 다른 뜻으로 '자기 물건을 평가받기 위하여 남에게 보이다'의 뜻으로 쓰인다. 그 보기로 '상품을 판매하기에 앞서 먼저 전문가들에게 쐬는 게 좋겠다.'와 같이 쓰인다. 이런 경우는 일반적으로 잘 쓰이지 않는 보기이다.

'변변찮다'와 '변변챦다'

그 일은 변변찮다(　), 변변챦다(　).

그렇잖아도(　), 그렇챦아도(　) 연락하려고 했다.

 길잡이 맞춤법 제39항: 어미 '-지' 뒤에 '않-'이 어울려 '-잖-'이 될 적과 '-하지' 뒤에 '않-'이 어울려 '-찮-'이 될 적에는 준 대로 적는다.

이전 맞춤법에 '그렇찮은, 적찮은, 만만챦은'과 같이 이중모음으로 표기했던 것을 개정 맞춤법에는 모두 '그렇잖은, 적잖은, 만만찮은'과 같이 단모음으로 바꾸었다.

원래는 '-지'와 '않-'이 어울리면 이중모음이 들어가서 '쟎'이 될 수도 있고, '-하지'와 '않-'이 어울리면 '챦-'이 될 수 있지만 실제 발음이 일반적으로 이중모음으로 나지 않고 단모음으로 나기 때문에 단모음을 표준어로 정했다. 현실음 중심으로 맞춤법을 규정한 보기이다.

'로서'와 '로써'

공부함으로써(　), 공부하므로써(　), 공부함으로서(　) 효도했다.

학생으로서(　), 학생으로써(　) 회의에 참석했다.

 길잡이 (1) 열심히 공부함으로써(그것으로) 어머니를 기쁘게 해 드렸다.

(2) 그가 공부하므로(그 때문에) 나도 공부를 했다.

'(으)ㅁ으로써'는 명사형 어미 '-(으)ㅁ' 뒤에 수단 또는 도구 조사 '으로(써)'가 결합된 것이다.

'공부하므로'는 동사 '공부하다'의 어간 '공부하-'에 '이유', '까닭'을 나타내는 어미 '-으로'가 결합된 것이다.

(3) 그는 부지런하다. 그러므로 잘산다.

(4) 그는 열심히 공부한다. 그럼으로(써) 은혜에 보답한다.

(3)의 '그러므로'는 '이유'를 나타내고, (4)의 '그럼으로(써)'는 '수단'의 의미를 나타낸다.

즉, (3)은 '그는 부지런하다. 그렇기 때문에 잘산다.'의 뜻이고, (4)는 '그는 열심히 공부한다. 그것으로써 은혜에 보답한다.'의 뜻이다.

그리고 조사 '로서'는 '자격'의 의미로 쓰이고, '로써'는 '도구'나 '수단', '방법'의 의미로 쓰인다.

(5) 사람<u>으로서</u> 그럴 수는 없다.
(6) 닭<u>으로써</u> 꿩을 대신했다.

접미사 된소리 적기

나무꾼(　), 나뭇군(　)

지게꾼(　), 지겟군(　)

뒤꿈치(　), 뒷굼치(　)

귀때기(　), 귓대기(　)

코빼기(　). 콧배기(　)

길잡이　한글 맞춤법 제54항 '다음과 같은 접미사는 된소리로 적는다'라는 규정에 따라 '나뭇군'을 '나무꾼'으로 적는다. '심부름꾼'이나 '일꾼'과 같은 접미사는 이미 '꾼'으로 썼지마는 '나무꾼'이나 '지게꾼'은 이전의 '나뭇군'과 '지겟군'이 바뀐 것이다. 이 규정에 따라 '뒷굼치'가 '뒤꿈치'로, '귓대기'가 '귀때기'로 바뀌었다. 접미사 '-꾼'은 '어떤 일을 전문적, 습관적으로 하는 사람이라는 뜻'으로 '나무꾼', '술꾼', '노름꾼' 등으로 쓰이고 '어떤 일에 모이는 사람의 뜻'으로 '구경꾼', '장꾼' 등으로 쓰인다. 그래서 지금은 '군'은 접미사로 인정하지 않는다. '군'은 '軍'의 뜻으로 어근으로 쓰일 경우만 가능하다. 이를테면, '농군(農軍)'이나 '교군(轎軍)', 장군(將軍)으로 쓰인다. 이제 '농군'과 '농사꾼'은 '군'과 '꾼'에 의해 구별할 수 있게 되었다. 처음에 '나뭇군'이라고 한 것은 '나무'에 사이시옷이 결합되고 접미사 '-군'을 인정했기 때문이다. 원래 접미사 '-군'은 '사람(軍)'에서 파생한 것으로 '샹도ㅅ군'의 기록이 있다. 따라서 '나무꾼'을 '초군(樵軍)'이라고도 했다. 그런데 이것이 '나무꾼'과 '지게꾼'으로 된 것은 형태중심에서 소리 중심으로 맞춤법이 개정되었기 때문이다.

북한에서는 사이시옷을 인정하지 않기 때문에 지금도 '나무군'이나 '지게군'으로 적고 있다.

어미 '-ㄹ게' 적기

내일 전화할게(　), 전화할께(　).

그 일을 우리가 어떻게 할쏘냐(　)?, 할소냐(　)?

내일 날씨가 흐릴걸(　), 흐릴껄(　).

우리말 어미에는 소리보다 형태로 통일하여 적는 것이 많다. 그 가운데 하나가 어법의 규칙성을 유지하기 위해서 다음과 같이 '-(으)ㄹ-'로 된 어미의 뒷소리는 된소리가 나오더라도 모두 예사소리로 통일하였다.

맞춤법 제53항: 다음과 같은 소리는 예사소리로 적는다.

-(으)ㄹ거나: 어디로 갈거나(○), 갈꺼나(×).
-(으)ㄹ걸: 내일 날씨가 흐릴걸(○), 흐릴껄(×).
-(으)ㄹ게: 내일 전화할게(○), 전화할께(×).
-(으)ㄹ세: 그게 아닐세(○), 아닐쎄(×).
-(으)ㄹ세라: 남이 볼세라(○), 볼쎄라(×) 조마조마했다.

따라서 어미 '-(으)ㄹ+예사소리'는 그대로 예사소리로 적는다. 예외로 의문형어미 '-(으)ㄹ+된소리'는 다음과 같이 된소리로 적는다.

(으)ㄹ까?, -(으)ㄹ쏘냐?

문법공부 동음어와 동의어, 유의어, 다의어

우리말 낱말에는 소리는 같은데 의미가 다른 낱말이 있다. 이를 동음어(同音語)라 한다. 동음이의어(同音異議語)라고도 한다. 반대로 의미는 같은데 소리가 다른 것을 동의어(同義語) 또는 이음동의어(異音同義語)라고 한다. 의미가 완전하게 같지 않고 비슷한 두 말을 유의어(類義語)라고 한다. 동의어는 어떤 문맥에서든 바꾸어 쓸 수 있지만 유의어는 그렇지 못하다. 그리고 같은 어원(중심의미)에서 나와서 의미가 조금 다른 낱말이 있는데, 이것을 다의어(多義語)라고 한다.

동음어: '말(言)'과 '말(馬)', '눈(眼)'과 '눈(雪)', '배(服)'와 '배(船)', '부치다'와 '붙이다', '걷히다'와 '거치다'
동의어: '화장실'과 '변소', '차례'와 '다례', '백주'와 '대낮', '나이'와 '연세', '옥수수'와 '강냉이'
유의어: '틈'과 '겨를', '견디다'와 '이기다', '낯'과 '얼굴', '속'과 '안'
다의어: '책상 다리'와 '남강 다리', '나이를 먹다'와 '밥을 먹다', '발이 크다'와 '발이 넓다'

'가능한'과 '가능한 한'

가능한(　), 가능한 한(　) 운동을 많이 해야 한다.

가능한(　), 가능한 한(　) 빨리 먹어라.

길잡이 많은 사람들이 '가능한 한'을 '가능한'으로 쓰는 경우가 있다. '가능한'은 '가능하다'에 관형사형 어미 '-ㄴ'이 붙은 것으로 뒤에 오는 명사나 의존 명사를 꾸민다. 따라서 '가능한 운동'은 '운동이 가능하다'는 말이 된다. 즉, '할 수 있는 운동'의 뜻이 된다. 그런데 '가능한' 뒤에 '빨리'라는 부사 가 오면 '가능한'은 부사를 수식할 수 없기 때문에 '조건'의 뜻을 가지고 있는 명사 '한(限)'이 와야 한다. 명사 '한'은 '특별한 변수가 없는 한 계획대로 일을 한다.', '우리가 사는 한 열심히 살아야 한다.'와 같이 쓰인다. '가능한 운동'과 '가능한 한 운동' 모두 맞는 표현이다.

'갈갈이'와 '갈가리'

그는 편지를 갈갈이(　), 갈가리(　) 찢어 버렸다.

올 갈갈이(　), 갈가리(　)는 일찍 끝났다.

길잡이 '갈가리'는 '가리가리'의 준말이며, '가리가리'는 '여러 가닥으로 갈라지거나 찢어진 모양'을 말한 다. '갈갈이'는 '가을갈이'의 준말이다. '갈갈이'와 '갈가리'는 소리가 같이 나기 때문에 잘못 쓰기 쉽다.

'갈음'과 '가름', '가늠'

먼저 글로 인사를 갈음(　), 가름(　), 가늠(　)합니다.

내 가늠(　), 갈음(　)으로는 그 일이 어렵다.

길잡이 '갈음'은 '갈다(바꾸다, 대신하다)'의 명사형으로 '다른 것으로 바꿈'의 의미를 가진다. 그래서 '인사에 갈음합니다.'가 된다. '가름'은 '가르다'의 명사형이다. 한자어로 '분류(分類)'의 의미이다.

'가늠'은 '어떤 목표나 기준에 맞고 안 맞음을 헤아려 봄'의 뜻으로 '사람의 마음을 가늠할 수가 없다.'와 같은 보기로 쓰이고, '일이 되어 가는 형편이나 기미를 살피어 얻은 짐작'의 뜻으로는 '내 가늠으로는 그 일이 어렵다.'와 같은 보기로 쓰인다.

'개다'와 '개이다'

금방 날씨가 갰다(　　), 개였다(　　), 개었다(　　).

길잡이 우리는 흔히 '날이 개이다.' 또는 '날이 개였다.'와 같이 쓰곤 한다. 그런데 기본형은 '개이다'가 아니라 '개다'가 맞다. '개다'는 흐리거나 궂은 날씨가 맑게 되다'의 뜻이다. '개다'에 어미 '어, 었'이 어울려 줄 적에는 준대로 적는다(**맞춤법34항 붙임 1**). 그래서 본말 '개어'의 준말은 '개'이다. 그리고 '개다'의 과거형 '개었다'의 준말은 '갰다'가 된다. 따라서, '날씨가 갰다(또는 개었다)'가 된다. 또한 그 활용은 '개고, 개지, 개니' 등으로 된다.

북한에서는 '조선말 규범집(1987)' 제11항 3)에 '말 줄기의 모음이 〈ㅑ, ㅔ, ㅐ, ㅚ, ㅟ, ㅢ〉인 경우와 줄기가 〈하〉인 경우에는 〈여, 였〉으로 적는다.'로 되어 있다. 북한에서는 우리와는 달리 'ㅣ 모음 동화'를 인정하고 그대로 적도록 하였다. 그 예로 '개다'에 어미 '-어'와 '-었'이 결합되면 각각은 '개여'와 '개였다'로 적는다.

'겉잡다'와 '걷잡다'

그 자리에 모인 사람은 겉잡아(　　), 걷잡아(　　) 백 명은 되겠다.
사태가 걷잡을(　　), 겉잡을(　　) 수 없이 커졌다.

길잡이 동사 '겉잡다'는 '겉+잡다'의 짜임으로 되어 있는 말이다. '겉'은 '속'의 반의어로 쓰이는 경우도 있으나 그 외 '겉-'은 접두사로 쓰이는 경우는 '실속과는 달리 겉으로만 그러하다'는 뜻으로 쓰인다. 따라서 '겉대답', '겉멋', '겉치레', '겉핥다' 등의 보기로 쓰인다. 그리고 '껍질을 벗기지 않은 채로 그냥'이라는 뜻으로 '겉밤', '겉보리', '겉수수'와 같은 단어들을 만든다. '잡다'는 매우 많은 의미로 쓰이는데 여기에서는 그 가운데 '어림하거나 짐작하여 헤아리다'의 뜻으로 쓰였다.

'걷잡다'는 '한 방향으로 치우쳐 흘러가는 형세 따위를 붙들어 잡다'의 뜻이다. 이 동사도 '걷+ 잡다'로 된 말이다. 그런데 접두사처럼 보이는 '걷-'은 사전에 올라 있지 않다. 아마 '걷-'은 '겉'과 동일 어원으로 보인다. '겉'이 '그냥'의 뜻을 가지고 있어서 '그냥 잡을 수 없이'의 의미로 '걷잡다' 의 '걷-'과 가깝다. '걷잡다'는 '걷잡을 수 없다'와 같이 관용어처럼 쓰인다. '겉잡다'와 '걷잡다'를 구별해서 써야 한다.

'-게 마련-'과 '-기 마련-'

사람은 죽게 마련이다(　), 죽기 마련이다(　)

길잡이　'마련'은 서술격 조사 '이다' 앞에서만 쓰이어 '당연히 그러하게 되어 있거나 될 것임을 나타내는' 의존명사이다. '사람은 죽게'는 부사절로 '마련이다'를 꾸민다. 따라서 용언 '어간+게 마련이다'는 관용어로 굳어졌다. 그런데 사전에는 관용적으로 '-기 마련이다'로도 쓸 수 있다고 한다. 따라서 둘 다 맞다.

'그리고 나서'와 '그러고 나서'

그는 열심히 일을 했다. 그리고는(　), 그러고는(　) 며칠 푹 쉬었다.
그리고 나서(　), 그러고 나서(　) 다음 일을 해라.

길잡이　어떤 일이 일어나고 이어지는 행동을 말할 때 '그러하고 나서'라는 말을 쓴다. '그러하고 나서'를 줄이면 '그러고 나서'가 된다. 그런데 이 말을 '그리고 나서'라고 하면 틀린 표현이다. '그러고 나서'의 '그러하다'는 선행 동사를 나타내며 '나서'는 조동사로 '-고 나다'의 꼴로 쓰여 '앞말이 뜻하는 행동이 끝났음'을 나타낸다. '그리고 나서'는 접속부사 '그리고' 뒤에 '나서'가 붙은 것인데, '그리고' 뒤에 조동사를 붙여 쓸 수 없기 때문에 잘못된 표현이다.

　'그리고는'과 '그러고는'도 마찬가지이다. 접속부사 '그리고' 뒤에 보조사 '는'을 쓸 수 없다. 반면에 '그러고는'은 어간 '그러하-'에 어미 '-고는'이 결합된 짜임으로 올바른 표현이다.

'그렇듯'과 '그러듯'

그러거나 말거나(　), 그렇거나 말거나(　).

내가 그렇듯(　), 그러듯 (　) 우리 아이도 그렇다.

네가 그렇듯이(　), 그러듯이(　) 동생도 그렇게 한다.

길잡이　형용사 '그렇다'는 본말 '그러하다'의 준말이다. 여기에 어미 '-듯'이 붙어 '그렇듯'이 된다. '너도 그렇듯 동생도 그렇다.'와 같이 쓰인다. 그런데 '그리하다'의 준말로 '그러다'가 있다. '그리하다'는 '그렇게 하다'의 뜻이다. 따라서, '네가 그러듯이 동생도 그렇게 한다.'와 같이 쓰인다. 우리말 관용구로도 '그렇거나 말거나'가 아니라 '그러거나 말거나'로 써야 한다. '그렇듯'과 '그러듯'은 뒤에 나오는 서술어를 보고 알 수밖에 없다.

'기다란'과 '길다란', '뗄래야'와 '떼려야'

기다란(　), 길다란(　) 막대로 밤을 땄다.

그는 머리를 기다랗게(　), 길다랗게(　) 길렀다.

나는 그 사람과 뗄래야(　), 떼려야(　) 뗄 수 없는 사이이다.

길잡이　우리말에 형용사 '기다랗다'가 있다. 기본형이 '길다랗다'가 아니기 때문에 활용도 '기다래, 기다라니, 기다란, 기다랗소'와 같이 된다. 그리고 '기다랗다'에 관형사형 어미 '-ㄴ'이 결합되면 '기다란'이 된다. 따라서 '기다란 막대'가 맞다. 마찬가지로 부사형 어미 '-게'가 붙으면 '길다랗게'가 아니고 '기다랗게'가 된다. 사전에 '길다랗다'는 '기다랗다'의 북한어로 되어 있다. 이 말은 원래 형용사 '길다'에서 파생되었지만 'ㄹ'이 탈락되어 '기다랗다'가 된 것이다. 형용사 '길다'를 연상해서 '길다랗다'라고 쓰기 쉽다.

'붙어 있거나 잇닿은 것을 떨어지게' 하는 의미로 동사 '떼다'가 있다. '떼려야'는 '떼다'에 어미 '-려야'가 붙은 말이다. 어미 '-려야'의 원형은 '-려고 하여야'이다. 이것이 줄어서 '-려고 해야'가 되고 또 그것이 줄어서 '-려야'가 된 것이다. 그런데 어간에 'ㄹ'을 덧붙여 'ㄹ래야'라고 쓰는 것은 틀린 것이다. 따라서 '뗄래야'가 아니라 '떼려야'로 써야 한다.

'깎다'와 '깍다', '꺾다'와 '꺽다'

밤 껍질을 깎아( ), 깍아( ) 먹었다.

옷 가격을 너무 깎지( ), 깍지( ) 마라.

꽃을 꺾지( ), 꺽지( ) 말아야 한다.

핸들을 갑자기 꺾었다( ), 꺽었다( ).

 길잡이 우리말에 '깎다'와 '꺾다'는 쉬운 것 같지만 간혹 잘못 쓰는 경우가 있다.

'깎다'는 '칼 따위로 물건의 거죽이나 표면을 얇게 벗겨 내다.'의 뜻과 '값이나 금액을 낮추어서 줄이다.'의 뜻 등 여러 가지 뜻으로 쓰인다. 그 중심의미는 [줄임], [없앰]의 뜻이다. '꺾다'도 '길고 탄력이 있거나 단단한 물체를 구부려 다시 펴지지 않게 하거나 아주 끊어지게 하다.'와 '방향을 바꾸어 돌리다.' 등 여러 가지 뜻을 가지고 있다. '꺾다'의 중심의미는 [굽힘], [변화]로 볼 수 있다.

첫소리와 끝소리가 같은 형태의 된소리라서 쓰기가 어색해 보이지만 '깎다'와 '꺾다'로 써야 한다. 활용으로 '깎아, 깎으니, 깎는' 등이 되고, '꺾다'도 '꺾어, 꺾으니, 꺾는' 등으로 된다. 발음도 [까까], [꺼꺼]가 된다.

'-느라고'와 '-노라고'

하느라고 ( ), 하노라고( ) 한 것이 이 모양이다.

책을 읽노라고( ), 읽느라고( )고 밤을 새웠다.

 길잡이 '하느라고'는 동사 '하다'의 어간 '하-'에 어미 '-느라고'가 합쳐진 말이다. 이때 '-느라고'는 사전에 '(동사 어간이나 어미 '-으시-' 뒤에 붙어) 앞 절의 사태가 뒤 절의 사태에 목적이나 원인이 됨을 나타내는 연결 어미로 되어 있다. '책을 읽느라고 밤을 새웠다.'와 같이 쓰인다.

그러나 '하노라고'는 동사 '하다'의 어간 '하-'에 어미 '-노라고'가 결합된 말이다. 이때 '-노라고'의 의미는 '(동사 어간이나 어미 '-었-', '-겠-' 뒤에 붙어) (예스러운 표현으로) 화자가 자신의 행동에 대한 의도나 목적을 나타내는 연결 어미'로 되어 있다. 따라서 '하노라고 했는데 마음에 드실지 모르겠습니다.'와 같이 쓰인다.

'늘이다'와 '늘리다'

수출량을 늘리다(   ), 늘이다(   ).

옷을 늘리다(   ), 늘이다(   ).

길잡이 동사 '늘리다'와 '늘이다'는 소리도 다르고 뜻도 다르다.

'늘리다'는 '늘다'의 사동형으로 '양이나 수를 더 많게 하는 것'의 뜻으로 다음과 같은 보기로 쓰인다.

(1) 수출량을 더 늘린다.

(2) 의료 기술이 발달함으로써 평균 수명을 늘린다.

'늘이다'도 '늘다'의 사동형임은 위의 '늘리다'와 같다. 그러나 '늘이다'는 '어떤 사물의 길이나 크기를 늘게 하는 것'의 뜻으로 다음과 같이 쓰인다.

(3) 고무줄을 늘인다. 엿가락을 늘인다.

발음도 [늘리다]와 [느리다]로 서로 다르다.

'다리다'와 '달이다'

어머니는 다리미로 옷을 다렸다(   ), 달였다(   ).

할머니는 한약을 다렸다(   ), 달였다(   ).

길잡이 '다리다'와 '달이다'는 소리는 같고 의미가 다른 동음어이다. '다리다'의 뜻은 '옷이나 천 따위의 주름이나 구김을 펴고 줄을 세우기 위하여 다리미나 인두로 문지르다.'로 되어 있다. '옷을 다리다.', '바지를 다리다.'로 쓰인다. 여기에서 파생된 명사는 '다림이'에서 전성된 '다리미'가 있고 '다리미질'의 준말로 '다림질'이 있다. 동사는 '다림질하다'이다. 그런데 '다리미'와 비슷한 구실을 하는 '인두'가 있다. 인두는 머리가 작고 손잡이가 길게 되어 있어 작은 부분에 다림질하는 데 쓰인다. 규중칠우쟁론기(閨中七友爭論記)에 규방 규수가 사용하는 일곱 가지 도구에도 인두와 다리미가 있다.

'달이다'는 '액체 따위를 끓여서 진하게 만들다.', '약재 따위에 물을 부어 우러나도록 끓이다.'의 뜻이다. 어원은 '닳다+-이-'에서 '달히다 > 달이다'로 변한 것으로 보인다. 중세국어에 '블로 달히는 둧 ᄒ도다(如火煎)(杜詩初25-39), 탕 달히라(老下 42)'로 쓰였으며 한자로는 전(煎)이다. '간장을 달이다.', '보약을 달이다.'와 같이 쓰인다. 중세국어에서는 '다리다'(救方)로도 쓰였다.

'닫치다'와 '닫히다'

문을 세게 닫치고(   ), 닫히고(   ) 나갔다.

그는 마음이 복잡해서 입을 닫쳐(   ), 닫혀(   ) 버렸다.

문이 바람에 닫혔다(   ), 닫쳤다(   ).

 '닫히다'와 '닫치다'는 각각 [다치다], [닫치다]로 소리가 난다. '닫히다'는 동사 '닫다'의 어근 '닫-'에 피동접미사 '-히-'가 붙어서 이루어진 말이다. 따라서 '무엇이 닫히다'의 짜임으로 된다. '성문이 굳게 닫혀 있다', '바람에 문이 세게 닫혔다'로 쓰인다.

그런데, '닫치다'는 동사 '닫다'의 어근 '닫-'에 강세를 나타내는 접미사 '-치-'가 붙어서 된 말이다. '열린 문짝, 뚜껑, 서랍 따위를 꼭꼭 또는 세게 닫다.'의 의미로 쓰이며 '그는 화가 나서 문을 탁 닫치고 나갔다.', '문득 급격히 대문을 닫친다.'로 쓰인다. 이 경우는 문장 짜임이 '누가 무엇을 닫치다'로 되어야 한다. 그런데 일반적으로 이런 보기로 쓰이는 경우는 드물다. '닫치다'의 또 다른 보기는 '입을 굳게 다물다'의 의미로 쓰이며 '병화는 더 캐어묻고 싶었으나 대답이 탐탁지가 않아서 입을 닫쳐 버렸다(염상섭, 삼대)'와 같이 쓰인다.

'-대'과 '-데'

친구 말을 들으면 그 여자 아주 착실하대(   ), 착실하데(   ).

그 친구는 아들만 둘이데(   ), 둘이대(   ).

 우리 입말(구어)에서 종결형 어미로 쓰는 말 가운데 특이한 형태가 있는데 바로 '-대'와 '-데'이다. '-대'는 '-다더라'가 줄어서 된 말이다. 그래서 '-대'는 직접 경험한 사실이 아니라 남이 말한 내용을 간접적으로 전달할 때 쓴다.

그리고 '-데'는 '더라(냐)'가 줄어서 된 말이다. 위에서는 각각 '착실하대'와 '둘이데'가 맞다.

'-든'과 '-던'

> 가든지 말든지(   ), 가던지 말던지(   ).
> 날씨가 춥더라(   ), 춥드라(   ).

 길잡이 '-든'은 그 뒤에 '-지'가 결합되거나 아니면 그대로 쓰여 '선택'의 의미를 가진 어미의 하나이고, '-던'은 '과거 회상'의 의미를 가진 선어말 어미 '-더-'에 관형사형 어미 '-ㄴ'이 붙은 것이다. 그래서 '-든'은 '가든지 알아서 해라' 또는 '남이야 가든 말든 무슨 상관이야.'와 같이 쓰이고, '-던'은 '우리가 늘 가던 길이다.'처럼 쓰인다.

'춥더라'는 형용사 '춥다'의 어간 '춥-'에 과거 회상의 의미를 가진 어미 '-더-'가 결합된 형태이다. 우리말 어미에 '-드-'가 붙은 말은 없다.

'-로라'와 '-노라'

> 내로라(   ), 내노라(   )하는 사람들이 다 모였다.

길잡이 '내노라'와 '내로라'의 쓰임도 잘못 쓰기 쉽다.

'내로라'는 '내로라하다'의 어근이다. '내로라하다'의 뜻은 '어떤 분야를 대표할 만하다'이다. 그래서 '내로라하는 재계의 인사들이 다 모였다.'와 같이 쓰인다.

그러나 '-노라'는 '(예스러운 표현으로) 해라할 자리나 간접 인용절에 쓰여, 자기의 동작을 장중하게 선언하거나 감동의 느낌'을 나타내는 종결 어미이다. 그래서 '이기고 돌아왔노라.', '명예를 지키겠노라.'와 같이 쓰인다. 따라서, '-로라'는 항상 명사 뒤에 쓰여 어근을 만들고, '-노라'는 동사 뒤에 쓰인 어미이다. '내노라'는 '노라'가 대명사 '내' 뒤에 쓰인 잘못된 표현이다.

'맞추다'와 '마추다'

> 맞춤옷(   ), 마춤옷(   )을 사 왔다.

맞춤법 제55항에 '맞추다(입을 맞춘다. 양복을 맞춘다)'는 취하고 '마추다'는 버리도록 하였다. 이전 통일안에는 '입을 마추다'와 '양복을 맞추다'로 구분했는데 개정 한글 맞춤법 규정에서는 이둘을 '맞추다' 하나로 쓰도록 했다. 따라서, 1933년 조선어학회가 만든 것은 〈한글마춤법통일안〉으로 '마춤법'이라고 했다. '맞추다'는 중세어 '마초다'에서 그 어원을 찾을 수 있다. 처음에 이 '마추다'는 두 대상을 합치는 뜻으로 쓰였다. 예를 들면 '合掌은 솏바당 마촐씨라(月釋2:29)'와 같이 쓰였다. 그리고 '맞추다'는 어떤 두 대상을 견주어 맞대는 뜻으로 쓰였다. 그러나 이것이 새 맞춤법에서는 '마추다'의 뜻을 '맞추다'의 하위 뜻으로 갈래지었다. 그런데 다음 문장은 두 가지 뜻으로 해석이 된다. '철수와 영희는 입(손바닥, 발바닥)을 맞추었다'고 했을 때는 '철수와 영희는 입(손, 발)을 그냥 마주치게 하는 뜻'과 '철수와 영희의 입(손바닥, 발바닥)의 크기나 모양을 견주어보는 뜻'으로 이해할 수 있다. 그러나 이러한 중의어는 문맥이나 상황에 의해 그 뜻이 자연스럽게 구별된다. 어쨌든 '마추다'라는 말은 이제 없어졌다. 따라서 이제는 '마춤옷'이 아니고 '맞춤옷'으로 적어야 한다.

'받치다'와 '밭치다'

손으로 쟁반을 받치다(　), 밭치다(　).
술을 체에 밭쳤다(　), 받쳤다(　).

 길잡이 '받치다'와 '밭치다'는 소리가 같기 때문에 잘못 쓰기 쉬운 말이다.

'받치다'는 '물건의 밑이나 옆 따위에 다른 물체를 대다.'라는 뜻으로 쓰인다. '쟁반에 커피를 받치고 조심조심 걸어오다.', '양손에 대야를 받쳐 들고'와 같이 쓰인다.

'밭치다'는 '구멍이 뚫린 물건 위에 국수나 야채 따위를 올려 물기를 빼다.'의 뜻으로 '씻어 놓은 상추를 채반에 밭쳤다.', '술을 체에 밭쳤다.'와 같은 보기로 쓰인다.

'받다'라는 말은 무엇을 [위]로 [올리다]와 같은 기본 의미자질을 가지고 있는 것으로 보인다.

'부딪치다'와 '부딪히다'

마차가 화물차에 부딪혔다(　), 부딪쳤다(　).
기차가 버스와 부딪혔다(　), 부딪쳤다(　).

길잡이 '부딪히다'는 '부딪다'에 피동 접미사 '-히-'가 결합된 형태이다. 따라서 '○가 ○에 부딪히다'의 짜임으로 쓰인다. 그러나 '부딪치다'는 '부딪다'에 강세 접미사 '-치-'가 결합된 형태이다. 그래서 '○가 ○와(○와 ○가)부딪치다' 꼴이 되어야 한다. 위 예문은 '부딪혔다'가 맞다. 그런데 동작성이 없는 경우인 '파도가 바위에 부딪쳤다'도 가능한 것으로 설명을 하고 있다. 그러나 문장 구조에 의해 피동과 사동의 형태를 인정한다면 '파도가 바위에 부딪쳤다'의 '부딪쳤다'보다 일관성 있게 '부딪혔다'를 쓰는 것이 적절한 것으로 보인다.

'되다'와 '되어지다'

대책이 빨리 마련되어져야( ), 마련되어야( ) 한다.

나에게는 그 일이 잘 될 거라고 보여지지( ), 보이지( ) 않는다.

가수 이용의 잊혀진( ), 잊힌( ), 잊어진( ) 계절

길잡이 우리말에 피동의 뜻을 나타내는 방법에는 피동의 뜻을 가지고 있는 어휘와 피동 접미사에 의한 파생어, 그리고 '-어지다'라는 구로 나타내는 방법이 있다. 그리고 피동의 뜻을 가지고 있는 단어 '되다, 당하다, 입다'가 접미사로 쓰여 파생어를 만들기도 한다. 그런데 '되다'로 된 파생어에 다시 피동의 뜻을 가지고 있는 '-어지다'라는 피동의 구를 붙여 '-되어지다'라는 말을 쓰기도 하는데, 이것은 피동을 이중으로 쓴 것으로 올바른 표현이 아니다. 따라서 '마련되어져야'가 아니고 '마련되어야'로 써야 한다. 그리고 '보다'의 피동사는 '보이다'이다. 여기에 '-어 지다'를 다시 덧붙여 쓸 필요가 없다. 그냥 '보이지'라고 쓰면 된다.

그리고 '잊다'의 피동은 '잊히다' 또는 '잊어지다'이다. '잊혀지다'는 '잊다'의 피동 '잊히다'에 다시 '-어지다'가 붙은 형태가 되어 이중으로 피동형을 만든 것이다. 따라서 '잊다'의 피동은 '잊힌', '잊어진'으로 되어야 맞다.

문법공부 사동문과 피동문

문장에는 주어인 행위자가 직접 행위를 하는 문장인 주동문이 있고 행위자가 상대에게 무엇을 시키는 사동문이 있다. 그리고 행위자가 남으로부터 동작을 입는 피동문이 있다. '사(使)'는 '시키다'는 뜻이고 '피(被)'는 '입다'는 뜻이다. 그래서 사동문을 우리말로 '시킴월', 피동문을 '입음월'이라고 한다.

능동문이나 주동문은 다 같이 주어가 행위하는 것은 같으나 능동은 피동과, 주동은 사동과 대응되는 용어라는 점이 다르다.

우리말에서 사동문과 피동문을 만드는 방법에는 각각 두 가지가 있다.

하나는 접사를 붙여서 만드는 방법이고, 다른 하나는 구를 써서 만드는 방법이다. 접사를 활용해서 만드는 방법을 파생적 사동문, 파생적 피동문이라 하고, 구를 써서 만드는 방법을 통사적 사동문, 통사적 피동문이라고 한다. 파생적 사동문과 피동문은 접사로 파생어를 만든다는 데서 붙인 이름이고, 통사적 사동문과 피동문은 통사(문장) 구조를 바꾸어 만드는 방법이라는 말이다.

1. 접사에 의한 사동문(짧은 사동문)

주동문 서술어를 동사나 형용사의 어근에 사동접미사인 '–이–, –히–, –리–, –기–, –우–, –구–, –추–'를 붙여 사동사로 만든다. 사동사가 되면 반드시 목적어를 필요로 하는 타동사가 된다.

(1) 영희가 운다. → 철수가 영희를 울린다. (자동사 → 사동사)

(2) 아이가 밥을 먹는다. → 어머니가 아이에게 밥을 먹인다. (타동사 → 사동사)

(3) 철수는 눈높이가 낮다. → 철수가 눈높이를 낮춘다. (형용사 → 사동사)

2. '–게 하다' 사동문(긴 사동문)

동사의 어간에 '–게 하다'를 써서 만드는 사동문이다.

(4) 영희가 운다. → 철수가 영희를 울게 한다.

(5) 철수가 밥을 먹는다. → 어머니가 철수에게 밥을 먹게 한다.

(6) 철수는 눈높이가 낮다. → 선생이 철수에게 눈높이를 낮게 한다.

사동문은 주동문의 주어와 다른 새로운 주어가 나타나며 주동문의 주어는 자동사나 형용사일 때는 목적어가 되고 타동사일 때는 '–에게'라는 부사어가 된다.

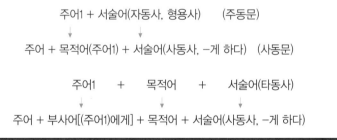

● 학교 문법에서는 접미사 '–시키다'에 의한 사동문도 인정하고 있다.

(7) 아버지는 아들에게 교육시켰다.

(8) 선생님은 학생에게 이해시켰다.

[사동문의 의미–직접 사동과 간접 사동]

(9) 어머니가 아이에게 옷을 입혔다.

(10) 어머니가 아이에게 옷을 입게 했다.

(9)는 어머니가 아이에게 직접 옷을 입히는 직접 사동의 의미와 옷을 사 주어서 아이 스스로 옷을 입

도록 하는 간접 사동의 의미로 두 가지 해석이 가능하다. 그러나 (10)은 어머니가 아이에게 직접 옷을 입히는 직접 사동의 의미는 없어지고 아이가 스스로 옷을 입게 하는 간접 사동의 의미로만 해석된다.

3. 접사에 의한 피동문(파생적 피동문, 짧은 피동문)

피동문은 동사에 피동 접사 '-이-, -히-, -리-, -기-'를 붙여서 이루어진 피동사로 된 문장이다.

(11) 철수는 영희를 잡았다. → 영희는 철수에게 잡혔다.

(12) 어머니가 아이를 안았다. → 아이는 어머니에게 안겼다.

(13) 종을 울린다. → 종이 울린다.

4. '-어지다'에 의한 피동문(통사적 피동문, 긴 피동문)

능동문 서술어의 어간에 '-어지다'를 사용하여 만드는 피동문이 있다.

(14) 철수는 불을 밝혔다. → 불은 철수에 의해 밝혀졌다.

● 학교 문법에서는 '-게 되다'와 접미사 '-되다'로 된 피동문도 피동문으로 인정하고 있다.

(15) 비밀은 반드시 밝혀지게 된다.

(16) 경찰은 범인을 체포했다. → 범인이 경찰에게 체포되었다.

● '되어지다'는 '-되다'가 피동문이기 때문에 다시 '-어지다'를 붙인 잘못된 표현이다.
'체포되다 → *체포되어졌다', '연결되다 → *연결되어졌다'

주어1 + 목적어1+ 서술어

(목적어1)주어 + (주어1)에게 + 서술어(피동사, -어 지다)

5. 피동문 없는 문장

(17) 철수는 영희를 때렸다.

(18) *영희는 철수에게 때려졌다.

(19) 영희는 철수에게 맞았다.

능동문 (17)에 대한 피동문은 (18)이 될 수 없다. (19)는 의미로 보면 피동이나 국어에서는 능동문으로 보고 있다.

[피동문의 의미]

(20) 고기가 잡혔다.

(21) 고기가 잡아졌다.

(20)은 '나도 모르게 행동주의 의지와 관계없이 잡혔다'는 의미로도 해석이 가능하지만, (21)은 '행동 주가 고기를 잡으려고 애를 써서 잡아진 것'으로 해석이 된다.

'부치다'와 '붙이다'

논밭을 부친다(　), 붙인다(　).

흥정을 붙인다(　), 부친다(　).

우표를 붙인다(　), 부친다(　).

편지를 부치다(　), 붙이다(　).

길잡이 우리말 동사 '부치다'와 '붙이다'는 소리가 같다.

동사 '부치다'는 '논밭을 이용하여 농사를 짓다.'의 뜻으로 쓰이며 많은 다의어와 이의어로 쓰이는 말이다. 다른 의미를 일일이 다 제시할 수는 없지만 '힘이 부치다', '편지를 부치다', '빈대떡을 부치다', '식목일에 부치는 글', '회의 안건에 부치다', '인쇄에 부치는 원고' 등으로 쓰인다.

동사 '붙이다'는 동사 '붙다'의 어근 '붙-'에 사동 접미사 '-이-'가 결합된 말이다. 동사 '붙다'의 기본적인 의미가 '맞닿아 떨어지지 아니하다.'와 같이 공간적으로 [접촉]의 의미를 가진다. '붙이다'는 '붙다'의 사동사로도 쓰이지만 다의적으로 '내기를 하는 데 돈을 태워 놓다', '흥정을 붙이다'와 같이 쓰이고, 대표적으로 '우표를 붙이다', '취미를 붙이다'와 같이 무엇을 가까이 하거나 대상에 [접촉]하는 핵심 의미로 쓰인다.

'붇다'와 '불다'

운동을 많이 해서 체중이 붇지(　), 불지(　) 않았다.

라면이 물에 붇다(　), 불다(　).

길잡이 동사 '붇다'는 '물에 젖어서 부피가 커지다.'로 '콩이 붇다.', '물에 불은 국수'와 같이 쓰인다. 그리고 '분량이나 수효가 많아지다.'의 뜻으로도 쓰이는데 '개울물이 붇다.', '체중이 붇다.'와 같이 쓰인다. '붇다'는 '불어, 불으니, 붇고, 붇지'와 같이 활용한다. 따라서, 'ㄷ불규칙 활용'을 하는 동사이다.

따라서 '체중이 붇지 않았다.'가 되고 '라면이 물에 붇다.'가 된다.

'뻗치다'와 '뻐치다'

철수는 팔이 멀리까지 뻗친다(　), 뻐친다(　).

도움이 다른 사람에게 뻗치지(　), 뻐치지(　) 않는다.

> **길잡이** 이전에는 '뻗치다'와 '뻐치다'가 구별되어 쓰였다. 그러나 지금은 '뻗치다' 하나만 쓰도록 하였다. '뻗치다'는 '뻗다'에 강세접미사 '-치-'가 결합되어 자동사와 타동사로서 '힘이 뻗치다.'와 '팔을 뻗치다.'와 같이 쓴다.
>
> 현행 맞춤법 제55항의 '두 가지로 구별하여 적던 다음 말들은 한 가지로 적는다.'라는 규정에 따른 것이다.

'-사오-'와 '-아오-'

가겠사오니( ), 가겠아오니( )

> **길잡이** '가겠사오니'는 '가+겠+사오+니'로 분석이 되며 '-사오-'는 소위 공손 선어말 어미이다. 'ㄹ'이외의 소리로 끝나는 어간이나 '-았-', '-었-', '-겠-' 아래와 'ㄴ, ㄹ, ㅁ, ㅂ 및 모음으로 시작되는 어미' 앞에 쓰인다. 중세 국어에서는 문어체로 많이 쓰였다.

'삭이다'와 '삭히다'

그는 분을 못 삭여서( ), 삭혀서( ) 얼굴이 붉어졌다.

젓갈을 잘 삭혀( ), 삭여( ) 먹어야 한다.

> **길잡이** 동사 '삭다'에는 다양한 뜻이 있는데 그 가운데 '긴장이나 화가 풀려 마음이 가라앉다.'의 뜻이 있다. '분이 삭다'와 같이 쓰인다. 사동사는 '삭이다'이다. 그리고 '김치나 젓갈 따위의 음식물이 발효되어 맛이 들다.'의 뜻을 가진 '삭다'는 '김치가 삭다, 젓갈이 삭다'와 같이 쓰이고 사동사는 '삭히다'이다. 따라서 '분을 못 삭여서'가 되고 '젓갈을 삭혀'가 맞다.

'서슴지'와 '서슴치'

그는 서슴지( ), 서슴치( ) 않고 범행을 저질렀다.

102

'서슴지'는 동사 '서슴다'에 부사형 어미 '-지'가 결합된 것이다. '서슴다'의 사전적 뜻은 '결단을 내리지 못하고 언행을 머뭇거리며 망설이다.'로 되어 있다. 그런데 이 동사 '서슴다'는 다른 동사나 형용사와는 매우 다른 특성을 가지고 있다. 먼저, '서슴다'는 다른 용언과는 달리 부사형 어미 '-지' 하나만 결합되어 활용한다. 이러한 동사를 활용이 불완전하다고 해서 불완전 동사라고 하는데 국어의 대부분 불완전 동사는 적어도 두 개 이상의 어미 활용이 가능하다. 예컨대, '데리다'는 '데리고'와 '데려' 두 어미를 취하며, '가로다'는 '가로되', '가론'과 같다.

그리고 '서슴다'는 '서슴거리다' 또는 '서슴대다'와 같이 다른 동사와는 달리 의성어나 의태어 뒤에 결합되는 접미사 '-거리다'와 '-대다'가 어간 뒤에 쓰일 수 있다. 또 다른 특징은 우리가 흔히 쓰는 '서슴없이'와 같이 동사 어간에 '없다'라는 형용사가 쓰인다는 것이다. 우리말은 이처럼 동사의 어간 뒤에 형용사 '없다'가 바로 결합되는 경우는 불가능하다. 형용사 '없다'는 선행어가 체언일 경우만 가능하다. '가(邊)없다', '수없이', '돈 없다', '체면 없이' 등과 같이 체언 뒤에만 '없다'가 결합될 수 있다. 즉, '*먹(다)없다', '*예쁘(다)없다'는 불가능하다. 따라서 '서슴없이'의 '서슴'이 원래 명사가 아닌가 한다. '서슴'이 체언의 성격을 가진다면 우리말에서 '공부하다', '가하다' 등과 같이 '체언+하다'의 파생어는 매우 생산적이기 때문에 '서슴다'의 기본형을 '서슴하다'로 잡을 수 있다고 본다. 더구나 '서슴다'에서 파생한 '서슴서슴하다'라는 말이 있기 때문에 '서슴하다'를 기본형으로 잡고 '서슴치'를 표준어로 규정하는 데 어려움이 없다.

'-아요'와 '-애요'

제가 잘못한 것 같아요( ), 같애요( ).

내가 잘못한 것 같아( ), 같애( ).

'같아요'는 형용사 '같다'에 해요체 어미 '-아요'가 붙은 것이다. 어미 '-아요'는 주로 어간 뒤에서 설명, 의문, 명령, 청유의 뜻을 나타내는 데 쓰인다. 즉, '이 차는 매우 빨리 가요(설명), 이리 와요(명령), 저거 먹어요(명령), 이제 우리 집에 가요(청유)' 등과 같이 쓰인다.

그러나 어미로서 '-애요'는 표준어가 아니다. 우리말의 어미에는 '-애요'나 '-애'가 없다. 따라서 '같애요'는 잘못된 표현이고 '같아요', '같아'로 써야 한다.

'안치다'와 '앉히다'

시루에 떡을 안쳤다( ), 앉혔다( ).

공장에 새 기계를 안쳤다( ), 앉혔다( ).

길잡이 '안치다'와 '앉히다'는 동음어다. '안치다'는 두 가지 뜻이 있는데, 하나는 '어려운 일이 앞에 밀리다.'로 '당장 눈앞에 안친 일이 많아 어찌할 바를 모르겠다.'와 같이 쓰인다. 많이 쓰이지 않는 말이다. 다른 하나는 '밥, 떡, 찌개 따위를 만들기 위하여 그 재료를 솥이나 냄비 따위에 넣고 불 위에 올리다.'의 뜻이다. '시루에 떡을 안치다.', '솥에 쌀을 안치다.'와 같이 쓰인다.

'앉히다'는 동사 '앉다'에 사동접미사 '-히-'가 붙어서 된 사동사다. '아이를 무릎에 앉혔다.', '그 사람을 사장 자리에 앉혔다.', '기계를 앉혔다.'와 같이 쓰인다.

'어떻게'와 '어떡해'

그가 너무 좋은 걸 어떻게( ), 어떡해( ).

오늘도 안 오면 어떻게( ), 어떡해( ).

길잡이 '어떡하다'는 '어떠하게 하다'가 줄어든 말이다. 그래서 '어떠하게 해'가 줄면 '어떡해'가 된다. '아저씨, 저는 어떡하면 좋겠어요?', '오늘도 안 오면 어떡해.'와 같이 쓰인다. '어떡해'는 해체의 종결형 문장 형태이다.

'어떠하다'는 '어떻다'의 본말인데 '너의 건강은 어떠하냐?'와 같이 쓰이며, '어떻게'는 '어떻다'에 부사형 연결어미 '-게'가 결합된 말로 그 뒤에 문장이 이어져야 한다. 따라서 '어떻게'는 '어떻게 만드는 것인가?', '어떻게 먹는 것인지 모르겠다.'와 같이 쓰인다. 따라서 위 문제는 둘 다 '어떡해'가 맞다.

'예컨대'와 '예컨데'

예컨데( ), 예컨대( )

원컨대( ), 원컨데( ) 내 말 좀 들어주세요.

길잡이 '예컨대'는 '예를 들건대'의 줄임말이다. '예컨데'라고 잘못 생각한 것은 접속사 '그런데'와 유사하기 때문인 것 같다. 이와 비슷한 것으로 '요(要)컨대', '원(願)컨대' 등도 모두 '−컨데'가 아니라 '−컨대'로 써야 한다. '요컨대'나 '원컨대'는 '요하건대', '원하건대'의 준말이다.

'이따가'와 '있다가'

그는 조금 이따가(　), 있다가(　) 그녀를 만날 것이다.

여러 사람이 있다가(　), 이따가(　) 모두 가니 외롭네.

길잡이 부사 '이따가'는 '조금 지난 뒤에'라는 뜻으로 비슷하게 '이따'와 같이 쓰인다. 그래서 '이따가 갈게', '이따가 단둘이 있을 때 얘기하자.'와 같은 보기로 쓰인다. 그런데 이와 비슷한 말로 '있다가'가 있다. '있다가'는 형용사 '있다'에 '어떤 동작이나 상태 따위가 중단되고 다른 동작이나 상태로 바뀜'을 나타내는 연결 어미 '−다가'가 결합된 말이다.

'이따가'도 [있다+다가]가 문법화되어 부사로 전이된 말이다. 따라서 위 문제는 '조금 이따가', '사람이 있다가'가 맞다.

'저리다'와 '절이다'

다친 다리가 저린다(　), 절인다(　).

김장 배추를 저린다(　), 절인다(　).

길잡이 '저리다'는 형용사로 '뼈마디나 몸의 일부가 오래 눌려서 피가 잘 통하지 못하여 감각이 둔하고 아리다.'의 뜻과 동사로 '뼈마디나 몸의 일부가 오래 눌려서 피가 잘 통하지 못하다.'의 뜻이 있다. '다리가 저리고 아파서 몸을 자주 움직인다.'일 때는 형용사로 쓰인 것이고, '손가락 마디가 저린다.'의 '저리다'는 동사로 쓰인 보기이다.

'절이다'는 동사 '절다'에 사동 접미사 '−이−'가 붙어서 된 사동사이다. '절다'는 '푸성귀나 생선 따위에 소금이나 식초, 설탕 따위가 배어들다.'의 뜻을 가지고 있다. '배추가 소금에 절다.', '그는 술에 절어 살았다.'와 같은 보기로 쓰인다. 그래서 명사 '절임'이 있다.

'조리다'와 '졸이다'

생선을 조린다( ), 졸인다( ).
마음을 조린다( ), 졸인다( ).

길잡이 '조리다'와 '졸이다'는 동음어이다. '조리다'는 '양념을 한 고기나 생선, 채소 따위를 국물에 넣고 바짝 끓여서 양념이 배어들게 하다.'의 뜻으로 요리 동사의 하나다. '생선을 조리다. 통조림, 병조림'과 같이 쓰인다. '조리다'의 어원은 동사 '졸다'에 사동접미사 '-이-'와 결합하여 '졸이다 > 조리다'로 어휘화한 것이다. 동사 '졸다'는 '찌개, 국, 한약 따위의 물이 증발하여 분량이 적어지다.'의 뜻이다. 이 외 뜻으로 '(속되게) 위협적이거나 압도하는 대상 앞에서 겁을 먹거나 기를 펴지 못하다.'의 뜻으로 쓰이기도 한다. '바짝 졸아 눌리는 듯하다.'와 같이 쓰인다. 중세국어에서도 '졸다'가 '縮, 減'의 뜻으로 쓰였다.

'졸이다'는 '(주로 '마음', '가슴' 따위와 함께 쓰여)) 속을 태우다시피 초조해하다.'의 뜻이다. '마음을 졸인다. 가슴을 졸인다.'와 같이 쓰인다.

'지그시'와 '지긋이'

눈을 지긋이( ), 지그시( ) 감았다.
나이가 지긋이( ), 지그시( ) 들어 보인다.

길잡이 '지그시'는 '슬며시 힘을 주는 모양'의 뜻이다. '지그시 밟다.', '지그시 누르다.', '눈을 지그시 감다.'와 같은 보기로 쓰인다. 그리고 '조용히 참고 견디는 모양'의 의미로 '아픔을 지그시 참다'와 같이 쓰인다.

그런데 '지그시'와 소리가 같은 '지긋이'가 있다. '지긋이'는 '나이가 비교적 많아 듬직하게'라는 뜻으로 '나이가 지긋이 들어 보인다.'와 같이 쓰이고, 또 다른 의미로 '참을성 있게 끈지게'라는 뜻으로 '아이는 나이답지 않게 어른들 옆에 지긋이 앉아서 이야기가 끝나길 기다렸다.'와 같이 쓰인다. 그런데 '지그시'와 '지긋이'는 '참고 견디며 끈지게' 하는 뜻으로는 비슷하다. 따라서 이 두 말의 뜻을 구별하기는 쉽지 않다. '지그시'는 '조용하게'의 뜻이 강하며, '지긋이'는 '끈질기게'라는 뜻이 강한 것으로 보인다.

'짖-'과 '짓-'

나의 마음을 짖누르다(   ), 짓누르다(   ).

길잡이 '짓누르다'는 '마구', '함부로'의 뜻을 가진 접두사 '짓-'에 '누르다'가 결합된 것이다. 그래서 '짓밟다', '짓밟히다', '짓씹다', '짓찧다' 등의 낱말이 있다. 그러나 우리말에 접두사 '짖-'은 없다.

'짓궂다'와 '짖궂다', '짓꿎다', '짖꿎다'

그 사람은 친구에 짓궂은(   ), 짖궂은(   ), 짓꿎은(   ), 짖꿎은(   ) 장난을 잘 한다.

길잡이 '짓궂다'는 사전에 형용사로 '장난스럽게 남을 괴롭고 귀찮게 하여 달갑지 아니하다.'로 뜻매김 해 놓고 있다. '짓궂다'의 '짓-'은 접두사로 '마구', '함부로', '몹시'의 뜻이며, '궂다'는 사전에 '언짢고 나쁘다'라는 형용사로 되어 있다. 이 말을 소리가 [진꾿따]로 나기 때문에 '짖궂다'나 '짓꿎다' 또는 '짖꿎다'로 잘못 쓰는 경우가 많다. 우리말에 '짖-'은 접두사로 쓰이지 않기 때문에 어근의 뜻을 강하게 하는 접두사로는 '짓-'으로 알아두면 된다.

'희로애락'과 '희노애락'

인간은 희로애락(   ), 희노애락(   )을 벗어나 살 수 없다.

길잡이 인간의 네 가지 감정인 '기쁨과 노여움과 슬픔과 즐거움'을 나타낼 때 '희로애락(喜怒哀樂)'이라 고 한다. 이것을 이전에는 '희노애락'이라고 썼던 것을 '희로애락'으로 바꾸었다. **맞춤법** 제52항에 '한자어에서 본음으로도 나고 속음으로 나는 것은 각각 그 소리에 따라 적는다.'라고 되어 있다.

예컨대, 분노(忿怒)의 '노(怒)'는 본음이고, 대로(大怒)의 '로(怒)'는 속음으로 적은 것이다. 속음 (俗音)은 '한자의 음을 읽을 때, 본음과는 달리 일부 단어에서 굳어져 쓰이는 음'이다. 통용음이라 고도 하는데 일상적으로 세상에서 익숙해졌거나 특수한 분야에서 오랫동안 써 온 소리를 말한다. 다음과 같은 보기가 있다.

오육월-오뉴월, 육월-유월, 목과(木瓜)-모과, 십월-시월, 십방정토(十方淨土)-시방정토, 팔
일(八日)-초파일(初八日)

넷째 마당

◇◇◇◇◇◇◇◇◇

틀리기 쉬운
띄어쓰기

'띄어쓰기'는 〈한글 맞춤법〉 제5장에 규정되어 있는 내용이다. '띄어쓰기'는 말의 의미를 정확하고 쉽게 읽을 수 있도록 덩이를 지어 묶어서 적는 것이다. 그런데 그 기준을 어디에 두는가가 문제다. 현행 '띄어쓰기'는 '단어'를 띄어쓰기의 기본적인 단위로 삼고 있다. 그러나 학교 문법에서 조사는 단어로 취급하면서도 그 앞말에 붙여 쓴 것은 조사의 의존성 때문이다.

우리말의 '띄어쓰기'는 실제 매우 복잡하고 어렵다. 그것은 '띄어쓰기'가 어떤 낱말의 문법적 특성과 깊은 관계를 가지고 있기 때문이다. 그리고 두 말이 합쳐져서 하나의 단어로 되었느냐 되지 않았느냐에 따라 띄어쓰기가 달라지기 때문이다.

따라서, '띄어쓰기'를 정확하게 할 수 있다는 것은 우리말에 대한 문법적 지식을 그만큼 잘 알고 있다는 것을 말한다. 여기에 실은 '틀리기 쉬운 띄어쓰기'는 많은 사람들이 틀리기 쉬운 것들을 모아서 설명을 한 것이다. 그리고 [길잡이]에서는 가능한 한 현재 학교 문법의 틀 속에서 설명하려고 하였다.

글쓰기에서 글자 사이를 띄어 쓴다는 것은 시각적으로 앞말과 뒷말 사이에 공간을 둔다는 뜻이다. 공간을 둔다는 것은 앞말과 뒷말이 서로 '**독립성**', '**자립성**'이 높다는 말과 같다. 따라서 홀로 쓰일 수 없는 조사나 어미는 당연히 앞말에 붙여 써야 한다. 그리고 두 말이 각각의 독립적인 의미를 가지고 있더라도 그 독립적인 의미가 줄어 들어 새로운 의미를 만들어 낼 때는 붙여 써야 한다. 예컨대, **큰집**과 **큰 집**은 서로 의미가 다르다. '크다'의 '큰'과 '집'을 붙여 쓰면 각각의 의미가 줄어들면서 '큰아버지'나 '큰형님'이 사는 집을 말하는 것이고, '큰'과 '집'을 띄어 쓰면 각각의 의미를 그대로 가지고 있어 '집이 크다'의 의미가 된다. 비슷한 보기로 횟수를 나타내는 '한번'과 '한 번'도 마찬가지이다. '한'과 '번'을 붙여 쓰면 '한'의 뜻인 '하나'의 의미가 줄어들면서 '막연한 횟수'를 말하는 것이고, '한'과 '번'을 띄어 쓰면 '하나'의 뜻과 '번'의 뜻이 그대로 살아있게 된다.

조사와 어미를 제외하고 두 말을 **붙여 썼을 때는 그것이 하나의 낱말**이기 때문에 반드시 사전에 올라 있어야 한다. 반면에 의존 명사는 자립성이 약하지만 띄어 쓰는데, 그것은 의존 명사와 어미를 구별하기 위해서이다.

띄어쓰기는 의존 명사와 어미와 조사의 꼴이 같은 경우만 주의를 기울이면 대부분 해결이 된다. 의존 명사는 시간이나 장소, 방법, 모양 등의 나름대로의 의미를 가지고 있기 때문에 다른 의존 명사로 바꾸어 보고 의미가 가능하면 띄어 써야 한다. 그리고 의존 명사 앞에는 대부분 서술격 조사 '이다'나 용언의 관형사형 어미(-ㄹ, -을/를, -ㄴ/은, -는)가 온다. 의존 명사와 동일한 형태인 조사나 어미가 의존명사인지 조사인지를 구별하는 방법은 그 조사 대신 다른 조사나 어미로 바꾸어 넣어 보면 된다.

(1) 너같이(처럼) 살았으면 좋겠다.
(2) 너(와) 같이(*처럼) 살았으면 좋겠다.

(1)과 (2)는 비슷한 문장이지만 '같이'가 (1)은 앞말에 붙여 써서 조사로 쓰인 것이고, (2)는 앞말 '너'와 띄어 써서 형용사 '같다'에서 파생한 '부사'로 쓰인 것이다. 따라서, (1)의 '같이'는

'같이' 대신 다른 조사 '**처럼**'으로 바꾸어 쓸 수 있기 때문에 '같이'가 조사인 줄 알 수 있다. 반면 (2)의 '같이'는 '함께'라는 의미를 가진 말로 '**(와) 같다**'라는 꼴로 쓰여 '처럼'으로 바꾸어 쓸 수가 없다. 따라서 (2)의 '같이'는 조사가 아님을 알 수 있다.

다음 (3)과 (4)도 마찬가지이다.

(3) 이 연구는 무엇을 밝히는 데(것) 목적이 있다.
(4) 철수가 집에 있는데(*것) 전화가 왔다.

(3)의 '데'는 다른 의존 명사 '것'으로 바꾸어 쓸 수 있어서 의존 명사로 띄어 써야 하지만, (4)의 '데'는 어미 '-는데'의 한 부분이기 때문에 의존 명사 '것'으로 바꾸어 쓸 수가 없다.

간(間)

① 남북 간( ), 남북간( ) 회담이 열렸다.
② 한 달 간( ), 한 달간( ) 휴가를 얻었다.
③ 무엇을 하든지 간( ), 하든지간( )에 열심히 해라.

> **길잡이** 한자어 '간(間)'은 '사이'의 뜻을 나타내는 의존 명사로 띄어 써야 한다. 그러나 접미사일 경우는 붙여 쓴다. '남북 간', '연인 간', '부모와 자식 간'처럼 앞에 있는 명사들의 관계나 어떤 대상에서 다른 대상까지의 '사이'를 의미할 때는 의존 명사로 띄어 쓴다. '무엇을 하든지 간에 열심히 해라', '가거나 오거나 간에, 있고 없고 간에'와 같이 '-고', '-거나'나 '-든지' 뒤에 오는 '간'은 띄어 쓴다.
> 그러나 '1년 여간', '한 달간', '이틀간'과 같이 '간'이 기간을 나타내는 명사 뒤에서 '동안, 사이'를 나타낼 때에는 접미사로 붙여 써야 한다. '간'은 '시간'을 나타내는 명사 뒤에서는 붙여 쓰고, 나머지는 모두 띄어 쓴다고 생각하면 알기 쉽다.

같이

① 너같은( ), 너 같은( ) 사람은 안 되겠다.
② 얼굴이 눈과같이( ), 눈과 같이( ) 희다.
③ 이와 같이( ), 이와같이( )
④ 얼굴이 눈같이( ), 눈 같이( ) 희다.
⑤ 나와 같이( ), 나와같이( ) 가자.

> **길잡이** '같이'는 형용사 '같다'에 부사형 어미 '-이'가 결합된 경우와 조사로 쓰이는 경우가 있다.
> '같이'가 조사로 앞말에 붙여 쓸 경우는 명사나 대명사 뒤에서 조사 '처럼'과 바꾸어 쓸 수 있을 때이다. 이때는 앞말에 붙여 써야 한다. 그러나 '같이'가 형용사일 때는 항상 '-와 같이'의 형태를 가진다.
> 위의 ①, ②, ③의 '같은'과 '같이'는 형용사 '같다'의 어간 '같-'에 관형사형 어미 '-은'과 부사형 어미 '-이'가 결합된 형태이다. 따라서, '같은'과 '같이'는 형용사이기 때문에 앞말과 띄어 써야 한다. '너처럼 사람은 안 되겠다.'라는 문장이 불가능하기 때문에 '같이'는 명사 뒤에 쓰여도 앞말과 띄어 써야 한다. 그러나 ④의 '같이'는 조사 '처럼'으로 바꾸어 쓸 수 있는 조사이기 때문에 앞말에 붙여 써야 한다. ⑤의 '나와 같이'의 '같이'는 '함께'의 뜻을 가진 부사이다. 따라서 앞말과 띄어 쓴다.

고유 명사

경상 대학교 사범 대학( ), 경상대학교 사범대학( )

 맞춤법 제49항: 성명 이외의 고유 명사는 단어별로 띄어 씀을 원칙으로 하되, 단위별로 붙여 쓸 수 있다.

'진주 경찰서'가 원칙이고 '진주경찰서'와 같이 붙여 씀도 허용한다.

① 국어 교육( ), 국어교육( )

② 중거리 탄도 유도탄( ), 중거리탄도유도탄( )

 맞춤법 제50항: 전문 용어는 단어별로 띄어 씀을 원칙으로 하되, 붙여 쓸 수 있다.

전문 용어는 단어별로 띄어 씀을 원칙으로 하되, 특히 넓게 쓰이는 전문 용어는 붙여 씀으로써 새로운 낱말을 만들 수 있는 이점이 있을 수 있으나 지나치게 붙여 써서 뜻을 알 수 없는 경우는 띄어 쓰는 것이 좋다.

내(內)

① 건물 내( ), 건물내( )에서는 담배를 피울 수가 없다.

② 차내(車內) ( ), 차 내(內)( )에서 조용히 해야 한다.

길잡이 일정한 범위의 '안'을 나타내는 한자어 '내(內)'는 의존 명사로 앞말과 띄어 써야 한다. '범위 내, 건물 내, 기한 내, 수일 내, 회사 내, 부대 내'와 같이 쓰인다. 그러나 '내(內)'가 하나의 단어로 굳어진 경우는 다음과 같이 붙여 쓴다. 그런데 '내(內)'와 반대말인 '외(外)'는 '내(內)'보다 합성어를 많이 만들지 못한다.

교내(校內), 사내(寺內)(*사외(寺外)), 사내(社內), 영내(營內), 차내(車內*차외(車外)), 옥내(屋內), 가내(家內*가외(家外)), 도내(道內*도외(道外)), 시내(市內), 체내(體內), 군내(郡內*군외(郡外))

단위성 의존 명사

① 사과 열 개(   ), 열개(   )

② 사과 10개(   ), 10 개(   )

③ 삼학년(   ), 삼 학년(   )

 맞춤법 제43항: 단위를 나타내는 명사는 띄어 쓴다.

다만, 순서를 나타내는 경우나 숫자와 어울리어 쓰이는 경우에는 붙여 쓸 수 있다.

따라서 ①은 '열 개'와 같이 수관형사와 의존 명사는 서로 띄어 써야 하고, ②는 '10개'와 '10 개'와 같이 둘 다 가능하다. ③도 '삼학년'과 '삼 학년' 모두 가능하다.

우리말에 단위를 나타내는 말로 다음과 같은 것들이 있다.

자루-연필(붓), 개-과일 등 낱개 물건, 접-과일 100개, 마리-동물의 수, 손-조기 두 마리, 벌-옷(그릇), 죽-그릇 10벌, 홉-곡식 한 주먹 되는 양, 되-10홉, 말-10되, 가마-5말, 섬-2가마, 켤레-신(양말), 그루-나무, 포기-채소, 대-차, 척-배, 송이-꽃, 권-책, 첩-약, 냥-금, 재-한약 20첩, 다발-꽃 뭉치, 톳-김 40장, 축-한지 10권(두루마리 한 권)

문법공부 **'의존 명사'의 종류**

명사의 종류에는 크게 관형어의 꾸밈을 받지 않고 쓰일 수 있는 자립 명사와 항상 관형어의 꾸밈을 받아 의존해서 쓰이는 의존 명사가 있다. 우리말 이름으로는 '안옹근이름씨', '매인이름씨'라고 한다.

(1) [그가 온] 지 십 년이 되었다.
(2) [그가 가져 온] 것은 돈이다.

위에서 줄친 '지'나 '년', '것'이 의존 명사이다. 즉, [   ]부분이 없으면 쓰일 수 없는 말이다.
의존 명사는 특성에 따라 다음과 같이 나눈다.

*보편성 의존 명사: 다양한 격조사가 붙어 문장에서 여러 성분이 될 수 있는 의존 명사(것, 분, 이, 데, 바, 따위 등)
*주어성 의존 명사: 주격 조사만 붙어 문장에서 주어만 될 수 있는 의존 명사(지, 수, 리, 나위 등)
*서술성 의존 명사: 서술격 조사 '-이다'만 붙어 서술어만 될 수 있는 의존 명사(따름, 뿐, 터 등)
*부사성 의존 명사: 부사격 조사와 '-하다'가 붙어 부사어와 서술어가 될 수 있는 의존 명사(채, 듯, 만, 줄 등)
*단위성 의존 명사: 앞에 수관형사가 와서 단위를 나타내는 의존 명사(개, 마리, 사람, 포기, 그루, 원 등)

114

① 그때 그곳(　), 그 때 그 곳(　)

② 꽃잎이 한 잎 두 잎(　), 한잎 두잎(　) 떨어진다.

 맞춤법 제46항: 단음절로 된 단어가 연이어 나타날 적에는 붙여 쓸 수 있다.

　원래는 관형사와 명사로 되어 있기 때문에 모두 띄어 써야 한다. 그러나 쉽게 읽을 수 있도록 하기 위해 한 음절로 된 말은 붙여 쓸 수 있다고 하였다. 그러나 '그때그곳'과 같이 모두 붙여 쓸 수는 없다.

좀더 큰것	이말 저말	한잎 두잎
좀 더 큰 것	이 말 저 말	한 잎 두 잎

① 너는 너대로(　), 너 대로(　) 일을 해라.

② 너 하는 대로(　), 너 하는대로(　) 해라.

 '대로'는 조사와 의존 명사로 쓰인다. 조사로 쓰일 때는 명사나 대명사 뒤에 붙여 써야 하고, 의존 명사로 쓰일 때는 용언의 관형사형 어미 '-는', '-(으)ㄹ' 뒤에 띄어 쓴다.

　그래서 ①의 '너대로'의 '대로'는 조사이기 때문에 대명사 '너'에 붙여 써야 하고, '너 하는 대로'의 '대로'는 의존 명사이기 때문에 앞말과 띄어 써야 한다. 의존 명사로 쓰일 때는 반드시 그 앞에 관형사형 어미가 온다.

① 손님이 오는데(　), 오는 데(　) 무엇을 하는가?

② 만나자고 한 데(　), 한데(　) 나가 보아라.

③ 이것은 허리 아픈 데(　), 아픈데(　) 바르는 약이다.

④ 사람이 성공하는데는(　), 성공하는 데는(　) 많은 시간이 필요하다.

'-데'가 '는'과 같이 어울려 어미 '-는데'가 될 경우는 붙여 쓰고, '데'가 '장소'나 ' 경우', '것' 또는 '일'의 의미를 가진 의존 명사로 쓰일 때는 앞말과 띄어 써야 한다.

위에서 ①의 '-는데'는 어미로 쓰였기 때문에 '-는데'로 붙여 써야 하고, ②의 '데'는 '장소'를 나타내는 의존 명사이고, ③은 '경우', '상황'의 뜻을 가진 의존 명사이며, ④의 '데'는 '일'의 의미를 가진 의존 명사이기 때문에 모두 앞말과 띄어 써야 한다. '데'가 어미의 일부인지 의존 명사인지는 다른 의존 명사를 바꾸어 써 보면 알 수 있다.

동안

그를 오랫동안(　), 오랫 동안(　) 만나지 못했다.

그를 오랜만에 (　), 오랜 만에 (　) 만났다.

 '오랫동안'은 부사 '오래'와 명사 '동안'을 합쳐 하나의 합성명사가 되었기 때문에 둘을 붙여 써야 한다. '오랜만'은 명사 '오래간만'의 준말이다. '오래간만'은 '오래+간+만'으로 된 한 낱말로 모두 붙여 써야 한다. 사전에는 '오래간+만'으로 되어 있어 '간'을 한자로 보지 않고 있다.

듯하다

① 죽은 듯 했다(　), 죽은듯했다(　), 죽은 듯했다(　).

② 죽은 듯이(　), 죽은듯이(　) 있었다.

③ 눈물이 비오듯했다(　), 비 오듯 했다(　), 비 오 듯했다(　).

①의 '듯하다'는 의존 명사 '듯'에 접미사 '-하다'가 붙어 보조동사가 된 말이다. 따라서 '죽은'과 띄어 써도 되고 붙여 써도 된다. ②의 '듯이'는 의존 명사 '듯'에 부사형 어미 '-이'가 붙어서 '듯하게'의 뜻으로 쓰여 앞말과 띄어 써야 한다. 그리고 ③은 어간 '오-'에 연결어미 '-듯'이 결합되어 '비 오듯'이 된다. 이때 '듯'은 어미 '-듯이'의 '이'가 줄어진 꼴이다. 그래서 '비 오듯(이) 했다'와 같이 띄어 써야 한다. 이것은 '구름에 달 가듯이 가는 나그네'와 '눈물이 비 오듯(이) 했다(흘렀다)'와 같이 붙여 써야 한다.

때문에

눈 때문에( ), 눈때문에( ) 학교에 가지 못했다.

길잡이 '때문'은 의존 명사이기 때문에 앞말과 띄어 써야 한다. 그리고 이 '때문'은 앞말이 명사일 경우가 대부분이다. 그러나 '그가 늘 건강한 것은 열심히 운동한 때문이다.'와 같이 관형절이 앞에 오기도 한다. 따라서 의존 명사 '때문'이 들어가는 말은 항상 앞말과 띄어 써야 한다.

'라고/고'와 '하고'

① 어머님께서 저에게 "모든 일에 성실하라" 하고( ),

　　　　　　　　　"모든 일에 성실하라"하고( ) 말씀하셨다.

② 어머님께서 저에게 "모든 일에 성실하라"라고( ),

　　　　　　　　　"모든 일에 성실하라" 라고( ) 말씀하셨다.

③ 어머님께서 저에게 '모든 일에 성실하라'고( ),

　　　　　　　　　'모든 일에 성실하라' 고( ) 말씀하셨다.

길잡이 우리말에 상대의 말을 직접 인용하고 난 후 인용문에 붙여 쓰는 말이 두 가지가 있다. 하나는 '하다'가 인용격 조사 없이 '남의 말을 인용하는 기능'을 하는 동사로 나타내는 경우가 있고, 다른 하나는 인용격 조사를 사용하는 경우이다. 인용격 조사 없이 동사 '하다'를 쓸 경우는 인용문과 띄어 써야 한다. 그리고 남의 말을 직접 인용하는 말을 나타내는 인용격 조사는 '라고'를 쓰고, 간접적으로 인용할 경우는 인용격 조사 '고'를 쓰는데, 둘 다 인용격 조사이기 때문에 앞에 오는 직접 인용문과 붙여 써야 한다.

'-ㄹ텐데'와 '-ㄹ 텐데'

그 사람 지금 근무할 텐데( ), 근무할텐데( ).

'근무할 텐데'를 '근무할텐데'로 잘못 쓰는 경우가 많다. '근무할 텐데'의 '근무할–'은 동사 '근무하다'의 어간 '근무하–'에 관형사형 어미 '–ㄹ'이 붙은 꼴이고, '텐데'는 의존 명사 '터'에 서술격 조사 '이다'의 활용형 '–ㄴ데'가 붙은 말이다. 따라서, '근무할 텐데'로 띄어 써야 한다.

만

> ① 십 년 만에( ), 십 년만에( ) 만났다.
> ② 십 년만( ), 십 년 만( ) 공부해라.
> ③ 대학에 갈 만도( ), 갈만도( ) 하다.

 '만'은 보조사와 의존 명사로 쓰인다. 조사로 쓰일 경우는 '한정'의 뜻을 가지고 명사 뒤에 붙여 쓴다. 의존 명사로 쓰일 경우는 '시간이 얼마 동안 계속되었음'을 나타내거나 동사의 어미 '–ㄹ'이나 '–을' 뒤에서 '앞말의 행위나 동작이 가능함'을 나타낸다. 이때는 앞말과 띄어 쓴다. ①과 ③의 '만'은 의존 명사이기 때문에 앞말과 띄어 써야 하고, ②의 '만'은 보조사이기 때문에 체언에 붙여 써야 한다. '만' 뒤에 조사 '에'를 붙여 보고 가능하면 의존 명사로 쓰인 것이기 때문에 앞말과 띄어 쓰면 된다.

만큼

> ① 너 만큼( ), 너만큼( )
> ② 공부한 만큼( ), 공부한만큼( )
> ③ 나를 미워하리만큼( ), 미워하리 만큼( ) 그에게 잘못한 일이 없다.
> ④ 고기가 얼마만큼( ), 얼마 만큼( ) 큰가?

 '만큼'은 조사로 쓰이는 경우와 의존 명사로 쓰이는 경우가 있다.

조사로 쓰일 때는 항상 명사나 대명사 뒤에 붙여 써야 하고, 의존 명사로 쓰일 때는 항상 동사나 형용사의 관형사형 어미 뒤에서 띄어 써야 한다.

위 ①의 '너만큼'의 '만큼'은 조사이기 때문에 '너'에 붙여 써야 하고, ②의 '공부한 만큼'의 '만큼'은 의존 명사이기 때문에 앞말과 띄어 써야 한다. ③의 '미워하리만큼'의 '만큼'은 '–리만큼'이 하나의 어미이기 때문에 앞말과 붙여 써야 한다. ④의 '얼마만큼'의 '만큼'은 '얼마'가 명사이기 때문에 '만큼'은 조사로서 '얼마'에 붙여 써야 한다.

매(毎)

그 팀은 매년( ), 매 년( ) 우승을 했다.

그 팀은 매 경기( ), 매경기( ) 우승을 했다.

길잡이 한자어 '매(毎)'는 관형사와 합성어 어근으로 쓰인다. 관형사로 쓰일 때는 '하나하나의 모든, 또는 각각의 의 뜻'을 가지고 있으며, '매 회계 연도, 매 경기 우승하다.'와 같이 쓰인다. 이때는 뒷말과 띄어 써야 한다. 그리고 '매(毎)'를 합성어 어근으로 볼 것인가 아니면 접두사로 볼 것인가는 관점에 따라 다를 수 있지만 사전에는 접두사로 제시하지 않았기 때문에 자립명사로 보아 합성어로 볼 수밖에 없다. 이 경우는 '매년, 매주, 매일, 매시간'과 같이 시간을 나타내는 말과 함께 쓰여 한 단어로 쓰인다.

'못되다'와 '못 되다'

① 그 사람 성질이 못됐다( ), 못 됐다( ).

② 그 사람 교수가 못된( ), 못 된( ) 것을 남의 탓으로 돌렸다.

③ 그는 술을 못 마신다( ), 못마신다( ).

길잡이 '못되다'는 ①처럼 '성질이나 품행 따위가 좋지 않거나 고약하다.'와 ②처럼 '일이 뜻대로 되지 않은 상태에 있다.'의 뜻으로 쓰인 한 낱말이기 때문에 '못'과 '되다'는 붙여 써야 한다. ③의 '못'은 부사로 동사 '마시다'를 부정하는 뜻으로 쓰여 서술어와 띄어 써야 한다.

'못하다'와 '못 하다'

① 거기에 가지 못 합니다( ), 가지 못합니다( ).

② 불이 밝지 못 합니다( ), 못합니다( ).

길잡이 '못하다'는 ①은 동사로, ②는 형용사로 쓰인 한 낱말이기 때문에 '못'과 '하다'는 붙여 써야 한다. 부정의 관용구로 '못'과 '하다'를 붙여 쓸 경우는 '−지 못하다'와 같이 알아 두면 된다.

바

① 우리가 서류를 검토한바( ), 검토한 바( ) 몇 가지 문제가 발견되었다.

② 우리가 서류를 검토한 바( ), 검토한바( )에 의하면 몇 가지 문제가 있었다.

길잡이 '바'는 의존 명사로 쓰일 때와 '-ㄴ바'와 같이 연결 어미로 쓰일 때가 있다. 어미로 쓰일 때는 사전에 '(문어체로) 뒤 절에서 어떤 사실을 말하기 위하여 그 사실이 있게 된 것과 관련된 과거의 어떤 상황을 미리 제시하는 데 쓰는 연결 어미. 앞 절의 상황이 이미 이루어졌음을 나타낸다.' '(문어체로) 뒤 절에서 어떤 사실을 말하기 위하여 그 사실이 있게 된 것과 관련된 상황을 제시하는 데 쓰는 연결 어미. '-ㄴ데', '-니' 따위에 가까운 뜻을 나타낸다.'고 되어 있다. 따라서 '그는 나와 동창인바 그를 잘 알고 있다.', '너의 죄가 큰바 벌을 받아야 한다.'와 같이 쓰인다.

의존 명사로 쓰이는 '바'는 당연히 앞말과 띄어 써야 한다. '바'는 '앞말에 대한 그 자체나 일 따위를 나타내거나 일의 방법이나 방도, 앞말이 나타내는 일의 기회나 그리된 형편의 뜻을 나타내는 말'이다. '느낀 바를 말하라.', '어찌할 바를 몰랐다.', '어차피 매를 맞을 바에 먼저 맞자.'와 같이 쓰인다. 의존 명사로 쓰이면 그 뒤에 조사가 올 수 있다. 조사는 주로 목적격 조사 '를'과 부사격 조사 '로'와 '에'가 온다. 따라서 위 ①은 '바'를 앞말에 붙여 쓰고, ②는 '바'를 앞말과 띄어 써야 한다.

밖에

① 사람은 죽을 수 밖에( ), 죽을 수밖에( ) 없다.

② 그는 집밖에( ), 집 밖에( ) 모른다.

③ 집 밖에( ), 집밖에( ) 나가 놀아라.

④ 그밖의( ) 그 밖의( ) 문제는 내가 알 바 아니다.

길잡이 '밖에'는 두 가지로 쓰인다. 하나는 조사로 쓰이는 경우이고, 다른 하나는 명사 '밖'에 조사 '-에'가 결합된 경우이다. 앞의 경우는 앞말에 붙여 써야 하고, 뒤의 경우는 앞말과 띄어 써야 한다.

위 ①의 '수밖에'는 의존 명사 '수' 뒤에, ②의 '집밖에'의 '밖에'는 명사 '집' 뒤에 '한정'의 의미를 가진 보조사로 쓰였기 때문에 앞말에 붙여 써야 하고, ③의 '집 밖에 나가라'의 '밖에'는 '안'과 '밖'이라고 할 때의 명사 '밖'에 조사 '에'가 붙어 부사어로 쓰였다. 따라서 '밖에'는 앞말과 띄어 써야 한다. 그리고 ④의 '그 밖의 문제'의 '밖'은 '이외', '나머지'라는 뜻으로 명사에 조사 '의'가 결합되었기 때문에 띄어 써야 한다.

접미사 '-받다'와 '-당하다', '-되다'

① 이번 달 월급 받지( ), 월급받지( ) 못했다.

② 버림받은 아이( ), 버림 받은( ) 아이들을 돌봐야 한다.

③ 그 사람은 남에게 너무 무시 당했다( ), 무시당했다( ).

④ 그 사람은 불량배에게 폭행 당했다( ), 폭행당했다( ).

⑤ 그 안건은 가결되었다( ), 가결 되었다( ).

⑥ 그는 결국 교사되었다( ), 교사 되었다( ).

길잡이 우리말에서 피동의 의미를 나타내는 문장을 만드는 방법은 세 가지가 있다. 하나는 어휘 의미를 가진 접미사 '받다', '당하다', '입다'와 같은 어휘를 붙여 써서 만드는 방법이 있고, 하나는 어근에 피동 접미사를 붙여서 만드는 방법이 있다. 동사 '잡다'에 피동 접미사 '-히-'를 붙여서 '잡히다'와 같이 되는 것이다. 그리고 다른 하나는 용언의 어간에 '-어지다'를 붙여서 피동문을 만드는 방법이 있다. 예컨대, 동사 '먹다'에 '-어지다'를 써서 '먹어지다'와 같이 만드는 방법이다. 그런데 피동의 의미를 가진 접미사로 피동 어휘를 만들 때는 피동의 의미를 가진 접미사가 앞말에 붙어서 하나의 새로운 어휘가 된다. 따라서 앞말에 붙여 써야 한다. 이러한 의미를 가진 말로 '-받다'와 '-당하다'가 있다. 예컨대, '받다'로 된 말로 '강요받다, 버림받다'가 있다. 이 단어는 사전에 표제어로 올라 있다. 그 외 피동의 의미가 아닌 경우는 '벌 받다, 뇌물 받다, 월급 받다'와 같이 모두 띄어 써야 한다. '-당하다'도 마찬가지로 접미사로 쓰인 '거절당하다, 무시당하다, 이용당하다, 체포당하다, 혹사당하다'와 같은 단어들은 하나의 표제어로 사전에 올라 있다. 그러나 '폭행 당하다'는 단어로 인정하지 않고 있기 때문에 '폭행'과 '당하다'를 띄어 써야 한다. 이런 말들은 하나의 단어로 올라섰느냐 그렇지 않느냐에 따라 띄어쓰기가 결정되기 때문에 구별하기가 어렵다.

그리고 '되다'도 동사와 접미사로 쓰이는 경우가 있는데 접미사로 쓰일 경우 피동의 뜻을 더하는 접미사이다. '되다'는 '안심되다, 걱정되다, 가결되다, 사용되다, 형성되다'와 같이 동작성 명사 뒤에 붙어 파생동사를 만든다. 그러나 비동작성 명사가 오면 앞 명사와 띄어 써야 한다. '선생 되다, 학생 되다, 어른 되다, 아이 되다, 사람 되다' 등과 같이 띄어 쓴다.

'별수없다'와 '별 수없다', '별수 없다'

① 별수없다( ), 별 수 없다( ), 별수 없다( ).

② 별수( ), 별 수( ) 있겠어?

'별수'는 '別數'로 '달리 어떻게 할 방법'의 뜻을 가진 명사이다. '별수' 뒤에는 항상 '있다'와 '없다'만 올 수 있다. '별수' 뒤에 '없다'가 쓰여 '별수 없다'와 같이 띄어 써야 한다. 그리고 '별수' 뒤에 '있다'가 올 때는 의문형이 와서 '별수 없음'을 나타내는 반어법으로 쓰인다. 이때도 앞말과 띄어 써야 한다.

본용언과 보조용언

① 적군을 막아 낸다( ), 막아낸다( ).
② 모르면서 아는 척한다( ), 아는척한다( ).
③ 옷에 먼지 좀 잘 털어 놓아라( ), 털어놓아라( ).
④ 속마음을 좀 시원하게 털어놓아라( ), 털어 놓아라( ).

맞춤법 제47항: 보조용언은 띄어 씀을 원칙으로 하되, 경우에 따라 붙여 씀도 허용한다.

원래 보조용언은 본용언 뒤에 붙어서 본용언의 뜻을 보조해 주는 용언으로 자립적인 뜻이 약하다. 그러나 형태적으로 띄어 씀을 원칙으로 하고 의미의 독립성이 없기 때문에 붙여 쓸 수도 있도록 했다. 북한에서는 본용언과 보조용언은 붙여 쓰도록 하고 있다.

| 꺼져 간다 | 막아 낸다 | 깨뜨려 버렸다 | 올 듯하다 | 될 법하다 | 올 성싶다 | 아는 척한다 |
| 꺼져간다 | 막아낸다 | 깨뜨려버렸다 | 올듯하다 | 될법하다 | 올성싶다 | 아는척하다 |

①, ②의 보기는 모두 붙여 쓸 수도 있고 띄어 쓸 수도 있다. ③의 '털어 놓다'도 본동사와 보조동사로 된 서술어이기 때문에 띄어 써도 되고 붙여 써도 된다. 그러나 ④의 '털어놓다'는 하나의 단어로 '마음속에 품고 있는 사실을 숨김없이 말하다.'와 '속에 든 물건을 모두 내놓다.'의 뜻으로 쓰인 합성어다. '그동안 일을 모두 털어놓았다, 호주머니에 있는 돈을 모두 털어놓았다.'와 같이 쓰여 '털어'와 '놓다'를 붙여 써야 한다.

그러나 보조용언을 띄어 써야 하는 경우는 본용언과 보조용언 사이에 다른 요소가 들어갔을 때나 보조용언이 두 개가 이어서 나올 때이다. 표로 보이면 다음과 같다.

본용언 + 보조용언 √ 보조용언: 덤벼들어 보아라, 떠내려가 버렸다
본용언 + 조사 √ 보조용언: 읽어도 보다
본용언 √ 의존 명사 + 조사 √ 보조용언: 올 듯도 하다, 잘난 체를 하다

본용언과 보조용언이 함께 쓰일 때는 띄어 써도 되고 붙여 써도 된다. 그런데 보조용언이 본용언처럼 쓰이는 경우가 있다. 이 경우는 반드시 띄어 써야 하고 그 문장은 이어진 문장이 된다.

(1) 그는 책을 찢어버렸다.

(2) 그는 책을 찢어(서) 버렸다.

(1)의 '버렸다'는 보조용언이다. 그러나 (2)의 '버렸다'는 보조용언도 되고 본용언도 될 수 있다. 즉, 중의적으로 해석되는 문장이다. '버렸다'가 본용언일 경우는 '책을 찢어서 버렸다'로 해석이 되어서 '겹문장'으로 이어진 문장이 된다. (2)의 경우는 '찢어'와 '버렸다' 사이에 긴 쉼이 있어야 의미 구별을 쉽게 할 수 있다.

이와 비슷한 문장으로 다음과 같은 문장이 있다.

(3) 감을 깎아(서) 드렸다.

(4) 범인을 잡아(서) 넘겼다.

'해보다'와 '해 보다'

① 어디까지 갈지 끝까지 해보자(   ), 해 보자(   ).

② 무엇이든 해 보지(   ), 해보지(   ) 않고 알 수가 없다.

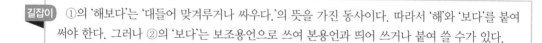 ①의 '해보다'는 '대들어 맞겨루거나 싸우다.'의 뜻을 가진 동사이다. 따라서 '해'와 '보다'를 붙여 써야 한다. 그러나 ②의 '보다'는 보조용언으로 쓰여 본용언과 띄어 쓰거나 붙여 쓸 수가 있다.

'들'과 '등'

① 책상, 걸상등이 있다(   ).

  책상, 걸상 등이 있다(   ).

② 사과, 배, 감들이 많다(   ).

  사과, 배, 감 들이 많다(   ).

③ 사람들이 많이 왔다(   ).

  사람 들이 많이 왔다(   ).

맞춤법 제45항: 두 말을 이어 주거나 열거할 적에 쓰이는 다음 말들은 띄어 쓴다.

국장 겸 과장   열 내지 스물   청군 대 백군 책상, 걸상 등이 있다.
이사장 및 이사들   사과, 배 등속

'들'이 복수를 나타내는 접미사로 쓰일 때는 '사람들'과 같이 앞말에 붙여 쓴다. 그러나 앞에 여러 종류를 나열하면서 복수를 나타낼 때는 의존 명사이므로 앞말과 띄어 쓴다.

뿐

① 남은 것은 이것 뿐이다(   ), 이것뿐이다(   ).
② 나는 공부만 할 뿐이다(   ), 할뿐이다(   ).

'뿐'은 의존 명사와 보조사로 쓰이는 두 경우가 있다. 의존 명사로 쓰일 때는 반드시 동사, 형용사 그리고 '이다'의 관형사형 어미 '-(으)ㄹ' 뒤에 쓰인다. 보조사로 쓰일 때는 반드시 명사나 명사형 어미 '-기' 그리고 대명사 뒤에만 쓰이며, 이때는 앞말에 붙여 쓴다.

위 ①에서 '뿐'은 보조사로 앞말에 붙여 써야 하고, ②에서 '뿐'은 의존 명사로 띄어 써야 한다. 그리고 '뿐' 뒤에는 항상 '이다'와 그 활용형만 붙는다. 그래서 이것을 '서술성 의존 명사'라고도 한다.

성과 이름

① 최치원(   ), 최 치원(   )
② 황보관(   ), 황보 관(   )
③ 이만수씨(氏)(   ), 이만수 씨(   )
④ 어제 이씨(李氏)(   ), 이 씨(   )가 집을 나갔다.
⑤ 우리나라에서 김씨(金氏)(   ), 김 씨(   )가 가장 많다.
⑥ 김군(金君)(   ), 김 군(   )

길잡이 맞춤법 제48항: 성과 이름, 성과 호 등은 붙여 쓰고, 이에 덧붙는 호칭어, 관직명 등은 띄어 쓴다. 다만, 성과 이름, 성과 호를 분명히 구분할 필요가 있을 경우에는 띄어 쓸 수 있다.

①에서는 성과 이름은 모두 붙여 써야 한다. 그러나 ②와 같이 성이 '황보'처럼 두 자로 된 경우는 성과 이름을 띄어 써서 구별할 수 있도록 하였다. 그렇지 않으면 성이 '황'씨가 될 수도 있기 때문이다. 그러나 반드시 그렇게 해야 한다는 것이 아니라 띄어 쓸 수도 있다고 했다. ③에서 '씨(氏)'는 호칭어이기 때문에 띄어 써야 한다. ④의 '씨'도 호칭어이기 때문에 띄어 써야 한다. 그러나 ⑤와 같이 '씨'가 호칭어가 아니고 '성씨'를 나타내는 접미사로 쓰였을 때는 성에 붙여 '김씨'라고 해야 한다. ⑥의 '군(君)'도 '양(孃)', '형(兄)', '옹(翁)' 등과 같이 모두 호칭어로 보기 때문에 모두 앞 성과 띄어 써야 한다.

'소리나다/소리내다'와 '소리 나다/소리 내다'

① 표준어는 우리말을 정확하게 소리내어야(   ), 소리 내어야(   ) 한다.

② 우리말 /ㅇ/은 첫소리에서는 소리나지(   ), 소리 나지(   ) 않는다.

길잡이 두 낱말이 합쳐져서 하나로 되었느냐 그렇지 않느냐는 그 단어가 독립된 어휘로 자격을 얻었느냐 그렇지 않느냐에 따라 달라진다. 하나의 단어로 인정을 받게 되면 사전에 등재되고 단어로서 자격을 가지게 된다. '소리나다'도 하나의 단어로 인식될 법한데 아직 하나의 단어로 인정하지 않고 있기 때문에 '소리'와 '나다'를 붙여 쓸 수가 없다. 따라서 '소리 나다', '소리 내다'와 같이 띄어 써야 한다.

'속'과 '안'

① 내 손안(   ), 손 안(   )에 돈이 없어 집을 살 수가 없다.

② 물고기는 물 안(   ), 물안(   )에서만 산다.

③ 그 사람은 산 속(   ), 산속(   )에서 오래 살았다.

④ 추워서 이불 속(   ), 이불속(   )으로 들어갔다.

⑤ 고래는 바닷속(   ), 바다 속(   )에서만 사는 포유동물이다.

우리말에서 유의어로 '속'과 '안'이 있다. 그런데 '속'은 다른 어근과 결합하여 합성어를 쉽게 만들어 하나의 단어로 된 것이 많다. '물속, 산속, 마음속, 바닷속' 들은 모두 한 단어로 사전에 올라 있다. 그러나 '안'은 '속'보다 낱말을 쉽게 만들지 못한다. '물안, 바닷안'이란 말은 단어로 되어 있지 않다. 따라서 '물 안', '바다 안'과 같이 띄어 써야 한다. 그리고 '안'이 명사와 결합하여 합성어가 된 말 가운데 '손안'과 '집안'이 있다. '손안'은 말하는 사람의 영역이나 권한 또는 관계 속에 있음을 뜻한다. '손안에 든 쥐', '네 목숨은 내 손안에 달렸다', '그 많은 돈을 손안에 넣었다' 등과 같이 쓰인다. 이 경우는 모두 '손'과 '안'은 붙여 써야 한다. 그러나 '안'이 앞말과 띄어 써야 할 경우는 '안'의 뜻이 '밖'과 대조를 나타낼 경우이다. '내가 준 돈 지금 손 안에 잘 잡고 있니?'와 같이 쓰일 때는 '손'과 '안'을 띄어 써야 한다.

그리고 '집안'도 붙여 쓸 경우는 '집안'이 가족을 구성원으로 하여 살림을 꾸려 나가는 공동체'의 뜻일 경우는 한 낱말로 붙여 써야 하고 '집의 안'이라는 뜻으로 '안'이 '밖'의 뜻과 대조적으로 쓰일 때는 띄어 써야 한다. '금방 어떤 사람이 집 안에 들어갔다.'라고 할 때는 '집'과 '안'은 띄어 써야 한다.

이와 같이 '속'도 합성어를 만들지 못할 경우는 앞 단어와 모두 띄어 쓴다. '이불 속', '우물 속', '수박 속' 등과 같이 띄어 써야 한다.

'수많다'와 '수없이'

> ① 수많은(　), 수 많은(　) 군중
> ② 수없이(　), 수 없이(　) 만났다.

길잡이 '수(數)많다'는 형용사로 '수효가 한없이 많다.'는 뜻이다. 그리고 '수(數)없이'는 형용사 '수없다'에서 파생된 '헤아릴 수 없이'라는 뜻의 부사이다. 따라서 '수'와 '많다', '수'와 '없다'를 모두 붙여 써야 한다.

시(時)

> ① 우천 시(　), 우천시(　) 경기는 연기된다.
> ② 우리는 항상 비상시(　), 비상 시(　)를 대비해야 한다.
> ③ 전쟁시(　), 전쟁 시(　)를 대비해서 훈련을 많이 해야 한다.

한자어 시간을 나타내는 '시(時)'는 명사와 의존 명사로 쓰이는데, 의존 명사로 쓰일 때는 단위를 나타내는 단위성 의존 명사이므로 앞말과 띄어 써야 한다. '몇 시나 되었나?', '세 시가 되었다.'와 같이 쓰인다. 그리고 명사 뒤에서 '어떤 일이나 현상이 일어날 때나 경우'의 뜻을 가지고 있는 의존 명사로 띄어 써야 한다. '운전 시, 근무 시, 전쟁 시, 우천 시' 등은 모두 띄어 써야 한다. 그리고 '규칙을 어겼을 시 벌을 받는다.'와 같이 '때'의 의미로 쓰인 의존 명사도 모두 띄어 써야 한다.

그러나 '비상시(非常時), 평상시(平常時), 유사시(有事時), 필요시(必要時)'와 같이 한 단어로 굳어진 것은 붙여 쓴다.

'안되다'와 '안 되다'

① 마음이 매우 안됐다( ), 안 됐다( ).

② 그 사람, 이번에 국회 의원이 안됐다( ), 안 됐다( ).

③ 요즘 공부가 잘 안된다( ), 안 된다( ).

④ 부모는 아들이 안심이 안 돼서( ), 안돼서( ) 걱정을 한다.

① '안되다'는 동사와 형용사로 쓰인다. 동사는 '일, 현상, 물건 따위가 좋게 이루어지지 않다.'의 뜻으로는 '올해는 태풍 때문에 과일 농사가 안돼 큰일이다.'와 같이 쓰이고, '사람이 훌륭하게 되지 못하다.'의 뜻으로는 '자식이 안되기를 바라는 부모는 없다.'와 같이 쓰인다. 그리고 '일정한 수준이나 정도에 이르지 못하다.'의 뜻으로는 '이번에는 안돼도 열 명은 합격할 것이다.'와 같이 모두 뒷말과 붙여 써서 한 단어로 쓰인다.

형용사로는 '마음이 섭섭하거나 가엾어 마음이 언짢다'는 뜻이다. '이번에 궂은일을 당해 마음이 참 안됐다.'와 같이 쓰인다. 동사 '잘되다'의 반대로 '잘 안되다'가 쓰인다. '공부가 잘된다.'의 반대 뜻인 '잘 안된다'와 같이 쓰일 때도 '안'과 '되다'를 붙여 쓴다. '안'과 '되다'를 띄어 써야 할 때는 '되다'가 동사이면서 그 동사를 부정하는 뜻으로 부사 '안'이 쓰일 때는 띄어 써야 한다. '시집갈 때가 안 됐다'와 같이 쓰인다. ②는 부정 부사 '안'에 동사 '되다'가 쓰였기 때문에 '안'과 '되다'는 띄어 써야 한다. ③은 붙여 써야 하고, ④는 띄어 써야 한다.

'얽히고설키다'와 '얽히고 설키다'

그 사건은 점점 얽히고 설킨다( ), 얽히고설킨다( ).

길잡이 '얽히고설키다'는 원래는 '얽히다'와 '설키다'를 띄어 썼지만 이것이 하나의 단어로 자리 잡으면서 사전에 이 두 말을 붙여 써서 '얽히고설키다'가 하나의 동사로 올라 있다.

'가는 것이 이리저리 뒤섞이다.'로 '가지가 얽히고설켜 있다.'와 같이 쓰인다. 또 '관계, 일, 감정 따위가 이리저리 복잡하게 되다.'의 뜻으로 '얽히고설킨 인연'과 같이 쓰인다.

'여(餘)'와 '몇'

① 10여 년( ), 10 여년( ), 백여 년( ), 백 여년( )
② 몇 십년( ), 몇십 년( )
③ 몇 사람( ), 몇사람( ), 몇 번( ), 몇번( )

길잡이 '-여(餘)'는 접미사로 수량을 나타내는 말 뒤에 붙여서 ' 그 수를 넘음'의 뜻을 더한다. 오백여 년, 한 시간여와 같이 쓴다. 숫자가 올 때도 10여 년과 같이 앞말에 붙여 쓴다.

그리고 '몇'은 수사와 관형사 두 가지 품사로 쓰인다. 수사로 쓰일 때는 '그리 많지 않은 얼마만큼의 수를 막연하게 이르는 말'로 뒤에 항상 조사가 쓰인다. '아이들이 몇이 왔던가? 너희들 몇의 문제가 아니다'와 같이 쓰인다. 관형사로 쓰일 때는 '뒤에 오는 말과 관련된, 그리 많지 않은 얼마만큼의 수를 막연하게 이르는 말'의 뜻으로 '친구 몇 명이 왔다.', '오늘 몇 사람이 올까?'와 같이 쓰이기도 한다. '몇'의 띄어쓰기는 '몇'이 수 관형사로 쓰일 때는 항상 뒤에 오는 단위성 의존 명사와 띄어 써야 한다.

그러나 다음과 같이 '얼마 되지 않는 수'의 의미로 막연한 수를 나타낼 때는 뒷말과 붙여 쓴다.

1) 뒤에 숫자가 올 때 붙여 쓴다. 몇십 명, 몇백 마리
2) 앞에 숫자가 올 때 붙여 쓴다. 십몇 대 일, 거기에는 백몇 명
3) 앞뒤로 숫자가 나오면 앞 숫자만 띄어 쓰고 뒤 숫자는 붙여 쓴다. 사상자가 백 몇십 명

여러

① 여러 가지( ), 여러가지( ) 물건들
② 여러번( ), 여러 번( ) 만났다.

 길잡이 '여러'는 '수효가 많은 뜻'의 관형사이고, '가지'는 '종류'를 나타내는 의존 명사이기 때문에 둘은 서로 띄어 써야 한다. 그러나 '여러분'은 명사로 굳어졌기 때문에 붙여 쓰고 '여러 번'의 '번'은 의존 명사로 서로 띄어 쓴다. 이것과 비슷한 것으로 '몇 가지'도 '몇'과 '가지'를 띄어 써야 한다.

'우리나라'와 '우리 나라', '우리학교'와 '우리 학교'

우리나라( ), 우리 나라( )는 민주 공화국이다.

우리학교( ), 우리 학교( )는 남녀 공학이다.

길잡이 '우리'는 '말하는 이가 자기와 듣는 이, 또는 자기와 듣는 이를 포함한 여러 사람을 가리키는 일인칭 대명사'이다. 그리고 일부 명사 앞에 쓰여 '말하는 이가 자기보다 높지 아니한 사람을 상대하여 어떤 대상이 자기와 친밀한 관계임을 나타낼 때 쓰는 말'이다.

그런데 '우리'는 뒤에 명사가 올 때 대명사로 뒷말과 반드시 띄어 써야 한다. 그래서 '우리 엄마', '우리 아이', '우리 회사', '우리 학교'와 같이 된다. 그러나 오직 '우리나라'만은 '우리 한민족이 세운 나라를 스스로 이르는 말'의 뜻을 가진 하나의 명사로 사전에 올라 있다. 따라서 '우리'를 '나라'에 붙여 써야 한다.

외래어

북해( ), 발트해( )

후지산( ), 후지 산( )

뉴욕시( ), 뉴욕 시( )

길잡이 외래어 표기법 제3절 제1항 "'해', '섬', '강', '산' 등이 외래어에 붙을 때에는 띄어 쓰고 우리말에 붙을 때에는 붙여 쓴다.'고 되어 있다.

그래서 '발트 해', '후지 산', '뉴욕 시'가 된다. 그러나 '북해, 지리산, 진주시'와 같이 우리말이나 한자어일 때는 고유 명사와 '해', '섬', '강', '산' 등은 앞말과 붙여 쓴다.

–이다

① 여기는 교수 연구실이오니( ), 연구실 이오니( )

② 여기부터 진주입니다( ), 진주 입니다( ).

길잡이 '–이다'는 서술격 조사로 취급하고 있기 때문에 앞말에 붙여 써야 한다. '–이다'가 '–이고, –이니, –이지, –이어서, –이므로, –이오니, –입니다' 등과 같이 활용을 하더라도 모두 앞말과 붙여 쓴다.

이

① 이 번에( ), 이번에( ) 새로 온 사람이다.
② 여기에 먹을 것이 아무것( ), 아무 것( )도 없네.

길잡이 지시 대명사나 지시 관형사인 '이, 그, 저'가 앞말과 굳어져서 하나의 낱말이 된 것은 붙여 쓴다. 여기에 해당되는 말은 다음과 같다. 그리고 방향을 나타내는 말도 한 단어가 되었으면 붙여 쓴다.

  것: 이것, 저것, 그것, 아무것
  번: 이번, 저번
  이: 그이, 늙은이

것, 쪽

① 놀이공원에 탈 것( ), 탈것( )이 많아서 좋다.
② 아래쪽( ), 아랫 쪽( ), 아래 쪽( )에 앉으세요.

길잡이 명사 '아래', '위'와 합쳐져서 된 '위쪽'과 '아래쪽'은 한 단어가 되어 붙여 쓴다. 그러나 '가운데 쪽'은 한 낱말이 아니기 때문에 띄어 써야 한다. 그리고 동사와 의존 명사 '것'이 합쳐져서 된 합성어 '날것, 들것, 탈것'과 같은 낱말들도 서로 붙여 쓴다.

있다

① 그 사람은 돈있는( ), 돈 있는( ) 사람이다.
② 집있는( ), 집 있는( ) 사람은 부자이다.
③ 그는 멋있는( ), 멋 있는( ) 사람이다.
④ 그 게임은 재미없는( ), 재미 없는( ) 것이다.

길잡이 '있다'는 형용사로 앞말과 띄어 써야 한다. '돈'과 '집'에 '있다'가 합쳐서 하나의 독립된 어휘를 만들지 못했기 때문에 각각 띄어 써야 한다. 따라서 '명사+있다'일 경우는 항상 '명사'와 '있다'는 각각 띄어 써야 한다.
  그러나 명사나 명사의 성질을 가진 말에 형용사 '있다'와 '없다'가 붙어 하나의 합성 형용사를 만들 때는 붙여 써야 한다. 예를 들면, '맛있다/맛없다', '멋있다/멋없다', '재미있다/재미없다'와 같이 하나의 단어가 될 때는 붙여 써야 한다.

우리말에 '있다'와 '없다'라는 말의 쓰임과 품사가 매우 복잡하다.
'있다'가 동사와 형용사로 쓰이는데, 동사로는 '어디에 머물다, 계속 다니다, 유지하다'의 뜻이다.

(1) 집에 가만히 <u>있어라</u>.(있구나!, 있는다, 있느냐?, 있자, *있다)
(2) 그 직장에 그냥 <u>있어라</u>.(있구나!, 있는다, 있느냐?, 있자, *있다)

위의 '있다'는 동사로 쓰인 보기이다. 이 경우는 의문형 어미와 청유형 어미, 명령형 어미와 같이 쓰인다. 그리고 현재형인 '–ㄴ다'를 쓸 수 있다.
'있다'가 형용사로 쓰일 때는 '존재하다, 가능하다'의 뜻으로 주로 평서형 어미와 감탄형 어미와 같이 쓰인다.

(3) 신이 <u>있다</u>고 생각한다.
(4) 오늘은 모임이 <u>있다</u>.(있구나!, *있어라, *있는다, *있자)
(5) 일을 잘할 수 <u>있다</u>.(구나 *있어라, *있는다, *있자)

위의 '있다'는 모두 형용사로 쓰인 보기이다.
'없다'는 형용사로 '존재하지 않은 상태'의 뜻을 나타낸다.

(6) 신이 <u>없다</u>고 생각한다.
(7) 그 사람은 집에 <u>없다</u>.(없구나!, *없어라, *없자, *없는다)

'없다'는 '명령형, 청유형, 현재형 '–ㄴ는다'가 올 수가 없다. 따라서 동사로 쓰일 수 없고 형용사로만 쓰인다.
그런데, '재미있다/재미없다', '멋있다/멋없다', '맛있다/맛없다'와 같이 명사 '재미', '멋'과 '맛'에 형용사 '있다'가 붙어서 합성어를 만들기도 한다.

'잘못'과 '잘 못'

① 제가 잘 못 했습니다(　), 잘못 했습니다(　), 잘못했습니다(　).
② 답을 잘못 썼다(　), 잘 못 썼다(　).
③ 나는 공부를 잘 못합니다(　), 잘못합니다(　), 잘 못 합니다(　).
④ 잘못(　), 잘 못(　)을 뉘우쳐야 한다.

길잡이　①의 '잘못하다'는 하나의 동사로 '틀리거나 그릇되게 하다.'를 뜻하며 붙여 써야 한다. ②와 같이 '잘못'이 부사로 '틀리거나 그릇되게'의 뜻이기 때문에 '잘'과 '못'을 붙여 쓴다. 그리고 ③은 부사 '잘'이 불가능의 부정의 의미를 나타내는 동사 '못하다'를 꾸민 것으로 '잘'과 '못하다'를 띄어 써야 한다. ④의 '잘못'은 명사로 붙여 써야 한다.

'잘되다'와 '잘 되다'

① 일이 잘돼( ) 간다. 잘 돼( ) 간다.

② 부모님은 자식 잘되기만( ), 잘 되기만( ) 바란다.

③ 밥이 맛있게 잘 되지( ), 잘되지( ) 못했다.

길잡이 부사 '잘'과 동사 '되다'도 원래 띄어 써야 하나 '잘되다'가 하나의 동사로 쓰이면 붙여 써야 한다. '잘되다'는 동사로 다양하게 쓰인다. '일, 현상, 물건 따위가 썩 좋게 이루어지다.'의 뜻으로 '공부가 잘되다.'로 쓰이고 '사람이 훌륭하게 되다.'의 뜻으로 '부모님들은 늘 자식 잘되기를 바란다.'와 같이 쓰인다. 그리고 '일정한 수준이나 정도에 이르다.'의 뜻으로는 '잘돼야 한 명만이 합격할 수 있다.'와 같은 보기로 쓰인다. '(반어적으로) 결과가 좋지 아니하게 되다.'의 뜻으로 '오빠는 나보고 잘됐다며 약을 올렸다.'와 같이 쓰인다.

그 외는 '잘'과 '되다'는 서로 띄어 써야 한다. ①과 ②의 '잘되다'는 붙여 써야 하고, ③은 '잘'과 '되다'를 띄어 써야 한다.

'잘하다'와 '잘 하다'

① 그는 공부를 잘한다( ), 잘 한다( ).

② 그릇을 깬 딸에게 엄마가 잘한다( ), 잘 한다( ).

길잡이 '잘하다'는 부사 '잘'에 동사화 접미사 '-하다'가 붙어서 '잘하다'라는 동사가 되었다. 따라서 '잘' 뒤에 '하다'가 오면 항상 붙여 써야 한다. '잘하다'는 사전에 '옳고 바르게 하다.', '좋고 훌륭하게 하다.', '익숙하고 능란하게 하다.', '버릇으로 자주 하다.', '음식 따위를 즐겨 먹다.', '(반어적으로) 하는 짓이 못마땅하다'는 뜻을 가지고 있는 것으로 되어 있다. 잘못한 딸을 꾸짖는 의미일지라도 '잘 한다'로 띄어 쓰는 것이 아니라 '잘한다'로 붙여 쓰도록 되어 있다. 따라서 ①과 ②의 '잘'과 '하다'는 모두 붙여 써야 한다.

'전(全)'과 '전(前)'

① 전 국민( ), 전국민( )이 일어나야 한다.

② 전(前) 대통령( ), 전(前)대통령( )은 많은 업적을 남겼다.

③ 우리나라 전 인구( ), 전인구( )는 약 오 천만이다.

길잡이 한자어 '전(全)'은 '모든 또는 전체'의 뜻을 가지고 있는 관형사이다. 따라서 뒷말과 항상 띄어 써야 한다. '전 국민, 전 세계, 전 50권이다'와 같이 쓰인다. 그러나 '전(全)'이 뒷말과 합쳐져 하나 의 단어로 된 다음의 경우만 붙여 쓴다.

전인격, 전인구, 전자동

그리고 '이전의 경력을 나타내는 말'의 관형사 '전(前)'이 있다. '전 대통령', '전 총장'과 '이전 또는 앞, 전반기'의 뜻을 나타내는 경우에는 '전 학기', '전 시대'와 같이 모두 뒷말과 띄어 써야 한다.

시키다

① 골프 운동을 대중화시켜야(   ), 대중화 시켜야(   ) 한다.

② 일꾼에게 일시키기(   ), 일 시키기(   )가 어렵다.

길잡이 우리말에 '시키다'는 동사로 쓰이는 경우와 접미사로 쓰이는 경우가 있다. 동사로 쓰일 때는 '누 가 누구에게 무엇을 시키다' 꼴로 되어 타동사로 쓰인다. 이 경우는 앞에 비동작성 명사가 온다. '일 시키다, 술 시키다, 말 시키다, 음악 시키다'와 같이 쓰여 '시키다'를 앞 명사와 띄어 써야 한 다. '시키다'가 접미사로 쓰이는 경우는 어근이 동작성 명사가 올 때다. 이 경우는 '시키다' 대신 동사화 접미사 '—하다'를 붙여 동사를 만들 수 있는 명사들이다.

교육시키다, 등록시키다, 복직시키다, 오염시키다, 이해시키다, 입원시키다, 진정시키다, 집합시키다, 취 소시키다, 항복시키다, 화해시키다, 대중화시키다

조사

① 여기에서부터가(   ), 여기에서 부터가(   ) 진주입니다.

② 학교에서만이라도(   ), 학교에서 만이라도(   ), 학교에서만 이라도(   ) 공부를 열심히 하세요.

③ 군대에서처럼만(   ), 군대에서 처럼만(   ), 군대에서처럼 만(   ) 하면 아무 문 제가 없을 텐데.

④ 말하기는커녕(   ), 말하기는 커녕(   ) 물도 못 마시겠다.

위 ①에서 '여기'는 대명사이며 그 뒤에 붙은 '에서', '부터'는 부사격 조사고 '가'는 주격 조사이다. 따라서 '에서', '부터', '가'는 모두 조사이기 때문에 앞말에 붙여 써야 한다. ②의 '에서'는 부사격 조사이며, '만'과 '이라도'는 보조사이기 때문에 모두 앞말에 붙여 써야 한다. ③의 '에서'는 부사격 조사, '처럼'도 부사격 조사, '만'은 보조사이기 때문에 모두 앞말에 붙여 써야 한다. 그리고 ④의 '는커녕'은 '말하다'의 명사형 '말하기'에 붙은 조사라서 앞말과 붙여 써야 한다.

중(中)

① 많은 차들이 있는데 그중( ), 그 중( )에 가장 좋은 것을 골라라.
② 운전 중( ), 운전중( )에는 다른 일을 해서는 안 된다.

한자어 '여럿 가운데' 또는 '상태에 있는 동안', '안이나 속의 뜻'으로 쓰는 명사와 의존 명사 '중(中)'이 있다. 명사로 쓰일 때는 당연히 앞말과 띄어 써야 한다. 그리고 의존 명사로 쓰일 때는 모두 띄어 써야 한다. '너희 중에는', '근무 중', '수업 중', '임신 중'과 같이 '동안'이나 '상태'를 나타낼 때는 모두 띄어 써야 한다.

그러나 '그중(中), 한밤중, 부재중(不在中), 부지중(不知中)'과 같이 한 단어로 굳어진 것은 붙여 쓴다.

지

① 무엇을 하고 있는지( ), 있는 지( )를 알아보아라.
② 영희가 오늘 올지( ), 올 지( ) 모른다.
③ 그가 온지( ), 온 지( ) 열흘이 지났다.

①과 ②의 '-는지'와 '-(으)ㄹ지'는 '의문', '추측'의 뜻을 가진 연결 어미이기 때문에 어간에 붙여 써야 한다. 그래서 '있는지'와 '올지'와 같이 '지'는 어미를 구성하는 성분이다. 그러나 관형사형 어미 '-(으)ㄴ' 뒤에서 '시간의 경과'를 뜻하는 의존 명사로 쓰일 때는 앞말과 '지'는 띄어 써야 한다. 그래서 ③의 '그가 온 지'와 같이 띄어 쓴다. 의존 명사로 '지'를 띄어 써야 할 때는 그 앞에는 어미 '-은/-ㄴ'만 오게 되고, 뒤에는 반드시 '기간'을 나타내는 말이 와야 한다.

'지난달'과 '지난 달'

① 철수는 성적이 지난달( ), 지난 달( )보다 많이 올랐다.

② 그 일이 있고 나서 지난 달( ), 지난달( )이 벌써 여러 달입니다.

길잡이 '지난달'은 동사 '지나다'와 '달(月)'이 합쳐서 된 합성어이다. 이 경우는 '이달의 바로 앞의 달'을 말한다. 한자어로 '객월, 거월, 작월'이라고도 한다. 그러나 '지난 달'과 같이 '지난'과 '달'을 띄어 써야 할 때는 동사 '지나다'가 '달'을 꾸며서 '지나간 달'을 뜻할 때이다. '지난 달'은 '바로 앞의 달'이 아니라 '앞의 여러 달'을 뜻한다. ①은 '지난달'로 '지난'과 '달'을 붙여 써야 하고 ②는 '지난'과 '달'을 띄어 써야 한다.

차(次)

① 수십 차( ), 수십차( )에 걸쳐 연구가 이루어졌다.

② 그는 연구차( ), 연구 차( ) 외국에 갔다.

③ 입사 5년 차( ), 5년차( )에 과장이 되었다.

④ 제일 차 세계 대전( ), 제일차 세계 대전( )

길잡이 '차(次)'는 한자어 숫자를 뜻하는 단어 뒤에서 '번', '차례'를 나타내는 의존 명사로 쓰여 '제일 차 세계 대전', '그 집을 여러 차 방문을 했다.'와 같이 띄어 쓴다. 또, 주로 '-던 차에', '-던 차이다'와 같은 꼴로 쓰여 '어떠한 일을 하던 기회나 순간'을 나타낼 때도 의존 명사로 띄어 써야 한다. '지금 막 나가려던 차에 사람이 왔다'와 같이 쓰인다. 그리고 '주기나 경과의 해당 시기를 나타내는 말'에도 의존 명사로 띄어 쓴다. '결혼 10년 차, 입사 5년 차'와 같이 쓴다.

반면 '차'가 목적의 뜻을 더하는 접미사로 쓰일 경우가 있다. '한국에 연구차 왔다', '인사차 들렀다.', '사업차 외국에 갔다.'와 같은 경우는 '차'를 앞의 명사에 붙여 쓴다.

'일차 원인', '제일차 목표'와 같은 경우는 붙여 쓴다. 이때 '일차'나 '제일차'는 '근본적이고 원초적인 의미', '여럿 가운데서 으뜸인 것', '주요하고 근본적인 것'의 뜻을 가진 자립 명사로 쓰인 것이다. 방정식의 '차수'를 가리키는 말인 '일차 방정식'이나 '이차 방정식'도 '차'를 앞말과 붙여 써야 한다.

총(總)

① 총단결(　), 총 단결(　)해야 한다.

② 회사에서 총파업(　), 총 파업(　)을 했다.

③ 총 백 명(　), 총백 명(　)이 모였다.

> **길잡이**　한자어 '총(總)'은 관형사와 의존 명사, 접두사로 쓰인다. 의존 명사로는 '동이'와 같은 뜻으로 쓰이나 잘 쓰이지 않는 말이다. 접두사로 '전체를 아우르는' 또는 '전체를 합한' 뜻으로 쓰인다. '총감독, 총결산, 총인원, 총파업' 등과 같이 '총'과 뒤에 오는 말을 모두 붙여 쓴다. 그러나 '총 (總)'이 관형사로 쓰일 때는 단위성 의존 명사 앞에 쓰여 '모두 합하여 몇임'을 나타내어 뒷말과 띄어 쓴다. '사람들이 총 50명이 모였다.', '총 세 차례 왔다', '비행기가 총 100대다'와 같이 '총(總)'은 숫자 앞에서는 반드시 띄어 쓴다.

첩어

① 기나 긴(　), 기나긴(　) 세월

② 딸을 곱디곱게(　), 곱디 곱게(　) 키워서 시집보내기가 아까웠다.

> **길잡이**　'기나긴'은 첩어(겹말)로 두 말은 붙여 써야 한다. 첩어는 같거나 비슷한 말이 겹쳐서 반복되는 말인데 의태어나 의성어에 많다. 다음과 같은 첩어들은 모두 붙여 써야 한다.
>
> 　깡충깡충, 성큼성큼, 구불구불, 곱디고운, 차례차례, 하나하나, 이리저리

'폭넓다'와 '폭 넓다'

① 지식을 폭 넓게(　), 폭넓게(　) 받아들여야 한다.

② 그는 늘 폭 넓은(　), 폭넓은(　) 바지를 입고 다닌다.

길잡이 '폭넓다'와 '폭 넓다'는 모두 명사 '폭'과 형용사 '넓다'로 이루어진 말이다. 그런데 '폭'과 '넓다'를 붙여 써서 '폭넓다'라는 형용사가 된 경우와 '폭'과 '넓다'를 띄어 써서 각각 독립된 낱말로 쓰이기도 한다. 형용사 '폭넓다'는 ①과 같이 '어떤 일의 범위나 영역이 크고 넓다.', '어떤 문제를 고찰하는 것이 다각적이고 다면적이다.', '사람들을 대할 때 아량을 베푸는 마음이 크다.'의 뜻을 가지고 있다. 따라서 '폭넓은 만남', '문제를 폭넓게 풀어야 한다.', '그 사람은 폭넓은 마음을 가지고 있다.'와 같이 '폭'과 '넓다'는 붙여 써서 하나의 낱말이 된다. 그리고 두 말을 띄어 쓸 때는 ②와 같이 '폭 넓은 길', '폭 넓은 바지'와 같이 '폭이 넓다'의 문장을 구성할 때는 '폭'과 '넓다'를 띄어 쓴다.

하다

① 그는 매우 부지런 하다(   ), 부지런하다(   ).

② 그는 지금 밥하고(   ), 밥 하고(   ) 있다.

③ 그는 음악하면서(   ), 음악 하면서(   ) 즐겁게 살고 있다.

④ 커피하시겠습니까?(   ), 커피 하시겠습니까?(   )

⑤ 사람이 밥값해야지(   ), 밥값 해야지(   ).

길잡이 우리말 '하다'는 동사와 접미사로 쓰인다. 동사로 쓰일 경우는 타동사로 앞에 목적어가 반드시 와야 한다. '일을 하다, 공부를 하다, 문학을 하다'와 같이 쓰인다. 자동사로 쓰이는 경우는 '값이 얼마나 해요'와 같이 쓰일 때이다.

그리고 '-하다'가 접미사로 쓰일 때는 명사 뒤에 붙어 '공부하다, 생각하다, 사랑하다'와 같이 동사를 만들고, '건강하다, 정직하다, 행복하다'와 같이 형용사를 만들기도 한다.

또, 부사 뒤에 붙여 써서 동사나 형용사를 만든다. '달리하다, 빨리하다'와 같이 쓰이고, 어근 뒤에 쓰여 '흥하다, 착하다, 따뜻하다'와 같이 동사와 형용사를 만든다.

그리고 '하다'는 의존 명사 뒤에 쓰여 동사와 형용사를 만든다. '체하다, 척하다, 듯하다'와 같이 쓰인다. 따라서 '-하다'는 다른 접미사보다 파생어를 쉽게 만들어 내는 접미사라고 할 수 있다. '하다'가 붙을 수 있는 명사는 일반적으로 동작동사이다. 비동작 동사 뒤에는 특별하게 관용적으로 쓰이는 경우 이외는 잘 결합되지 않는다. '문학하다, 음악하다, 과일하다'와 같은 말은 한 단어로 인정하지 않고 있다. 그러나 '밥하다, 나무하다'와 같은 경우는 하나의 단어로 보고 사전에 올라 있다. 따라서, 위에서 ①과 ②는 한 단어로 '하다'를 앞말에 붙여 쓰고, ③, ④, ⑤의 '하다'는 모두 앞말과 띄어 써야 한다. 그런데 ③과 ④의 '하다'는 올바른 표현이 아니다. 대부분 '하다'는 앞말에 붙여 쓰면 된다.

한1

① 그 사람과 우리는 한집안( ), 한 집안( )이다.

② 한평생( ), 한 평생( ) 연구했다.

③ 여러 곳에 사는 것이 아니라,

　한 곳에( ), 한곳에( ) 모여 산다.

④ 두 사람은 서로 다른 곳에 사는 것이 아니라,

　한곳( ), 한 곳( )에 산다.

길잡이　위 ①과 ②의 '한-'은 '같은' 뜻의 접두사로 쓰였다. 그래서 ①은 '한집안'과 같이 붙여 쓰고, ②의 '한-'도 '평생'과 붙여 써야 한다. 그러나 ③과 같이 '한'이 '하나'라는 뜻을 가진 수 관형사일 경우는 띄어 써야 한다. ④의 경우 '한-'은 '일정한 곳, 같은 곳'의 뜻이 되어 붙여 써야 한다. '한'이 둘, 셋의 수를 전제로 하면 뒤에 오는 말과 띄어 써야 하고, 막연한 수나 다른 의미로 쓰일 때는 붙여 써야 한다.

한2

① 그는 돈 때문에 한 걱정( ), 한걱정( )을 하고 있다.

② 그는 시내 한 가운데( ), 한가운데( ) 살고 있다.

③ 그는 여름에 늘 한데( ), 한 데( ) 누워 잔다.

길잡이　'한-'이 '큰'의 뜻과 '정확한' 뜻을 가진 접두사로 쓰인다. '한걱정, 한시름, 한길'은 '한-'이 '크다'의 뜻을 가진 접두사로 쓰인 것이고, '한가운데, 한겨울, 한낮, 한복판'의 '한'은 '정확한, 한창'의 뜻을 가진 접두사로 쓰인 것이다. 그리고 '한-'이 '밖'의 뜻을 가진 접두사로 '한데'와 같이 쓰이기도 한다.

'한번'과 '한 번'

① 진주에 그냥 한번( ), 한 번( ) 왔다 가거라.
② 이번에 오면 진주에 한 번( ), 한번( ) 온다.
③ 진주에 한번( ), 한 번( )만 와 주세요.
④ 언젠가 한번은( ), 한 번은( ) 길에서 옛날 친구를 우연히 만났다.

길잡이 수를 나타내는 '한'은 수 관형사로 쓰이기도 하고, '번'과 같이 쓰여 막연한 횟수를 나타내는 명사와 부사를 만들기도 한다. ①의 '한번'은 '두 번', '세 번'과 같은 횟수를 전제하지 않고 '우선', '일단', '막연한 기회'를 나타내는 부사다. 그래서 '한'과 '번'은 붙여 써야 한다. 그리고 ②와 ③의 '한'은 '둘', '셋'을 전제하는 뜻으로 쓰여 '한'과 '번'은 띄어 써야 한다. 이때 '한'은 수 관형사로 쓰인 것이다. ④의 '한번'은 '지난 어느 때나 기회'의 뜻인 명사로 붙여쓴다.

③과 같이 단위성 의존명사 뒤에 보조조사 '만, 도, 는/은' 등이 오면 수 관형사와 의존 명사는 반드시 띄어 써야 한다.

'할걸'과 '할 걸'

① 내가 더 열심히 공부할걸( ), 공부할 걸( ) 후회가 된다.
② 그 사람 집에서 공부할걸( ), 공부할 걸( ).

길잡이 '할 걸'의 '할'은 동사 '하다'의 어간 '하–'에 관형사형 어미 '–ㄹ'이 붙은 꼴이고, '걸'은 의존 명사 '것'에 목적격 조사 '을'의 줄임말인 'ㄹ'이 붙은 말이다. 따라서, '할걸'은 붙여 써서는 안 되고 '할 걸'로 띄어 써야 한다. 그런데 우리말에서 종결형 어미로 쓰이는 '–ㄹ걸'이 있다. 이것은 '화자의 추측이 상대편이 이미 알고 있는 바나 기대와는 다른 것임을 나타낸다.' '그는 내일 외국에 갈걸.'과 같이 쓰이며, '뉘우침이나 아쉬움을 나타내는 종결형 어미'로도 쓰인다. '내가 먼저 사과할걸.'과 같이 '할'과 '걸'을 붙여 써야 한다. ①은 띄어 써야 하고, ②는 붙여 써야 한다.

'할수'와 '할 수'

① 할수없이( ), 할 수 없이( ) 돈을 벌어야 했다.

② 그는 몸이 아파 도저히 일을 할 수 없다( ), 할수없다( ).

길잡이 '할 수 없이'는 동사 '할'과 의존 명사 '수' 그리고 형용사 '없다'로 이루어져서 각각 띄어 써야 한다. 그런데 '할 수 없이'는 '하다', '수', '없이'가 가진 각각의 의미보다는 관용적으로 '그렇게 하지 않으면 안 되는'의 뜻으로 새로운 의미로 쓰여 하나의 단어로 취급할 수 있는 말이다. 그러나 '할 수없이'는 사전에 등재되어 있지 않기 때문에 하나의 낱말로 자격을 받지 못하고 있다. ②와 같이 동사 '하다'의 부정이 명확할 때는 '할 수 없게'처럼 각각 띄어 써야 한다.

'함께(같이) 하다'와 '함께(같이)하다'

① 우리는 생사고락을 함께 하는( ), 함께하는( ) 사이이다.

② 친구와 끝까지 행동을 같이 할( ), 같이할( ) 준비가 되어 있다.

③ 우리는 함께살아야( ), 함께 살아야 ( ) 할 사이이다.

길잡이 부사 '함께'와 '같이'는 동사 '하다'를 수식하면 각각 띄어 써야 한다. 그러나 '함께하다'와 '같이하다'는 부사 '함께'와 '같이'가 어근이 되고 뒤에 동사화 접미사 '−하다'와 합쳐져서 동사로 파생된 하나의 단어로 되었다. 따라서, '함께하다'와 '같이하다'는 하나의 낱말로 사전에 올라 있기 때문에 '함께'와 '같이'는 '하다'와 붙여 써야 한다.

그러나 '함께'와 '같이'는 '하다' 이외 다른 동사를 꾸밀 때는 반드시 띄어 써야 한다.

합성어 1

① 아내를 찾아 갔다( ), 찾아갔다( ).

② 아들은 아버지를 우러러 보았다( ), 우러러보았다( ).

③ 아들은 용돈을 호주머니에 집어 넣었다( ), 집어넣었다( ).

우리말 동사에 어근과 어근이 합해져서 하나의 독립된 동사가 되는 합성 동사가 있다. 이 경우는 어근과 어근은 붙여 써야 한다. 다음과 같은 보기들이 있다.

종 류	보 기
−가다	걸어가다, 굴러가다, 기어가다, 끌려가다, 달려가다, 돌아가다, 떠나가다, 따라가다, 뛰어가다, 몰려가다, 지나가다, 쫓아가다, 찾아가다, 흘러가다
−넣다	집어넣다, 처넣다
−내다	불러내다, 살려내다, 알아내다, 우려내다, 쫓아내다, 찾아내다
−놓다	내놓다, 내려놓다, 늘어놓다, 덮어놓다, 털어놓다
−보다	굽어보다, 내다보다, 지켜보다, 몰라보다, 돌아보다, 마주보다, 찾아보다, 쳐보다, 훔쳐보다, 바라보다, 살펴보다, 알아보다, 돌이켜보다, 뒤돌아보다, 들여다보다, 내려다보다, 건너다보다, 미루어보다, 올려다보다, 우러러보다

합성어 2

① 점심때(   ), 점심 때(   )가 되면 잠이 온다.

② 그 사람은 자주 게으름 피운다(   ), 게으름피운다(   ).

③ 더운물(   ), 더운 물(   )을 받아 놓아라.

다음과 같은 낱말들은 합성어로 모두 붙여 써야 한다.

가로놓이다, 게으름피우다, 더운물, 새끼고기, 아침때, 주고받다, 예의바르다, 하루바삐, 저녁때, 양지바르다, 점심때

이와 같은 단어들은 모두 하나의 단어로 사전에 올라 있는 말들이다. 이런 말들은 띄어쓰기에서 틀리기 쉬운 낱말들이다.

① 맞춤법에서 조사와 어미는 앞말에 띄어 써야( ), 띄어써야( ) 한다.

② 맞춤법에서 띄어쓰기( ), 띄어 쓰기( )와 붙여쓰기( ), 붙여 쓰기( )가 매우 어렵다.

③ 체언과 조사는 붙여 써야( ), 붙여써야( ) 한다.

④ 소리 내어 읽어 주는 말을 받아 써서( ), 받아써서( ) 적는 것을 받아 쓰기( ), 받아쓰기( )라 한다.

길잡이 용언 가운데 두 말이 합쳐져서 한 단어로 된 것도 있고 그렇지 못한 것도 있다. '띄어 쓰다'는 '띄다'와 '쓰다'가 합쳐져서 된 말이다. 이 두 말은 아직 한 단어로 올라서지 못해서 '띄어'와 '쓰다'를 각각 띄어 써야 한다. 그러나 이 두 말이 하나의 합성어로 된 명사로 쓰일 때는 '띄어쓰기'로 붙여 쓴다. 그런데, '띄어쓰기'와 반대 뜻인 '붙여쓰기'가 있다. 이 '붙여쓰기'도 하나의 단어로 사전에 올라 있다. 따라서 '붙여'와 '쓰기'를 붙여 써야 한다. '붙여쓰다'도 '띄어쓰다'와 마찬가지로 하나의 동사로 인정하지 않고 있기 때문에 '붙여'와 '쓰다'는 각각 띄어 써야 한다. 그리고 비슷한 말로 '받아쓰기'라는 말이 있는데, 이 말은 합성어로 한 단어가 되어 있다. 또 이 말은 하나의 동사로도 인정하고 있기 때문에 '받아'와 '쓰다'는 붙여 써야 한다.

두 자립 형태소가 합해져서 한 단어로 되느냐 그렇지 못하느냐는 판단하기가 매우 어렵다. 그런 결정은 얼마나 한 단어로 굳어져서 쓰이는가에 따라 정해진다. '띄어쓰다'는 한 단어로 인정받지 못한 반면 '받아쓰다'는 한 단어로 인정받아 사전에 올라 있다는 것은 아무래도 이상하다.

이것은 '받아쓰기'라는 국어교육에서 쓰기 활동의 하나로 인정했기 때문이 아닌가 한다.

그 실화는 영화화되었다( ), 영화화하였다( ), 영화화되었다( ).

길잡이 '-화(化)'는 '일부 명사 뒤에 붙어, 그렇게 만들거나 됨'의 뜻을 더하는 접미사로 여기에 '-하다'를 붙여 동사 '-화하다'의 꼴로 많이 쓰인다. 그리고 '-화되다' 형태로 쓰기도 하는데, 이것은 잘못된 표현이다. '화되다'는 사전에 올라 있지 않다. '화'가 '될 화(化)'자이므로 '되다'는 중복된 표현이다.

그런데 실제 언어생활에서는 '-화되다'와 '-화하다' 모두 사용하는 경우가 많다. '-화하다'는 목적어를 가질 수 있는 반면 '-화되다'는 문맥상 피동의 의미가 강하게 드러낼 경우에 쓰이기도 한다. 그러나 가능하면 '-화되다'는 '-로 되다'와 같이 바꾸어 쓰는 것이 좋다.

다섯째 마당

◇◇◇◇◇◇◇◇◇◇

틀리기 쉬운
표준어

개정된 〈표준어 규정〉은 1987년 국어 심의회의 의결을 거쳐 1988년 1월 19일에 고시하였으며, 1989년 3월 1일부터 시행되었다. 이 책에는 2011년, 2015년, 2016년, 2017년에 개정된 내용을 덧보탠 표준어까지 담았다. 말은 항상 변하기 때문에 앞으로 아름다운 우리말들을 찾아 계속 표준어로 올려야 할 것이다.

여기에 실은 '틀리기 쉬운 표준어'는 실제 많은 사람이 잘못 알고 있는 표준어를 필자 나름대로 뽑아 설명한 것이다.

〈길잡이〉를 보면서 표준어에 대한 이해와 학교문법과 언어 영역의 학습을 같이 할 수 있도록 하였다.

총 칙

제1항: 표준어는 교양 있는 사람들이 두루 쓰는 현대 서울말로 정함을 원칙으로 한다.

문법공부 '교양 있는', '두루', '현대', '서울말'

총칙에 '표준어'에 대한 뜻넓이를 제시해 놓고 있다. 먼저, '교양 있는' 사람이 쓰는 말이라고 되어 있다. '교양 있는 사람'에 대한 기준이 어렵기 때문에 매우 추상적인 기준에 불과하다. 이 기준은 거꾸로 표준어를 씀으로써 교양이 있는 사람으로 생활할 수 있도록 하는 뜻이 담겨져 있다고 볼 수 있다. 이전의 '보통 사람'이라고 한 것을 '교양 있는'으로 바꾼 것이다. '두루'라는 의미는 표준어가 되려면 많은 사람들이 사용하는 말이어야 한다는 뜻이다. 이것을 '언어의 사회성'이라고 한다. 이것은 은어와 같은 일부 집단에서 사용하는 말은 표준어가 될 수 없다는 말이다. '현대'라는 것은 시간적인 제약을 말한다. 옛말은 표준어가 될 수 없다는 뜻이다. 그리고 '현재'는 '현대'보다 순간성의 의미가 강하기 때문에 시간의 범위를 넓혀 시대적인 의미를 담고 있는 '현대'로 바꾼 것이다. '현재'라고 한 것을 '현대'로 바꾸었을 뿐이다. '서울말'은 공간적 제약을 말한다. 서울이 행적 수도이며 정치·문화의 중심이라고 생각해서 서울을 중심으로 한 말을 표준어로 정한 것이다. 대부분 표준어는 그 나라의 수도를 중심으로 쓰이는 말을 기준으로 삼기도 한다. 그러나 표준어의 기준을 공간과 시간으로 엄격하게 정할 것이 아니라 옛말과 지역어(방언)에서도 아름다운 우리말을 찾아 표준어로 삼는 노력을 계속해야 한다. 이러한 표준어 기준은 실질적인 기준이라기보다 상징적인 기준에 지나지 않는다.

제2항: 외래어는 따로 사정한다.

'가새표'와 '가위표'

×는 가새표(   ), 가위표(   ), 곱표(   ), 엑스표(   )이다.
○는 영표(   ), 동그라미표(   )이다.

> 길잡이 ×는 가위의 모양과 비슷하다고 해서 '가위표' 또는 '가새표'라고 한다. 이것은 가위의 방언인 '가새'가 매우 넓은 지역에서 쓰이기 때문에 '가새표'를 표제어로 정했다. 현재 표준어는 '가위'에 따라 '가위표'와 '가새표'를 모두 표준어로 규정하고 있다.
> 산수에서 곱셈의 표시로 쓰는 것은 '곱표' 또는 '곱셈표', '곱셈 부호'라고 해야 하며, ○는 '영표'라고도 하고 '동그라미표'라고도 한다. '엑스표'는 잘못 쓴 표현이며 그 외는 모두 표준어다.

'가르치다'와 '가르키다', '가리키다'

손가락으로 산을 가르키다( ), 가르치다( ), 가리키다( ).
글을 가르치다( ), 가르키다( ), 가리키다( ).

길잡이 '가리키다'는 손가락 따위로 어떠한 사물이나 방향을 나타내는 것을 뜻하며 한자어로 '지(指)'의 뜻이다. '가르치다'는 '모르는 것을 배워 알게 하는 것'을 말하며 한자어로 '교(敎)'의 뜻이다. '공부를 가르치다'와 같이 쓰인다. '가르키다'와 '가리치다'는 표준어가 아니다. '가르치다'와 '가리키다'의 뜻을 분명하게 구별해 써야 한다.

'가뭄'과 '가물'

가물( ), 가뭄( )에 목이 탄다.
가물( ), 가뭄( )에 콩 나듯이 한다.

길잡이 '가물'과 '가뭄'은 복수 표준어이다.
'가물'은 '가물다'의 어간이 명사가 된 것이고, '가뭄'은 '가물다'의 명사형 '가뭄'이 명사로 굳어진 것이다. 속담으로 '가물에 콩 나듯이'나 '가물이 들다', '가물을 타다' 등으로 쓰인다. 그러나 '가물'보다 '가뭄'이란 말을 더 많이 쓴다. '가물다'는 'ㄱㆍ믈다 > ㄱㆍ믈다 > ㄱㆍ믈다 > 가물다(旱)'로 된 말이다.

'갈치'와 '칼치', '광어'와 '넙치'

갈치( ), 칼치( )가 칼같이 생겼다.
광어( )와 넙치( )는 도다리와 다르다.

길잡이 '갈치'는 칼같이 생긴 고기라고 해서 나온 말이다. 그래서 '칼치'라고 잘못 알기 쉽다. '칼'의 옛말은 '갈'이다. '갈'과 마찬가지로 지금의 '코'와 '꽃'은 중세에는 '고'와 '곶'과 같이 예사소리였다. 다른 것은 모두 예사소리가 격음(거센소리)으로 바뀌었으나 '갈치'는 '칼치'로 바뀌지 않고 그대로 남아 있다. 갈치를 한자어로 도어(刀魚)라고 한다. 그리고 '갈치'의 '-치'는 물고기를 나타내는 접미사로 '넙치', '멸치', '쥐치', '날치', '꽁치' 등이 있다. 고기 이름에 '-치'가 붙은 것은 대체로 비늘이 없는 고기들을 이른다. 고기 '어(魚)'의 고유어가 '치'일 가능성도 있다. 이전에는 제사상에 '-치'자가 붙은 고기는 올리지 않았다고 한다. '넙치'와 '광어'는 모두 표준어이다. 생긴 모양이 비슷한 광어와 도다리를 구분하는 방법은 고기 머리 앞에서 볼 때 고기 눈이 왼쪽에 있으면 광어이고, 오른쪽에 있으면 도다리이다. 글자 수로 외우면 쉽게 알 수 있다. 왼쪽은 두 자이기 때문에 광어이고, 오른쪽은 석 자이기 때문에 도다리라고 생각하면 쉽게 알 수가 있다.

[생선 새끼 이름]
갈치새끼-풀치, 고등어새끼-고도리, 가오리새끼-간자미, 농어새끼-껄떼기, 숭어새끼-모쟁이, 방어새끼-마래미, 웅어새끼-모롱이, 전어새끼-전어사리

'갑절'과 '곱절'

그는 나보다 돈을 두 갑절(　), 두 곱절(　)이나 가지고 있다.

길잡이　수의 '배'를 나타내는 우리말 '갑절'이 있다. 이와 비슷한 말로 '곱절'이 있다. '곱절'은 '배'의 뜻으로 '작년보다 곱절이나 많이 생산되었다.'와 같이 쓰이고, 다른 뜻으로 '(흔히 고유어 수 뒤에 쓰여)일정한 수나 양이 그 수만큼 거듭됨을 이르는 말'로도 쓰인다. 따라서 '세 곱절, 몇 곱절'과 같이 쓰인다. '두 갑절'이란 말은 '갑절'에 이미 '배'라는 뜻이 있기 때문에 그냥 '갑절'이라고 하는 것이 옳다. 그러나 '곱절'은 '두 곱절'이나 '세 곱절'이라고 할 수가 있다.

'갖은'과 '가진'

갖은(　) 양념, 가진(　) 양념으로 요리를 해야 한다.

길잡이　우리가 음식을 할 때 양념을 골고루 넣은 양념을 흔히 '가진 양념'이라고 하는데 '가진 양념'이 아니라 '갖은 양념'이 맞다. '갖은 양념'의 '갖은'은 동사 '가지다'에서 온 것이 아니라, 고어 '궂다'가 '갖다'로 되고 그것이 '갖은'이라는 관형사로 된 것이다. '갖다'와 '갖다'는 현재 표준어로 되어 있지

않지만 동사 '갖추다'의 어원이다. 경상 방언에 '그 사람 참 갖은 사람이다'라는 말이 있는데, 이때 '갖은'은 '여러 가지로 모두 갖춘 사람'이라는 뜻이다. '갖은'은 '골고루 다 갖춘, 또는 여러 가지'의 뜻을 가진 관형사이다. '가진'은 동사 '가지다'의 어간 '가지-'에 관형사형 어미 '-ㄴ'이 붙은 것이다. 따라서 '가진 양념'이 아니라 '갖은 양념'이 되어야 한다.

'개개다'와 '개기다'

그 사람은 능력도 없는 나를 따라 다니면서 개개었다( ), 개기었다( ).

너는 나에게 명령에 안 따르고 개개는( ), 개기는( ) 거냐?

길잡이 　우리말에 '개개다'와 '개기다'가 있다. '개기다'는 원래 표준어가 아니었던 것을 2015년에 표준어로 새로 등재한 말이다. '개개다'와 '개기다'는 그 뜻이 다르다. '개개다'는 '성가시게 달라붙어 손해를 끼치다.'의 뜻이고, '개기다'는 '(속되게) 명령이나 지시를 따르지 않고 버티거나 반항하다.'의 뜻이다. '개기다'라는 새로운 말을 표준어로 하나 더 올린 셈이다.

　그래서, '그냥 따라 다니면서 손해를 끼치는 것'은 '개개다'라고 하고, '반항하는 태도'는 '개기다'라고 해야 한다.

'개비'와 '개피'

담배 한 개비( ), 개피( )를 꺼내어 물었다.

길잡이 　담배 낱개를 세는 단위로 '개비'라는 말이 있다. '개비'는 사전에 '가늘게 쪼갠 나무토막이나 기름한 토막의 낱개', '가늘고 짤막하게 쪼갠 토막을 세는 단위'로 쓰인다. '장작 두 개비', '성냥 한 개비'와 같이 쓰인다. '개비'를 '개피'로 잘못 쓰기 쉽다.

'개똥벌레'와 '반디', '반딧불이'

> 밤에 불빛을 내는 벌레를 개똥벌레( ), 반딧불이( ), 반디( )라고 한다.

길잡이 여름 밤 개울가 풀 속에서 불빛을 반짝반짝 내며 날아다니는 곤충이 있다. 이 불빛을 '반딧불' 이라고 하며, 한자어로는 형광(螢光), 형화(螢火), 소화(宵火)라고 하기도 한다. 그 불빛의 밝기는 수컷과 암컷이 다르고 그 종류에 따라 다르다. 예부터 이 반딧불을 내는 곤충을 '개똥벌레'라고 해 왔다. 아마 그것은 일반적으로 매우 하찮은 것을 나타내는 뜻의 '개똥'일 수도 있고, 아니면 그 벌레가 소똥이나 개똥 근처에서 잘 날아 다니기 때문에 붙여진 이름일 수도 있다. 그런데, 이 개 똥벌레가 《곤충도감》에는 '반딧불이'라는 이름으로 '반딧불잇과'에 속하는 곤충이라고 되어 있다. 사전에도 '반딧불이'라는 말과 '반디', '개똥벌레'가 모두 동의어로 되어 있다. 그러나 '반디벌레'는 표준어가 아니다.

'개펄'과 '갯벌'

> 서해안의 바닷가 진흙인 개펄( ), 갯벌( ), 갯뻘( ), 개뻘( )을 잘 살려야 한다.

길잡이 바닷가에 있는 진흙을 '개펄'이라고 한다. 그냥 줄여서 '펄'이라고도 한다. 원래 '개'는 '강이나 내 에 바닷물이 드나드는 곳'을 나타내며 보통 바다를 뜻하기도 한다. 그래서 '바다에서 부는 바람'을 '갯바람', '바닷가에 사는 지렁이'를 '갯지렁이', '바닷가'를 '갯가'라고 한다. 그런데 '개펄'과 비슷한 말로 '바닷물이 드나드는 모랫벌(모래톱)'을 나타내는 '갯벌'이 있다. '벌'은 '들(野)'과 비슷한 말로 '넓고 평평하게 생긴 땅'을 말한다. 그래서 '황산벌', '달구벌', '비사벌'과 같은 지명이 있다.

　　어쨌든, 주의해야 할 것은 바닷가에 펼쳐 있는 진흙(개흙)은 '개펄'이라고 하고, 그냥 바닷가에 있는 넓은 모래톱(모래밭)이나 개펄을 통틀어 '갯벌'로 구별해야 한다는 것이다.

　　흔히, 진흙을 방언으로 '뻘'이라 해서 '개뻘'이나 '갯뻘'이라고도 하나 이는 표준어가 아니다. 위 의 경우는 '갯벌'이라 할 수 있으나 앞에 진흙이 있기 때문에 '개펄'이 맞다.

'건넌방'과 '건넛방', '거넌방'

> 건넌방( ), 거넌방( ), 건넛방( ), 건너방( )에 내려가거라.

길잡이
'건넌방'은 '안방에서 대청을 건너 맞은편에 있는 방'의 뜻이다. 이전에는 그 줄임말로 '거넌방'을 쓴 적이 있지만 이제 표준어가 아니다. 그리고 '건넛방'도 '건너편에 있는 방'의 뜻으로 표준어이다. '건넌방'은 어간 '건너-'와 관형사형 어미 '-ㄴ'에 어근 '방'이 결합된 합성어이다. 그리고 '건넛방'은 '건너+ㅅ+방'의 짜임으로 된 합성어이다. '건너방'은 사이시옷 규정으로 보면 잘못된 말이다. 그런데 '건넌방'보다 아무래도 '건넛방'이 더 자연스럽고 발음하기도 쉬운 말로 보인다.

'겨루다'와 '겨누다', '견주다'

힘을 겨루어(   ), 겨누어(   ), 견주어(   ) 승부를 내어 보자.
총으로 사람을 겨누다(   ), 견주다(   ).
나는 그 사람과 실력을 견주기(   ), 겨루기(   ), 겨누기(   )는 부족하다.

길잡이 '겨누다'와 '겨루다'는 그 뜻이 다르다. '겨누다'는 '목표물이 있는 곳의 방향과 거리를 똑바로 잡다.'의 뜻으로 '총을 겨누다'와 같이 쓰이고, '겨루다'는 '서로 버티어 승부를 다투다.'의 뜻으로 '실력을 겨루다'와 같이 쓰인다. '견주다'는 '둘 이상의 사물을 질(質)이나 양(量) 따위에서 어떠한 차이가 있는지 알기 위하여 서로 대어 보다.'의 뜻으로 쓰인다. 따라서, 힘으로 서로 승부를 다투는 경우는 '겨루다'이고, 사람을 겨냥하는 것은 '겨누다'이며, 서로 비교하는 것은 '견주다'이다. 마지막 문제는 해석에 따라 '견주기'와 '겨루기' 둘 다 가능하다. 그러나 '겨누다'는 쓸 수 없다.

'겨우살이'와 '겨우사리'

겨우살이(   ), 겨우사리(   ), 겨울살이(   )는 약으로 쓴다.

길잡이 '겨우살이'는 식물 이름과 일반 명사로 쓰인다. '겨우살이'는 '겨울+살+이'로 분석이 되는데 일반 명사로 '겨울 동안 먹고 입고 지낼 생활 용품을 통틀어 이르는 말'이다. '겨우살이'의 '겨우'는 '겨울'의 'ㄹ'이 탈락된 것이다. 한자어로 '월동(越冬)'의 뜻으로도 쓰인다.

'고동'과 '고둥'

해녀가 깊은 바다에서 고동(   ), 고둥(   )을 많이 잡아 왔다.

뱃고동(   ), 고둥(   ) 소리가 멀리 울려 퍼졌다.

길잡이 우리는 흔히 '고둥'을 '고동'이라고 한다. 그러나 '고동'은 표준어가 아니다. '고동'은 사전에 강원, 경기, 경상, 전남, 충남 방언이라고 되어 있다. '고둥'은 사전에 '연체동물문 복족강의 동물을 통틀어 이르는 말. 소라, 총알고둥 따위처럼 대개 말려 있는 껍데기를 가지는 종류이다.'라고 되어 있다. '고둥'을 일반적으로 '소라'라고도 하고 '소라고둥'이라고도 한다. 고둥의 종류도 '뿔고둥, 뼈고둥, 가시고둥, 대추고둥' 등 매우 많다. '고둥'은 나사모양으로 꼬인 것을 말하는데 어원을 정확하게 알기 어렵다. '고둑이 > 고둑 > 고둥'으로 변했다는 설도 있다. 경상 방언에서는 고둥을 '고동' '고디', '고디이'라고 한다. '우렁이'를 '논 고동', 또는 그냥 '고동'이라고도 한다. 그러나 표준어는 '고동'이 아니라 '고둥'이다.

'고동'은 '신호를 위하여 비교적 길게 내는 기적 따위의 소리'의 뜻을 가지고 있어서 '뱃고동 소리'라고 할 때 쓰인다.

'고수머리', '곱수머리', '곱슬머리'

그는 옥니에다가 고수머리(   ), 곱수머리(   ), 곱슬머리(   )다.

길잡이 우리는 곱슬곱슬한 머리털을 '곱슬머리'라고 한다. 그리고 '고수머리'도 '곱슬머리'와 함께 표준어로 되어 있다. 그 뜻은 '고불고불하게 말려 있는 머리털. 또는 그런 머리털을 가진 사람'이다. '고수머리'보다 '곱슬머리'가 더 자연스러운 말이다.

'고시레'와 '고수레'

고사를 지낼 때 시루떡을 던지면서

'고시레(   ), 고수레(   ), 고시래(   )'라고 한다.

길잡이 옛날 단군시대에 고시(高矢)라는 사람이 있었는데, 그 사람은 그 당시 사람들에게 불을 얻는 방법과 농사짓는 방법을 가르쳤다고 한다. 이 때문에 후대 사람들이 농사를 지어 음식을 해 먹을 때마다 그를 생각하면서 '고시네'라고 한 것이 오늘날 '고수레'의 유래라고 한다. 현재는 음식을 먹거나 무당이 푸닥거리할 때 귀신에게 음식을 조금 떼어서 먼저 바치면서 외치는 소리로 쓰인다. 강원이나 경상 지방 방언에서는 '고시레'라 하기도 하나 표준어는 '고수레'이다.

'-고자'와 '-고저'

모임을 갖고자(   ), 갖고저(   ) 한다.

길잡이 '-고자'는 '동사나 일부 형용사의 어간에 붙어 의도 욕망의 뜻'을 가진 연결어미이다.

'-고저'는 옛말에서 '-고 싶다'의 뜻으로 종결형 어미로 쓰였고(남의 흉보느라 말고 제 허물을 고치고저), 현대어의 연결어미 '-고자'의 의미로도 쓰였다(고국 산천을 떠나고저 하랴 마는-). 그러나 현대어에서는 쓰이지 않는다. '어간+고자'의 형태로 표현해야 한다. 따라서 '가지(갖)고자, 개최하고자(코자)' 등과 같이 써야 한다.

'고치다'와 '낫우다'

의사가 환자의 병을 고치다(   ), 낫우다(   ).

길잡이 '병을 낫게 하다.'의 뜻으로 우리말 '고치다'가 있다. 그리고 병이 좋아지는 것을 말할 때는 '낫다'라는 말을 쓴다. 그런데 병을 '낫게 하다'라는 뜻으로 동사 '낫다'에 사동접미사 '-우-'를 써서 '낫우다'라고 하는 말도 가능할 것 같은데 이것은 표준어가 아니다. '낫우다'보다 '고치다'가 압도적으로 많이 쓰이기 때문이다. '낫우다'는 주로 경상도 쪽에서 많이 쓰인다. 그러나 앞으로 '병을 낫게 하다'라는 뜻으로 '낫다'의 사동형 '낫우다'도 표준어가 될 수 있을 것 같다. 그리고 '낫다'의 사동은 '낫게 하다'이며, 한자어는 '치료하다'이다.

'골다'와 '곯다'

어린 시절에 배를 많이 골고(　), 곯고(　) 자랐다.

그 사람은 코를 너무 골아서(　), 곯아서(　) 같이 잘 수가 없다.

> 길잡이 '골다'는 '잘 때 큰소리로 내는 콧소리'를 말한다. 그러나 '곯다'는 '속이 뭉그러져 상하다.'의 뜻으로 '곯은 달걀'과 같이 쓰이거나 '양이 모자라 먹는 것을 곯는 것'의 뜻으로 '배를 곯다.'와 같이 쓰인다.

'곰장어'와 '먹장어', '하모'와 '갯장어'

곰장어(　), 꼼장어(　), 먹장어(　)에는 단백질이 매우 많다.

여름에 하모장어(　), 갯장어(　)를 많이 먹는다.

> 길잡이 요즘 요리로 인기 있는 것 가운데 하나가 '산 곰장어 구이'이다. 그런데 흔히 우리가 부르는 '곰장어'는 표준어가 아니고 '먹장어'가 표준어이다. '먹장어'는 바닷물고기로 뱀장어와 비슷하게 생겼지마는 눈이 살가죽 속에 들어 있어 밖에서 잘 보이지 않으며 남해안에서 많이 산다. 그리고 이 고기는 성질이 사나워서 다른 어류의 살과 내장을 먹고 산다. '먹장어'의 어원은 눈이 잘 보이지 않는 장어이기 때문에 '눈이 먹(멀)었다'에서 '먹-'이 된 것이거나, 아니면 한자어로 '묵(墨)'에 '-장어(長魚)'가 합쳐져 '묵장어'가 '먹장어'로 된 것으로 보인다. '먹장어류'를 한자로 맹만류(盲鰻類)라고 한 것도 이 때문이다. 방언으로 '곰장어'라고 한 것은 '검다'의 '검-'이 '곰'으로 되었거나 아니면 '눈이 곪았다'에서 '곰'이 나왔거나, 또는 '고물고물 기어다니는 뜻'에서 '곰-' 또는 '꼼-'이 나왔을 것으로 보인다. 그러나 정확한 어원은 알 수가 없다. 《한글》에는 '곰장어'를 '갯장어'의 잘못으로 보고 있는데, '곰장어'는 '먹장어'를 나타내고 '갯장어'와는 다르다.
>
> '먹장어' 이외 다른 장어로는 '뱀장어', '갯장어', '붕장어(일본어의 아나고)' 등이 있다.
>
> '뱀장어'는 민물고기로 바다에서 알을 낳고 거기서 1-2년 살다가 봄철에 강으로 올라와 산다. 우리가 말하는 '민물장어'가 바로 '뱀장어'이다. 뱀과 같이 생긴 긴 고기(長魚)라는 뜻이며, 옛날에는 바다와 강을 갔다 왔다 할 만큼 먼 길을 다닌다는 뜻으로 '만리어'라고도 했다.
>
> 그리고 여름철에 많이 나는 장어로 흔히 말하는 '하모'는 일본말이며 '갯장어'가 표준어이다.

'곱빼기'와 '곱배기'

자장면 곱배기(   ), 곱빼기(   )를 먹었다.
된장을 뚝빼기(   ), 뚝배기(   )에 끓여 먹었다.

길잡이 우리말에 접미사 '-배기/-빼기'가 붙어서 된 말이 있다. 이 '-배기/-빼기'는 접미사일 경우와 그렇지 않고 하나의 낱말인 단일어의 일부일 경우가 있다. 예컨대, '나이배기', '귀퉁배기', '곱빼기'의 경우는 '-배기/-빼기'가 접미사로 쓰여 파생어가 된 것이고, '뚝배기', '학배기(잠자리의 유충)'의 경우는 '-배기'가 단일어의 일부로 쓰인 것이다. 접사 '-배기'는 '그 나이를 먹은 아이'의 뜻으로 '두 살배기'로 쓰이고, '그것이 들어 있거나 차 있음'의 뜻을 가진 '나이배기'가 있다. 그리고 '그런 물건'의 뜻으로는 '공짜배기', '진짜배기'와 같이 쓰인다. '-빼기'는 '그런 특성이 있는 사람이나 물건'의 뜻을 가진 접미사로 '곱빼기', '악착빼기'와 같이 쓰이며 '비하'의 뜻으로 '코빼기'가 있다. 그런데 '-배기'와 '-빼기'를 혼동하여 쓰는 경우가 많다. 이것은 무조건 소리가 '배기'로 나는 경우와 단일어의 한 부분일 경우는 '배기'로 쓰면 된다. 그 외 접미사로 [빼기]로 소리 나는 것은 '빼기'로 적어야 한다.

'-거리다'와 '-대다'

물이 출렁거리다(   ), 출렁대다(   ).

길잡이 '-거리다'와 '-대다'는 '의성어나 의태어 뒤에 붙어 그런 상태가 잇따라 계속됨의 뜻'을 더하고 동사를 만드는 접미사이다. 접미사 '-거리다'와 '-대다'는 둘 다 표준어로 삼았다. '가물거리다(대다), 까불거리다(대다), 반짝거리다(대다)'도 모두 복수 표준어이다.

'괴나리봇짐'과 '개나리봇짐'

그는 괴나리봇짐(   ), 개나리봇짐(   )을 싸서 집을 떠났다.

길을 떠날 때 보자기에 싸서 어깨에 메는 작은 짐을 '괴나리봇짐'이라 한다. 흔히 우리는 '개나리봇짐'으로 잘못 알고 있다. '괴나리봇짐'의 어원은 아직 정확하게 알 수 없지만 '괴나리'와 '봇짐'으로 된 말임은 분명하다. 그리고 '봇짐'은 '보+ㅅ+짐'이라는 것도 쉽게 알 수 있다. 그런데 '괴나리'는 어디에서 왔는지 알기 어렵다. 필자가 생각하기로 '괴나리'는 '괴+나리'로 된 말로 보인다. '나리'가 옛날 자기보다 높은 사람을 주로 부르던 말로 주로 상인들이 양반들을 부르는 말이라는 것과 '괴나리봇짐'을 옛날에 주로 양반인 '나리'들이 메고 먼길을 다녔다는 것을 생각하면 '괴나리 봇짐'은 '이상한(怪) 또는 괴로운', '나리'의 '봇짐'이 아닌가 한다. 그리고 '담봇짐을 쌌다'에서도 '담봇짐'은 표준어가 아니고 방언이다.

어쨌든, '개나리봇짐'과 '담봇짐'은 모두 방언이며, 표준어는 '괴나리봇짐'임을 알아야 하겠다.

'괴발개발'과 '개발새발', '개발쇠발', '괴발새발'

너 글씨가 완전히 개발새발(   ), 괴발개발(   ), 개발쇠발(   ), 괴발새발(   )이구나.

'글씨를 함부로 갈겨 써 놓은 모양'을 '괴발개발'이라고 한다. 이것은 글씨의 모양이 사람이 쓴 것이 아니라 개나 고양이가 쓴 것과 같이 알아볼 수 없도록 쓴 것에서 나온 말이다. 2011년 개정 표준어에서는 '괴발새발'과 '개발새발' 모두 표준어로 인정하였다. '괴발개발'은 '고양이의 발과 개의 발'이라는 뜻이고, '개발새발'은 '개의 발과 새의 발'이라는 뜻이다. 그러나 '개발쇠발'은 표준어가 아니다.

'괴팍하다'와 '괴퍅하다'

그는 성격이 괴팍하다(   ), 괴퍅하다(   ).

'괴팍하다'는 '성격이 까다롭고 별나다.'의 뜻이다. 이전에는 '괴퍅하다', '괴퍅스럽다'와 같이 이중모음을 표준어로 삼았다. 이 말은 원래 한자어 '괴퍅(怪愎)하다'에서 온 말이다. 그러나 현재는 표준어 규정 제10항: '다음 단어는 모음이 단순화한 형태를 표준어로 삼는다.'라는 규정에 의해 '괴팍하다', '괴팍스럽다'가 표준어가 된다.

'–구나'와 '–는구나'

너는 다른 사람보다 밥을 참 빨리 먹구나!( ), 먹는구나!( )

길잡이 감탄형 종결 어미 '–구나'는 사전에 ('이다'의 어간, 형용사 어간 또는 어미 '–으시–', '–었–', '–겠–' 뒤에 붙어) '해라할 자리나 혼잣말에 쓰여, 화자가 새롭게 알게 된 사실에 주목함을 나타내는 종결 어미. 흔히 감탄의 뜻이 수반된다.'고 되어 있다. '참 아름답구나!', '벌써 대학생이구나!' 등과 같이 쓰인다. 그러나 어미 '–는구나'는 동사 어간이나 어미 '–으시–' 뒤에 쓰인다. 그래서 동사에는 '–구나' 대신 '–는구나'를 써야 한다. 형용사 '예쁘다'는 '예쁘는구나'가 아니고 '예쁘구나'가 되며, 동사 '먹다'는 '먹구나'가 아니고 '먹는구나'가 된다.

'구레나루'와 '구렛나루', '구레나룻'

그 사람 구레나루( ), 구레나룻( ), 구렛나루( ), 구레수염( )이/가 멋있다.

길잡이 '구레나룻'은 소나 말의 머리에 씌우는 '굴레'와 '수염'의 뜻을 가진 우리말 '나룻'이 합쳐져서 이루어진 말이다. 그래서 '구레나룻'은 '굴레처럼 난 수염' 또는 '귀 밑에서 턱까지 잇달아 난 수염'을 말한다.

'그을다'와 '그을리다'

철수는 얼굴이 검게 그을렸다( ), 그을었다( ).
그 난로는 그을음( ), 그으름( )이 많이 난다.

길잡이 햇볕이나 연기 따위에 빛이 검게 되는 것을 '그을다'라고 하며, 그 활용형은 '그을어', '그을고', '그으니' 등과 같이 된다. '그을리다'는 '그을다'의 사동형과 피동형이기 때문에 '–을 그을게 하다' 또는 '–이 그을게 되다'의 뜻이 된다. 따라서, 자동사로는 '얼굴이 검게 그을다.'로 쓰이고, 사동사로는 '고기를 까맣게 그을려 먹지 않는 것이 좋다.'와 같이 쓰인다. 피동사로는 '매연에 나무가 그을려 있다.'와 같이 쓰인다. 그리고 '그을다'에서 파생한 명사는 '그을음'이다. 따라서 위 보기는 각각 '그을었다'와 '그을음'이 맞다.

'그시기'와 '거시기', '거스기'

우리 친구 그시기( ), 거시기( ), 거스기( ) 있지? 노래 잘 부르던 친구.

길잡이 우리말에서 방언처럼 보이는 말이 표준어인 말이 있는데 가운데 하나가 '거시기'이다. '거시기'는 주로 전라도 지방에서 많이 사용하는 말이다. 대명사와 감탄사로 쓰이며, 대명사로 쓰일 때는 '이름이 얼른 생각나지 않거나 바로 말하기 곤란한 사람 또는 사물을 가리킬 때' 쓰이고, 감탄사는 '하려는 말이 얼른 생각나지 않거나 바로 말하기가 거북할 때 쓰는 군소리'로 쓰인다. '저 거시기, 죄송합니다만 시간이 몇 시입니까?'와 같이 쓰인다.

'그저'와 '거저'

잔칫집에 그저( ), 거저( ) 갈 수 없지 않는가?
그저( ), 거저( ) 해 본 말이야.

길잡이 '거저'와 '그저'는 같은 부사이면서 소리가 비슷하게 나기 때문에 서로 잘못 쓰는 경우가 많다. '거저'는 '아무런 노력이나 대가 없이'의 뜻으로 '거저 가지려 했다.'와 '아무 것도 가지지 않고'의 뜻으로 '우리 집에 거저 오너라.'와 같은 보기로 쓰인다. 그래서 '거저'는 [−소유]의 뜻을 가진다고 하겠다. 그러나 '그저'는 '그대로 줄곧'이란 뜻으로 '아직도 그저 울고만 있다.'와 같은 보기로 쓰이며, 그 외 '무조건하고'의 뜻으로 '그저 한번만 봐 주세요.', '별다른 생각 없이'의 뜻으로 '그저 해본 소리야.', '다른 짓을 아니 하고' 뜻으로 '그저 웃고만 있다.' 등과 같이 주어의 [소극적], [수동적]인 태도를 나타내는 부사로 쓰인다.

'글구'와 '글귀'

글구( ), 글귀( )
대구법( ), 대귀법( ), 댓귀법( )

표준어 규정 제13항: 한자 '구(句)'가 붙어서 이루어진 단어는 '귀'로 읽는 것을 인정하지 아니하고, '구'로 통일한다.

1. 귀(句) → 구: 귀절 → 구절(句節), 대귀(댓귀) → 대구(對句), 문귀 → 문구(文句), 싯귀 → 시구(詩句)

2. 예외: 귀글, 글귀

'깍듯하다'와 '깎듯하다'

그 사람은 모든 사람에게 깍듯하게(   ), 깎듯하게(   ) 대한다.

우리말에 '예의범절을 갖추는 태도가 분명하다.'의 뜻을 나타내는 말로 '깍듯하다'가 있다. '손님을 깍듯하게 대하다'와 같이 쓰인다. 이것을 '무엇을 깎는 듯이 대한다.'고 생각해서 '깎듯하다'로 잘못 쓰기 쉽다. 부사로는 '깍듯이'로도 쓴다. '깍듯하다'도 어원적으로는 '깎다'에서 나왔을지도 모르나 '깍듯하다'로 굳어진 말이 되었다.

'깍쟁이'와 '깎쟁이', '각쟁이'

그 사람은 남을 도와주지 않는 깎쟁이(   ), 깍쟁이(   ), 각쟁이(   )이다.

'이기적이고 인색한 사람이나 아주 약빠른 사람'을 일컫는 말로 '깍쟁이'가 있다. 이것을 '깎쟁이'나 '각쟁이'라고 하면 틀린다. 이 말은 [깍+쟁이]이에서 나온 말이다. '깍'은 '깎'에서 나온 말인 것으로 보이며 '-쟁이'는 사람을 낮게 뜻하는 접미사로 흔히 쓰이는 말이다. 동사 '깎다'는 여러 가지 뜻이 있는데 그 가운데 '깍쟁이'의 '깍'은 '값이나 금액을 낮추어서 줄이다'의 뜻에서 나온 것으로 보인다.

'깨트리다'와 '깨뜨리다'

그릇을 깨트리다(   ), 깨뜨리다(   ).

길잡이 '-트리다'와 '-뜨리다'는 동사의 어미 '-아', '-어'나 동사의 어근에 붙어 그 동사의 동작을 일으키거나 하게 함을 강조하는 강세 접미사이다.

'-트리다', '-뜨리다'는 둘 다 표준어이다. 그래서 '터트리다/터뜨리다', '넘어트리다/넘어뜨리다', '부러트리다/부러뜨리다', '깨트리다/깨뜨리다' 등이 모두 표준어이다.

'꺼'와 '거', '게'

그 돈은 내 거다(　), 내 꺼다(　).

그 돈은 내 게(　), 거(　), 꺼(　) 아니다.

길잡이 의존 명사 '것'이 구어체로 쓰일 때 서술격 조사 '이다'가 뒤에 붙으면 '거다'가 되고, 주격조사 '이'가 붙으면 '게'가 된다. '거'가 된소리로 난다고 '꺼'로 써서는 안 된다. 그리고 의존 명사이기 때문에 앞에 나오는 대명사와 띄어 써야 한다. 따라서, '내 거다'와 '내 게 아니다'가 된다.

'꺼림칙하다'와 '꺼림찍하다'

그 일을 깨끗하게 끝을 내지 못하니 마음이

꺼림칙하다(　), 꺼림찍하다(　), 께름칙하다(　).

길잡이 어떤 일을 끝까지 깨끗하게 해내지 못하고 남아 있는 상태를 말할 때 '꺼림하다'라는 말을 쓴다. 사전에는 '꺼림하다'를 '마음에 걸려 언짢은 느낌이 있다.'와 같이 뜻매김하고 있다. '군에 가는 조카에게 용돈을 주지 않고 보내어서 마음이 꺼림하다'와 같이 쓰인다. 비슷한 말로 '께름하다'가 있다. '꺼림칙하다'는 '매우 꺼림하다.'와 같이 '꺼림하다'를 강조하는 뜻으로 쓰이며 비슷한 말로 '께름칙하다'가 있다. '그가 그 일을 알고 있다는 사실이 마음 속에 조금 꺼림칙하게 남았다.'와 같은 보기로 쓰인다. 그런데 '꺼림찍하다'나 '께름찍하다'는 모두 표준어가 아니다. '칙'과 '찍'의 소리가 비슷하기 때문에 구별하기가 어렵다.

158

'껍질'과 '껍데기'

조개껍질( ), 껍데기( )이/가 바닷가에 많다.

돼지껍질( ), 껍데기( )을/를 잘 벗겨야 한다.

길잡이 '껍질'은 '물체의 겉을 싸고 있는 단단하지 않은 물질'이며, '껍데기'는 '달걀이나 조개 따위의 겉을 싸고 있는 단단한 물질'이다.

그런데 '껍질'과 '껍데기'를 잘못 사용하는 경우가 많다.

'조개'나 '달걀'과 같이 단단한 것은 '껍데기'라고 해야 하고, '돼지'나 '굴'은 '껍질'이라고 해야 한다.

제주도에서 만들어 파는 '조껍데기술'이 있다. 옛날처럼 조의 껍질로 만든 술이라면 '조껍질술'이라고 해야 맞다. 그런데 요즘은 조 알갱이로 만들기 때문에 '좁쌀술'이라고 해야 더 맞을지도 모른다. 제주도에서는 조 껍질로 만든 '오메기술'이라는 것도 있는데, 이때 '오메기'는 '오므라들다'의 뜻이라고 한다. 좁쌀로 만든 떡을 '오메기떡'이라고 한다.

'꾀다'와 '꼬시다'

그는 돈 많은 사람을 꾀어( ), 꼬여( ), 꼬시어( ) 사업을 했다.

길잡이 우리말에 '그럴듯한 말이나 행동으로 남을 속이거나 부추겨서 자기 생각대로 끌다.'의 뜻을 가진 '꾀다'라는 동사가 있다. 그리고 이 동사와 비슷한 말로 '꼬이다'가 있다. 그런데 '꾀다'는 '꼬이다'의 준말로 보이는데 사전에는 준말로 보지 않고 같은 뜻이라고만 되어 있다. 그리고 이전에는 표준어가 아니었던 '꼬시다'도 2015년에는 새로 표준어로 삼으면서 '꾀다'를 속되게 이르는 말이라고 하였다. '꼬여'는 '꼬이다+어'로 활용한 것이다.

따라서, 위 보기는 세 개 모두 표준어가 된다.

'꼭같다'와 '똑같다'

엄마와 딸의 성격은 꼭같다( ), 똑같다( ).

길잡이 '똑같다'는 부사 '틀림없이'의 뜻을 가진 '똑'에 형용사 '같다'가 결합된 합성어이다. 부사로는 '똑같이'가 된다. '꼭'은 '반드시(必)', '틀림없이'의 의미를 가진 부사로 그 결합의 폭이 매우 넓으며 뒷말과 띄어 써야 한다. '그것은 이것과 꼭 같아야 한다.'와 같이 '꼭 + −아/어야 하다'의 짜임으로 쓰인다.

'꼭두각시'와 '꼭둑각시'

그는 꼭두각시(   ), 꼭둑각시(   ) 노릇을 했다.

길잡이 '꼭두각시'는 '꼭두(꼭도: 허깨비)+각시'에서 온 말이다. 그 뜻은 '꼭두각시놀음에 나오는 여러 가지 이상야릇한 탈을 씌운 인형'을 말한다. 일설에는 고대 민속 인형극 '박첨지 놀음'에 나오는 여자 인형을 가리키는 말로 '꼭두'는 괴뢰의 가면을 뜻하는 몽골어 '곽독'과 아내를 뜻하는 '각시'가 합해진 말이라고 한다. 한자어로는 '괴뢰(傀儡)'라 한다.

이전에 '꼭둑각시'였던 것이 '꼭두각시'로 바뀌었다. 그래서 이제는 '꼭두각시놀음', '꼭두각시극'으로 써야 한다.

'꼽사리'와 '곱사리'

나도 꼽사리(   ), 곱사리(   ) 좀 끼자.

길잡이 표준어 가운데 표준어가 아닌 것처럼 보이는 말들이 표준어인 것들이 더러 있다. 그 가운데 하나가 '꼽사리'라는 말이다. 꼽사리는 '남이 노는 판에 거저 끼어드는 일'이라고 되어 있다.

'꼽살이'는 '곱살이'에서 나왔다고 하는 주장도 있다. '곱살이'는 시체 사이에 있는 구더기 같은 것을 말하는데, 그것처럼 아무런 곳에 끼어드는 것을 말하기도 한다. 또 다른 주장은 옛날에 노름판에서 판돈을 대는 말인 '살 댄다'라고 하는 말에서 온 말이라고도 한다. 노름하는 사람에게 좋은 패가 나오면 뒤에서 판돈을 대는 사람이 패를 보고 판돈을 곱으로 내어 끼어든다고 해서 '곱살로 끼어든다.'고 한다.

다음은 표준어가 아닌 것처럼 보이지만 표준어로 올라 있는 말들이다.

꼬불치다, 삐대다, 씨불거리다, 조지다, 좆같다

160

'꾸이다'와 '꾸다', '뀌어주다'

> 나는 친구에게 돈을 뀌어서(   ), 뀌여서(   ), 꾸어서(   ) 받지 못했다.
>
> 누가 나에게 돈을 뀌어 주었으면(   ), 꾸어 주었으면(   ) 좋겠다.
>
> 옆집에서 쌀을 꾸어(   ), 뀌어(   ) 먹었다.

길잡이 우리말에서 소리가 비슷해서 의미 구분이 잘 안 되는 말들이 많다. 그 가운데 하나가 '꾸이다'와 '꾸다'이다. '꾸이다'는 사전에 '남에게 다음에 받기로 하고 돈이나 물건 따위를 빌려주다.'로 되어 있다. 그래서 '나는 철수에게 돈을 꾸였다'고 하면 '철수에게 돈을 빌려주었다'는 뜻으로 해석된다. 그리고 '꾸다'는 '뒤에 도로 갚기로 하고 남의 것을 얼마 동안 빌려 쓰다.'로 되어 있다. '꾸다'는 '꾸이다'와 반대의 뜻으로 '나는 철수에게 돈을 꾸었다'라고 하면 '철수에게 돈을 빌려 썼다.'의 뜻이다.

그런데 '꾸어주다'라는 말을 많이 쓰는데 이 말은 표준어가 아니다. '꾸어'와 '주다'는 의미적으로 결합할 수가 없기 때문이다. '뀌어주다'는 표준어로 사전에 등재되어 있다. '뀌어주다'는 '돈 따위를 나중에 받기로 하고 빌려주다.'의 뜻이다. 따라서 '꾸이다'와 '뀌어주다'의 뜻이 어떻게 다른지 구별하기 어렵다. 둘 다 '빌려주다'의 뜻을 가지고 있기 때문이다. 일반적으로 '뀌어주다'보다 '꾸어 주다'라는 말을 더 많이 쓰는 것으로 보인다. 따라서 위 보기는 각각 '뀌어서', '뀌어 주었으면', '꾸어'가 맞다.

'끼치다'와 '미치다', '주다'

> 그 사람의 애국정신은 국민들에게 많은
>
> 영향을 끼쳤다(   ), 미쳤다(   ), 주었다(   ).
>
> 전쟁은 많은 사람들에게 나쁜
>
> 영향을 미쳤다(   ), 끼쳤다(   ), 주었다(   ).

길잡이 우리말에서 명사 '영향'과 호응을 이루는 서술어가 '끼치다, 미치다, 주다' 등이 있다.

'미치다'는 사전에 '…에/에게 (…을)영향이나 작용 따위가 대상에 가하여지다. 또는 그것을 가하다.'의 뜻으로 '태풍은 농민에게 벼 수확에 큰 영향을 미쳤다.'로 쓰인다고 되어 있고, '끼치다'는 '영향, 해, 은혜 따위를 당하거나 입게 하다.'의 뜻으로 '미치다'와 비슷한 뜻이라고 되어 있다. '그의 업적은 우리 사회에 큰 영향을 끼쳤다.'와 같이 쓰인다.

그런데 '주다'는 사전에 '좋지 아니한 영향을 미치게 하다.'의 뜻으로 되어 있다. 따라서 부정적 의미를 가지고 있는 것으로 보아 '아버지의 실패는 가족의 생계에 큰 영향을 주었다.'와 같이 쓰일 수 있다. 위 보기에서 앞의 것은 '끼쳤다', '미쳤다'가 자연스럽고, 뒤의 것은 '주었다'가 자연스럽다. 그러나 실제 언어생활에서는 크게 구별하지 않고 사용하고 있다.

'-나기'와 '-내기'

철수는 서울내기(   ), 서울나기(   )이다.

길잡이 표준어 규정 제9항: 'ㅣ'역행 동화 현상에 의한 발음은 원칙적으로 표준 발음으로 인정하지 아니하되, 다만 다음 단어들은 그러한 동화가 적용된 형태를 표준어로 삼는다.

'-내기'는 '어느 곳 태생이거나 어느 곳에서 자랐음을 가리키는 말' 또는 '어떠한 말에 붙어서 그 말이 뜻하는 사람을 얕잡아 이르는 말'의 접미사이다. 그래서 '서울내기(○) / 서울나기(×)', '시골내기(○) / 시골나기(×)', '신출내기(○) / 신출나기(×)'가 된다. 통일안에서는 '-나기'가 표준어이었으나 개정안에서는 '-내기'로 바뀌었다. '-나기'보다 '-내기'가 방언에서 상당히 많이 쓰였던 것으로 보인다. 그리고 원래 '-내기'는 '-(에서)나다(出生)'에서 나온 말이다. 이 말도 우리말 'ㅣ 모음 역행 동화'의 예외에 해당되는 말이다.

'나무라다'와 '나무래다'

자식을 지나치게 나무래지(   ), 나무라지(   ) 마라.
허드레(   ), 허드래(   )로 입는 옷을 다른 사람에게 주었다.
상추(   ), 상치(   )쌈에 된장찌개를 먹는다.

길잡이 표준어 규정 제11항: 다음 단어에서는 모음의 발음 변화를 인정하여, 발음이 바뀌어 굳어진 형태를 표준어로 삼는다.

다음 낱말들이 위 규정에 따른 것이다.

상추(○) / 상치(×), 지루하다(○) / 지리(支離)하다(×), 뛰기(○) / 트기(×), 허드레(○) / 허드래(×), 나무라다(○) / 나무래다(×)

162

'나무라다'는 '잘못을 꾸짖어 알아듣도록 말하는 것'을 이르며, 중세에는 '나므ㄹ다'였던 것이 '나므라다>나무래다>나무래다>나무라다'로 바뀌었다. 이 규정은 말의 변화를 받아들여 쓰는 사람이 많을 경우에는 표준어가 아니었던 말도 표준어가 될 수 있다는 것을 보여주는 보기이다.

'허드레'는 '그다지 중요하지 아니하고 허름하여 함부로 쓸 수 있는 물건.'이란 뜻이다. '허드레로 쓰는 방', '허드레로 입는 옷'과 같이 쓰인다. 이것도 모음 '래'로 쓰든 것을 '레'로 발음이 굳어진 것을 표준어로 삼은 것이다. 원래 한자어 '지리(支離)하다'도 발음을 '지루하다'로 쓴 것이 굳어져서 '지루하다'가 표준으로 된 것이다. 사전에는 '지루하다'의 '지루'에 한자어를 표시하지 않은 것으로 보아 한자어에서 멀어진 말로 보고 있다.

'상치'가 '상추'로 바뀐 것도 현실음을 받아들인 것이다. '상추떡, 상추밭, 상추쌈'이 되고 '상치쌈에 고추장이 빠질까'라는 속담도 '상추쌈'으로 된다.

'상추'의 어원은 날 것으로 먹을 수 있다 하여 '싱치(生菜)'에서 나왔다. 순우리말은 지금도 제주 방언으로 남아 있는 '부루'였고, 한자어는 '와거(萵苣)'라 한다.

'남비'와 '냄비'

남비(   ), 냄비(   )에 음식을 끓인다.

길잡이 표준어 규정 제9항에 따라 '남비'가 '냄비'로 바뀌었다. 원래 '냄비'는 일본어인 '나베(鍋)(萬葉集)'에서 들어와 '남베> 남비> 냄비'로 되었다고 하는 사람도 있다. 원래 우리말에서 'ㅣ모음 역행 동화'를 인정하지 않지만 이 경우는 예외로 'ㅣ모음 역행 동화' 현상이 적용된 말을 표준어로 삼은 것이다.

'남세스럽다'와 '남우세스럽다', '남사스럽다', '남새스럽다'

큰 소리로 부부싸움을 하다니

남우세스럽다(   ), 남세스럽다(   ), 남사스럽다(   ), 남새스럽다(   ).

길잡이 '남에게서 놀림과 비웃음을 받을 만하다'의 뜻을 가진 '남우세스럽다'가 있다. 준말은 '남세스럽다'이다. 2011년 개정에서 '남사스럽다'도 표준어로 삼았다. 이 말은 [[남+웃음]+스럽다]의 짜임을 가진 합성어와 파생어로 된 말이다. 따라서 위에서는 '남새스럽다'만 표준어가 아니고 다른 말은 모두 표준어이다.

'너르다'와 '넓다'

> 공간이 너르다( ), 넓다( ).
> 마음이 너르다( ), 넓다( ).

길잡이　'너르다'는 '공간적으로 이리저리 다 넓고 크다'로 뜻매김하여 '공간의 입체적인 면적'을 말하며, 그 반의어는 '솔다'이다. '넓다'는 '넓이가 크다.' 또는 '면적이 크다.'의 뜻으로 '평면의 면적'을 말하며, 그 반의어는 '좁다'이다.

따라서 '너르다'는 주로 '공간이 너르다', '소매통이 너르다', '마음이 너르다' 등과 같이 쓰이고, '넓다'는 '운동장이 넓다', '얼굴이 넓다' 등과 같이 쓰인다.

'널판지'와 '널빤지'

> 널판지( ), 널빤지( )로 문을 만들었다.

길잡이　'판판하고 넓게 켠 나뭇조각'의 뜻으로 나무를 얇게 켜서 붙인 판자를 우리는 흔히 '널판지'라고 한다. 그런데 이 말은 표준어가 아니고 '널빤지'가 표준어이다. 원래 이 말은 '넓다'에서 나온 '널'과 한자어 '판자(板子)'에서 나온 '반지'가 합쳐진 말이다. 그래서 '나무판자'라고도 하고 '널판자'라고도 한다. 이 둘 다 표준어로 되어 있다. 그런데 '널판지'가 표준어가 아니고 '널빤지'를 표준어로 본 것은 소리에 따른 표준어 선정으로 보인다. 그러나 실제는 '널빤지'보다 '널판지'가 소리 내기도 더 자연스럽고 사용 빈도도 높은 말이기 때문에 '널빤지'보다 '널판지'를 표준어로 삼는 것이 더 올바르다고 하겠다. 더구나 어원을 따져 보아도 '널판지'가 '널빤지'보다 표준어에 가깝다고 할 수 있다.

'널브러지다'와 '널부러지다', '널버려지다'

> 방에 잡동사니들이 여기저기 널브러져( ), 널부러져( ), 널버려져( ) 있다.

길잡이 '너저분하게 흐트러지거나 흩어지다'의 뜻을 가지고 있는 말로 '널브러지다'가 있다. 이 말을 '널부러지다'나 '널버려지다'로 잘못 쓰기 쉽다. 이 말은 '여기저기 많이 흩어져 놓이다.'의 뜻을 가진 '널리다'에서 나온 말인데, 뒤에 붙은 '브러져'의 어원은 알 수 없지만 '버리다'에서 온 것이 아닌가 한다. 다른 뜻으로 '몸에 힘이 빠져 몸을 추스르지 못하고 축 늘어지다.'로 '소대원들은 땅바닥에 아무렇게나 널브러져 앉아 있었다.'와 같은 보기로 쓰인다.

'넓이'와 '너비'

길 넓이(   ), 너비(   )가 너무 좁아 차가 지나가기 어렵다.

길잡이 '넓이'는 '평면의 크기', '면적'을 말하고, '너비'는 '넓이가 있는 물체의 가로 건너지른 거리'로 되어 있다. 즉, '가로길이' 또는 '폭'을 말한다. '너비'와 '나비'가 비슷한 뜻으로 쓰이기도 한다. '이 방 넓이가 얼마인가?', '그 바짓가랑이 너비가 얼마요?' 등으로 쓰인다.

'넝쿨'과 '덩굴', '넌출', '덤불'

칡 넝쿨(   ), 덩굴(   ), 덩쿨(   ), 넌출(   )이 우거졌다.
가시덤불(   ), 가시덩굴(   ), 가시넌출(   ) 사이로 지나가기가 어렵다

길잡이 '덩굴'은 '땅바닥으로 길게 뻗거나 다른 것을 감아 오르는 식물의 줄기'를 말한다. '넝쿨'과 '덩굴'이 복수 표준어로 되어 있다. 그러나 '덩쿨'은 표준어가 아니다. 그래서 '칡덩굴(넝쿨)', '포도덩굴(넝쿨)'이 된다. 그런데 칡덩굴(葛)은 왼쪽으로 감아 올라가고, 등나무 덩굴(藤)은 오른쪽으로 감아 올라간다. 이 덩굴들처럼 마음이 서로 얽혀 복잡한 상태를 우리는 '갈등(葛藤)'이라고 한다. '갈등'은 일본식 한자어이다. 그런데 이와 비슷한 말인 '넌출'이 있다. '넌출'은 사전에 '길게 뻗어 나가 늘어진 식물의 줄기. 등의 줄기, 다래의 줄기, 칡의 줄기 따위이다'로 되어 있다. '호박 넌출'과 같이 쓰인다. 그리고 '덤불'이란 말도 있다. '덤불'은 '어수선하게 엉클어진 수풀'이다. '가시덤불'이나 '나무 덤불'과 같이 쓰인다.

'네가'와 '너가'

하와이 네가(   ), 너가(   ), 니가(   ) 가라.
이번에 반에서 일등은 네가(   ), 너가(   ) 되었다.

길잡이 우리말에 이인칭 대명사 '너'가 있다. 이 '너'에 주격 조사 '가'나 보격 조사 '가'와 결합될 때는 '네'
로 바뀌면서 '네가'가 된다. 그 외는 '너가'가 쓰인다. '네가'의 '네'는 원래 [너+이]의 짜임으로 된 말이
다. 따라서 '네가'는 주격 조사 '이'에 다시 주격 조사 '가'가 덧붙은 꼴로 볼 수 있다. 주격 조사 '네'
가 발음이 어렵기 때문에 경상 방언과 일부 중앙 방언에서도 '니'라고 하는 사람이 많이 늘어나고
있다. 그리고 일인칭 대명사 '나' 뒤에 주격조사나 보격조사 '가'가 오면 '나가'가 아니고 '내가'가 된
다. 따라서 위 문제에서는 둘 다 '네가'가 맞다.

'네'와 '너의', '너', '너희'

오늘 네(   ), 너의(   ), 너(   ), 너희(   ) 집에 간다.
저 사람이 너(   ), 네(   ) 동생이니?

길잡이 이인칭 대명사 '너'에 관형격 조사 '의'가 결합되면 '너의'나 '너의'가 줄어 '네'가 된다. 그래서 '너
의 동생'이나 '네 동생', '네 심정'과 같이 쓴다. 그러나 '너 동생'이나 '너 심정'이라고 하면 틀린다.
'너희'는 이인칭 대명사로 듣는 이가 친구나 아랫사람들일 때 쓴다. 단수로는 '너희에게도 기회가
올 것이다.'와 같이 쓰이고, '너희(들)는 모두 착한 아이늘이구나.'와 같이 복수로도 쓰인다. 복수
로 쓰일 때는 '너희들'과 같이 복수 접미사 '-들'을 쓰는 것이 자연스럽다. 그리고 이인칭 대명사이
면서 관형격 조사를 생략한 형태로 '너희 학교'나 '너희 집', '너희 회사' 등과 같이 쓰인다. 이때는
듣는 이를 포함한 여러 사람을 이른다. 따라서, 위 문제의 위의 것은 '너' 이외는 다 쓸 수 있고,
아래의 것은 '네'가 맞다. 경상 방언에 '너의'를 '너거'라는 말을 쓰기도 한다.

'-네'와 '-들', '-네들'

우리(   ), 우리들(   ), 우리네(   ), 우리네들(   )이/가 열심히 살아야 한다.
철수네(   ), 철수네들(   ) 가족은 몇 명입니까?
아저씨네(   ), 아저씨네들(   ), 아저씨들(   ) 가족은 몇 명입니까?

접미사 '-네'는 '그 사람이 속한 무리'라는 뜻을 나타낸다. '철수네', '김 서방네'가 되면 '철수가 포함된 무리', '김 서방네'는 '김 서방이 포함된 무리' 즉, 그 집안이나 가족을 의미한다. 그런데 복수를 나타내는 접미사 '-네'가 붙은 자리에 또 복수접미사 '-들'을 붙이는 것은 군더더기 표현이다. 그리고 '우리'는 이미 말하는 사람을 포함한 복수를 뜻하는 말이다. 여기에 '-들'을 붙여 '우리'를 강조하는 경우에 흔히 쓰기도 한다. 그러나 '-네'는 '사람을 지칭하는 명사 뒤에 쓰인다.'는 것으로보면 대명사인 '우리' 뒤에 쓰는 것은 어색하다.

　사람을 나타내는 '아저씨' 뒤에 복수를 나타내는 접미사 '-네'에 다시 복수를 나타내는 '-들'을 덧붙이는 것도 올바른 표현이 아니다. 강조하기 위해 같은 뜻을 덧붙일 수는 있지만 어색한 표현이다. 따라서 위에서는 '우리', '우리들', '철수네'로 쓰는 것이 올바르다. '아저씨네'는 아저씨가 한 사람일 경우는 '아저씨네'라고 해야 하고, 만약 아저씨가 여러 사람일 경우는 '아저씨네들', '아저씨들'이라고 표현할 수도 있다. 일반적으로 복수를 나타내는 '네'와 '들'을 붙여서 쓰지 않고 이름이나 친족을 나타내는 말 뒤에 '-네'를 붙여 '철수네'처럼 가족, 가정을 뜻하기도 한다. 그리고 '같은 처지에 있는 사람'을 나타내는 복수의 뜻으로 '아낙네, 여인네'와 같이 쓰이기도 한다.

'노랑색'과 '노란색'

노랑색(　), 노란색(　)이 예쁘다.

색깔의 이름으로 하나의 낱말일 경우 '노랑', '하양', '파랑', '검정' 등으로 표현한다. 형용사 '노랗다'가 활용하여 '노란'이 될 경우는 뒷말과 띄어 써서 '노란 개나리'와 같이 쓴다. 그러나 노란색의 나비는 '노랑나비'가 된다.

'노래지다'와 '누레지다', '누래지다'

얼굴이 노래지다(　), 누레지다(　), 누래지다(　).

'노래지다'는 형용사 '노랗다'에 어미 '-아(어)지다'가 결합되어 이루어진 말이다. '노랗다'의 어간 끝소리가 양성모음이기 때문에 '-아지다'가 결합되면서 '노래지다'가 된다. '누레지다'는 형용사 '누렇다'에 어미 '-어지다'가 결합된 말이다. '파래지다'와 '퍼레지다'도 이와 마찬가지이다. 그런데 표준어 모음(1990)에서는 '누레지다'와 '퍼레지다'를 모두 표준어로 삼았다. 따라서 '노래지다/누레지다, 파래지다/퍼레지다'가 모두 표준어이다.

'놀래다'과 '놀래키다'

갑자기 놀래면( ), 놀래키면( ) 어떻게 하니?
나는 깜짝 놀랜( ), 놀란( ) 가슴을 진정시켰다.

길잡이 '놀라다'와 '놀래다'는 그 뜻이 다르다. '놀라다'는 자동사로서 '뜻밖의 일을 당하여 순간의 긴장과 흥분을 일으키고 가슴이 설레다.' 또는 '갑자기 무서운 것을 느끼다.'와 같이 쓰인다. 그러나 '놀래다'는 사동사로서 '(남을) 놀라게 하다'의 뜻이다. 그래서 '기적 소리가 잠자는 아이를 놀랬다.', '친구를 놀래 주었다.'와 같이 쓰인다. 위에서는 '놀란'이 맞다.

남을 놀라게 하는 '놀라다'의 사동형은 '놀래다'이다. '놀라다'의 사동형인 '놀래다'는 '놀라다'의 어근에 사동 접미사 '-이'가 결합된 '놀라+이+다'로 된 것이다. 그런데 '놀라다'의 사동형 '놀래다'는 주로 '놀래 주다' 형으로 많이 쓰이나 그 외는 어색한 표현이다. '나를 놀래지 마라'라고 하는 표현도 가능하지만 자주 쓰지 않는 표현이다. 그러나 중앙 방언(충청)에서는 '놀래키다'나 '놀라키다'라는 말을 많이 쓰곤 하는데 이는 표준어가 아니다. '놀래키다'는 '놀라+이+키+다'나 '놀라+이키+다'의 사동 구조를 인정해야 가능한 표현이다. 우리말 사동 접미사는 '-이-, -히-, -리-, -기-, -우-, -구-, -추-'가 있다. 더구나 우리말에 사동접미사 '-으키-'는 '일으키다'에만 쓰인다. 앞으로 '놀라다'의 사동형으로 '놀래키다'가 표준어로 될지는 모르지만 지금은 '놀래키다'가 중앙 방언 일부에서만 쓰이는 방언이다. 그리고 경상 방언에서 '놀라다'를 '놀래다'로 써서, '그걸 보고 되게 놀랬다.', '아이구, 놀래라' 등으로 쓰기도 한다. 그러나 이는 모두 표준어가 아니다. 위 문제는 '놀래면', '놀란'이 맞다.

'놈팽이'와 '놈팡이'

먹고 노는 놈팽이( ), 놈팡이( ) 신세가 되었다.

길잡이 '직업이 없이 빌빌거리며 노는 사내를 낮잡아 이르는 말'로 '놈팡이'란 말이 있다. 이것을 '놈팽이'라고 하는 사람이 많다. 발음으로 보면 '놈팽이'란 말이 될 수 있지만 우리말에서 'ㅣ 모음 역행 동화'를 인정하지 않기 때문에 '놈팽이'가 아니고 '놈팡이'가 된다. 이것은 '아지랭이'가 아니고 '아지랑이'가 되는 것과 같다. 자칫 사람을 나타내는 접미사 '-쟁이'와 '-장이'를 연결해서 '팽이'라고 하기 쉬우나 '-팽이'는 '-쟁이'와 '-장이'와는 다른 말이다. '놈팡이'는 '놈+팡이'로 된 말로 보인다. '놈'은 아마 '놀다'에서 나온 말일 것 같고 '팡이'는 사람을 나타내는 접미사일 수 있지만 사전에 올라 있지 않다.

'눈곱'과 '눈꼽'

> 인정이라고는 눈곱( ), 눈꼽( )만큼도 없다.

길잡이 우리말에 '눈곱'이라는 말이 있다. '눈곱'은 '눈에서 나오는 진득진득한 액. 또는 그것이 말라붙은 것', '아주 적거나 작은 것을 비유적으로 이르는 말'이다. 그래서 '눈곱이 끼다.'라고 한다. 그런데 이것을 소리가 [눈꼽]으로 나기 때문에 '눈꼽'이라고 하기 쉽다. '눈곱'은 '눈+곱'으로 된 말로 '곱'에는 '부스럼이나 헌데에 끼는 고름 모양의 물질'의 뜻이 있다.

'느지막이'와 '느즈막이'

> 느지막이( ), 느즈막이( ) 집에 들어갔다.

길잡이 우리말에 형용사 '느지막하다'가 있다. '느지막하다'는 '시간이나 기한이 매우 늦다'라는 뜻으로 부사는 '느지막이'이다. '느지막하다'는 형용사 '늦다'에서 나온 말이다. 이것을 '느즈막하다'라고 잘못 쓰는 경우가 많다.

'늑장'과 '늦장'

> 늑장( ), 늦장( ) 부리지 마라.

길잡이 '늑장'은 '느릿느릿하여 꾸물거리는 짓'을 말하는데 주로 '늑장 부리다'라는 관용구로 쓰인다. 이때는 '늑장'과 '부리다'는 띄어 써야 한다. '늑장'의 어원이 형용사 '늦다'에서 나온 것인지 형용사 '느리다'에서 나온 것인지 알 수가 없다. '늑-'에 '짓'을 나타내는 접미사 '-장'이 붙어서 된 말로 보인다. '-장'이 '짓'의 의미를 가지는 말은 경상과 전라 방언에 '어링장', '어린장'의 '-장'과 같은 것이 아닌가 한다. '어린장', '어링장'은 '어린이가 하는 행동'의 뜻이다. 이것도 '늑장 부리다'처럼 '어링장 부리다'라는 말로도 쓴다. '어링장'의 표준어는 '어리광'으로 되어 있다. 현재 '늑장'과 함께 '늦장'도 표준어로 되어 있다. 따라서 '늦장 부리다'라는 말도 가능하다. 그 외 '늦장'은 '거의 다 끝나 가는 무렵의 장(場)'의 뜻으로도 쓰인다.

'늦깎이'와 '늑깎이'

그는 늦깎이( ), 늑깎이( ), 늦깍이( )이다.

> **길잡이** '나이가 들어서 스님이 된 사람'이나 '나이가 들어서 남보다 사리가 늦게 깨달은 사람'을 나타내는 말로 '늦깎이'가 있다. 이 말은 '머리를 깎는 것'은 '스님이 됨'을 뜻하기 때문에 '늦게 머리를 깎은 이'는 '늦게 된 스님'이 되었다고 해서 '늦깎이'가 된 것이다. '늑깎이'나 '늦깍이'는 표준어가 아니다.

'닦달하다'와 '닥딸하다', '닥달하다', '닦딸하다'

자나깨나 공부하라고
닦달한다( ), 닥딸한다( ), 닦딸한다( ), 닥달한다( ).

> **길잡이** '단단히 을러대서 단속을 하거나 몹시 몰아대거나 나무라는 뜻'으로 '닦달하다'라는 말이 있다. 원래는 '닦고 다듬질하다'라는 뜻이었다. 소리가 '닦딸하다'로 나기 쉽기 때문에 '닦딸하다'나 '닥딸하다'로 잘못 쓰는 경우가 많다. 표준어는 '닦달하다'임을 알아야 하겠다.

'단촐하다'와 '단출하다'

살림이 단촐해서( ), 단출해서( ) 이사하기가 쉽다.

> **길잡이** '식구나 구성원이 많지 않아서 홀가분한 것'이나 '일이나 차림차림이 간편한 것'을 '단출하다'라고 한다. 이것을 '단촐하다'라고 하는 사람도 있다. '단촐하다'는 사전에 북한에서 쓰는 말로 되어 있다. '단출하다'는 한자어 '단출(單出)'에서 나온 것으로 보이는데 사전에는 고유어로 보고 있다.

'달다'와 '닳다'

옷이 달아서( ), 닳아서( ) 보기 싫다.
국이 닳아서( ), 달아서( ) 짜다.
한약을 너무 닳여서( ), 달여서( ), 다려서( ) 물이 없다.

길잡이 '닳다'는 '갈리어 낡아지거나 줄어든다.'의 뜻이다. 그 활용은 '닳아서/닳으니/닳고' 등으로 된다. '그는 많이 닳은 옷을 입었다.'와 같은 보기로 쓰인다. 반면에 '달다'는 '액체 등이 많이 졸아들다'의 뜻으로 쓰이며, 그 활용은 '달아서/다니/달고'등으로 된다. '약을 달였다.'와 같은 보기로 쓰인다.

그러나 '닳다'도 '액체 등이 졸아들다'의 뜻으로 '국이 오래도록 닳아서 짜다.'와 같이 쓰인다. '달다'는 '무엇이 오래 끓은 상태'를 말하며, '닳다'는 '액체가 오래 끓어 액체가 줄어든 상태'를 나타낸다. 그래서 '국이 닳아서 짜다.'가 되고, '약을 달이다.'가 된다.

'닭도리탕'과 '닭볶음탕', '닭탕'

오늘 저녁에 닭도리탕( ), 닭탕( ), 닭볶음탕( )을 먹자.

길잡이 닭으로 만드는 요리가 많다. 그 가운데 하나가 '닭볶음탕'이다. 사전에 '닭볶음탕'은 '닭고기를 토막 쳐서 양념과 물을 넣고 끓인 음식. 경우에 따라 토막 친 닭고기에 갖은 양념과 채소를 넣고 먼저 볶다가 물을 넣고 끓이기도 한다.'라고 되어 있다. 이것을 '닭도리탕'이라고 하는 사람들이 많다. '도리(tori)'는 일본어로 '새'나 '닭'을 말한다. '닭탕'이라고 할 수 있으나 표준어는 '닭볶음탕' 으로 되어 있다. '볶음탕'은 '볶음'과 '탕'이 중복된 요리 방법이나 볶아서 탕을 만든다는 뜻으로 생각한다면 가능한 말이다.

'당금질하다'와 '단근질하다'

역적을 당금질해서( ), 단근질해서( )라도 범죄를 밝혀내려고 했다.

길잡이 '불에 달군 쇠로 몸을 지지는 일'을 '단근질'이라고 한다. 동사로 '단근질하다'가 있다. '단근질'은 불로 물체를 뜨겁게 하는 '달다'와 '근질'이 합해진 말로 보이나, '근질'이란 말의 어원을 알기 어렵다. 아니면 '달구다'가 '단근'이 되고, 여기에 행위를 나타내는 접미사 '-질'이 붙은 것일 수도 있다. 이것을 '당금질하다'로 잘못 쓰는 경우가 있다. 한자어로 '낙형(烙刑)'이라고 한다.

'딸리다'와 '달리다'

그는 힘이 딸려서(   ), 달려서(   ) 산을 오르지 못했다.

길잡이 '재물이나 기술, 힘 따위가 모자라다.'라는 뜻의 형용사 '달리다'가 있다. 이 말은 '달리고, 달리니, 달려서'와 같이 활용한다. 이 말을 '딸리다'로 잘못 쓰는 사람들이 있다. '딸리다'를 '달리다'의 힘줌말로 생각하기 쉬우나 표준어가 아니다. '딸리다'는 '어떤 것에 매이거나 붙어 있다'의 뜻과 '따르다'의 사동사로 쓰인다. 북한과 경상지역에서는 '달리다'를 '딸리다'라는 말로 쓰기도 한다.

'돌팔이'와 '돌파리'

그는 돌팔이(   ), 돌파리(   ) 의사 탓에 몸을 망쳤다.

길잡이 '돌팔이'는 사전에 두 가지 뜻이 있다.

하나는 '떠돌아다니며 기술, 물건 따위를 팔며 사는 사람'으로 '그는 평생 돌팔이로 돌아다니며 일생을 보냈다.'와 같이 쓰이고, 다른 하나는 '제대로 된 자격이나 실력이 없이 전문적인 일을 하는 사람을 속되게 이르는 말'로 돌팔이 무당, 돌팔이 의사와 같이 쓰인다. '돌팔이'는 [돌다+팔다]+이]]로 된 말이다. 그런데 '돌팔이'를 '돌파리'로 잘못 쓰는 경우가 있다.

'더 높이'와 '드높이'

제비는 참새보다 더 높이(   ), 드높이(   ) 난다.
드넓은(   ), 더넓은(   ) 들판
고집이 드세다(   ), 고집이 더 세다(   ).

'드-'는 접두사로 '높다', '넓다', '세다', '날리다'에 붙어 그 뜻을 강하게 나타낸다. '드높다'와 '드넓다'는 각각 '매우 높다'와 '활짝 틔어서 아주 넓다'라는 뜻을 가진 하나의 낱말이다. 그러나 부사로서 '더'는 '더 높다'나 '더 넓다'처럼 '더'를 꾸며 주는 말과 띄어 써야 하며, 반드시 '-보다'라는 비교 대상이 제시되어야 한다. 따라서 '힘차게 드높이 날자', '명성을 드날리다' 등과 같이 써야 한다.

'덤불'과 '덤풀'

나무 덤불(　), 덤풀(　) 사이를 지나갔다.

'덤불'은 '어수선하게 엉클어진 수풀'의 뜻으로 칡덤불은 '칡덩굴과 나무가시 등 여러 잡풀들이 서로 얽혀 우거진 것'을 말한다. 그러나 '덤풀'은 표준어가 아니다. '덤불'을 '덤풀'이라고 잘못 쓰는 것은 수풀의 '풀'자에 때문이 아닌가 한다. 인척관계가 있는 사람끼리 혼인하는 것을 '덤불혼인'이라고 하는 것도 이 '덤불'에서 나온 말이다.

'도긴개긴'과 '도찐개찐'

그 일은 이러나 저러나 도긴개긴(　), 도찐개찐(　)이다.

이 말은 흔히 쓰는 말은 아니지만 일상 대화에서 간혹 쓰는 말이다. 사전에 '윷놀이에서 도로 남의 말을 잡을 수 있는 거리나 개로 남의 말을 잡을 수 있는 거리는 별반 차이가 없다는 뜻으로, 조금 낮고 못한 정도의 차이는 있으나 본질적으로는 비슷비슷하여 견주어 볼 필요가 없음을 이르는 말.'이란 뜻으로 올라 있다. '긴'은 '윷놀이에서 자기 말로 남의 말을 쫓아 잡을 수 있는 거리'라고 한다. 그래서 '긴이 닿다'와 같은 말을 쓴다. 오늘날 거의 쓰지 않는 말이다. 원래는 '도 긴 개 긴'으로 모두 띄어 썼으나 현재는 한 낱말로 사전에 등재되어 있다. 그런데 '도찐개찐'이란 말도 사전에 표제어로 올라 있으나 '도긴개긴'으로 쓰도록 하고 있다. '긴'이 '찐'으로 되는 것은 구개음화 현상으로 '기름'이 '지름', '길'이 '질', '김'이 '짐'과 같이 방언에 흔히 많이 나타나는 현상이다. '진'을 강조하면서 '된소리'가 되어 '찐'이 되었다. 어떤 말이든 된소리나 거센소리로 되는 것은 바람직한 현상이 아니다.

'도망가려고'와 '도망갈려고'

범인은 도망가려고(　), 도망갈려고(　) 발버둥쳤다.

범인을 잡으려고(　), 잡을려고(　) 하다가 경찰이 다쳤다.

콩을 갈려고(　), 가려고(　) 맷돌을 가져왔다.

울려고(　), 우려고(　) 내가 왔나.

 표준어 규정 제17항: 비슷한 발음의 몇 형태가 쓰일 경우, 그 의미에 아무런 차이가 없고 그중 하나가 더 널리 쓰이면, 그 한 형태만을 표준어로 삼는다.

　'-(으)려고'는 '장차 무엇을 하려는 의도'의 뜻을 가진 연결 어미이다. 기본형 어간이 자음으로 끝나면 '-으려고', 모음으로 끝나면 '-려고'가 쓰인다. 어감상 강조의 효과를 기대하면서 'ㄹ'을 덧붙여 '갈려고', '할려고'와 같이 쓰는 경우가 많으나 이들은 모두 '가려고', '하려고'와 같이 어간에 'ㄹ'을 쓰지 않은 형태가 표준어이다.

　그러나 어간 끝소리가 'ㄹ'인 경우는 당연히 그 뒤에 어미 '-려고'가 와서 '갈려고', '울려고', '날려고' 등으로 된다.

'돌'과 '돐'

이것은 내 돌사진(　), 돐사진(　)이다.

길잡이 　우리는 아이가 태어나서 일 년이 되면 그 아이가 건강하게 일년을 넘겼다고 축하하는 뜻에서 가족과 함께 작은 잔치를 벌였다. 이것을 '돌잔치'라 한다. 지난 표준어에는 이것을 '돐'이라고 했다. '돐'은 한 번밖에 올 수 없고, '돌'은 해마다 돌아온다는 뜻으로 구별하여 썼다. '우리 학교는 오늘로 열두 돌을 맞이했습니다.'라고 했다. 그런데 개정 표준어 규정에서는 '돐'은 없애고 '돌' 하나로 통일하였다. 그래서 '돌'은 '주기'나 '생일'의 두 뜻으로 사용하게 되어 '돐잔치', '돐사진'이라고 했던 것을 이제 '돌잔치', '돌 사진'이라고 해야 한다. 그런데 '돌(回)'과 '돌(石)'은 그 성조가 다르다. '돌(石)-'은 긴소리로 나고, '돌(回)'는 짧은 소리로 난다. 원래 '돐'과 같이 'ㅅ'을 첨가한 것은 주기의 '돌'과 구분하고 그 소리도 짧게 낸 것을 나타낸 것이다. 북한에서는 '돐'을 그대로 문화어로 규정하고 있다.

174

'둘러싸이다'와 '둘러쌓이다'

> 아군이 적에게 둘러싸였다( ), 둘러쌓였다( ).

길잡이 '둘러싸다'는 [두르다+싸다]로 이루어진 합성어이다. '두르다'는 '둘레에 선을 치거나 벽 따위를 쌓다.'의 뜻이고, '싸다'는 '어떤 물체의 주위를 가리거나 막다.'의 뜻이다. 따라서 '둘러싸이다'는 '둘러싸다'의 피동형이다. 그런데 '둘러싸다'를 '둘러쌓다'로 잘못 쓰는 사람들이 있다.

'뒤-'와 '뒷-'

> 뒷뜰( ), 뒤뜰( )에 사람들이 많이 모였다.
> 뒷줄( ), 뒤줄( )에 앉으세요.
> 겨울에는 뒷바람( ), 뒤바람( )이 불어온다.

길잡이 어근 '뒤-'와 '뒷-'으로 합성어도 '위-'와 '윗-'과 같은 어법으로 되어 있다. '뒤-' 뒤에는 거센소리나 된소리가 오고, '뒷-' 뒤에는 예사소리가 온다.

북풍(北風)의 뜻을 가지고 있는 우리말에는 '뒤바람'이 있다. 일반적으로 '뒤'는 '북'을 의미하기 때문에 '뒤바람'도 북풍으로 생각한 것이다. 그러나 '뒤' 뒤에 예사소리 'ㅂ'이 와서 일반적인 규정에 따르면 '뒷바람'이라고 해야 하나 '뒤바람'이 표준어이다. '뒷바람'은 북풍의 강원 방언이라고 되어 있다. '뒤바람'의 '뒤'가 '앞뒤'의 '뒤'를 나타내는 어근이라면 당연히 '뒷바람'이 되어야 한다. 따라서 '뒤바람'의 '뒤'는 '앞뒤'의 '뒤'가 아닌 것으로 본 것이다. 그러나 남풍을 '앞바람'이라고 하는 것을 보면 북풍의 '뒤바람'은 '앞뒤'의 '뒤'가 아닌가 한다. 발음으로 보면 [뒤바람]으로 어색하지만 '뒷바람'이 표준어가 아니기 때문에 발음도 [뒫빠람]이 아닌 [뒤바람]이 되어야 한다.

집 뒤에 있는 뜰이나 마당은 '뒤뜰'이다. '뒷뜰'은 표준어가 아니다. 뒷마당과 비슷한 말이다. 그리고 변소를 완곡하게 이르는 낱말도 '뒷간'이다. '뒤칸'이나 '뒷칸'은 사전에 없는 말이다. 한 울타리 안의 뒤쪽에 있는 집채의 뜻을 가지고 있는 '뒤채'도 '뒷채'가 아니다. '뒤쪽'과 '뒷쪽'도 마찬가지로 '뒤쪽'이 맞다.

[바람 이름]

주로 봄부터 초여름에 걸쳐 태백산맥을 넘어 영서 지방으로 부는 바람은 '높새바람'이라 하며, '녹새풍', '높새'라고도 한다. 서쪽에서 부는 바람은 '하늬바람'이라 하고 주로 농촌이나 어촌에서 이르는 말이라고 한다. '하늬바람'을 '갈바람'이라고도 한다. 북풍을 '뒤바람', '된바람', '높바람'이라고도 한다. 북한에서는 서북쪽이나 북쪽에서 부는 바람을 북풍이라고 한다. '마파람'은 뱃사람들의 은어로 '남풍'을 이르는 바람이라고 하며, '앞바람'이라고도 한다. 뱃사람들의 은어로 '샛바람'이 있는데, 이는 '동풍'을 이른다.

북동쪽에서 부는 된높새바람, 북서풍에서 부는 바람은 높하늬바람, 동남풍은 된마파람 또는 간새 등으로 바람 이름은 지역마다 다르게 부르기도 한다.

'뒤치다꺼리'와 '뒤치닥거리', '푸닥꺼리'와 '푸닥거리'

어머니는 자식 뒤치다꺼리( ), 뒤치닥거리( )를 하다가 인생을 보냈다.

무당이 푸닥꺼리( ), 푸닥거리( )를 밤새도록 했다.

길잡이 '뒤치다꺼리'는 '뒤에서 일을 보살펴서 도와주는 일'이다. '뒤치다꺼리'는 [뒤+[치다+거리]]의 짜임으로 된 말이다. '거리'는 의존 명사로 '내용이 될 만한 재료', '제시한 시간 동안 해낼 만한 일' 등의 뜻을 가진 말이다. 그런데 '−꺼리'는 '−거리'의 경상 방언으로 보고 있다.

그리고 '푸닥거리'라는 말이 있다. '무당이 하는 굿의 하나. 간단하게 음식을 차려 놓고 부정이나 살 따위를 푼다.'의 뜻을 가진 말이다. 그런데 이때는 '푸닥꺼리'가 아니라 '푸닥거리'가 표준어이다. 같은 어원을 가진 말인 '거리'가 '뒤치다꺼리'는 '꺼리'이고, '푸닥거리'는 '거리'가 표준어로 되어 있다. '뒤치다꺼리'는 소리 중심으로 표준어를 삼은 것이다.

'등쌀'과 '등살', '눈살'과 '눈쌀', '입살'과 입쌀'

마누라 등쌀( ), 등살( )에 시달렸다.

그의 행동은 남에게 눈살( ), 눈쌀( )을 찌푸리게 했다.

그 사람은 많은 사람들의 입살( ), 입쌀( )에 오르내리고 있다.

길잡이 '등쌀'은 '몹시 귀찮게 구는 짓'의 뜻을 가진 말이다. '등쌀'에서 나온 말로 '등쌀대다'가 있다. 이
것은 '남에게 대하여 짓궂고 귀찮게 수선부리다.'의 뜻이다. 반면에 '등살'은 '등에 있는 근육 또는
살'을 말한다. '등살'의 소리는 '등쌀'과 같이 [등쌀]이다. 그리고 '등살'에서 나온 말로 '등살바르다'
가 있는데, 이 말은 '등의 힘살이 뻣뻣하여 굽혔다 폈다 하기가 거북하다.'의 뜻으로 쓰인다.

　　그리고 '두 눈썹 사이에 잡히는 주름'을 의미하는 말은 '눈쌀'이 아니고 '눈살'이다. '눈살을 펴
다', '눈살을 모으다'와 같이 쓰이고, 관용구로 '눈살을 찌푸리다'와 같이 쓰인다. '눈살'은 '눈과 눈
사이에 있는 살'을 의미하기 때문에 '눈살'이 되는 것이다.

　　또 '악다구니가 세거나 센 입심'을 뜻하는 '입살'이 있다. 이때도 표준어는 '입쌀'이 아니라 '입살'
이다. '입쌀'은 '멥쌀을 보리쌀 따위의 잡곡이나 찹쌀에 상대하여 이르는 말'이다. 옛말로는 '이쌀'
이라 했다.

'땅기다'와 '당기다', '댕기다'

> 수술한 자리가 많이 땅겼다(　), 당겼다(　), 댕겼다(　).
>
> 그 얘기를 듣고 호기심이 땅겼다(　), 당겼다(　), 댕겼다(　).
>
> 담배에 불을 당겼다(　), 댕겼다(　), 땅겼다(　).

길잡이 우리는 가끔 '당기다'와 '땅기다', '댕기다'의 쓰임이 헷갈릴 때가 있다.

　　'당기다'는 '좋아하는 마음이 일어나 저절로 끌리다'의 뜻으로 쓰여 '나는 그 사람에게 마음이 당
기다.'가 있고, 다른 뜻으로는 '입맛이 돋우어지다.'가 있다. '봄이 되니 식욕이 당기지가 않는다.'
와 같이 쓰인다. 그리고 일반적으로 많이 사용하는 '물건 따위를 힘을 주어 자기 쪽이나 일정한
방향으로 가까이 오게 하다.'의 뜻으로는 '방아쇠를 당기다.', '고삐를 당기다.'와 같이 쓰이고, '정
한 시간이나 기일을 앞으로 옮기거나 줄이다.'의 뜻으로는 '귀가 시간을 당기다.'와 같이 쓰인다.

　　그런데 이와 비슷한 말로 '땅기다'가 있다. 이 말은 '몹시 단단하고 팽팽하게 되다.'라는 뜻이다.
그래서 '얼굴이 땅기다.', '상처가 땅기다.'와 같이 쓰인다. 이것을 얼굴이 '댕기다'나 '당기다'로 쓰
면 틀린다. 그리고 '땅기다'를 '땡기다'와 같이 쓰는 경우가 있는데, 이는 'ㅣ 역행 동화'로 인정하지
않는 표준어법에 따라 '땡기다'가 아니고 '땅기다'로 써야 한다.

　　'댕기다'는 '불이 옮아 붙다. 또는 그렇게 하다.'의 뜻이다. 따라서 '댕기다'는 '그의 마음에 불이
댕겼다.', '담배에 불을 댕기다.'와 같은 보기로 쓰인다. '땡기다'나 '땅기다', '댕기다'는 모두 '무엇
을 [안]으로 끌다'라는 중심 의미를 가지고 있으며, 이 말들은 모두 '당기다'가 어원으로 뜻이 넓혀
진 것이다.

'뙈기'와 '떼기'

그 사람은 밭 뙈기( ), 떼기( )를 가지고 있다.

길잡이 '뙈기'는 '일정하게 경계를 지은 논밭의 구획을 세는 단위'이다. 그래서 '밭 한 뙈기, 논 몇 뙈기'라는 말을 쓴다. 이 말은 고어 '또야기'란 말에서 나왔다. 이것을 '떼기'나 '때기'라고 잘못 쓰기 쉽다. '뙈기'는 주로 넓은 땅을 말하는 것이 아니라 작은 땅 넓이를 일컬을 때 쓴다. '기껏 땅 몇 뙈기를 가지고 큰 소리친다.'와 같은 보기로 쓰인다.

'마침'과 '공교롭게'

마침( ), 공교롭게( ) 내가 던진 공에 이웃집 유리창이 깨어졌습니다.
마침( ), 공교롭게( ) 너를 잘 만났다.

길잡이 부사 '마침'은 '기대를 동반하는 상황'에 쓰이고, '공교(工巧)롭게'는 '우려를 동반하는 상황'에서 쓰인다. 그래서 '마침'은 '마침 잘 만났다.'와 같이 쓰이고, '공교롭게'는 '공교롭게도 그때 길을 건너다가 교통사고가 났다.'와 같이 쓰인다.

'막장'과 '끝장'

그 일은 막장( ), 끝장( )에 이르렀다.
요즘 막장( ), 끝장( ) 드라마가 많다.

길잡이 우리말에 '막장'과 '끝장'이 있다. '끝장'은 '일이 더 나아갈 수 없는 막다른 상태', '실패, 패망, 파탄 따위를 속되게 이르는 말'의 뜻을 가지고 있다. 사전에는 '막장'을 '끝장'으로 바꾸어 쓰도록 해 놓았다. 즉, '막장'은 표준어가 아니라는 뜻이다. '막장'에는 '갱도의 막다른 곳'의 뜻이 있다. 그런데 우리가 흔히 말하는 '막장 드라마'의 '막장'은 사전에 올라 있지 않다. '막장 드라마'의 '막장'은 '갱도의 막다른 곳'을 말하는 '막장'이나 '더 나아갈 수 없는 상태'를 뜻하는 '끝장'의 뜻과 같이 '드라마의 줄거리가 상상할 수 없는 끝까지 간 내용을 뜻'하거나, 아니면 '거친, 품질이 낮은, 닥치는 대로'의 뜻을 가진 접두사 '막-'에 장면의 '장'을 붙여서 부른 말일 수 있다. 어쨌든, '막장 드라마'의 '막장'은 표준어가 아니다.

'만치'와 '만큼'

공부한 만치( ), 만큼( ) 성적이 올라간다.

저만치( ), 저만큼( ) 걸어 갑니다.

길잡이 '만치'와 '만큼'은 조사와 의존 명사로 둘 다 같이 쓰인다. 원래 '만치'는 경상도 방언으로 표준어가 아니었던 것을 표준어로 삼은 것이다. '공부한 만큼(만치)'에서 '만큼'과 '만치'는 의존 명사로서 띄어 써야 하며, '저만치(만큼)'에서 '만큼'과 '만치'는 보조사로 앞말에 붙여 쓴다.

'맞추다'와 '맞히다'

화살로 과녁을 맞추었다( ), 맞히었다( ).

그는 시험을 치르고 정답을 맞추었는지( ), 맞혔는지( )

나와서 정답과 맞추어( ), 맞혀( ) 보았다.

길잡이 동사 '맞추다'와 '맞히다'를 잘못 쓰는 경우가 많다. '맞추다'와 발음이 비슷한 '맞히다'는 뜻이 서로 다른 말이다. '맞추다'는 기본적으로 '서로 떨어져 있는 부분을 제자리에 맞게 대어 붙이다.'의 뜻으로 쓰며, 다양한 뜻을 가지고 있다. 따라서 '맞추다'는 '-을-과(에) 맞추다'의 짜임으로 쓰인다. 그러나 '맞히다'는 동사 '맞다'에 사동접미사 '-히-'가 붙어서 된 말이다. '맞다'는 '문제에 대한 답이 틀리지 아니하다.'나 '쏘거나 던지거나 한 물체가 어떤 물체에 닿다.'의 뜻으로 쓰인다. 따라서 '맞히다'는 '-을 -에 맞히다'와 같은 짜임으로 쓰인다. '학생이 정답을 맞혔는지 못 맞혔는지 밖에 나와서 정답과 맞추어 보았다.'와 같이 이해하면 알기 쉽다.

'매무시'와 '매무새'

옷을 입고 마지막 매무시( ), 매무새( )를 잘해야 한다.

너 옷 매무새( ), 매무시( )가 참 좋다.

길잡이 '매무새'와 '매무시'는 그 뜻이 다르다. '매무새'는 '옷을 입는 전체적인 맵시나 모양'을 나타내는 말로 '너 옷 매무새가 좋다.'와 같이 쓰이고, '매무시'는 '옷을 입을 때 옷을 매고 여미고 하는 뒷단속'을 말한다. 그래서 '매무새'는 '매무시한 모양새'라고 한다. 따라서, '옷을 입고 마지막 매무시를 잘해야 한다.'와 같이 '매무새'가 아니라 '매무시'로 써야 한다.

'맨송맨송하다'와 '맹송맹송하다', '맨숭맨숭하다'

그는 술을 많이 먹어도

맨송맨송하다(   ), 맹송맹송하다(   ), 맨숭맨숭하다(   ), 맹숭맹숭하다(   ).

길잡이 '맨송맨송하다'는 '몸에 털이 없이 반반하다' 또는 '술을 마시고도 취하지 않고 정신이 말짱한 상태'를 두고 말한다. '맨송맨송하다'의 '맨'은 '맨질맨질하다'하거나 '아무것도 섞이지 않고 깨끗한 것'을 이르는 접두사 '맨-'에서 온 것으로 보인다. '맨눈', '맨다리' 등의 '맨-'도 마찬가지이다. '맨송맨송하다'의 큰말은 '민숭민숭하다'이다. 2011년 표준어 개정에 따라 '맨숭맨숭/맹숭맹숭'도 표준어가 되었다. 그러나 아직 '맹송맹송'은 표준어가 아니다.

'먹거리'와 '먹을거리'

우리는 먹거리(   ), 먹을거리(   )를 많이 만들어야 한다.

길잡이 '거리'는 명사나 용언의 어미 '-을' 뒤에 붙어 '내용이 될 만한 재료'라는 뜻을 가진 의존 명사다. '국거리', '논문거리', '일거리'와 '마실 거리', '일할 거리'와 같이 쓰인다. 그래서 '먹을 수 있거나 먹을 만한 음식 또는 식품'의 뜻으로 '먹을거리'가 명사로 사전에 올라 있다. 그러나 이와 같은 뜻을 가진 '먹거리'는 오랫동안 표준어로 인정을 받지 못했다. 그러나 2011년 표준어 개정을 하면서 '먹거리'도 '먹을거리'와 함께 표준어로 삼았다.

그런데 이 '먹거리'라는 말을 우리 말밭에서 꽃을 피우도록 한 사람이 김민환이라는 사람임을 알아야 한다. 그는 1957년 세계 식량 농업 기구(FAO)의 사무국장으로 일을 하면서 우리가 쓰고 있는 한자어 '식량'이라는 낱말이 영어의 'food'를 대신할 만한 말이 아니라고 생각했던 것이다. 그래서 그가 영어 'food'에 알맞은 우리말을 만들어 낸 것이 바로 '먹거리'란 말이다. '식량'이라는 말은 쌀, 보리와 같은 곡식을 뜻하는 것으로 우리가 먹는 모든 것을 싸안을 수 있는 말이 될 수 없다.

그런데 일부 학자들은 '먹거리'란 말을 조어법상으로 어긋난다고 보았다. 그러나 우리말에는 조어법에 어긋난 말들도 표준어로 삼은 말들이 많기 때문에 그러한 주장은 설득력이 없다. 예컨대, '꺾쇠'나 '늦여름', '덮밥'과 같은 말도 용언의 어간에 바로 명사를 써서 이루어진 합성어들이다. '먹거리'란 말은 김민환 선생과 배달말학회, 한글학회 등 학계의 노력으로 마침내 2011년 정식적으로 표준어로서의 자격을 얻게 된 것이다. '먹거리'와 '먹을거리' 모두 표준어로 삼았으나 우리는 '먹거리'를 즐겨 쓰는 것이 좋겠다.

'먹습니다'와 '먹읍니다'

밥을 먹습니다(   ), 먹읍니다(   ).
집에 갔습니다(   ), 갔읍니다(   ).

길잡이 1998년 표준어 개정 이전에는 '합쇼체' 높임을 나타내는 종결형 어미로 '–읍니다', '–습니다'를 모두 사용하였다. 그러나 이 둘의 의미 차이가 없기 때문에 표준어가 개정되면서 '–습니다' 하나만 쓰도록 하였다. '먹읍니다'는 [먹습니다]로, '갔읍니다'는 [갇씀니다]로 소리 나기 때문에 '–습니다'로 통일한 것이다. 이것은 형태 중심에서 소리 중심의 표기로 바뀐 대표적인 표준어이다.

'먹어 쌓다'와 '먹어 쌌다'

너무 빨리 먹어 쌓더니(   ), 먹어 싸터니(   ), 먹어 쌌더니(   ) 배탈이 났구나.

길잡이 '쌓다'는 동사로 '여러 개의 물건을 겹겹이 포개어 얹어 놓다.'의 뜻이다. 그런데 이 '쌓다'가 보조동사로 쓰이는 경우가 있다. 이 경우 동사 뒤에서 '–어 쌓다' 구성으로 쓰여 '앞말이 뜻하는 행동을 반복하거나 그 행동의 정도가 심함을 나타내는 말'의 뜻을 가진다. 보조동사 '–쌓다'가 방언처럼 보이나 표준어임도 알아야 하겠다. '무엇을 해 쌓는다.', '먹어 쌓는다.'와 같이 쓰인다. 이것을 '먹어 싸타'나 '먹어 쌌다'로 쓰면 틀린다.

'메다'와 '매다'

> 가방을 메고(　), 매고(　) 갔다.
> 신발을 끈을 단단히 메고(　), 매고(　) 달렸다.
> 밭에 풀을 메다(　), 매다(　).

길잡이　동사 '메다'와 '매다'는 소리가 비슷하기 때문에 구별하기가 어렵다.

동사 '메다'는 '어깨에 걸치거나 올려놓다.'의 뜻이다. '가방을 어깨에 메고 갔다'와 같이 쓰인다. 이 '메다'는 이외에 자동사로 '구멍이 막히다'의 뜻으로 쓰여 '하수도 구멍이 메다.'로 쓰이기도 하고, '어떤 장소에 가득 차다.'의 뜻으로 '강당이 메어 터지게 사람들이 모였다.'의 보기로도 쓰인다. 그런데 이와 유사한 뜻으로 자동사 '미어터지다'가 있다. 이 말의 뜻은 사전에 '꽉 차서 터지거나 터질 듯하다.'로 되어 있다. 이 '미어터지다'도 아마 '메어 터지다'가 어휘화 된 것이 아닌가 한다. 또, '메다'는 '어떤 감정이 북받쳐 목소리가 잘 나지 않다.'의 뜻이 있으며 '감격에 가슴이 메어 말이 안 나오다.'로 쓰인다.

동사 '매다'는 '끈이나 줄 따위의 두 끝을 엇걸고 잡아당기어 풀어지지 아니하게 마디를 만들다.'의 뜻이다. 여기서 나온 말이 '옷 따위의 해지거나 뚫어진 데를 바늘로 깁거나 얽어매다.'의 뜻을 가진 '꿰매다'가 있고, '매달다'의 피동사 '매달리다'가 있다. '얽어매다'도 모두 이 '매다'에서 나온 말이다. '매다'는 이 뜻 이외에 '논이나 밭 같은 데에 난 풀을 뽑다.'의 뜻으로도 쓰인다. 그런데 '밭을 매다'와 '구두를 매다'는 성조가 서로 다르다. '밭을 매다'의 '매'는 긴 소리이고, '구두를 매다'의 '매'는 짧은 소리로 난다.

'메스껍다'와 '매스껍다', '메식거리다'와 '메슥거리다'

> 배를 많이 탔더니 속이 매스꺼웠다(　), 매시꺼웠다(　), 메스꺼웠다(　).
> 신물이 나고 속이 메슥거려(　), 메식거려(　) 아무것도 먹지 못했다.

길잡이　우리말에 '먹은 것이 되넘어 올 것같이 속이 몹시 울렁거리는 느낌이 있다.'와 '태도나 행동 따위가 비위에 거슬리게 몹시 아니꼽다.'의 뜻을 가진 말로 '메스껍다'가 있다. '어제 마신 술 때문에 메스꺼움을 느꼈다.'나 '그 녀석 모습만 보아도 속이 메스꺼웠다.'와 같이 쓰인다. 그런데 '메스껍다'를 '메시껍다'로 잘못 알고 쓰는 사람이 있다.

그리고 '메스껍다'와 함께 '매스껍다'도 표준어로 인정하고 있다. 그런데 문제는 '메'와 '매'를 모두 표준어로 인정한다는 것이다.

이와 비슷한 말로 '먹은 것이 되넘어 올 것 같이 속이 자꾸 심하게 울렁거리다.'의 뜻인 '메슥거리다'가 있다. 이 '메슥거리다'를 '메식거리다'로 잘못 쓰는 사람도 있다.

'먹슴'와 '먹음'

먹슴(   ), 먹음(   )

갔슴(   ), 갔음(   )

갓길 없음(   ), 없슴

길잡이 '먹다'와 '갔다'의 명사형은 각각 '먹음'과 '갔음'이다. 표준어 개정 초기에는 '갔다'의 명사형을 '갔슴'으로 잘못 쓰는 경우가 많았다. '먹습니다'나 '갔습니다'의 '-습니다'는 명사형이 없기 때문에 '먹슴'이나 '갔슴'은 쓸 수 없다. 그리고 '없다'의 명사형도 '없슴'이 아니라 '없음'이다. 이렇게 명사형 어미 '음'을 '슴'으로 잘못 쓰게 된 것은 어미 '-읍니다'가 '-습니다'로 바뀐 것과 발음도 [슴]으로 나기 때문이다. 그러나 우리말에 명사형 어미 '-슴'은 없다.

'멀리뛰기'와 '넓이뛰기'

우리는 멀리뛰기(   ), 넓이뛰기(   )를 했다.

길잡이 '멀리뛰기'는 제자리에서나 뛰어와 멀리 뛰는 운동 이름의 하나이다. 이전에는 '넓이뛰기'라고만 했는데 1981년부터 '멀리뛰기'가 공식적인 체육 용어로 인정되었다. '넓이뛰기'의 '넓이'는 '사방의 면적'을 나타내기 때문에 '면적을 뛰다'라는 말은 불가능하다. 따라서 '넓이뛰기'는 올바른 말이라고 할 수 없다. 사전에는 '넓이뛰기'를 '멀리뛰기'의 전용어라고 되어 있다.

'멍게'와 '우렁쉥이'

횟집에서 멍게(   ), 우렁쉥이(   )를 먹었다.

길잡이 '멍게'와 '우렁쉥이'는 복수 표준어이다. 원래는 '우렁쉥이'만 표준어였고 '멍게'는 방언이었던 것이 **표준어 규정 제23항**: '방언이던 단어가 표준어보다 널리 쓰이게 된 것은, 그것을 표준어로 삼는다. 이 경우의, 원래 표준어는 그대로 표준어로 남겨 두는 것을 원칙으로 한다.'에 의해서 '멍게'가 표준어가 되고 원래 표준어인 '우렁쉥이'도 표준어로 남겨 두어 복수 표준어가 되었다. 이 규정에 해당되는 것으로 '물방개-선두리, 애순-어린순'이 있다.

'멍애'와 '멍에'

왜 우리가 멍애(   ), 멍에(   )를 메어야 하는가?

길잡이 '멍에'는 원래 '마소의 목에 얹어 수레나 쟁기를 끌게 하는 둥그렇게 구부러진 막대'를 말하는데 이것이 '행동에 구속을 받거나 무거운 것을 짐을 비유하는 말'로 바뀌어 쓰인다. '멍애'로 잘못 쓰는 경우가 많다. 발음이 비슷하기 때문에 헷갈리는 말이다.

'메꾸다'와 '메우다'

남는 시간을 영화를 보면서 메꾸었다(   ), 메웠다(   ).
구덩이를 흙으로 메꾸었다(   ), 메웠다(   ).

길잡이 우리말에 '메꾸다'와 '메우다'라는 말이 있다. 이 두 말을 구별해서 쓰기가 쉽지 않다.

원래 '메꾸다'는 표준어가 아니었는데 2011년에 표준어로 새로 추가한 말이다. 표준어로 추가하면서 '메꾸다'를 '무료한 시간을 적당히 또는 그럭저럭 흘러가게 하다.'라는 뜻이라고 하였다. 그 전에는 '메꾸다'가 아니고 '메우다'로만 썼던 것이다.

원래 '메우다'는 동사로 '뚫려 있거나 비어 있는 곳이 막히거나 채워지다'의 뜻을 가지고 있었던 '메다'의 사동형으로 쓰인 말이다.

'메우다'와 '메꾸다'는 둘 다 '메다'의 사동형인데 '뚫린 공간을 채우는 뜻'이나 '시간을 무료하게 보내는 뜻'으로 둘 다 사용할 수 있으나 '공간을 메우는' 뜻으로는 '메우다'가 '메꾸다'보다 더 자연스럽다. 그리고 '남는 시간을 채우는'의 뜻으로 쓰이는 경우는 아무래도 '메우다'보다 '메꾸다'가 더 자연스럽다. '메꾸다'가 방언처럼 보이나 표준어이다.

'메치다'와 '매치다'

싸우면서 사람을 메쳤다(   ), 매쳤다(   ).

길잡이 '메치다'는 '메어치다'의 준말이다. '메어치다'는 '어깨너머로 둘러메어 힘껏 내리치다.'의 뜻이다. 이 말은 '어깨에 걸치거나 올려놓다'의 '메다'의 어간에 '-어-+-치다'가 결합된 말이다. '메치다'를 '매어치다'로 잘못 알고 '매치다'로 쓰는 경우가 있다. '매치다'는 '정신에 약간 이상이 생겨 말과 행동이 보통 사람과 다르게 되다.'의 뜻을 가지고 있다. 따라서 '내리치는' 의미로는 '메치다'가 맞다.

'모듬'과 '모둠'

우리는 학교에서 모듬(   ), 모둠(   ) 학습을 하였다.
횟집에서 모둠회(   ), 모듬회(   )를 주문하였다.

길잡이 동사 '모으다'의 명사형은 '모음'이다. 그런데 교육적 용어로 '모둠'이란 말이 있다. '모둠'은 '모이다'의 옛말인 '모도다', '몯다'에서 파생된 명사이다. 이전에도 '모도고 여디 아니ᄒ면(合而不開)하며'와 같이 썼다. 지금도 경상지역에는 '모으다'를 '모두다', '모두'를 '모도'라고도 한다. 따라서 파생 명사는 '모음'이 되어야 하나 사전에는 명사 '모음'은 등재되어 있지 않다. 그리고 '모둠'은 사전에 표준어로 등재되어 있으나 '모듬'은 표준어가 아닌 것으로 되어 있다. 따라서 횟집에서 여러 가지 회를 모은 회는 '모듬회'가 아니라 '모둠회'가 맞다. 그러나 사전에는 아직 '모둠회'는 표준어로 올라 있지 않다. '모둠꽃밭', '모둠냄비', '모둠매', '모둠발', '모둠밥'과 같이 '모둠'이 들어 있는 말들이 많다.

'모심기'와 '모내기'

> 오늘 우리는 모심기( ), 모내기( )한다.
> 꽃 모종을 꽃밭에 내었다( ), 심었다( ).

길잡이 '모내기'와 '모심기'는 복수 표준어이다. 이 두 말 모두 널리 쓰이기 때문이다.

'모내기'는 '모를 내다'에서, '모심기'는 '모를 (논에) 심다'에서 합성된 말이다. '모'는 원래 한자어 '묘(苗)'에서 나왔다. '모'는 일반적으로 '볏모'를 말하지만 '모종'이라는 뜻도 있다. 따라서 '고추모', '오이 모'와 같이 쓰인다. '내다'라는 말은 '모나 모종을 옮겨 심다'의 뜻으로 '거름을 내다', '모종을 내다' 등으로 쓰인다.

'무우'와 '무'

> 무우( ), 무( )를 많이 먹으면 소화가 잘 된다.

길잡이 개정된 표준어 가운데 중요한 하나가 이전의 '무우'가 '무'로 바뀐 것이다. 이 '무우'를 '무'로 표준어를 정한 것은 **표준어 규정 14항**: '준말이 널리 쓰이고 본말이 잘 쓰이지 않는 경우에는, 준말만을 표준으로 삼는다.'에 따른 것이다. '무강즙, 무말랭이, 무생채, 가랑무, 갓무, 총각무, 왜무'가 된다.

원래 '무'는 지중해 동해안 보리밭에서 자라던 풀이었는데 약 6000년 전 이집트에서 피라미드를 건설할 때 파, 마늘 등과 함께 먹었다는 기록이 있다. 이것이 중국에 들어온 것은 하(夏)나라 때이다. 제 갈양이 원정할 때 무를 군량으로 먹었기 때문에 제갈채(諸葛菜)라고도 했다고 한다. 이것이 우리나라에 들어 온 것은 삼국시대 정도로 추정하고 있다.

'무'는 13세기 향약구급방(鄕藥救急方)에 '무수'로 처음 나온다. '댓 무수 불휘『(蔓菁根)(救急方上58)'과 '겨슷 무수는 밥과 半이니(冬菁飯之半)〈杜初十六70〉'과 같은 용례가 있다. 이 '무수'는 중국말 '무청(蕪菁)'과 '수(須)'가 합쳐서서 '무수'가 된 것으로 보기도 한다. 일반적으로 반치음 'ㅿ'이 'ㅇ'으로 변천되면서 '무우'로 바뀐 것으로 볼 수 있다. 지금 경상도 일원에서 '무'를 '무시'라고 하는 것은 'ㅿ'이 경상 방언에서 'ㅅ'으로, 'ㅜ'모음이 전설모음인 'ㅣ'으로 바뀌는 일반적인 현상과 일치한다. 이러한 예는 여러 곳에서 발견할 수 있다. 중세 국어 '여스(狐)'가 '여시'로 , '굴술(秋)'이 '가실'로, '무술(里)'이 '마실'로 남아 있다. 이 '무우'를 '무'로 바꾼 것은 '무'의 [ㅜ]와 '우'의 [ㅜ] 발음이 동일하기 때문에 준말 현상으로 '무'로 통일한 것으로 보인다. 이전 '무우'의 '무'는 길게 소리 나고, '없다' 뜻의 '무(無)'는 짧게 소리가 난다.

'무릎팍'과 '무르팍', '물팍'

아이가 뛰어다니다가 무릎팍(   ), 무르팍(   ), 물팍(   )이 깨어졌다.

길잡이 '무릎을 속되게 이르는 말'로 '무르팍'이 있다. 이것을 '무릎팍'으로 쓰면 틀린다. '무르팍'은 [무릎+악]으로 된 말이다. '무르팍'은 충청 방언에서 '무릎'의 방언으로 쓰였으나 현재 표준어이며, 경상 방언처럼 보이는 '물팍'도 '무르팍'의 준말로 사전에 올라 있는 표준어이다.

'뭉크러지다'와 '뭉클어지다'

비가 많이 와서 홍시가 뭉크러져(   ), 뭉클어져(   ) 먹지 못하였다.

길잡이 우리말은 다른 언어보다 사물이나 행동의 상태를 섬세하게 표현하는 형용사나 부사가 많다. 그렇다보니 표준어를 규정하는 것도 매우 복잡하고 어렵다.

'몹시 썩거나 지나치게 물러서 본모양이 없어지게 되다.'의 뜻을 가진 우리말 '뭉그러지다'가 있다. 그리고 이 '뭉그러지다'의 거센 느낌을 주는 센 말로 '뭉크러지다'라는 말도 있다. 그런데 '뭉크러지다'를 '뭉클어지다'로 잘못 쓰기 쉽다. '뭉클어지다'로 쓰는 것은 우리말에 부사 '뭉클'과 형용사 '뭉클하다'라는 말이 있어서 헷갈리는 것이 아닌가 한다.

뜻으로 보면 '뭉크러지다'도 그 어원은 '덩이진 물건이 겉으로 무르고 미끄럽다'라는 '뭉클하다'에서 나온 것으로 보이지만 '뭉크러지다'가 표준어이다.

'뭐길래'와 '뭐기에'

사랑이 뭐길래(   ), 사랑이 뭐기에(   ).

너가 울길래(   ), 울기에(   ) 나도 따라 울었다.

노래를 부르고(   ), 불러고(   ) 춤을 추었다.

요즘 '사랑이 뭐길래', '인생이 뭐길래', '정치가 뭐길래'와 같이 '뭐길래'라는 말을 많이 쓴다. '뭐기에'는 '무엇'의 준말인 '뭐'에 원인·이유를 나타내는 어미 '-기에'가 붙은 것이다. 어미 '-기에'는 어미 '-관데'의 뜻으로 '너가 무엇이기에(관데) 간섭이야.'와 같이 쓰인다. 그런데 '-기에'와 비슷한 '-길래'가 있다. '-길래'는 표준어가 아니었던 것이 2011년부터 어미 '-길래'와 '-기에' 모두 복수 표준어로 인정하였다.

그러나 '차에 올르자 사람들이 쳐다보았다', '편을 갈르자', '피가 흘르니', '개를 길르고-', '노래를 불르고 집에 왔다.'와 같이 어간 첫 음절에 'ㄹ'을 덧붙여 의미를 강하게 표현하는 경우가 있다. 이러한 표현은 중앙 방언으로 표준어가 아니다.

'미숫가루'와 '미싯가루'

미숫가루( ), 미싯가루( )를 물에 타 먹었다.
그는 여름에 미수( ), 미수( )를 자주 마셨다.

표준어 '미숫가루'는 이전에 '미싯가루'였던 것이 새로 바뀐 것이다. '상치'가 '상추'로 바뀐 것과 같이 이것은 표준어 규정 제11항: '다음 단어에서는 모음의 발음 변화를 인정하여, 발음이 바뀌어 굳어진 형태를 표준어로 삼는다.'에 따른 것이다. 이것은 현실음을 존중한 표준어이다. 따라서 '미시'도 '미수'가 된다. '미수'는 미숫가루를 꿀물이나 설탕물에 탄 여름철의 음료로 주로 얼음에 넣어 먹는 것이고 '미숫가루'는 미시를 만드는 가루로 찹쌀, 멥쌀, 보리쌀 따위의 여러 잡곡을 넣어 볶거나 쪄서 말리어 갈아서 가루를 만든 것이다. 요즘은 미숫가루를 영양식으로 많이 이용하며 이유식 대용으로 이용한다. 《훈몽자회》에서는 '초(麨)'라고 되어 있다.

'밑동'과 '밑둥'

나무 밑동( ), 밑둥( )을 잘라 내었다.

'긴 물건의 매 아랫동아리나 나무줄기에서 뿌리에 가까운 부분'의 뜻을 가진 말로 '밑동'이 있다. 이것을 '밑둥'이라고 잘못 알기 쉽다. 이 말은 [밑+동]으로 된 말이다. '동'은 '마디나 줄기, 묶음'의 뜻을 가지고 있다.

'바람'과 '바램'

통일은 우리 모두의 바램(   ), 바람(   )이다.
우리는 모두 통일을 바래(   ), 바라(   ).

길잡이 '바라다'의 명사형은 '바램'이 아니라 '바람'이다. '바램'은 '볕이나 습기를 받아 빛이 변하다'의 뜻
을 가진 형용사 '바래다'의 명사형이다. 따라서, '우리의 바람은 통일이다.'와 같이 '바람'으로 써
야 한다. 그런데 '무엇을 바라다'에서 '바라다'의 명사 '바람'과 '바람(風)'의 '바람'은 소리가 다르다.
'바람(風)'은 첫음절이 [바:]로 약간 길게 나고, '바람(所望)'의 첫음절 [바]는 짧게 소리 난다.

그리고 '바라다'에 어미 '-아'가 붙으면 '바라'와 '바라서'가 된다. 그러나 '바라다'의 활용을 '바래'
나 '바래서'와 같이 쓰면 틀린다. 따라서, '그 사람은 항상 무엇을 해 주기를 바래/바랬다.'가 아니
라 '해 주기를 바라/바랐다.'가 되어야 한다.

'-박이'와 '-배기', '-백이'

그 사람은 얼굴에 점이 있는 점박이(   ), 점배기(   ), 점백이(   )이다.
그는 두 살배기(   ), 두 살박이(   ) 딸이 있다.

길잡이 얼굴이나 몸에 큰 점이 있는 사람이나 짐승을 일컬어 '점박이'라고 한다. 다른 말로 '점둥이'라고
도 한다. '-박이'는 '(일부 명사 뒤에 붙어)무엇이 박혀 있는 사람이나 짐승 또는 물건이라는 뜻을
더하는 접미사'로 쓰인다. '점박이, 금니박이, 덧니박이, 네눈박이, 차돌박이'와 같은 보기가 있는
데, 이 '박이'는 동사 '박다'에 접미사 '-이'가 붙어서 된 말이다. 접미사 '-박이'와 비슷한 '-배기'가
있다. '-배기'는 '그 나이를 먹은 아이의 뜻'으로 '두 살배기, 세 살배기'와 같이 쓰이고, '그것이 들
어 있거나 차이 있음의 뜻'으로 '나이배기', '그런 물건의 뜻'으로 '공짜배기, 진짜배기'와 같은 보기
로 쓰인다. '배기'도 용언 '박다'에서 나온 말이기는 하나 어원과 멀어져 널리 쓰이는 것은 그것을
표준어로 삼는다는 표준어 규정 제5항에 따라 '배기'로 쓰는 것이다.

'박인'과 '박힌'

못이 박인(   ), 박힌(   ) 어머니의 손
손에 박인(   ), 박힌(   ) 가시를 뽑았다.

길잡이 '박이다'는 '손바닥이나 발바닥 따위에 굳은살이 생기다'의 뜻으로 쓰인다. 따라서 '못이 박인이 손'이 된다. '박히다'는 동사 '박다'의 피동형으로 '상자에 못이 박혀 뗄 수가 없다'와 같이 '손에 박힌 가시'라고 해야 한다.

'발자욱'과 '발자국'

그 사람은 후세에 큰 발자욱(　), 발자국(　)을 남겼다.

길잡이 '발을 밟은 자국'을 '발자국'이라고 한다. '어떤 물체에 닿은 흔적'의 뜻으로 '자욱'이 아니라 '자국'이 표준어이다. 따라서 '발이 지나간 흔적'은 당연히 '발자국' 또는 '발자취'라고 해야 한다. 한자어로는 '족적(足跡)'이라고 하며, 북한에서는 '자욱'이라고 한다.

'벌레'와 '버러지', '벌거지'

벌레(　), 버러지(　), 벌거지(　)를 잡아 없애야 한다.

길잡이 '벌레'와 '버러지'는 복수 표준어이다. 그러나 경상, 전라, 강원 등 그 분포가 넓은 '벌거지'나 '벌개이', 전라도에서 쓰이는 '벌개이'나 '벌갱이' 등은 표준어가 아니다. 이전에 '벌레'만 표준어였던 것을 '벌레'와 함께 '버러지'도 복수 표준어로 삼았다.

'벌리다'와 '벌이다'

촛불잔치를 벌여(　), 벌려(　) 보자.
돈이 잘 벌인다(　), 벌린다(　).
다리를 벌려라(　), 벌여라(　).

'벌이다'는 '(일)을 베풀어 놓다'의 뜻으로 '싸움을 벌이다', '사업을 벌이다.', '전을 벌이다' 등으로 쓰인다. '벌리다'는 '(사이를) 넓히다' 또는 '펴서 열다'의 뜻으로 '간격을 벌리다', '밤송이를 벌리다.'의 보기로 쓰인다. 그리고 '벌리다'는 '돈이 잘 벌리다'의 보기로 '(돈을) 벌다'의 피동형으로도 쓰인다. '다리를 벌리다'의 '벌리다'는 [벌:리다]로 길게 소리 나고, '돈이 벌리다'의 '벌리다'는 [벌리다]로 짧게 소리가 난다. 그래서 '촛불 잔치(환갑잔치)를 벌이자.'와 '돈이 잘 벌린다.', '다리를 벌리다.'를 구별해서 써야 한다.

'벌쓰다'와 '벌서다'

나는 골마루에서 한 시간 벌썼다( ), 벌섰다( ).

선생님은 학생에게 벌씌웠다( ), 벌을 세웠다( ), 벌세웠다( ).

나쁜 짓을 해서 벌을 받는 것을 '벌쓰다'라고 한다. 그리고 '잘못하여 일정한 곳에서 벌을 받다'의 뜻으로는 '벌서다'라는 말도 있다. '벌서다'의 사동형은 '벌세우다'이고, '벌쓰다'의 사동형은 '벌씌우다'이다. '벌세우다'는 '벌'과 '세우다'가 합쳐져서 된 합성 동사이다. 그러나 '벌을 세우다'는 틀린 표현이다. 그러나 '벌로 세웠다'라는 말은 가능하다.

'벚꽃'과 '벗꽃'

진해는 벚꽃( ), 벗꽃( ) 축제로 유명하다.

벚찌( ), 벗찌( ), 버찌( )는 색이 붉다.

'벚꽃'은 '벚나무의 꽃'이다. 한자로 앵화(櫻花)라고도 한다. 벚꽃의 어원이 '버짐'이라는 사람도 있다. 산 벚꽃이 산에 붉게 번져나가는 모양이 버짐처럼 보였기 때문이다. 제주도와 남해에 오래된 벚꽃 고목이 있는 것으로 보아 벚꽃이 우리나라가 원산지라고 하는 사람도 있다. 그런데 '벚꽃'은 옛날부터 우리나라 사람들이 그렇게 좋아하지 않았던 것 같다. 벚꽃예찬이나 벚꽃을 소재로 한 노래가 거의 없었다는 것에서 이를 짐작할 수 있다. 지금 우리나라에 많이 자라고 있는 대부분 벚꽃들은 과거 일본 사람들이 심었던 것들이다.

벚나무의 열매를 '버찌' 또는 준말로 '벚'이라고 한다. 그런데 일부 사람들은 '벚꽃'을 친구인 우리말 '벗'을 연상하여 '벗꽃'으로 혼동하여 잘못 쓰는 경우가 간혹 있다.

베개( ), 베게( ), 배게( ), 배개( )를 받치고 누웠다.

길잡이 어렵지 않은 낱말로 보이지만 막상 쓰다 보면 헷갈리는 낱말 가운데 하나가 '베개'이다. 모음 [ㅔ]와 [ㅐ]의 구별이 잘 되지 않아서 잘못 쓰는 경우이다. '베개'는 '볘개 > 벼개 > 베개'로 된 말로 동사 '베다'에서 접미사 '-개'가 붙은 말이다. '베개를 높이 베다.'와 같이 쓰인다.

대장간에서 칼날을 벼려( ), 별러( ) 써야 한다.
언젠가 결전을 벼르고( ), 벼려고( ), 별러고( ) 있다.

길잡이 우리말에 '벼르다'와 '벼리다'라는 말이 있다.
'벼르다'는 '어떤 일을 이루려고 마음속으로 준비를 단단히 하고 기회를 엿보다.'의 뜻으로 '결전을 벼르다.', '복수전을 벼르다.', '전부터 말하려고 벼르던 말이다.'와 같이 쓰인다. 그래서 '벼려, 벼르니, 벼르고'와 같이 활용한다. 그러나 '벼리다'는 '무디어진 연장의 날을 불에 달구어 두드려서 날카롭게 만들다.'의 뜻과 '마음이나 의지를 가다듬고 단련하여 강하게 하다.'의 뜻이다.
그래서 '대장간에서 호미를 벼리다'와 같이 쓰이며, '벼리어, 벼려, 벼리니, 벼려서'와 같이 활용을 한다. '투지를 벼린다.'와 같이 '마음을 강하게 먹는다.'는 뜻으로도 쓰인다.
'칼날을 벼려', '결전을 벼르고'와 같이 써야 한다.

손톱에 봉선화( ), 봉숭화( ), 봉숭아( ) 꽃물을 들였다.
백도는 모양이 둥글며 살은 희고 무른 복숭아( ), 복숭( )이다.

어릴 때 담 밑에서 손톱에 꽃물을 들이곤 한 꽃으로 '봉선화'가 있다. 그리고 '봉숭아'도 복수표
준어이다. '봉숭아'는 한자어 '봉(鳳)'에 우리말 '−숭아'가 결합되어 이루어진 말이다. '−숭아'가 접
미사 형태로 나타나는 것은 과일 '복숭아'가 있는데, '봉숭아'의 '−숭아'와 '복숭아'의 '−숭아'가 동
일한 어원을 가지는가는 확인하기 어렵다.

그리고 한자어 '봉(鳳)'에 우리말과 한자어가 결합된 '봉숭화'는 표준어가 아니다. 과일의 하나인
'복숭아'는 경상방언에서 '복숭'이라고 흔히 말하는데, '복숭'은 표준어가 아니고 '복숭아'만 표준어이
다.

'봉우리'와 '봉오리'

산봉우리(   ), 산봉오리(   )에 구름이 끼었다.
꽃봉우리(   ), 꽃봉오리(   )가 예쁘게 피었다.

'산의 가장 높은 곳'을 '산봉우리' 또는 그냥 '봉우리'라고도 한다. 그러나 '맺히어 아직 피어나지
아니한 꽃'은 '꽃봉오리' 또는 '꽃봉', '봉오리'라고 한다. '산봉우리'나 '꽃봉오리' 모두 '산'과 '꽃'에
'봉(峯)우리(오리)'가 합쳐져서 이루어진 말로 보인다. 그런데 사전에는 '산봉우리'가 '산+봉우리'
라고만 되어 있다. 이것은 '봉'을 한자어로 보지 않고 있다는 뜻이다. '봉우리'를 '산봉우리'와 같은
뜻이라고 되어 있다. 꽃은 '봉오리'가 붙어서 '꽃봉오리'가 되는데 이것도 사전에는 '꽃−봉오리'로
분석하고 있다. 아마 '산'에는 '봉우리'가, '꽃'에는 '봉오리'가 붙은 것은 '산'은 그 모양이 크고 웅
장하기 때문에 음성 모음인 '−우리'가 되었고, '꽃'은 작고 예쁜 느낌을 가지고 있기 때문에 양성
모음인 '−오리'가 결합된 것으로 보인다. 그런데 사전에는 '−우리'나 '−오리'가 접미사로 쓰이지
않는 것으로 되어 있다.

'부시시'와 '부스스', '푸시시'와 '푸스스'

아이가 잠에서 부시시(   ), 부스스(   ), 푸시시(   ), 푸스스(   ) 깨어났다.

갓 잠에서 깨어나 정신을 못 차리고 있을 때 우리는 '갑자기 일어나서 얼굴이 부스스하다.'라고
해야 하는 말을 '부시시하다'라고 흔히 쓴다. 그런데 표준어는 '부시시'가 아니고 '부스스'이다. '부
스스'는 사전에 여러 가지 의미로 제시하고 있다. 그 가운데 하나가 '머리카락이나 털 따위가 몹시

어지럽게 일어나거나 흐트러져 있는 모양'으로 '자다 말고 일어난 아이가 부스스 흩어진 머리를 하고 잠옷을 입은 채로 나왔다.'와 같은 보기로 쓰인다. 그 외 우리가 많이 쓰고 있는 '누웠거나 앉았다가 느리게 슬그머니 일어나는 모양'의 뜻이 있다. '잠자리에서 부스스 일어나다.'와 같은 보기로도 쓰인다.

'부스스'와 비슷한 말로 '푸시시'와 '푸스스'가 있다. 그런데 '푸스스'는 표준어가 아닌 북한어로 제시해 놓았다. 이해하기 어려운 것은 '부스스'가 표준어이면 그 센말인 '푸스스'도 표준어가 될 법한데 표준어가 아닌 것이나 '부시시'가 표준어가 아닌데도 그 센말인 '푸시시'가 표준어라는 것이다. 많은 사람들이 사용하고 있는 '부시시'도 '푸시시'와 같이 표준어가 되어야 할 것으로 보인다.

'부스스'로 된 형용사로 '부스스하다'와 '푸시시하다'도 있다.

'부추'와 '정구지', '소풀'

부추(   ), 정구지(   ), 소풀(   )은/는 피를 맑게 한다.

길잡이 주로 봄에 전으로 부쳐 먹거나 그냥 쌈으로 먹는 채소로 '부추'가 있다. '부추'는 한자어 '부채'로 보기도 한다. 이 부추를 경상 지방에서는 '정구지(중동부)', '소풀(서부)'이라고 한다. 중부지방에서는 '솔', '졸'이라고도 한다. 표준어인 '부추'보다 방언을 훨씬 많이 쓰고 있다. '정구지'는 정월에서 구월까지 자라는 풀, 전을 구워 먹는 나물 또는 한자어 전구저(全韮菹)에서 나왔다는 주장도 있으나 정확하지 않다. 힘없는 사람을 말할 때 '부추 같은 양반'이라고도 한다. '소풀'은 '소(牛)'와 관계가 있을 듯하나 부추의 생김새가 소나무잎과 같이 생겼다고 해서 '솔', '소풀'이라고 하는 것이 더 설득력이 있다. 중세국어에서는 '졸'(物譜 茱蔬)이라고도 했다.

'붓두껍'과 '붓뚜껑'

문익점은 붓두껍(   ), 붓뚜껑(   )에 목화씨를 가지고 왔다.

길잡이 붓의 촉을 씌워 두는 뚜껑은 '붓뚜껑'이 아니라 '붓두껍'이다. '두껍'은 '가늘고 긴 물건의 끝을 씌우는 물건'의 뜻인 '두겁'에서 '-겁'이 된소리로 된 것이다. 그래서 '붓' 뒤에 붙으면 '붓두껍'으로, '만년필' 뒤에 쓰면 '만년필 두껍'이 된다. 그 외는 '병뚜껑', '솥뚜껑'과 같이 '뚜껑'으로 써야 한다.

'빌다'와 '빌리다'

남의 말을 빌어 쓰다( ), 빌려 쓰다( ).

그는 남의 집을 돌며 밥을 빌어먹다( ), 빌려먹다( ).

이 자리를 빌어( ), 빌려( ) 감사의 뜻을 전합니다.

길잡이 우리는 흔히 '빌어먹을 놈'이라는 욕을 하고 또 듣는 경우가 있다. 그리고 '남의 말을 빌어 오다'라는 말도 쉽게 쓴다. 표준어 규정 제6항 '다음 단어들은 의미의 구별함이 없이, 한 가지 형태만을 표준어로 삼는다.'에 따라 '빌리다'와 '빌다'는 '빌리다'로 통일하였다.

이전에는 '빌다'는 '남의 물건을 공을 얻으려고 사정하는 것', '남의 물건을 뒤에 주기로 하고 쓰는 것'을 말했다. 또는 '자기에게 필요한 대로 남의 도움을 받는 것'으로 뜻매김했다. 반면에 '빌리다'는 '일정한 기간 안에 도로 찾기로 하고 물건을 남에게 내어 주다.' 또는 '일정한 기한 동안 삯을 받고 내어 주다.'의 뜻으로 쓰였다.

그런데 개정 표준어인 '빌리다'는 중세어 '빌다'의 '차(借)', '가(假)', '대(貸)'의 뜻을 모두 포함하게 되었다.

그렇다면 '빌어먹을 놈이 콩밥을 마다할까'라는 속담도 '빌려 먹을 놈-'으로 바꾸어야 할까. 이 때 '빌다'는 '빌며 얻어먹다(乞)'의 뜻으로 '빌어'로 써야 한다. '원하다, 바라다(願, 祈), 꾸어 먹다(乞)'의 뜻으로는 '빌다'를 그대로 쓰기 때문이다. '소원을 부처님께 빌었다.'와 같이 쓴다. 따라서 '남의 말을 빌려', '이 자리를 빌려', '빌어먹다'와 같이 구별하여 써야 한다.

'비끼다'와 '비키다'

태풍이 우리나라를 비껴갔다( ), 비켜갔다( ).

차가 사람을 비켜섰다( ), 비껴섰다( ).

길잡이 우리말에 비슷한 뜻을 가진 말로 '비끼다'와 '비키다'가 있다. '비끼다'는 '비스듬히 놓이거나 늘어지다.'의 뜻이다. '장군이 칼을 비껴 찼다.'로 쓰인다. 동사로 '비껴가다'가 있다. '비스듬히 스쳐 지나다'의 뜻으로 '공이 골대를 비껴갔다.', '태풍이 우리나라를 비껴갔다.'로 쓰인다.

그런데 '비키다'는 '무엇을 피하여 있던 곳에서 한쪽으로 자리를 조금 옮기다.'의 뜻으로 '차가 사람을 비켜 갔다.', '옆으로 비켜섰다.'와 같이 쓰인다. '비켜가다'는 한 낱말로 된 표준어가 아니다. 그러나 '비키다'와 '서다'가 합해진 '비켜서다'는 표준어이다. 따라서 '비스듬히 서다'의 뜻을 나타낼 때는 '비껴 서다'로, '비켜서 가다'의 뜻을 나타낼 때는 '비켜 가다'와 같이 각각 띄어 써야 한다.

'삐지다'와 '삐치다'

친구들과 자주 잘 삐지곤( ), 삐치곤( ) 했다.

소고기 국에 무를 삐져( ), 삐쳐( ) 넣었다.

길잡이 우리말에 '삐지다'와 '삐치다'라는 말이 있다. 이 두 말도 발음이 비슷해서 헷갈리기 쉽다.

'삐지다'는 사전에 '칼 따위로 물건을 얇고 비스듬하게 잘라 내다.'로 되어 있다. '김칫국에 무를 삐져 넣다'와 같이 쓰인다.

'삐치다'는 '성나거나 못마땅해서 마음이 토라지다.'의 뜻이며 '조그만 일에 삐치다니'와 같은 보기로 쓰인다. 그런데 사전에는 '삐지다'는 '성나거나 못마땅해서 마음이 토라지다'의 뜻인 '삐치다'의 뜻으로도 쓰인다고 되어 있다. 따라서 '삐지다'와 '삐치다'는 비슷한 말로 보고 있으니 둘 다 쓸 수가 있다. 그러나 '무엇을 잘라 내다'의 뜻으로 '삐치다'는 쓸 수 없다.

'사라'와 '사리'

국수 한 사리( ), 사라( )와 회 한 사리( ), 사라( ) 주세요.

길잡이 우리말에 '사리'라는 말이 있다. '사리'는 '국수, 새끼, 실 따위를 동그랗게 포개어 감은 뭉치'로 뜻매김하고 있다. 그래서 '국수 한 사리, 새끼 한 사리, 실 한 사리'라고 한다. 이 '사리'는 동사 '사리다'의 어근에서 나온 말로 '사리다(蟠曲), 도사리다, 고사리, 사립문'에서 그 흔적을 볼 수 있다. 그런데 '사리'와 비슷한 말로 '사라'라는 말이 있다. '사라'는 우리말이 아니라 일본말로 '접시'를 말한다. 따라서 '사라'라는 말은 '접시'로 바꾸어 써야 한다.

'삭월세'와 '사글세'

삭월세( ), 사글세( )로 오래 살았다.

길잡이 **표준어 규정 제5항**: 어원에서 멀어진 형태로 굳어져서 널리 쓰이는 것은, 그것을 표준어로 삼는다.

개정 전의 표준어 '삭월세(朔月貰)'가 '사글세'로 바뀌었다. '사글세'는 입주하는 날 일 년치 돈을

다 내고 달마다 그 돈이 줄어드는 임대 방법이다. 표준어 규정에서는 '사글세'의 어원을 '삭월세'라고 보고 그 어원에서 멀어졌다고 보았다. '사글세'가 '삭월세'에서 온 것이 아니라 우리말 '사그라지다'에서 왔다고 하는 주장도 있다. 그런데 사전에는 '사글세'를 '월세'와 '월세방'과 같은 뜻으로 새기고 있다. 그러나 '사글세'와 '월세'는 뜻이 조금 다르다. 매달 직접 내는 방세나 집세는 '월세'라고 하고, 한꺼번에 돈을 내서 매월 삭감해 가는 방법을 '사글세'라고 한다. 따라서 사글세는 한꺼번에 내는 목돈이 있어야 하고, 월세는 그렇지 않아도 된다는 점에서 서로 뜻이 다르다. 이것은 어원이 '강남(江南)콩'이었던 것을 '강낭콩'이라고 한 것과 같다.

'산림욕'과 '삼림욕', '살림욕'

> 산림욕(   ), 삼림욕(   ), 살림욕(   )은 건강에 매우 좋다.

길잡이 '삼림욕(森林浴)'은 사전에 '병 치료나 건강을 위하여 숲에서 산책하거나 온몸을 드러내고 숲 기운을 쐬는 일. 삼림이 방출하는 피톤치드의 살균 효과와 녹색으로 인한 정신적 해방 효과 따위가 있다.'고 되어 있다. 그리고 비슷한 말로 '산림욕(山林浴)'이 있다. 그러나 '살림욕'은 표준어가 아니다.

'살찌다'와 '살지다'

> 살찐(   ), 살진(   ) 돼지보다 배고픈 소크라테스가 되겠다.
> 소를 살찌워서(   ), 살지워서(   ) 팔아야 한다.

길잡이 '살찌다'와 '살지다'는 그 뜻이 다르다. '살찌다'는 '몸에 살이 많아지다', '살이 오르다', '몸에 살이 필요 이상으로 많아지다'의 뜻인 자동사이며, '살지다'는 '몸에 살이 많은 상태', '살이 많고 튼실하다'의 뜻인 형용사이다. 그래서 '살찌다'는 '잘 먹여 살찌게 하였다.', '나는 요즘 계속 살찌는 것 같다.', '살찐 뚱뚱한 사람'과 같이 쓰이고, '살지다'는 '살진 돼지', '살진 암소', '그 여자 다리가 매우 살졌다.'와 같이 쓰인다. '살찌다'가 자동사이기 때문에 그 사동사로 '살찌우다'가 가능하지만, '살지다'는 형용사이기 때문에 사동사 '살지우다'는 불가능하다. 살찌다는 명사 '살'에 동사 '찌다'가 합해진 합성어이다. 동사 '찌다'는 '살이 올라서 뚱뚱해지다.'의 뜻이다. 그리고 '살지다'는 명사 '살'에 접미사 '-지다'가 붙은 파생어이다. '-지다'는 '그런 성질이 있음' 또는 '그런 모양임'의 뜻을 더하고 형용사를 만드는 접미사로 쓰인다. 따라서 이 두 말은 문맥에 따라 구별해서 쓸 수밖에 없는데 쉽게 구별하기 어렵다. 위에서는 '살진 돼지'와 '살찌워 팔아야 한다.'로 써야 한다.

'삼가시오'와 '삼가하시오'

> 고성방가를 삼가시오(　), 삼가하시오(　).

 '삼가시오'의 기본형은 '삼가다'이다. 따라서 그 활용도 '삼가라', '삼가고', '삼갑니다', '삼가니' 등이 된다. 기본형이 '삼가하다'가 아니기 때문에 어떤 경우에도 '하'가 들어가서는 안 된다. 즉, '삼가하십시오', '삼가하세요', '삼가하고' 등이 될 수가 없다.

그런데도 아직 많은 사람들이 '—을 삼가하시오'라는 표현을 하고 있다. 우리 주위에서도 쉽게 찾아볼 수가 있다. 이것은 우리 언중들이 '삼가다'보다 '삼가하다'라는 표현이 매우 익숙해져 있음을 의미한다.

그런데 표준어 '삼가다'는 현실적으로 몇 가지 문제를 가지고 있는 표준어라고 할 수 있다. 먼저, 많은 사람들이 '삼가다'보다 '삼가하다'를 사용하고 있다는 점이다. 그 사용 세력이 '삼가하다'가 '삼가다'보다 훨씬 우세하다는 것이다. 그리고 '삼가하다'가 '삼가다'보다 소리 내기도 더 쉽다. 더구나 '삼가다'의 발음이 실제 [삼가—ㅎ—다]와 같이 '삼가'와 '다' 사이에 약한 /ㅎ/ 소리가 난다는 것이다. 또 중세 국어에서도 '오직 삼가ㅎ더시니다(唯謹爾)(小學諺解三14)'와 같이 '삼가ㅎ다'도 썼다는 것이다. 따라서 이와 같은 몇 가지 근거로 '삼가하다'를 표준어로 선정하든지 아니면 '삼가다'와 함께 복수 표준어로 등재하는 것도 생각해 볼 수 있다. 어쨌든 현재 표준어는 '삼가다'이기 때문에 '삼가하십시오'가 아닌 '삼가시오'로 써야 한다.

'석 돈'과 '세 돈'

> 쌀 서(三)(　), 석(　), 세(　) 되
>
> 금 서(　), 세(　), 석(　) 돈

 표준어 규정 제17항: 비슷한 발음의 몇 형태가 쓰일 경우, 그 의미에 아무런 차이가 없고 그중 하나가 더 널리 쓰이면, 그 한 형태만을 표준어로 삼는다.

서(三)/너(四)/+—돈, —말, —발, —푼(돈푼이나 있는 사람이 말발이 세다)

석/넉+—양, —되, —섬, —자

세/네+—개(그 외)

'서럽다'와 '섧다'

나는 서러워(   ), 설워(   ) 못 살겠다.

어린 아이가 가엾어(   ), 가여워(   ) 도와주었다.

길잡이 '서럽다'와 '섧다'는 복수 표준어이다. '서럽다'는 '서러워/서러우니/서러운'이 되고, '섧다'는 '설워/설우니/설운'과 같이 된다. '가엾다'와 '가엽다'도 복수 표준어이다. '가엾다'는 '가엾어/가여운'이 되며, '가엽다'는 '가여워/가여운'과 같이 된다. 따라서 위 보기는 모두 표준어이다.

'서른'과 '설흔'

30살을 서른(   ), 설흔(   ) 살이라 한다.

70살을 이른(   ), 일흔(   ) 살이라 한다.

길잡이 숫자를 우리말로 나타낼 때 '서른'을 '마흔', '일흔', '아흔'과 같이 생각하여 '설흔'으로 잘못 쓰는 경우가 많다. 10은 '열', 20은 '스물', 30은 '서른'이다. 40은 '마흔', 50은 '쉰', 60은 '예순', 70은 '일흔', 80은 '여든', 90은 '아흔', 100은 '온' 등과 같다. 그런데 '온'은 오늘날 숫자로 쓰이지 않는다. 그러나 '온'으로 이루어진 말들이 많다. 예컨대 '온'은 관형사로 '전부 또는 모두'의 뜻으로 '온 식구, 온 국민, 온 세상, 온 누리'과 같이 쓰이며, 접두사로 '꽉 찬, 완전한, 전부'의 뜻으로 '온달, 온 마리, 온몸, 온음' 등으로 쓰인다. 부사 '온갖'도 [온+가지]로 이 '온'에서 온 말이다.

'서툴다'와 '서투르다'

그는 하는 일이 서툴러서(   ), 서툴어서(   ) 걱정이다.

오랫동안 머물러서(   ), 머물어서(   ) 미안하다.

표준어 규정에 본말과 준말을 복수 표준어로 보는 말 가운데 동사 '머무르다 / 머물다, 서두르다 / 서둘다, 서투르다 / 서툴다'가 있다. 그런데 이 말들이 활용을 할 때는 본말이 활용하는 것만 인정하고 있다. '머무르다'는 '머물러', '머물고', '머물러서', '머무르니'와 같이 '르 불규칙 활용'이 된다. 그러나 '머무르다'의 준말 '머물다'는 '머물어'나 '머물어서', '머무니'와 같이 활용을 하지 않는다. 이와 마찬가지로, '서투르다'도 '서툴러', '서툴러서'와 같이 써야 한다. '서툴어', '서툴어서'와 같이 쓰면 안 된다.

'설거지하다'와 '설겆이하다'

어머니는 설거지하고(   ), 설겆이하고(   ) 계신다.

'설거지하다'는 원래 '설다'에서 왔다. 중세어에 '다 자시믈 기드려 뫼룰 설고 侍者ㅣ 饌을 설어 別室에 ᄂᆞ화 두어든(家諺四2)', '갸ᄉᆞ롤 몯다 서러 잇ᄂᆞ시 ᄒᆞ얫더니(月釋二十三74)', '상우희 두고 드듸여 奠을 설라(家諺八8)'와 같이 '설다'가 지금 '설거지하다' 또는 '걷어치우다'의 뜻으로 쓰였다. 따라서 '설거지하다'는 [설다+걷다]가 되어 '설걷이'가 '설거지'로 발음되면서(구개음화) 그 뒤에 '-하다'가 결합된 말이다. '설거지물', '설거지통' 등으로 쓰인다. 이전 통일안에서 '설겆이하다'를 표준어로 본 것은 '설겆다'를 기본형으로 보았기 때문이다. 그러나 '설겆다'가 기본형이 되기보다는 '가을걷이'처럼 '설걷다'가 기본형이라고 할 수 있다.

'셋째'와 '세째'

셋째(   ), 세째(   )

둘째(   ), 두째(   )

열두째(   ), 열둘째(   )

표준어 규정 제6항: 다음 단어들은 의미의 구별함이 없이, 한 가지 형태만을 표준어로 삼는다.

둘째, 셋째, 넷째

다만, '둘째'는 십 단위 이상의 서수사에 쓰일 때에 '-두째'로 한다.
열두째, 스물두째

'쇠다'와 '세다', '새다'

설을 쇠다( ), 세다( ), 쉬다( ).
나물이 웃자라서 먹기가 쇠다( ), 세다( ).
날이 세다( ), 새다( ).
밤을 새다( ), 세우다( ), 새우다( ).

길잡이 동사 '쇠다'는 타동사로 '명절, 생일, 기념일 같은 날을 맞이하여 지내다'의 뜻을 가진 말이다. 과거형은 '쇠었다'이고, 준말로는 '쇘다'가 된다. 그리고 이 '쇠다'는 자동사로 '채소가 너무 자라서 줄기나 잎이 뻣뻣하고 억세게 되다'의 뜻도 가지고 있다. '나물이 쇠다', '쑥이 쇠다'와 같이 쓰인다. '쇠다'를 '세다'로 잘못 쓰기 쉽다.

'밤을 새우다'를 '세우다'라고 잘못 쓰는 경우가 많다. '새다'는 '날이 밝아오다'의 뜻이다. 한숨도 자지 않고 밤을 지내는 것을 우리는 '밤을 샜다'라고 하는데, '샜다'가 아니고 '새웠다'라고 해야 한다. '새다'는 자동사이기 때문에 '날이 새다', '밤이 새다'라고 해야 하고, 사동형이 되어 타동사로 쓰이면 '밤을 새우다'라고 해야 한다. 그리고 [밤+새다+ㅁ+하다]로 된 '밤샘하다'라는 동사가 있다. '그는 병원에서 밤샘했다'와 같이 쓰인다.

'소고기'와 '쇠고기'

소고기( ), 쇠고기( ) 갈비

길잡이 언제부터인가 우리는 '소'와 결합된 합성어들을 '쇠'로 써 왔다. '쇠고기', '쇠가죽', '쇠기름', '쇠털', '쇠죽' 등을 표준어로 삼고 있다. 요즘 소고기로 만든 음식들이 많이 나오고 소고기를 전문적으로 취급하는 음식점, 예컨대, '소고기 뷔페' 같은 것이 있다. 왜 '소(牛)'와 결합된 말에서 '소'가 '쇠'로 바뀌는 것일까? 여기에 대한 주장은 여럿이 있다. 어떤 사람은 '쇠고기'는 '소의 고기'로 'ㅣ'가 관형격 조사 '의'로 쓰인 것이라고 했다. 지금 대부분 사전은 이와 같이 처리하고 있는 듯하다. '나의'가 '내'로 '저의'가 '제'로 바뀌는 현상과 같은 것이라고 했다. 그러나 '염소의 고기'를 '염쇠고기', '노루의 고기'를 '노뤼고기'라고 하지 않는다. 그리고 '소값'을 '쇠값', '소싸움'을 '쇠싸움', '젖소고기'를 '젖쇠고기'라고 하지 않는 것과 같이 'ㅣ'를 관형격 조사로 보는 것은 문제가 있다. 그리고 '소주'를 '쇠주'라고 하는 것과 같이 발음을 강하게 하는 강화 현상의 하나로 보고자 하는 사람도 있다. 그러나 '소(牛)'를 '쇠(鐵)'로 바꾸어 불러 '소고기(牛肉)'를 '쇠고기(鐵肉)'로 부르고, '소뿔(牛角)'을 '쇠뿔(鐵角)'로, '소머리(牛頭)'를 '쇠머리(鐵頭)'라고 했으니 쉽고 분명한 뜻을 나타내는 소리를 버리고 전혀 다른 뜻을 가진 소리로 표현해 왔다. 대부분이 '소고기 먹으러 가자'라고 하지 '쇠고기 먹으러 가자'고는 하지 않는다. '소'를 '쇠'로 소리 내는 것은 중앙 방언의 하나로 보인다. 그래서 개정 **표준어** 규정 제18항에 '소−'와 '쇠−'를 모두 복수 표준어로 인정하고 있다. 그러나 '소(牛)'와 관련된 합성어는 '쇠−'보다 '소−'로 쓰는 것이 올바르다고 하겠다.

'소근소근'과 '소곤소곤'

아이들이 입을 귀에 대고 소근소근(   ), 소곤소곤(   ) 이야기하고 있다.

길잡이 '남이 알아듣지 못하도록 작은 목소리로 자꾸 가만가만 이야기하는 소리. 또는 그 모양'을 나타내는 우리말로 '소곤소곤', '소곤소곤하다'가 있다. 이 말은 의성어로도 의태어로도 쓰인다. 우리말은 다른 말에 비해 의성어나 의태어가 발달했다는 것은 두루 아는 바다. 상징어가 발달했다는 것은 소리나 움직임, 모습을 자세하게 묘사할 수 있는 낱말을 많이 가졌다는 말과 같다. 따라서 우리는 이처럼 풍부한 상징어 말밭을 살려 나가야 한다. 그럼에도 표준어 규정에는 상징어를 표준어로 등재하는 데 매우 엄격하다.

'소근소근'도 마찬가지이다. '소곤소곤'의 큰말 '수군수군'이 있기는 하지만 '소근소근'도 나름대로 말맛을 가지고 있다. 그리고 '소근거리다'도 표준어가 아니고 '소곤거리다'만 표준어로 삼고 있다. '소근소근'과 '소근거리다'도 '오손도손'과 '오순도순'을 복수표준어로 삼은 것처럼 복수표준어로 삼아야 할 것이다. '쏘곤쏘곤, 소곤소곤하다, 소곤거리다, 소곤대다'라는 말도 있다.

'수−'와 '숫−'

숫병아리(   ), 수평아리(   )

수소(   ), 숫소(   )

수염소(   ), 숫염소(   )

여왕벌과 수펄(   ), 숫벌(   ), 수벌(   )

암용과 수용(   ), 숫용(   )

길잡이 성(性)을 나타내는 접두사 '암-'과 '수-'의 쓰임에 주의를 기울여야 한다.

먼저, '암수'를 나타내는 접두사 '수-'는 '수-'로 통일했다. 그리고 이 접두사 '암-'과 '수-'에 이어질 경우 이어지는 어근 첫소리가 변하면 변하는 대로 표준어로 인정했다.

표준어 규정 제7항: 수컷을 이르는 접두사는 '수-'로 통일한다.

(1) 수(암) + 거센소리: 수캉아지, 수캐, 수컷, 수키와, 수탉, 수탕나귀, 수평아리, 수퇘지

그런데 뒤 소리가 거센소리가 되지 않는 경우도 있다.

'수벌, 수개미, 수거미, 수범' 등은 거센소리가 아닌 것을 표준어로 삼고 있다. 된소리를 인정한 것은 소리 중심으로 표준어를 삼은 것이고, 그렇지 않은 것은 형태 중심으로 표준어를 삼은 것이다. 그러나 '수퇘지'는 되고 '수펄'이나 '수캐미', '수펌'은 되지 않는 것은 일관성이 없는 표준어 규정으로 보인다.

한편, 다음 단어는 접두사 '수-'가 아니라 '숫-'을 쓴 것을 표준어로 삼는다.

(2) '숫양', '숫염소', '숫쥐'

(3) '순수하다'의 의미인 접두사 '숫-'은 그대로 '숫-'을 쓴다.

그래서 '숫총각', '숫처녀', '숫백성', '숫사람', '숫눈(눈이 와서 쌓인 상태 그대로의 깨끗한 눈)'이 표준어다.

'시락국'과 '시래깃국', '시래기국', '씨래깃국'

겨울에 먹는 시락국(　), 시래기국(　), 시래깃국(　), 씨래깃국(　)은 속을 시원하게 한다.

길잡이 농촌에 가면 무 잎인 무청을 말려 처마 밑에 걸어 놓은 것을 종종 볼 수가 있다. 이것으로 끓여 먹는 국을 경상도에서는 '시락국'이나 '씨래깃국'이라고 한다. 그러나 표준어는 '시래깃국'이다. 이 것은 [시래기+ㅅ+국]으로 된 말이다. 이처럼 무청이나 배추의 잎을 말린 것을 '시래기'라고 한다. 이것을 소리에 따라 '씨래기'라고 하는데, 이것은 표준어가 아니다. '시래기'를 한자로 청경(靑莖)이라고도 한다.

'쌍꺼풀'과 '쌍껍풀', '쌍까풀'

그 여자는 쌍꺼풀(   ), 쌍까풀(   ), 쌍껍풀(   )이 예쁘다.

길잡이 겹으로 된 눈꺼풀을 나타내는 뜻인 '쌍꺼풀'이 있다. '쌍까풀'도 표준어로 되어 있다. 그러나 '쌍껍풀'은 표준어가 아니다. 이 말은 [쌍+꺼풀]로 된 말로 '꺼풀'은 '여러 겹으로 된 껍질이나 껍데기의 층'의 뜻을 가지고 있다.

'쌍둥이'와 '쌍동밤'

쌍동이(   ), 쌍둥이(   )

해방동이(   ), 해방둥이(   )

쌍동밤(   ), 쌍둥밤(   )

길잡이 접미사 '−둥이'는 '그러한 성질이 있거나 그와 긴밀한 관련이 있는 사람'의 뜻을 가지고 있다. '−둥이'가 원래 사람을 나타내는 한자어 '동(童)이'에서 나온 말이라서 '−동이'로 잘못 쓰는 경우가 있다. 그리고 그 쓰임이 확대되어 사람이나 동물을 나타내기도 한다. 그래서 '검둥이, 흰둥이'는 '살갗이 검거나 흰 사람'을 말하기도 하지만 '털이 검거나 흰 동물'을 가리키는 말로도 쓰인다. 그 외 '귀둥이, 바람둥이, 선둥이, 해방둥이' 등도 모두 '−둥이'로 쓴다.

그러나 쌍둥이 같이 두 개의 밤이 나란히 박혀 있는 밤을 말할 때는 '쌍둥밤'이라 하지 않고 '쌍동밤'이라고 해야 한다.

'썩이다'와 '썩히다'

너는 왜 엄마의 속을 그렇게 썩이니(   ), 썩히니(   ).

재주를 썩이다(   ), 썩히다(   ).

길잡이 동사 '썩다'는 여러 가지 뜻이 있다. 그 가운데 '걱정이나 근심 따위로 마음이 몹시 괴로운 상태가 되다.'의 뜻이 있다. '걱정이 되어서 속이 푹푹 썩는다.', '집 나간 아들 때문에 속이 무척 썩는다.'와 같이 쓰인다. 이 경우 사동사는 '썩이다'가 된다. 그래서 '아들은 엄마의 속을 썩였다'와 같이 쓰인다. 그리고 '썩다'의 다른 뜻으로 '유기물이 부패 세균에 의하여 분해됨으로써 원래의 성질을 잃어 나쁜 냄새가 나고 형체가 뭉개지는 상태가 되다.'로 '고기가 썩다'와 같이 쓰이고 '물건이나 사람 또는 사람의 재능 따위가 쓰여야 할 곳에 제대로 쓰이지 못하고 내버려진 상태에 있다.'의 뜻으로도 쓰인다. '그는 시골에서 썩기에는 아까운 인물이다.'와 같은 보기로 쓰인다. 이 경우 '썩다'의 사동사는 '썩히다'가 된다. 그래서 '재주를 썩히고 있다'와 같이 쓴다.

'아구'와 '아귀'

장식장 문 아귀(   ), 아구(   )를 잘 맞추어야 소리가 나지 않는다.

그 사람은 손아귀(   ), 손아구(   )가 세다.

길잡이 사물의 갈라진 부분을 말하는 우리말 '아귀'가 있다. 이것을 '아구'라고 하는 사람들이 있다. 이 말은 주로 경상 방언에서 많이 나타난다. '아귀'가 어디에서 왔는지는 알기 어렵다. 바닷물고기 아귀가 불교의 아귀(餓鬼)에서 나온 것처럼 문의 아귀와도 연관되어 있는지 알 수 없다. 우리 옛말 '아귀'는 '입아귀', '주둥이'라는 뜻을 가지고 있으며 '口硬馬 아귀센 물'에서도 보인다. 경상 방언에서 아가리를 '아구'라고 하는 것도 모두 '아구'가 가지고 있는 '입'이나 '작은 갈라진 공간'의 뜻에서 온 것이다. '아귀'의 다른 뜻으로 '두루마기나 속곳의 옆을 터놓은 구멍'이 있다. '그는 두루마기의 아귀에 손을 넣고 종종걸음을 쳤다.'와 같이 쓰인다. 또 다른 뜻으로 '활의 줌통과 오금이 닿는 오긋한 부분'의 뜻도 있다.

관용구로 '앞뒤가 빈틈없이 들어맞다.'의 뜻으로 '아귀(가) 맞다'가 있고, '아귀(가) 무르다'는 '마음이 굳세지 못하고 남에게 잘 꺾이다.', '손으로 잡는 힘이 약하다.'의 뜻으로 쓰인다.

그런데 우리는 흔히 손으로 잡는 힘을 그냥 '아구' 또는 '아귀'라고 하는데 표준어는 '손아귀'이다. 북한에서는 '아귀'라고 하여 우리의 '손아귀'라는 뜻으로 쓰고 있다. 우리는 '손아귀가 세다'라고 해야 하고, 북한에서는 '아귀가 세다'라고 한다.

'아구찜'과 '아귀찜'

아구찜(   ), 아귀찜(   )은 술안주에 좋다.

길잡이 술안주나 반찬으로 흔히 먹는 것으로 이른바 '아구찜'이나 '아구탕'이 있다. 그러나 이 '아구찜'이나 '아구탕'은 표준어가 아니라는 것은 잘 모르고 있다. '아구'가 아니고 '아귀'라는 생선으로 만든 찜과 탕이다. '아귀'는 '몸이 넓적하고 입이 크며 주로 암초나 해초가 있는 바다 밑에서 사는 물고기'이다. 물에서 사는 곰이라고 해서 '물곰' 또는 바다 밑에서 살기 때문에 일본말로 '안강어(鮟鱇魚)'라고도 한다. '아귀(餓鬼)'라는 말은 불교에서 계율을 어겨 아귀도라는 배고픈 지옥 세계에 있는 귀신을 이르기도 한다. 그래서 우리는 흔히 자기의 이익이나 먹을 것을 위해 심하게 다투는 것을 이르는 말로 '아귀다툼'이라는 말을 쓰기도 한다. 고기 아귀가 귀신 아귀(餓鬼)에서 나왔는지 알 수 없지만 상당히 관계가 있는 듯이 보인다. 고기 '아귀'가 큰 입으로 온갖 작은 고기를 잡아먹는 사나운 고기이기에 더욱 귀신 '아귀'와 관계가 있을 듯하다. 그리고 아귀가 먹이를 잡아먹는 방법이 매우 특이하다. 아귀는 등에 6개의 가시 같은 등지느러미가 있는데 그 첫 번째 지느러미 끝에 밝게 빛을 내는 지렁이같이 생긴 미끼로 작은 고기를 유인하여 잡아먹는다고 한다.

따라서 음식점에 흔히 써놓은 '아구찜'이나 '아구탕'은 표준어가 아니고 '아귀찜'과 '아귀탕'이 표준어임을 알아야 하겠다. 그러나 아마 앞으로 '아귀'보다 '아구'를 쓰는 사람이 절대적으로 많기 때문에 '아귀'도 '아구'와 함께 복수 표준어가 될지도 모른다.

'아둥바둥'과 '아둥바둥'

아둥바둥(   ), 아둥바둥(   ) 아무리 발버둥을 쳐도 어쩔 수 없었다.

길잡이 우리가 흔히 사용하고 있는 의태어 가운데 '아둥바둥'이라는 말이 있다. 그러나 이 말은 표준어가 아니다. 표준어는 '아둥바둥'이다. 그 뜻은 '무엇을 이루려고 애를 쓰거나 우겨대는 모양'이다. '어려운 환경에서도 아둥바둥 살아가고 있다.'와 같은 보기로 쓰인다. 그런데 사전에는 이와 비슷한 말로 '으둥부둥'이라는 말도 표준어로 올려놓았다. 이 말은 일상적으로 거의 쓰지 않는 말이다. '아둥바둥'에서 온 동사로 '아둥바둥하다'가 있다. '그는 홀로 아이들을 데리고 아둥바둥하면서 살아가고 있다.'와 같이 쓰인다. '아둥바둥'보다 '아둥바둥'을 사람들이 더 많이 쓰고 있기 때문에 '아둥바둥'도 복수 표준어로 등재할 만하다.

'아지랑이'와 '아지랭이'

아지랑이(   ), 아지랭이(   )가 피어오르다.

길잡이 봄날 햇볕이 강하게 쬘 때 먼 공중에 무엇이 아른거리는 현상을 '아지랑이'라고 한다. 이것은 복사열로 공기의 밀도가 고르지 못해 빛의 진로가 불규칙하게 굴절되어 나타나는 현상이다. 이전 '통일안'에서는 '아지랭이'라고 하였던 것을 새 표준어 규정에서는 '아지랑이'를 표준어로 삼았다. 이것은 표준어 사정 원칙 제9항 붙임1에 '다음 단어는 'ㅣ'역행 동화가 일어나지 아니한 형태를 표준어로 삼는다.'고 하는 것에 따른 것이다. 한자로 '야마(野馬)' 또는 '양염(陽炎)', '유사(遊絲)'라고 한다.

'안절부절못하다'와 '안절부절하다'

영희는 전화를 받고 안절부절못했다(   ), 안절부절했다(   ).

길잡이 '안절부절못하다'는 '안절부절'에 '못하다'라는 동사가 붙어서 만들어진 말이다. '안절부절'은 부사로 '몹시 불안하거나 초조하여 어찌할 바를 모르는 모양'이라고 되어 있다. '철수는 그 사람을 기다리면서 안절부절 어쩔 줄 몰랐다.'와 같이 쓰인다. 그리고 '안절부절'에 '못하다'가 붙은 '안절부절못하다'는 '마음이 초조하고 불안하여 어찌할 바를 모르다.'라는 동사로 처리하고 있다. 예컨대, '철수는 아버지가 돌아가셨다는 소식에 안절부절못했다.'와 같이 쓰인다. 그런데 '안절부절'이나 부정의 뜻 '못하다'가 붙은 '안절부절못하다'의 뜻이 동일한 것은 이상하다. 어쨌든, 우리가 흔히 쓰고 있는 '안절부절하다'는 표준어가 아니고 '안절부절못하다'가 표준어임을 알아야 한다.

'안절부절'의 어원을 한자어 '안접부접(安接附接)'이라고 하면서 '안접(安接)'의 뜻인 '걱정 없이 편안히 머물러 삶'과 '부접(附接)'의 뜻인 '남에게 의지하거나 한곳에 붙박이어 있음'이 결합된 것으로 보고 '안절부절'도 사전의 표제어로 실어야 한다는 주장도 있다. '안절부절하다'를 표준어로 삼는다면 '안절부절못하다'도 관용어로 처리하여 지금처럼 표준어로 삼을 수 있다고 본다. '안절부절(*을, *만, *도-)(*매우)못하다'와 같이 꼴바꿈이 자유롭지 못하기 때문이다.

'알쏭달쏭하다'와 '알송달송하다'

무엇이 답인지 알쏭달쏭하다(   ), 알송달송하다(   ).

길잡이 '알쏭달쏭'은 의태어로 상징 부사다. 시각적으로 여러 가지 빛깔이 뒤섞여 있는 모양을 나타내며 '알쏭달쏭한 고운 무지개'와 같은 보기로 쓰인다. 그리고 얼른 분간이 가지 않는 상태를 나타내어 '사건이 알쏭달쏭 알 수가 없다'와 같이 쓰인다. '알쏭달쏭'은 형용사 '알쏭달쏭하다'로도 쓰인다. 큰말은 '얼쑹덜쑹'이다. 이 '알쏭달쏭'을 '알송달송'으로 잘못 쓰는 경우가 있는데, 그것은 소리를 된소리가 아닌 예사소리로 내기가 쉽기 때문이다. 이 말은 아마 [알+쏭] [달+쏭]의 자음 교체에 의한 의태어로 '알'은 동사 '알다'에서, '달'은 '다르다'에서 나온 것으로 보이지만 정확히 알 수가 없다. '여러 가지 밝은 빛깔의 점이나 줄 따위가 고르지 아니하게 무늬를 이룬 모양'을 뜻하는 '알록달록하다'는 말이 있고, 여러 가지 일로 정신을 가다듬지 못하다의 '알딸딸하다'라는 말이 있는 것으로 보아 '알'과 '달'의 교체는 우리말에서 복잡한 모습을 나타내는 고유어로 보인다.

'알은체'와 '아는 체'

오랜만에 만난 친구가 알은체(   ), 아는 체(   )하면서 손을 흔들었다.

그는 나를 모르면서 알은척(   ), 아는 척(   ), 알은체(   )했다.

길잡이 우리말에 '알은체(척)하다'라는 동사가 있다. 이 말은 '어떤 일에 관심을 가지는 듯한 태도를 보이다.'와 '사람을 보고 인사하는 표정을 짓다.'의 뜻을 가지고 있다. '오랜만에 만난 친구가 알은척(체)하면서 손을 반갑게 흔들었다.'로 쓰인다.

반면에 '아는 체(척)하다'는 '그 사람은 나를 모르면서 아는 체(척)하다'와 같이 쓰인다. 이것을 '그 사람은 모르면서 알은체(척)한다.'라고 쓰면 잘못된 표현이다. '알은체(척)하다'는 하나의 단어로 사전에 올라 있으나 '아는 체(척)하다'는 동사 '알다'에 관형사형 어미 '-ㄴ'이 결합되고 뒤에 보조 동사 '체(척)하다'로 이루어진 말이다.

'알은척(체)하다'도 어원은 동사 '알다'와 관형사형 어미 '-은'에 '척(체)하다'가 결합되어 이루어진 것이다. 동사 '알다'에 관형사형 어미 '-은'이 결합되어 '과거에 알고 있었던 사이'라는 완료된 상태를 의미하기 때문에 '알은체(척)하다'는 '이미 이전에 아는 사이'의 의미를 가지고 있는 말이 된다. '알은체(척)하다'와 '아는 체(척)하다'의 구별은 이 말 앞에 '모르면서'라는 말을 넣어서 자연스러우면 '아는 체(척)'을 쓰면 된다.

'애닯다'와 '애달프다'

애닯다(   ), 애달프다(   )

길잡이 표준어 규정 제20항: 사어(死語)가 되어 쓰이지 않게 된 단어는 고어로 처리하고, 현재 널리 사용
되는 단어를 표준어로 삼는다.

다음 낱말들은 위의 규정에 따라 바뀐 것이다.

설겆다 → 설거지하다, 애닯다 → 애달프다, 오얏 → 자두, 머귀나무 → 오동나무

‘애달프다’는 [[애+달]+프다]로 된 낱말이다. ‘애달프다’는 ‘근심에 싸인 초조한 마음’의 뜻을 가
진 명사 ‘애’에 ‘달다(닳다)’가 결합되어 ‘애달다(애닳다)’가 되고, 여기에 접미사 ‘-프다’가 결합된
말이다. ‘-프다’는 형용사화 접미사 ‘-브다’에 어간 말음 ‘ㅎ’이 결합된 것이다.

이런 보기로 ‘곯다+브다 → 고프다, 앓다+브다 → 아프다, 슳다+브다 → 슬프다’가 있다. ‘애달
프다’는 ‘애달파’, ‘애달프니’, ‘애달피’와 같이 활용하는 것으로 ‘애달프다’가 표준어임을 확인할 수
있다.

‘애닯다’가 표준어이면 그 활용이 ‘애달와’, ‘애달우니’, ‘애달아서’ 등으로 되어야 하나 이 말들은
오늘날 쓰이지 않는다.

‘애먼’과 ‘애맨’, ‘앰한’, ‘엄은’

애먼( ), 앰한( ), 애맨( ), 엄은( ) 사람에게 옥살이를 시켰다.

길잡이 우리말에 관형사 ‘애먼’이란 말이 있다. ‘일의 결과가 다른 데로 돌아가 억울하게 느껴지는’의 뜻
이다. 이 말은 아무런 죄도 없는데 옥살이를 한다든가 누명을 쓴 경우에 쓴다. 그래서 ‘애먼 사람
에게 누명을 씌우다’, ‘진짜 범인은 도망가고 애먼 사람만 맞았다’와 같은 보기로 쓰인다. 우리말
에 ‘아무 잘못 없이 꾸중을 듣거나 벌을 받아 억울하다.’라는 뜻의 형용사 ‘애매하다’라는 말이 있
다. 관형사 ‘애먼’도 우리말 ‘애매하다’에서 온 말이다. 그렇다면 ‘애맨’이나 ‘애매한’이라고 되어야
하나 ‘애먼’을 표준어로 삼은 것은 ‘애먼’이 이미 굳어진 말로 널리 쓰이는 것으로 보았기 때문이
다. 그리고 이와 비슷한 ‘애매(曖昧)하다’라는 말이 있는데 이 말은 일본말이다. 또 일본식 한자어
‘애매(曖昧)하다’라는 말과 우리 한자어 ‘모호(模糊)하다’가 합쳐진 ‘애매모호(曖昧模糊)하다’라는
말을 쓰기도 한다. 일본말 ‘애매하다’라는 말을 쓰기보다는 ‘모호하다’라는 우리 한자어를 쓰는 것
이 좋겠다. ‘애매모호’는 비슷한 뜻을 가진 두 말이 중의적으로 쓰인 말이다. 그런데 뜻은 서로 다
르지만 고유어에도 ‘애매하다’라는 말이 있다는 것을 알아야 한다. 경상 방언에 ‘엄은’ 또는 ‘어믄’
사람과 같이 쓰기도 하는데, 이 말은 ‘엉뚱한 사람’의 뜻이다.

'어따'와 '얻다'

이 사람이 어따(　), 얻다(　) 대놓고 말을 하는가?

> 길잡이　'얻다'는 '어디에다'의 준말이다. '할머니는 돈을 얻다 숨겨 놓았는지 기억을 하지 못한다.', '얻다 내어 놓아도 뒤지지 않는다.', '얻다 대놓고 큰소리인가?'와 같이 쓰인다. '어따'는 감탄사로 '무엇이 몹시 심하거나 하여 못마땅해서 빈정거릴 때 내는 소리'로 '어따, 그 사람 말도 참 많네.'와 같이 쓰인다.

'어느덧'과 '어느듯'

어느덧(　), 어느듯(　) 한 해가 지났구나.

> 길잡이　'어느덧'은 대명사 '어느'에 명사 '덧'이 결합하여 만들어진 합성어이다. 명사 '덧'은 '생각지도 아니한 사이에 지나치는 동안, 매우 짧은 시간'을 말한다. 여기에 '햇덧'이라는 말이 있다. 이것은 '짧아져 가는 가을날에 빨리 지는 해의 동안'이란 뜻으로 많이 쓰이지 않는 고유어. '어느덧'을 '어느듯'이라고 잘못 쓰는 사람이 많다. 그것은 의존 명사 '듯'을 연상했기 때문으로 보인다.

'억수로', '겁나게', '되게'

간밤에 비가 억수로(　), 겁나게(　) 내리부었다.

그 사람 억수로(　), 되게(　) 돈이 많다.

> 길잡이　우리말에는 정도를 나타내는 정도 부사가 매우 많다. 그리고 정도 부사는 지방에 따라 많이 다르기도 하다. 그 예를 들면 경상 방언에 '아주 많음'을 나타나는 정도부사 '억수로'나 전라 방언의 '겁나게'나 '허벌나게', 제주 방언의 '하영' 등이 있다.
>
> 　그런데 경상 방언의 '억수로'의 '억수'는 사전에 '물을 퍼붓듯이 세차게 내리는 비'와 같이 많이 내리는 비를 일컫는다. 그래서 '억수가 퍼붓다', '비가 억수같이 내린다.', '간밤에는 비가 억수로 내리부었다.'와 같이 쓰인다. 그리고 '끊임없이 흘러내리는 눈물, 코피 따위를 비유적으로 이르는

말'의 뜻으로도 쓰인다. '세자도 임금을 향하여 두 번 절하고 억수같이 눈물을 흘려 통곡한다.' 같은 보기로 쓰인다. 따라서 '억수'는 원래 '많이 내리는 비'를 의미하는데 경상 방언에서는 강한 정도 부사로 확대 전이되어 쓰이게 된 것이다. 예컨대, '그 여자 억수로 예쁘다', '사람들이 억수로 많더라.'와 같이 쓰인다. 현재 정도 부사로 쓰이는 '억수로'는 경상 방언으로 처리하고 있으니 표준어는 아니다. '억수'가 한자어 億水, 億數, 惡水에서 왔다는 주장들이 있다. 그러나 현재 사전에는 한자어에서 온 것이 아니라 고유어로 처리하고 있다. '여러 날 동안 억수로 내리는 장마'로 '억수장마'라는 말도 있다.

그리고 정도 부사에 '되게'라는 말이 있다. 이 말도 방언으로 알기 쉬운데 표준어다. '되게'는 형용사 '되다'가 부사로 된 말이다. '되다'는 '반죽이 되다'와 같이 '반죽이나 밥 따위가 물기가 적어 빡빡하다', '일이 힘에 벅차다'와 같은 뜻으로 쓰인다.

우리말에는 비의 종류를 나타내는 고유어가 매우 많다. 그 가운데 아름다운 우리말 비 이름을 보면 다음과 같다.

[비 이름 알기]

1. 개부심 – 장마로 큰물이 난 뒤, 한동안 쉬었다가 다시 퍼붓는 비가 명개를 부시어 냄
2. 궂은비 – 끄느름하게 오랫동안 내리는 비. 한자어로 고우(苦雨)
3. 는개 – 안개비보다 조금 굵고 이슬비보다 가는 비
4. 단비 – 꼭 필요할 때 알맞게 내리는 비
5. 먼지잼 – 비가 겨우 먼지나 날리지 않을 정도로 조금 옴
6. 보슬비 – 바람이 없는 날 가늘고 성기게 조용히 내리는 비
7. 소나기(소낙비) – 갑자기 세차게 쏟아지다가 곧 그치는 비
8. 안개비 – 내리는 빗줄기가 매우 가늘어서 안개처럼 부옇게 보이는 비
9. 약비 – 약이 되는 비라는 뜻으로, 꼭 필요한 때에 내리는 비를 이르는 말
10. 억수 – 물을 퍼붓듯이 세차게 내리는 비
11. 여우비 – 볕이 나 있는 날 잠깐 오다가 그치는 비
12. 웃비 – 아직 우기(雨氣)는 있으나 좍좍 내리다가 그친 비
13. 이슬비 – 아주 가늘게 오는 비. 는개보다 굵고 가랑비보다는 가는 비
14. 작달비(장대비) – 굵직하고 거세게 퍼붓는 비
15. 장대비 – 장대처럼 굵고 거세게 좍좍 내리는 비
16. 장맛비 – 장마 때에 오는 비. 음림(霪霖)·음우(霪雨)·장우(長雨)
17. 찬비 – 차갑게 느껴지는 비. 냉우(冷雨)·처우(凄雨)·한우(寒雨)

'어줍잖다'와 '어쭙잖다'

그는 자기가 하는 일을 항상 어줍잖게( ), 어쭙잖게( ) 생각하고 있다.

길잡이 우리는 '아주 서투르고 어설프거나 아주 시시하고 보잘 것 없다'는 뜻으로 '어줍잖다'라는 말을 쓴다. 그런데 '어줍잖다'는 표준어가 아니고 '어쭙잖다'가 표준어로 되어 있다. 이 말은 다른 뜻으로 '비웃음을 살 만큼 언행이 분수에 넘치는 데가 있다.'가 있으며 '가난한 주제에 어쭙잖게 큰 집을 산다고 하네.'와 같이 쓰인다. 이 말은 형용사 '어줍다'에서 나온 말이다. '어줍다'는 표준어로 '말이나 행동이 익숙지 않아 서투르고 어설프다.'라는 뜻이 있다. 반면에 표준어로 보고 있는 '어쭙잖게'의 어원인 '어쭙다'는 사전에 올라 있지 않다. 그리고 소리도 된소리보다 예사소리가 더 자연스럽고 '어줍잖게'를 '어쭙잖게'보다 사람들이 더 많이 쓰기 때문에 '어줍잖다'를 표준어로 삼는 것이 맞을 것 같다.

'얽히고설키다'와 '얽키고설키다', '얼키고설키다'

그 사건은 얽히고설킨다( ), 얼키고설킨다( ), 얽키고설킨다( ).

길잡이 '얽히고설키다'라는 말은 '얽히다'와 '설키다'라는 말이 어울려 관용어처럼 쓰인다. 원래 '얽히다'는 '얽다'의 피동형으로 '서로 엇갈리다, 복잡해지다, 어떤 사건이 이리저리 관련되다' 등의 뜻을 나타낸다. 그런데 '얽히다' 뒤에 붙는 '설키다'는 그 독립된 뜻과 어원을 찾기가 어렵다. 그 어원이 '섧다'인지 아니면 '섥다' 또는 '설다'인지 알 수가 없다. 그 어느 것도 사전에 올라 있지 않다. 아마 '설키다'는 '섞이다'에서 나온 말로 앞의 '얼'과 소리를 어우러지게 하기 위해 '섞–'이 '설'로 굳어진 것이 아닌가 한다. 아니면 우리말에서 단순히 '이리 저리 뒤얽힌 모양'의 뜻을 가진 부사 '얼기설기'와 거센말 '얼키설키'라는 말이 있듯이 하나의 복합어 형성에서 무의미한 '설키'가 붙은 것으로 볼 수 있다.

'엉겁결에'과 '엉겹결에'

엉겹결에( ), 엉겁결에( ) 그 일을 결정하고 말았다.

길잡이 명사 '엉겁결'은 '미처 생각하지 못하거나 뜻하지 아니한 순간'을 뜻하며, 여기에 조사 '−에'가 붙어서 부사어 '엉겁결에' 꼴로 쓰인다. '엉겁결에 뒤를 돌아보았다.', '아무리 엉겁결이었지만 그렇게 하면 안 되지.'와 같이 쓰인다. 이것을 '엉겹결에'라고 잘못 쓰는 경우가 많다.

'엉키다'와 '엉기다'

일이 엉망으로 엉키고( ), 엉기고( ) 말았다.

피가 많이 엉기지( ), 엉키지( ) 않고 계속 흘러 나왔다.

길잡이 '엉키다'와 '엉기다'는 의미가 비슷하게 쓰이는 말이다. '엉키다'는 사전에 '점성이 있는 액체나 가루 따위가 한 덩어리가 되면서 굳어지다.'로 되어 있으며, '사람이나 동물 따위가 한 무리를 이루거나 달라붙다.', '냄새나 연기, 소리 따위가 한데 섞여 본래의 성질과 달라지다.', '감정이나 기운 따위가 한데 뒤섞여 응어리가 생기다.'와 같이 쓰인다. '일을 척척 하지 못하고 굼뜨며 허둥거리다.'와 같이 앞의 뜻과 다른 뜻도 있다.

'엉키다'는 '엉클어지다'와 같은 뜻으로 쓰이며 대부분 '엉기다'와도 같은 뜻으로 쓰인다. '엉클어지다'는 '실이나 줄 따위가 풀기 힘들 정도로 서로 한데 얽히게 되다.'와 같이 '무엇과 얽히는' 기본 의미를 가지고 있다. 따라서 '일이 엉키다', '실이 엉키다', '마음이 엉켜 복잡하다'와 같이 쓰인다. 그러나 액체가 굳어지는 것은 '엉기다'를 주로 쓴다. 그러나 사전적으로 보면 이 두 말은 거의 비슷한 뜻으로 같이 써도 틀렸다고는 할 수가 없다.

'에워싸다', '베껴 쓰다', '헤매다'

사람들이 애워싸다( ), 에워싸다( ).

그는 남의 글을 베껴 쓰다( ), 배껴 쓰다( ).

그는 길을 몰라 해매다( ), 해메다( ), 헤매다( ).

길잡이 위 보기들은 모두 모음 [ㅔ]와 [ㅐ]의 혼란에서 온 잘못 쓰기 쉬운 낱말들이다.

우리말 가운데 단일어이면서 앞뒤 모음이 'ㅔ'와 'ㅐ'로 될 경우 첫음절에 'ㅔ'모음이, 둘째 음절은 'ㅐ'가 올 가능성이 높다. 그리고 2음절 이상의 용언으로 된 낱말은 'ㅔ'와 'ㅐ' 가운데 첫음절에 'ㅔ' 가 올 가능성이 높다. 그것은 발음의 편이성 때문인 것 같다. 그래서 '에워싸다', '베껴 쓰다', '헤매다'로 된다. 그러나 이것은 단지 경향성일 뿐 올바른 표준어는 익힐 수밖에 없다.

'에이다'와 '에다'

찬바람이 살을 에일(   ), 엘(   ) 듯이 불고 있다.

가슴이 에이는(   ), 에는(   ) 듯한 아픔이었다.

> 길잡이 '칼 따위로 도려내듯 베다'의 뜻인 동사 '에다'가 있다. 그리고 '마음을 몹시 아프게 하다'의 뜻으로 '갑자기 가슴을 에는 듯한 슬픔'과 같이 쓰인다. '에이다'는 '에다'의 피동사다. '날이 어찌나 추운지 살이 에이는 듯하다'와 같이 쓰인다. 따라서 '-을 에다'로 '-이 에이다' 꼴로 쓰인다. '엘'은 '에다'의 어간 '에-'에 관형사형 어미 '-ㄹ'이 붙은 것이다. '에다'는 [엏(割)+이+다]에서 '어히다 > 어이다 > 에다'로 바뀐 말이다. 따라서 위 문제는 각각 '엘'과 '에이는'이 맞다.

'예부터'와 '옛부터'

예부터(   ), 옛부터(   ) 전해오는 이야기

그 옷은 예스럽다(   ), 옛스럽다(   ).

옛 것(   ), 옛것(   )이 지금 것(   ), 지금것(   )보다 더 좋을 수 있다.

> 길잡이 '예부터'는 명사 '예'에 조사 '부터'가 결합된 말이다. 그러나 '옛'은 관형사이기 때문에 조사가 붙을 수 없다. '옛 자취', '옛 친구'와 같이 뒷말과 띄어 써야 한다. 그리고 '옛-'은 뒤에 명사와 결합하여 합성 명사를 만들기도 한다. '옛날', '옛것', '옛글', '옛말', '옛일', '옛적' 등과 같이 쓰이고 '예'는 '예로부터', '예스러운', '예부터' 등과 같이 쓰인다. '옛것'은 합성 명사로 붙여 쓰지만 '지금것'은 아직 한 단어가 되지 않았기 때문에 '지금 것'과 같이 띄어 써야 한다.

'오똑하다'와 '오뚝하다'

영희의 코가 오똑하다(   ), 오뚝하다(   ).

영희의 코가 오똑이(   ), 오뚝이(   ) 솟았다.

길잡이 부사인 '오뚝이(무덤이 오뚝이 솟아 있다)'나 형용사인 '오뚝하다(코가 오뚝하다.)' 그리고 명사인 '오뚝이(오뚝이 인생)' 등과 같이 모두 '오똑'이 아니라 '오뚝'으로 써야 한다. '오뚝'의 큰말은 '우뚝'이다. 우리가 흔히 쓰고 있는 '오똑하다'는 표준어가 아니다. 그런데 '오똑하다'는 이 말을 쓰는 사람이 많을 뿐만 아니라 '오뚝하다'의 작은 말로 나름대로 의미 차이가 분명한 말이다. 따라서, '오똑하다'와 '오똑이'도 복수 표준어로 선정해야 할 것으로 보인다.

'오랫동안'과 '오랜만에'

오랫만(   ), 오랜만(   ), 오래간만(   ), 오래만(   )에 만났다.
오랜동안(   ), 오랫동안(   ), 오래동안(   ) 만나지 못했다.

길잡이 '오랜만'는 '오래간만'의 준말이다. '오래간만'은 '오래+간(間)+만(보조사)'으로 된 말이다.
'오래'는 부사로 '오래 살았다'와 같이 쓰이며, '오래다, 오래가다'는 형용사로서 '우리 만난 지 오래.'와 같이 쓰인다. 그리고 '오랜'은 사전에 형용사 '오래다'에 관형사형 어미 '-ㄴ'이 붙어 형태가 어휘화된 관형사로 보고 있다. '오랜'은 '이미 지난 동안이 긴'이란 뜻으로 되어 있다. '오랜 세월', '오랜 가뭄 끝에 비가 내렸다.'와 같이 쓰인다. 형용사 '오래다'의 관형사형 '오랜'과 관형사로서 '오랜'의 구별은 쉽지가 않다. 그리고 표준어로 '오랫동안'은 '오래+ㅅ+동안'으로 된 말이다.

'오손도손'과 '오순도순', '깡충깡충'과 '깡총깡총'

아이들이 모여 오손도손(   ), 오순도순(   ) 이야기한다.
토끼 새끼들이 깡총깡총(   ), 깡충깡충(   ) 뛰어가고 있다.

길잡이 표준어 규정 제8항: 양성모음이 음성모음으로 바뀌어 굳어진 다음 단어는 음성모음 형태를 표준어로 삼는다.
'오순도순'은 '의좋게 이야기하거나 살아가는 모양'의 뜻을 가진 의태어이다. 1988년 표준어 개정 때는 '오손도손'은 표준어가 아닌 것으로 했다가 2011년 개정 때는 복수 표준어로 인정을 하였다. 그러나 의태어 '깡충깡충'과 '깡총깡총' 가운데 '깡충깡충'만 표준어이고 '깡총깡총'은 표준어가 아니다. '깡충깡충'의 큰말은 '껑충껑충'이다. 앞으로 '깡총깡총'도 표준어로 삼아 '깡충깡충'과 함께 복수 표준어로 삼아야 한다.

'옥수수'와 '강냉이'

옥수수( ), 강냉이( ) 엿이 맛이 있다.

> 길잡이 이전에는 '옥수수'만 표준어이고 '강냉이'는 표준어가 아니었던 것이 개정된 표준어에는 '강냉이'
> 도 '옥수수'와 같이 복수 표준어로 삼았다.
>   충청도와 경상도에서 주로 사용하고 있는 '강냉이'는 '강낭콩'이 '강남(江南)에서 온 콩'의 뜻을
> 가진 것과 같이 '강남(江南:중국)'이 그 어원이 아닌가 한다. 그리고 《역어유해(譯語類解)》에서는
> '옥수수'를 '옥(玉)과 같이 생긴 '수수(蜀黍)'라 하여 '옥촉(玉蜀)'이라고 하였다.

'옷걸이'와 '옷거리'

나는 옷걸이( ), 옷거리( )가 좋아 아무 옷이나 잘 맞는다.
목거리( ), 목걸이( )가 나서 병원에 갔다.

> 길잡이 '옷걸이'와 '옷거리'는 소리는 같지만 그 뜻이 서로 다른 말이다. '옷걸이'는 '옷을 걸도록 만든 물
> 건'으로 '옷걸이에 옷을 걸어야 한다.'로 쓰이고, '옷거리'는 '옷을 입는 맵시'의 뜻으로 '옷거리가
> 좋아 옷맵시가 좋다.'와 같이 쓰인다. '옷걸이'는 [[옷+걸]+이]]로 된 말이고, '옷거리'는 [옷+거리]
> 로 된 말이다. 이와 비슷한 것으로 '목걸이'와 '목거리'가 있다. '목걸이'는 '목에 거는 장식품'의 뜻
> 이고, '목거리'는 '목이 붓고 아픈 병'으로 '목거리가 나서 병원에 갔다.'와 같이 쓰인다. 이 '목거리'
> 와 같이 접미사 '-거리'가 결합된 말로 볼이 아픈 병의 하나인 '볼거리'가 있다.

'외곬'과 '외곬수', '외골수'

그는 외곬으로( ), 외골수로( ) 나갔다.
그는 외곬수( ), 외골수( )였다.

216

'곬'은 대략 네 가지 뜻이 있는데, 그 가운데 하나가 '한쪽으로 트여 나가는 방향이나 길'이란 뜻
으로 흔히 '외곬'이라는 단어로 쓰이는 것이다. 그래서 '외곬'은 '한 곳으로만 통한 길'이라는 뜻이
다. '외곬'은 '하나만'의 뜻을 가진 접두사 '외-'에 '골짜기', '깊은 구멍' 등으로 쓰이는 '골'이 결합
된 것으로 보인다. 그리고 '생각이 한쪽으로 깊게 굳어 있는 사람', '단 한 곳으로만 파고드는 사
람'의 뜻인 '외골수'가 있다. 이 '외골수'는 '외+골수(骨髓)'로 이루어진 말로 표준어로 등재되어 있
다. 우리말 '곬'과 한자어 '골수'는 무슨 연관이 있는지 알기 어렵지만 우리말 '골'은 공간을 나타내
는 말이라면 한자어 '골수'는 '머리', '생각'의 뜻을 나타내는 말로 서로가 다르다. 그런데 뜻은 비
슷하게 쓰이니 재미가 있는 말이다.

《한글》에서는 '아주 별난 골수분자'의 뜻으로 '외골수'를 표제어로 싣고 있다. 현재 '외곬'과 '외
골수'는 모두 표준어이며 그 쓰임이 서로 다른 말이다. '외골수'는 사람을 이른 말이다.

'외다'와 '외우다', '피다'와 '피우다'

시를 외다(   ), 외우다(   ).

담배를 피다(   ), 피우다(   ).

반찬통에 찌꺼기(   ), 찌끼(   )가 많이 있다.

우리말에서 본말의 한 음절을 줄여서 준말로 사용하는 복수 표준어가 있다.

표준어 규정 제16항: 준말과 본말이 다 같이 널리 쓰이면서 준말의 효용이 뚜렷이 인정되는 것은,
　　　　　　　　두 가지를 모두 다 표준어로 삼는다.

본말: 준말

노을 : 놀, 막대기 : 막대, 망태기 : 망태, 오누이 : 오뉘, 시누이 : 시뉘, 외우다 : 외다, 찌꺼기 : 찌끼

위와 비슷하게 많은 사람들이 '(담배를) 피다'를 '피우다'의 준말로 알고 쓰고 있으나 '담배를 피
다'의 '피다'는 표준어가 아니다.

그러나 '(꽃이) 피다'와 '(꽃을) 피우다'는 둘 다 사용할 수 있으나 그 의미가 다르다. '피다'는 자
동사이며, '피우다'는 사동사이다.

'우겨넣다'와 '욱여넣다'

가방에 옷을 억지로 우겨넣었다(   ), 욱여넣었다(   ).

길잡이 우리말에 동사 '욱여넣다'라는 말이 있다. '주위에서 중심으로 함부로 밀어 넣다.'라는 뜻이다. '욱여넣다'는 [욱다+넣다]로 된 합성어로 '욱이다'는 '욱다'의 사동사이다. '욱다'는 동사로 '기운이 줄어지다'의 뜻이 있고, 형용사로 '안쪽으로 조금 우그러져 있다.'의 뜻으로 쓰인다. '욱다'의 '줄어 들거나 안으로 조금 우그러져 있다.'는 뜻에 '넣다'라는 말과 합쳐져서 된 말이다. 우리말에 동사 '욱다'가 '안으로 어떻게 하다'라는 뜻은 없다. 이 말을 '억지로'의 뜻을 가진 '우기다'라는 동사를 생각해서 '욱여넣다'를 '우겨넣다'로 잘못 쓰기 쉽다.

'우뢰'와 '우레', '천둥'

번개와 우뢰(　), 우레(　), 천둥(　)

길잡이 이전에는 '우뢰'를 한자어 '우뢰(雨雷)'로 보고 표준어로 삼았다. 그리고 '우레'를 한자어 '우뢰'에서 바뀐 것으로 보았다. 그러나 개정된 표준어 규정에서는 '우뢰'는 표준어로 인정하지 않고, '우레'와 '천둥'만 표준어로 삼았다. '우레'는 우리말 '울다(鳴)'에 명사를 만드는 접미사 '-에'가 합쳐져서 된 말이다. '천둥'은 한자어 '천동(天動)'에서 온 말이다.

'욱신거리다'와 '욱씬거리다'

온몸의 뼈마디가 욱신거렸다(　), 욱씬거렸다(　).

길잡이 우리말 '욱신거리다'는 두 가지 뜻이 있다. 하나는 '여럿이 한데 많이 뒤섞여 몹시 수선스럽게 들끓다.'이고, 다른 하나는 '머리나 상처 따위가 자꾸 쑤시는 듯이 아파 오다.'이다. '허리가 욱신거리다', '이가 욱신거리다'와 같이 많이 쓰인다. '욱신거리다'도 '욱씬거리다'와 같이 된소리로 쓰기도 하는데 '욱씬거리다'는 표준어가 아니다.

'웅큼'과 '움큼'

쌀을 한 웅큼(　), 움큼(　) 쥐었다.

길잡이 '움큼'은 의존 명사로 '손으로 한 줌 움켜 쥔 만큼의 분량을 나타내는 말'이다. '움큼'은 '움키다' 의 명사형에서 파생된 파생어다.

'위-'와 '윗-', '웃-'

웃도리(　), 윗도리(　)를 입고 가거라.

위층(上層)(　), 윗층(　), 웃층(　)으로 올라가세요.

웃옷(　), 윗옷(　)을 샀다.

길잡이 '위(上)'의 뜻을 나타내는 말이 다른 말과 합해져서 합성어가 될 때, 뒷말의 소리에 따라 세 가지 로 나타난다.

표준어 규정 제12항: '웃-' 및 '윗-'은 명사 '위'에 맞추어 '윗-'으로 통일한다.

이것을 다음과 같이 정리할 수 있다.
1. 위(上)의 의미를 가진 접두사는 '윗-'으로 통일한다.
   윗도리, 윗니
2. '위-' + 거센소리: 위채, 위층, 위치마, 위턱
   '위-' + 된소리: 위짝, 위쪽
3. '웃-' + 상하의 뜻이 없는 말: 웃돈, 웃비, 웃어른, 웃옷
   '웃옷'은 '겉에 입는 겉옷'의 뜻이고, '윗옷'은 '위에 입는 상의(上衣)'의 뜻으로 쓰인다. '아래 옷'에 대한 상대어로 '윗도리'를 주로 쓴다. 그래서 '웃옷'과 '윗옷' 모두 가능하다. 그러나 그 뜻 은 서로 다르다. '웃비'는 사전에 '아직 우기(雨氣)는 있으나 좍좍 내리다가 그친 비'라고 되어 있다. 그러나 실제 '웃비'는 '비가 많이 오고 난 뒤에 그쳤다가 더 오는 비'를 말한다. '웃돈'도 '본래의 값에 덧붙이는 돈, 물건을 서로 바꿀 때에 값이 적은 쪽에서 물건 외에 더 보태어 주는 돈'이다.

'윗간'과 '윗칸'

저 사람은 우리 집 윗간(間)(　), 윗칸(　)에 산다.

표준어 규정 제3항: 다음 단어들은 거센소리를 가진 형태를 표준어로 삼는다.

간(間)은 '칸'으로 통일한다.

간(間)은 '건물에서 일정한 규격으로 둘러막은 공간'의 뜻으로 '빈칸, 칸막이' 등으로 쓰이고, '집의 칸살의 수효를 세는 단위'의 뜻을 가진 의존 명사로도 쓰인다. 그 예로 '방 한 칸, 집 한 칸' 등으로 쓰인다. 그러나 예외로 '윗간, 초가삼간(草家三間)'일 경우는 '간'으로 써야 한다.

'웬'과 '왠'

너 오늘 웬일이니(   ), 왠일이니(   ).

너 오늘 왠지(   ), 웬지(   ) 얼굴이 안 좋다.

'웬'과 '왠'의 구별이 잘 안 되는 경우가 많다. '웬'은 원래 '어찌 된', '어떠한'의 의미를 가진 관형사이다. '웬 턱이냐, 웬 말인가, 웬 영문인지 모르겠다, 웬 걱정이 그렇게 많은지, 웬 사내와 마주쳤다.'와 같이 쓰인다. 그런데 '웬'이 뒤에 다른 말이 붙어서 하나의 낱말로 합성된 합성어를 만들어 내기도 한다. 예를 들면 감탄사인 '웬걸', 부사인 '웬만큼', 명사인 '웬셈', '웬일' 등이 있다.

'웬 집이 이렇게 많지.'

'웬일로 자네가 여기까지 왔지?'

'웬만큼 놀고 공부하지 그래.'

'웬일'은 명사로 '어찌된 일, 의외'의 뜻이고, '웬셈'은 '어찌 된 셈'의 뜻으로 '연락선에 들어오기만 하면 웬셈인지 공기가 험악하여지는 것 같고'와 같이 쓰인다. '웬만큼'은 '허용되는 범위에서 크게 벗어나지 아니할 만큼'의 뜻으로 '웬만치'와 비슷한 뜻이다. '웬걸'은 감탄사로 '뜻밖의 일이 일어나거나 일이 기대하던 바와 다르게 전개될 때 하는 말이다. '숭어 패에 떨어져서 이젠 살았구나! 했는데 웬걸, 거기서 그는 개밥에 도토리가 되고 말았다'와 같이 쓰인다.

'웬'이 관형사로 쓰이면 뒤에 체언이 오면서 띄어 써야 하고 합성어가 되면 한 단어로 붙여 써야 한다.

반면 '왠'이 쓰여 한 단어가 되는 경우는 '왠지'뿐이다. '왠지'는 이유를 나타내는 의문 부사 '왜'에 서술격 조사 '이다'와 어미 '-ㄴ지'가 결합된 '왜인지'가 부사 '왠지'로 된 말이다. 부사 '왠지'는 '왜 그런지 모르게. 또는 뚜렷한 이유도 없이'의 뜻이다.

왠지 시험 때만 되면 머리가 아파.

왠지 달갑지 않은 표정이다.

현수막에 '-가 웬말인가'와 같이 써야 할 것을 '왠말인가'로 잘못 쓴 경우가 많다.

'육계장'과 '육개장'

나는 육계장(　), 육개장(　)을 먹었다.

길잡이 '육개장'을 흔히 닭고기와 관계가 있는 것으로 생각하여 '육계(肉鷄)장'으로 잘못 알고 있는 경우가 있다. '육개장'은 '알맞게 뜯은 삶은 쇠고기에 파, 고춧가루를 넣고 갖은 양념을 하여 얼큰하게 끓인 국'을 말한다. 그래서 '육(肉)—개장'으로 된다. 그리고 이것은 '개고기를 고아 끓인 국'인 '개장'이나 '개장국'과도 다르다.

'으레'와 '으례'

그는 사람을 만나면 으레(　), 으례(　), 의례(　) 시비를 걸었다.

길잡이 표준어 규정 제10항: 다음 단어는 모음이 단순화한 형태를 표준어로 삼는다.

'으레'는 부사로 '두말할 것 없이', '마땅히'의 뜻이다. '으레'는 '의례(依例)'에서 왔다. 그래서 이전에는 '의례히'나 '으례히'로도 썼다. 그러나 '례'를 '레'로 발음하는 것은 모음의 단순화한 형태를 표준어로 삼았기 때문이다. 예컨대, '명절 때면 으레 웃어른을 찾아 뵈어야 한다.' 또는 '틀림없이 언제나'의 뜻으로 '내가 고향에 오면 으레 친구들이 모여든다.' 등으로 쓰인다. 그런데 이 '으레'를 '으례' 또는 '의례'로 잘못 쓰는 경우가 있다.

'으레'를 '으례'로 쓴 것은 '레'와 '례'의 소리가 비슷하게 나기 때문이다. 또는 '의례(儀禮)'라는 한자어의 영향으로 '레'를 한자어 '례(禮)'로 연상함으로써 혼동하게 된 것이 아닌가 한다. '의례'는 '그 행사에 촛불을 꽂는 것은 의례적으로 하는 일이다.'처럼 쓰인다.

'으스대다'와 '으시대다'

그는 항상 으시대고(　), 으스대고(　) 다녔다.

길잡이 흔히 '으스대다'를 '으시대다'로 잘못 쓰는 경우가 많다. '으스대다'는 '어울리지 아니하게 으쓱거리며 뽐내는 것'을 말한다. '힘이 세다고 으스대다'와 같이 쓰인다. '으스대다'와 비슷한 말로 '으쓱대다'가 있다. '으쓱대다'와 '으쓱거리다'는 '떳떳하거나 우쭐하여 어깨를 자꾸 치키어 들먹이다'의 뜻으로 자동사나 타동사로 쓰인다. '으쓱거리며 돌아다닌다.'와 같이 쓰이며, '으쓱대다'는 '으스대다'보다 강한 동작성을 나타낸다. 이 '으쓱거리다'의 '으쓱'이 '사람이 어깨나 몸을 들먹이거나 움츠리는 모양'을 나타내기 때문에 '으쓱거리다'나 '으쓱대다'는 의태어에서 나온 말이다. 사전에 '으시대다'는 '으스대다'의 북한어라고 되어 있다. 그러나 북한뿐만 아니라 남한에서도 '으시대다'를 많이 사용하고 있다.

'윽박지르다'와 '욱박지르다', '억박지르다'

경찰은 피의자를 윽박질렀다( ), 억박질렀다( ), 욱박질렀다( ).

길잡이 '윽박지르다'는 '심하게 짓눌러 기를 꺾다.'의 뜻이다. '윽박'은 명사로 '남을 심하게 을러대고 짓눌러 기를 꺾음'의 뜻을 가지고 있다. '의사를 묻는 것이 아니고 겁을 주는 윽박이었다.'라고 쓴다. '윽박지르다'는 '윽박'에 '지르다'를 붙여 동사를 만든 말이다.

'학생들을 윽박지르지 말아라'와 같이 쓰인다. 경상도에서는 '욱박지르다'로 많이 쓰기도 하는데 이것은 표준어가 아니다.

'의심쩍다'와 '의심스럽다'

그 사람 말은 의심쩍다( ), 의심스럽다( ).

길잡이 접미사 '-스럽다'는 다음과 같이 명사 뒤에 붙어 형용사를 만든다.

평화스럽다, 사랑스럽다, 자랑스럽다, 미안스럽다, 믿음직스럽다, 의심스럽다

접미사 '-쩍다'는 '추상 명사나 불분명한 품사 뒤에 붙어 그런 느낌이 든다.'는 뜻의 형용사를 만든다.

수상쩍다, 미안쩍다, 의심쩍다, 미심쩍다, 멋쩍다, 겸연쩍다(계면쩍다)

'-스럽다'와 '-쩍다'는 비슷한 의미로 보고 복수 표준어로 삼았다. 그러나 그 쓰임에 있어서는 '-스럽다'가 훨씬 넓게 쓰이고, '-쩍다'는 원래 '-적다'에서 된소리로 바뀐 것으로 보이며 그렇게 넓게 쓰이지 않는다.

'잇따르다'와 '잇달다'

잇따라( ), 잇달아( ) 총성이 울렸다.
문 밖에 사람들이 잇따라( ), 잇달아( ) 서 있다.

길잡이 우리말에 '잇따라'와 '잇달아'가 있다. '잇따라'는 '잇(다)(連)'과 '따르다(從)'가 합쳐진 말로 기본형은 '잇따르다'이다. 뜻은 '뒤를 이어 따르다'이며, '그 뒤로 차들이 잇따랐다.'와 같이 쓰인다. 그리고 '잇달아'는 '잇(다)(連)'과 '달다(附)'가 합쳐진 말로 기본형은 '잇달다'이며, '이어 달다', '끊어지지 않게 뒤를 이어 달다' 또는 '계속해서', '연이어'와 같은 뜻으로 쓰인다. '잇달아 총성이 울렸다.', '조문객들이 계속 잇달았다.'처럼 쓰인다. 위 보기는 '잇달아'로 써야 한다.

그러나 '잇달다'와 '잇따르다'는 구분하여 쓰기가 매우 어렵다. '(-을 -에) 이어 달다'의 뜻으로 '잇달다'는 문제가 되지 않으나 그 외 뜻으로 '잇달다'와 '잇따르다'는 구분하여 쓰기가 쉽지 않다. 어떤 사람은 '잇달다'는 같은 사건이나 동작이 연이어 계속 일어나거나 물건의 뒤를 이어 연결하는 것으로 쓰이고, '잇따르다'는 뒤를 쫓아 따라가거나 종류, 성격이 다른 사건, 동작이 뒤이어 일어나는 것을 이르는 말이라고 한다. 그러나 실제 그렇게 구분되어 쓰이지 않고 있다. '잇달다'에서 나온 '잇달아'는 '계속해서' 또는 '연이어'의 뜻을 가져 상태를 나타내는 부사 형태로 굳어지고, 반면에 '잇따르다'는 '이어 따르다' 또는 '계속해서 따르다'와 같이 동사 '따르다'에 중심 의미를 둔 '움직임'의 의미가 두드러지는 것으로 보인다. 즉, '잇달아'가 '문밖에 사람들이 잇달아 서 있다.'로 쓰인다면, '잇따라'는 '줄 서 있는 사람들이 앞 사람에 잇따라 넘어졌다.'와 같이 구별하여 쓸 수 있다. 이 두 말을 구별하여 쓰기 어렵기 때문에 하나로 통일하거나 복수 표준어로 삼는 것도 좋을 것 같다.

'잘잘못'과 '자잘못'

어쨌든 잘잘못( ), 자잘못( )을 가려내어야 한다.
그는 달달이( ), 다달이( ) 빠지지 않고 적금을 넣었다.

길잡이
'잘함과 잘못함'을 나타내는 명사 '잘잘못'이 있다. '잘잘못'을 '자잘못'이라고 하면 틀린다. '달달이'가 '다달이', '날날이'가 '나날이'가 되는 것처럼 생각하기 쉬운데 이것은 명사가 겹쳐져서 강조하거나 '마다'의 뜻을 가진 부사로 된 말들이다. 그러나 '잘잘못'은 '잘함'과 '잘못함'의 뜻을 가지고 있기 때문에 '잘'을 '자'로 쓸 수가 없다.

'작다'와 '적다'

적은( ), 작은( ) 키로 농구를 잘 한다.

방이 너무 작다( ), 적다( ).

비가 적게( ), 작게( ) 왔다.

길잡이
  간혹 우리말 '작다'와 '적다'를 구별하지 못하는 경우가 있다. '작다'는 '크기'를 나타내고 '적다'는 '양'이나 '정도'를 나타낸다. 그런데 한자어에서는 '작다'와 '적다'를 모두 '小'로 나타낼 수 있다. 예컨대, 대소(大小), 소형(小型)은 '작다'의 뜻이고, 소량(小量)이나 소식(小食)은 '적다'의 뜻으로 쓰인 것이다. '방이 작다', '키가 작다'와 같이 쓰인다. 그러나 '少'는 '작다'의 뜻은 없고 '적다'의 뜻으로만 쓰인다. 예컨대, 다소(多少), 희소(稀少)의 경우는 '적다'의 뜻으로 쓰였다. '밥을 적게 먹어라', '비가 적게 왔다'처럼 양을 나타낼 때는 '적다'를 써야 한다.

'장가들다'와 '시집가다'

그는 이번에 장가갔다( ), 장가들었다( ).

그 집 딸은 이번에 시집갔다( ), 시집들었다( ).

길잡이
  '장가가다'와 '장가들다' 모두 표준어로 되어 있다. 원래의 뜻으로 보면 '장가'는 '들다'이고 '시집'은 '가다'가 맞는 말이다. '장가가다'는 '신랑이 장가(丈家-妻家)에 잠시 들렀다가 온다.'는 뜻이다. 이전 모계 사회에서 신랑이 결혼하여 처가에 들러 부인과 함께 처가살이를 하다가 아기를 낳으면 본가로 돌아오는 풍습이 있었다. 이러한 풍습에 따라 '처가에 들어가서 잠시 산다'는 뜻으로 '장가들다'라는 말이 생긴 것이다. '시집가다'는 '신부가 시갓집(媤家)에 영원히 가는 것'을 뜻한다. 시가(媤家)의 한자 '시(媤)'는 중국에 없는 우리나라에서 만든 한자라는 것이 흥미롭다. 이러한 한자어로 '답(畓)'도 있다. 오늘날 '장가가다', '장가들다', '시집가다' 모두 표준어로 삼고 있다.

'장사'와 '장수'

책장사( ), 책장수( )가 우리 학교에 왔다.

길잡이 많은 사람이 '장사'와 '장수'를 잘 구별하지 않고 있다. '장사'는 '물건을 사고파는 일'로 직업을 말하고, '장수'는 '물건을 사고파는 사람'을 말한다. 즉, 장사를 하는 사람을 '장수'라고 한다. 우리말 '장수'는 한자어 상인(商人)에 자리를 빼앗기고 있다. '장사'는 '이제 책장사를 못하겠다.', '고기 장사를 십 년이나 했어.'와 같이 쓰인다. '장수'를 낮추어 부르는 말로 '장사꾼'과 '장사치'가 있다.

'−장이'와 '−쟁이'

점장이( ), 점쟁이( )에게 점을 보러 갔다.
중매쟁이( ), 중매장이( )가 중매를 해서 결혼했다.

길잡이 표준어 규정 제9항 붙임2: 기술자에게는 '−장이', 그 외에는 '−쟁이'가 붙는 형태를 표준어로 삼는다.

접미사 '−장이'는 '어떠한 기술을 가진 사람을 낮게 이르는 말'로 '옹기(甕器)장이', '유기(鍮器)장이', '갓장이' 등으로 쓰이고, 접미사 '−쟁이'는 '어떤 명사에 붙어 그 명사의 특성을 나타내는 사람을 홀하게 이르는 말'이다. 접미사 '−장이'는 '무엇을 만드는'의 뜻인 한자어 '장(匠)'에서 나왔다.

문제가 될 듯한 것은 '점장이'와 '점쟁이', '사주장이'와 '사주쟁이', '관상쟁이'와 '관상장이'이다. '점을 치고', '사주를 보고', '관상을 보는 것'을 전문성으로 보느냐에 따라 '−장이'를 쓸지 '−쟁이'를 쓸지가 달라질 수 있다. 그러나 위의 말들은 원래 '−장이'가 '무엇을 만들어 내는' 뜻을 가지고 있다는 점에서 '장(匠)'의 뜻과는 거리가 멀다. 따라서 어원적으로 본다면 '−장이'를 붙일 수 없다. 다만, '−쟁이'가 '−장이'를 홀하게 낮추어 부르는 말이라는 점에서 '−쟁이'라는 말을 붙이는 것이 문제가 된다는 것이다. 그러나 앞으로 '−장이'의 뜻을 넓게 보아 무엇을 만들어 내는 기술자뿐만 아니라 전문성의 뜻을 가지는 사람에게도 붙일 수 있다면 '점쟁이, 관상쟁이, 중매쟁이'를 '점장이, 관상장이, 중매장이'로 바꾸어 표준어로 삼을 수도 있을 것이다.

'잦다'와 '많다'

이곳은 교통사고가 많은( ), 잦은( ) 곳입니다.
우리나라는 교통사고가 많은( ), 잦은( ) 나라다.

우리말 형용사에 '잦다'라는 말이 있다. '잦다'는 '여러 차례로 거듭되는 간격이 매우 짧다.'로 '기침이 잦다'와 같이 쓰인다. 그리고 '잇따라 자주 있다.'의 뜻으로 '외박이 잦다.', '사고가 잦다'와 같은 보기로 쓰인다. '잦다'는 한자어로 '빈도(頻度)'에 해당한다. 따라서 사전에는 '빈도' 대신 '잦기'로 순화하도록 하였다. '잦다'의 반의어는 '드물다'이다. 우리말 부사 '자주'도 이 '잦다'에서 나온 말이다. 그런데 빈도를 나타내는 자리에 양의 정도를 나타내는 말로 잘못 쓰는 경우가 많다. '많다'는 '수효나 분량, 정도 따위가 일정한 기준을 넘다.'의 뜻으로 쓰인다. '경험이 많다', '사람이 많다'와 같이 쓰인다. '많다'의 반의어는 '적다'이다. 따라서 교통사고가 일어나는 빈도를 나타내기 때문에 '잦다'라는 말을 써야 한다. 그러나 교통사고의 횟수가 많고 적음을 나타낼 때는 '많다'라는 말을 써야 한다.

'잿밥'과 '젯밥'

불공은 드리지 않고 잿밥( ), 젯밥( )에만 신경을 쓴다.

절에서 사십구재( ), 사십구제( )를 지냈다.

'잿밥'은 '불교에서 명복을 빌기 위해 올리는 불공'인 '재(齋)'를 올릴 때 쓰는 밥을 말한다. '젯밥'은 '제사(祭祀)를 지낼 때 올리는 밥'을 말한다. 따라서 '잿밥'과 '젯밥'은 구별하여 사용해야 한다.

절에서 죽은 사람에게 지내는 의식을 '제(祭)'라고 하지 않고 '재(齋)'라는 말을 쓴다. '재(齋)'는 사전에 '성대한 불공이나 죽은 이를 천도하는 법회'라고 되어 있다. 그리고 제사(祭祀)에서 '제(祭)'는 '지신(地祇)에게 올리는 의식'이고 '사(祀)'는 '천신에게 지내는 의식'이라고 한다. 따라서 '제(祭)'는 유교에서 조상의 지신에게 지내는 의식이다. 유교에서는 돌아가신 분을 애도하기 위해서 빈소를 차려서 일 년이나 삼 년 동안 고인을 기리는 상을 지내는데 일 년 상(喪), 삼 년 상(喪)을 치른다고 한다. 불교에서는 돌아가신 날을 기준으로 매일 '재(齋)'를 올려 사십구일 동안 지내는 불교 의식을 사십구일재(四十九日齋)라고 한다. 그러나 일반적으로 일주일에 한 번씩 재를 올려 칠재를 올리며 모두 사십구일 되는 날 마지막 재(齋)를 올린다. 이것을 사십구재(四十九齋)라고도 한다. 불교에서는 이 사십구일 동안을 중유(中有)라고 해서 혼이 아직 저승으로 가지 못하고 이승에 있는 상태를 말한다고 하며, 그동안 재(齋)의 의식으로 불경을 독송하고 재물을 올려 고인이 극락으로 갈 수 있도록 빌고 유족들의 슬픔을 달래 준다.

이를 사십구재(四十九齋)로 '제(祭)'가 아니고 '재(齋)'라는 말을 쓴다. 우리 향가에 유명한 월명사의 '제망매가(齋亡妹歌)'가 있다.

'재떨이'와 '재털이'

담뱃재는 재떨이( ), 재털이( )에 떨어야 한다( ), 털어야( ) 한다.
먼지떨이( ), 먼지털이( )로 옷에 붙은 먼지를 떨어야( ) 털어야( ) 한다.

길잡이 '떨다'는 '달리거나 붙은 것을 떨어지게 하다.'의 뜻으로 '곡식 낟알을 떨다.', '담뱃재를 떨다.', '먼지를 떨다'와 같이 쓰인다. 따라서 '재를 떨다'와 '먼지를 떨다'의 '떨다'에 '사물'의 뜻을 나타내는 접미사 '-이'가 결합되어 '재떨이'와 '먼지떨이'가 된다.

'털다'는 '달려 있는 것, 붙어 있는 것 따위가 떨어지게 흔들거나 치거나 하다.'의 뜻을 가진 낱말이다. '떨다'와 '털다'는 비슷한 의미를 가지고 있으나 행위자가 무엇을 떨어뜨리는 의미로 '떨다'를 써서 '재를 떨다'와 '먼지를 떨다'가 자연스럽다. '옷(이불)을 털어 먼지를 떨다'와 같이 '떨다'와 '털다'는 뜻의 차이가 있다. '담뱃대를 털어 재를 떨어냈다'와 같이 쓰인다. 따라서 '재를 털다', '먼지를 털다'와 '재털이', '먼지털이'는 모두 표준어가 아니다. '떨다'는 대상을 직접 떨어지게 하는 것이라면, '털다'는 도구를 가지고 무엇을 털어서 대상을 떨어뜨리는 것이다.

'저의'와 '제'

저의( ), 저희( ), 제( ) 아버지께서 집에 안 계십니다.
제( ), 저( ) 의견을 말씀드리겠습니다.

길잡이 '저'는 일인칭 대명사로 '자기'를 낮춘 말이다. '말하는 이가 윗사람이나 그다지 가깝지 아니한 사람을 상대하여 자기를 낮추어 가리키는 일인칭 대명사'로 쓰인다고 한다. '저희'는 일인칭 복수 대명사 '우리'의 낮춤말이다. '제'는 '저'에 관형격 조사 '의'가 결합하여 줄어든 말이다. 따라서 여기에서는 '저의'와 '저희', '제' 모두 쓸 수가 있다.

그리고 '제 의견'과 '저 의견'에서도 '제'와 '저'를 모두 쓸 수가 있다. '제'는 '저의'가 줄어든 말이고 관형격 조사 '의'가 없이 '저'만 쓸 수가 있다. 우리말에는 관형격 조사 '의'는 쉽게 생략되어 쓸 수가 있기 때문이다. 예컨대, '한국의 문화'를 '한국 문화'처럼 쓸 수 있는 것과 같다.

'저희 나라'와 '우리나라'

저희 나라( ), 우리나라( )가 세계에서 자살률 1위라는 불명예를 유지하고 있습니다.

교수 여러분, 이 문제는 우리 대학( ), 저희 대학( )의 문제만은 아닌 것으로 봅니다.

길잡이 우리말에 일인칭 복수를 나타내는 대명사 '우리'가 있다. 그리고 이 말을 낮추어 일컫는 '저희'가 있다. '우리'는 화자와 청자를 포함해서 복수를 나타내는 경우와 청자를 포함하지 않는 경우가 있다.

(1) 우리 집안에 교사가 많다.
(2) 우리 이제 공부하자.

(1)의 '우리'는 청자가 포함되지 않은 경우이고, (2)의 '우리'는 청자를 포함한 경우다.

이 경우 자신을 낮추는 '저희'는 (1)의 경우인 '저희 집안에 교사가 많다.'는 가능하지만 (2)처럼 청자를 포함하는 경우인 '저희 이제 공부하자.'라는 말은 불가능하다. 따라서 위의 우리나라에서는 청자와 화자 또한 포함되어 있기 때문에 '저희'라는 말을 쓸 수가 없다. 설령, 청자가 다른 나라 사람일지라도 자기가 사는 '나라'를 낮추어 '저희 나라'라는 말을 써서는 안 된다. '국가'는 절대적 지위에 있기 때문에 낮추어 말할 대상이 아니다. 그리고 화자와 청자가 같은 집단에 소속 되어 있을 경우는 자기 집단을 스스로 낮추어 말할 필요가 없다. 따라서 청자가 같은 대학 소속의 구성원이라면 저희 대학이라는 말을 사용해서는 안 된다. 그것은 자기가 소속된 집단을 스스로 낮추는 격이 되어 버린다. 따라서 '우리 대학'이라고 해야 한다. 청자가 자기 대학 사람이 아닌 경우는 저희 대학이라고 낮추어 말할 수가 있다.

'우리'라는 말은 다른 나라말과 다른 특성을 가지고 있다. '우리'는 자기의 아내를 말할 때 '나의 아내'라고 말해야 할 것을 '우리 아내'라고 말하기도 한다. 이때 '우리'는 사전에 '말하는 이가 자기보다 높지 아니한 사람을 상대하여 어떤 대상이 자기와 친밀한 관계임을 나타낼 때 쓰는 말.'이라고 하여 '우리 엄마, 우리 마누라, 우리 신랑'이라는 보기를 들고 있다. '우리1'과 '우리2'로 나누어 '우리1'은 '복수의 우리', '우리2'는 '단수의 우리'로 나누기도 한다. '우리'는 울타리의 '울'에서 나왔다는 설도 있고, 마소를 기르는 '우리'에서 나왔다는 설도 있다.

'조핏가루'와 '산초가루', '제피가루'

추어탕에 산초가루( ), 제피가루( ), 조핏가루( ), 초핏가루( )를 넣어 먹는다.

길잡이 추어탕에 비린내를 없애는 향미료로 '조핏가루'가 있다. 그런데 이 말을 '산초가루'라고 하는 사람들이 많다. '조핏가루'는 '초피나무(조피나무) 열매를 따서 말린 다음 씨를 빼고 열매껍질로 만든, 아주 잘고 보드라운 가루. 약재나 음식의 조미료로 쓰인다.' 초피나무 잎으로 장아찌를 만들어 먹기도 한다. 원산지를 중국 사천 지방에서 주로 나는 것으로 보고 초피를 Chineses Pepper 라고 한다. 초피나무 열매는 소화불량, 설사, 신경쇠약, 숙취 등의 약용으로 다양하게 쓰인다. 그런데 초피나무와 산초(山椒)나무는 서로 다른 나무이다. 두 나무의 생김새나 잎과 열매 모두 매우 비슷하지만 자세하게 보면 다르게 생겼다. 초피나무 잎은 산초나무 잎보다 작고 가시가 있으며 향이 진하다. 요즘은 산초나무를 재배하는 농가도 많이 생겼다. 산초나무 열매도 이뇨제, 항암제, 천식 등 다양한 약제로 사용하고 있다. '초피나무'를 '조피나무', '제피나무'라고도 하며 초피나무 열매를 간 가루는 '조핏가루'가 표준어이다.

'족집게'와 '족집개', '쪽집게'

그 사람은 앞일을 잘 맞히는 족집게(　), 쪽집게(　), 족집개(　)다.

길잡이 '주로 잔털이나 가시 따위를 뽑는 데 쓰는, 쇠로 만든 조그마한 기구'를 우리는 '쪽집게'라고 하는데, 표준어는 '쪽집게'가 아니고 '족집게'이다. '어머니의 흰머리를 족집게로 뽑아 드렸다.'와 같이 쓰인다. '족집게'가 기구 이름으로도 쓰이지만 사람을 나타내기도 한다. '어떤 사실을 정확하게 지적하여 내거나 잘 알아맞히는 능력을 가진 사람'을 일컫는다. 그래서 '족집게 도사, 족집게 과외'와 같은 보기로 쓰인다.

'족집게'는 [[족+집다]게]로 이루어진 말이다. '족'은 아마 작은 무엇을 뽑아내는 상징어에서 나온 것이 아닌가 한다. '집다'는 '무엇을 집어내다'의 동사이고 '-게'는 명사 파생 접미사이다.

'족집게'는 일찍이 중국에서 흰머리를 뽑아내는 기구였다고 한다. 우리나라에는 언제부터 쓰였는지 알 수가 없지만 조선 중기 이후 주로 여인들의 머리나 털을 뽑고 남자들은 코털을 뽑는 데 사용했다고 한다.

'주책없다'와 '주책이다'

철수는 주책없다(　), 주책이다(　).

길잡이 '주책'은 한자어 '주착(主着)'에서 나온 말이다. '주착(主着)'을 '주책'으로 소리 내는 것은 **표준어 규**
정 제11항: '모음의 발음 변화를 인정하여, 바뀌어 굳어진 형태를 표준어로 삼는다.'에 따른 것이다.
　'주책'은 매우 다른 두 보기로 쓰인다. 첫째는 '일정하게 자리 잡힌 생각'으로 '主見'이나 '줏대'의
뜻으로 쓰인다. 여기에 해당되는 보기로 '주책이 없다' 또는 '주책없이'가 있다. 그리고 다른 뜻은
'일정한 줏대가 없이 되는 대로 하는 짓'의 뜻으로 '주책을 부리다'와 같이 쓰이기도 한다. 사전적
의미로 보면 앞과 뒤의 뜻이 서로 부딪친다. 그래서 '너는 주책이다'와 같이 잘못 쓰기도 한다. 그
런데 '주책없다'는 상대되는 '주책있다'나 그 외의 꼴바꿈이 거의 불가능하기 때문에 관용어로 굳
어진 형태로 보아야 한다. '주책(을) 부리다' 이외의 형태로는 사용하지 않는다. 그리고 '주책없는
사람을 욕하는 뜻'으로 '주책바가지' 또는 '주책망나니'라는 말이 있다. 그런데 이 '주책이다'도 '주
책없다'와 같이 2017년 1월 1일부터 표준어로 인정하였다.

'줄당기다'와 '줄다리다'

우리 민족은 예부터 정월에 줄당기기(　), 줄다리기(　)를 했다.

길잡이 우리의 민속놀이 가운데 하나로 '여러 사람이 편을 갈라 굵은 밧줄을 마주잡고 당겨서 서로 자
기편 쪽으로 끌어가기를 하는 경기'가 있다. 우리는 이것을 '줄다리기'라고 한다. 이 '줄다리기'는
우리 민족의 가장 중요한 민속놀이의 하나인데, 이것은 음력 정초 즉, 설날부터 정월 보름 또는
열엿샛날까지 고을과 고을 사이에 벌어지는 경기였다. '줄다리기'는 [[줄+다리]+기]의 짜임으로
된 말이다. 이때 '다리다'는 아마 '당기다'의 방언이 아닌가 한다. 혹은 옛날에 우리 조상들은 숯불
다리미로 양옆에서 베를 당기면서 베를 다렸는데 이때 '다리다'가 '줄다리다'와 관계가 있을 수도
있다. 어쨌든 '줄다리기'가 표준어이고 '줄당기기'는 표준어가 아니다.

'지르밟다'와 '즈려밟다', '지려밟다'

그는 잔디를 지르밟고(　), 즈려밟고(　), 지려밟고(　) 갔다.

길잡이 우리말에 '위에서 내리눌러 밟다.'라는 뜻을 가진 동사 '지르밟다'가 있다. 이 말은 '지르'와 '밟다'
가 합해진 말이다. 그런데 '지르'라는 말은 사전에 올라 있지 않다. 그러나 '지르'로 된 말로 '지르
보다'가 있다. '눈을 부릅뜨고 보다'의 뜻이다. 아니면 '짓밟다'의 접두사 '짓+어'가 유음화 되면서

'지러'로 바뀐 것일 수도 있다. '짓–'은 동사 앞에 붙어서 '마구, 함부로 몹시'의 뜻을 가지고 있기 때문이다. 김소월의 시 진달래꽃에 '사뿐히 즈려 밟고 가시옵소서'에서 '즈려'라는 말이 나오는데 이 '즈려'는 '재겨 디디어 사뿐히'라는 평안도 방언이다. 표준어로는 '지르밟다'이다.

'짜깁다'와 '짜집다'

옷이 찢어져서 짜깁기(   ), 짜집기(   )를 했다.

길잡이   우리말에 '직물의 찢어진 곳을 본디대로 흠집 없이 짜서 깁다.'라는 뜻의 '짜깁다'라는 말이 있다. 명사는 '짜깁기'이다. '짜깁다'는 [짜다+깁다]로 된 합성어이다. '짜깁다'를 경상 방언에서는 '짜집다'라는 말을 쓰기도 한다. 경상 방언에서 '깁다'를 '집다'라고 하기 때문이다.

오늘날 '옷을 짜깁다'는 의미뿐만 아니라 남의 글을 여기저기 옮겨 쓰는 것도 '글을 짜깁기하다'라는 말로 쓰기도 한다.

'짜장면'과 '자장면'

어제 우리는 짜장면(   ), 자장면(   )을 먹었다.

길잡이   '자장면(炸醬麪)'은 '고기와 채소를 넣어 볶은 중국 된장에 비빈 국수'로 중국 음식의 하나이다. 그런데 사실은 '자장면'은 한국에서 만들어진 중국 음식이라고 한다. '자장면'은 1926년경 인천–서울 간 한강변 둑 건설에 참여했던 중국 노동자들이 간단히 먹기 위해 만든 것으로 중국 '자장모(炸醬麵)'에서 차음한 것이라고 한다. 2011년 표준어 개정에서 '자장면'보다 '짜장면'을 쓰는 사람이 많기 때문에 '짜장면'도 '자장면'과 함께 복수 표준어로 삼았다.

'좇다'와 '쫓다'

선열의 애국 정신을 쫓아서(   ), 좇아서(   ) 살아가자.
도둑을 쫓아(   ), 좇아(   )갔다.

우리는 흔히 '좇다'와 '쫓다'를 잘못 쓰는 경우가 많다. '쫓다'는 '급한 걸음으로 뒤를 따르다.'의 뜻으로 '범인을 뒤쫓다.'로 쓰이고, 다른 뜻으로는 '어떤 자리에서 떠나도록 몰다(逐)'의 뜻으로 '모기를 쫓다'와 같은 보기로 쓰인다. 그리고 '쫓다'에서 파생된 말로 '쫓아가다', '쫓아내다', '쫓아다니다', '쫓아오다' 등이 있다. '쫓다'는 그 대상이 주로 [동작성], [부정적]의 의미 특성을 가진 경우에 흔히 쓰인다.

그러나 '좇다'는 '쫓다'가 가지고 있는 뜻인 '누구의 뒤를 따르다'에 '남의 뜻을 따라서 그대로 하다(從)'와 같은 [−동작성], [긍정적]인 뜻을 가지고 있다. 그래서 '여론을 좇아서 출마해야 한다.', '선열의 정신을 좇아서 살아가야 한다.' 등과 같이 쓰인다.

'죽지'와 '쭉지'

운동을 많이 해서 어깻쭉지( ), 어깻죽지( ), 어깨죽지( ), 어깨쭉지( )가 아팠다.

우리는 예사소리로 된 표준어를 된소리가 표준어인 것으로 잘못 알고 있는 것들이 많다. 그 가운데 하나가 '팔과 어깨가 이어진 부분', '새의 날개가 몸에 붙은 부분'을 나타내는 '죽지'이다. 그런데 '죽지'를 '쭉지'로 잘못 쓰는 경우가 많다. '어깻죽지'는 한 단어로 사전에 올라 있다.

관용구로 '죽지(가) 처지다', '죽지가 늘어지다', '죽지가 부러지다'와 같이 쓰인다.

'찌개'와 '찌게'

찌게( ), 찌개( )는 김치찌개가 맛이 있다.

우리말 요리 동사 가운데 '찌다'가 있다. 이 '찌다'는 요리 동사로 두 가지 종류가 있다. 하나는 '김치찌개'와 같이 동사 '찌다'에 명사 파생 접미사 '−개'가 결합된 것이다. 이때 '찌다'는 '고인 물이 없어지거나 줄어들다'의 뜻으로 쓰인 동사이다. '찌개'는 '국물을 바특하게 잡아 고기, 채소, 두부 등을 넣고 양념과 간을 맞추어 끓인 반찬'으로 반찬의 한 종류이다. 이 말로 된 요리는 '김치찌개' 이외 '된장찌개', '두부찌개' 등이 있다. 그런데 '찌다'에서 온 다른 음식으로 '찜'이 있다. '찜'도 '찌개'와 같은 요리의 하나로 뜻매김하고 있다. 그런데 '찌개'와 '찜'은 다르다. '된장찌개'의 '찌개'는 국물이 있는 것이라면, '갈비찜'이나 '아귀찜'의 '찜'은 국물이 거의 없이 만드는 요리이다. 그 외 '찌다'의 또 다른 요리 동사로는 '뜨거운 김으로 익히거나 데우다'의 뜻을 가지고 있는 것이 있다.

이 동사는 '시루에 떡을 찌다', '감자를 쪄서 먹다'와 같이 쓰인다.

표준어는 '찌게'가 아니고 '찌개'이다.

'찌부드드하다'와 '찌뿌드드하다'

어제 운동을 많이 했더니 몸이 찌부드드하다( ), 찌뿌드드하다( ).

길잡이 우리는 흔히 '몸살이나 감기 따위로 몸이 무겁고 거북한 것'을 몸이 '찌부드드하다'라고 하곤 한다. 그러나 표준어는 '찌뿌드드하다'이다. 발음으로 보면 '찌부드드하다'가 '찌뿌드드하다'보다 더 자연스럽다. '찌부드드하다'보다 '찌뿌드드하다'는 좀 더 강한 느낌을 주지만 발음하기가 더 어렵고 쉽게 쓰이지 않은 말이다.

'찌뿌드드하다'는 '표정이나 기분이 밝지 못하고 매우 언짢다'라는 뜻으로 '그녀는 찌뿌드드한 기분을 떨치기 위해 여행을 떠났다.'와 같이 쓰이고, '비나 눈이 올 것 같이 날씨가 매우 흐리다.'의 뜻으로는 '하루 종일 날씨가 찌뿌드드하여 외출을 하지 않았다.'와 같이 쓰인다.

'찰지다'와 '차지다'

생일에는 차진( ), 찰진( ) 찰밥을 먹는다.

길잡이 형용사 '차지다'는 '반죽이나 밥, 떡 따위가 끈기가 많다'와 같은 뜻으로 '차진 흙', '차진 떡', '반죽이 너무 차져서'와 같이 쓰인다. 그런데 '찰지다'는 이전에 표준어가 아니었던 것을 2016년에 표준어를 개정하면서 '차지다'의 원말로 보고 표준어로 새로 삼았다. 따라서 '찰진 떡', '찰진 반죽'도 모두 맞다.

'척'과 '체', '채'

많이 아는 척( ), 체( ), 채( )하다.

그는 옷을 입은 체( ), 채( ) 잤다.

> **길잡이**   '척'과 '체'는 그 뒤에 조사가 붙어 의존 명사로 쓰이거나, '척하다', '체하다'와 같이 동사화 접미사 '-하다'가 붙어 보조 동사가 된다. '척'과 '체'는 복수 표준어이다. '모르는 척/체, 잘난 척/체'와 같이 쓰인다. '체'와 비슷한 의존 명사로 '채'가 있다. '채'는 '척', '체'와는 그 뜻이 다르다. '채'는 '어떤 계속된 대로 그냥 지속되는 뜻'을 가진 의존 명사로 '옷을 입은 채 잠을 잤다.'와 같은 보기로 쓰인다. 그리고 '채' 뒤에는 조사 '로'만 붙을 수 있다. 따라서 '채하다'라는 말은 쓸 수 없다.

'천장'과 '천정'

천장(   ), 천정(   )에 비가 샌다.

> **길잡이**   우리는 흔히 '방 천정이 높다.' 또는 '이번 비에 천정에서 물이 샜어.'라는 말을 한다. 그러나 '천정'은 표준어가 아니고 '천장'이 표준어이다. 여기서 '천장'은 보통 '보꾹'이라고 하고 '지붕의 안쪽'으로 되어 있다. '천장'은 한자로 '天障'인데 일반적으로 방이나 건물의 안쪽의 윗부분을 말한다. 또는 '반자'라고도 한다. '천정'은 '천정부지(天井不知)'로 '(물건 값)이 자꾸 오르기만 하는 것을 말할 때 이르는 말로 '천정부지로 오르는 물가'와 같은 보기로 쓰인다. 원래 '천장'과 '천정'은 다른 건축 구조물이다. 그런데 이를 '천장' 하나로 순화하였다. '천정부지'라고 할 때만 관용적으로 '천정'을 사용하도록 하였다.

'체신머리'와 '채신머리'

그 사람 몸집은 크지만 체신머리(   ), 채신머리(   ) 없이 행동한다.

> **길잡이**   우리말에 '채신머리'가 있다. 이 말은 사전에 '처신을 속되게 이르는 말'이라고 되어 있다.
> '채신머리'를 '체신머리'로 잘못 쓰기도 하는데 이는 사전에 북한어로 되어 있다. 발음이 비슷하기 때문에 잘못 쓰기 쉽다. '채신'은 아마 한자어 '세상을 살아가는 데 가져야 할 몸가짐이나 행동'을 나타내는 '처신(處身)'에서 나온 것으로 보인다. 그렇다면 뜻으로 보면 '채신'보다 '체신'이 맞을 것 같은데 '채신'을 표준어로 보고 있다.

'추스리다'와 '추스르다'

슬픈 마음을 빨리 추스르기( ), 추스리기( ) 바랍니다.

길잡이 우리말 동사 '추스르다'는 '추어올려 다루다', '몸을 가누어 움직이다', '일이나 생각 따위를 수습하여 처리하다'의 뜻으로 쓰이는 말이다. '바지춤을 추스르다', '어머니는 몸을 못 추스르고 누워 계신다.', '마음을 추스르지 못하고 있다' 등의 보기로 쓰인다. 그런데 이 말을 '추스리다'로 잘못 쓰는 경우가 많다. '추스르다'의 활용형은 '추슬러, 추스르니, 추슬러라'가 된다.

'추어올리다'와 '추켜올리다', '치켜세우다'와 '추켜세우다'

그 사람은 조금만 추어주면( ), 추어올리면( ), 치켜올리면( ), 치켜세우면
( ), 추켜세우면( ) 기고만장해진다.
치맛자락을 추켜올리며( ), 추어올리며( ), 치켜올리며( ) 걸었다.

길잡이 우리말에 '실제보다 높여 칭찬하다.'의 뜻을 가진 말로 '추어올리다'가 있다. 이 말은 '위로 끌어 올리다'의 뜻도 함께 가지고 있다. 이와 비슷한 말로 '추켜올리다'라는 말이 있는데 이 말은 '누구를 칭찬하다'라는 뜻은 없으며 다만, '위로 솟구어 올리다'라는 뜻으로만 쓰인다.

'추켜올리다'는 '그녀는 자꾸 흘러내리는 치맛자락을 추켜올리며 걸었다.'와 같은 보기로 쓰이고, '추어올리다'는 '바지를 추어올리다'와 '잘못해도 자꾸 추어올린다.'와 같이 두 가지 보기로 쓰인다.

'추어올리다'는 [추다+올리다]로 된 합성어이다. '추다'라는 말에도 '무엇을 업거나 지거나 한 것을 치밀어 올리다', '어깨를 위로 올리다'와 같이 '올리다'라는 동작 의미를 가지고 있다. 또 '어떤 사람을 정도 이상으로 크게 칭찬하여 말하다'라는 뜻을 가지고 있다. 따라서 '추어올리다'는 '칭찬 하면서 올리다'라는 뜻을 가지게 된다. '추어주다'도 '추어올리다'와 같은 뜻으로 표준어이다.

'추켜올리다'는 [추키다+올리다]에서 나온 말로 '무엇을 위로 가든하게 치올리다'의 뜻을 가지고 있는 '추키다'와 '올리다'와 같이 뜻이 중복된 말이다.

그리고 '추키다'에는 '부추기다'의 뜻도 가지고 있다. 따라서 '부추기다', '들추다', '추키다'나 '춤을 추다'의 '추다'도 모두 [올리다]의 '추다'라는 중심 어원에서 전이된 것으로 보인다. 경상 방언에 자주 쓰는 '치켜 올리다'는 사전에는 북한어로 되어 있다. 그런데 '치켜세우다'라는 말은 '정도 이상으로 크게 칭찬하다'라는 뜻으로 사전에 표준어로 올라 있다.

따라서 위 문제에서 앞 문제는 '추어올리다', '추어주다', '치켜세우다' 모두 쓸 수 있으나, '치켜 올리다', '추켜세우다'는 쓸 수 없다. 그리고 뒷 문제는 '추어올리다', '추켜올리다'가 맞다. 다소 복잡하게 쓰이는 말이다.

'칠칠맞다'와 '칠칠맞지 못하다'

> 그 여자는 매우 칠칠맞지 못하다( ), 칠칠맞다( ).

길잡이 우리말에 '칠칠맞지 못하다', '칠칠맞지 않다'라는 말이 있다. '칠칠하다'라는 형용사는 '주접이 들지 아니하고 깨끗하고 단정하다.'의 뜻으로 주로 부정을 나타내는 '못하다'와 '않다'와 같이 쓰인다. '그는 매사에 칠칠하지 못하다, 칠칠하지 않다'와 같은 보기로 쓰인다. '칠칠맞다'라는 말은 표준어가 아니며 '칠칠맞지 못하다'로 써야 한다.

'커피 나오셨습니다'와 '커피 나왔습니다'

> 손님 커피 나오셨습니다( ), 나왔습니다( ).
> 주례님의 말씀이 계시겠습니다( ), 있으시겠습니다( ), 있겠습니다( ).

길잡이 요사이 높임말을 잘못 쓰는 경우가 점점 늘어나고 있다. 국어에서 높임법에는 크게 주체 높임법과 상대 높임법이 있다. 높임법은 행위자를 높이는 것으로 우리말에서는 주로 주체 높임 선어말 어미 '-시-'로 실현된다. 들을이 높임법은 상대에 따라 높이거나 낮추는 것으로 주로 종결 어미로 나타낸다. 예를 들면 상대를 아주 높이는 '습니다체', 조금 높이는 '해요체', 조금 낮추는 '하게체', 많이 낮추는 '해라체' 등이 있다. 그리고 상대의 행위 대상을 높이는 것을 '객체 높임법'이라고 한다. '먹는 대상'을 높이는 서술어로 '드시다'가 있고, '자는 대상'인 잠을 높이는 서술어 '주무시다' 등이 있다. 낱말로 상대를 높이는 경우도 있다. '집'을 '댁'이라고 하거나 '밥'을 '진지' 등으로 표현하는 것이다.

그런데 오늘날 상대를 무조건 높이는 것을 좋은 것으로 생각해서 행위자가 아닌데도 사물을 행위자처럼 높이는 경우가 많다. '-시-'는 행위자를 높이는 주체 높임 선어말 어미인데 행위자가 아닌 사물을 높여 '커피 나오셨습니다', '최신 제품이십니다', '이 제품은 품절이십니다' 등과 같이 잘못 쓰는 사람들이 많다. '계시다'는 행위자의 '있다'를 직접 높이는 직접 높임말로 행위자의 높임 주격조사인 '-께서'와 호응이 된다. '집에 아버지께서 계십니다.'와 같이 쓰인다. '말씀이 있으시겠습니다'의 '있으시다'는 행위자가 손위이고 그의 말씀을 간접적으로 높이는 말이다. 따라서, '있으시다'라는 말은 구어체나 비격식적인 상황에서 사용할 수 있다. 그리고 공식적이고 격식적인 상황에서는 '있으시다'보다 '있겠습니다.'라고 하는 것이 올바르다. 따라서 '말씀이 있으시겠습니다.'와 '말씀이 있겠습니다.'는 모두 올바른 표현이다. 그러나 '말씀이 계시겠습니다.'는 잘못된 표현이다.

'타다'와 '뛰다'

> 단옷날 그네를 탄다( ), 뛴다( ).

길잡이 '그네뛰기'는 주로 오월 단옷날 여자들이 즐긴 우리 민족의 고유한 민속놀이이다. 단옷날 주로 출가한 여자들이 즐기는 놀이이나 아직 출가하지 않은 처녀들은 명절 아닌 때도 즐긴다. 중국 송(宋)나라 때 쓰인 《사물기원(事物起源)》에 '북방 종족들이 경쾌하게 높이 뛰어오르는 모습을 익히기 위해 해마다 한식이 되면 이 놀이를 한 것인데 후일에 중국 여자들이 이 놀이를 배웠다'는 기록이 있다. 그리고 '그네'를 뜻하는 말은 고려 노래 '동동' 오월조에 '글위'가 나온다. 지방에 따라서 '굴리, 굴기, 궁구, 군디'라고도 한다. 한자어로는 '추천(鞦韆)'이라고 한다.

그런데 우리는 '그네를 타다'라고 하지 않고 '그네를 뛰다'라고 한다. 그래서 '그네타기'가 아니라 '그네뛰기'가 된다. '타다'는 일반적으로 '사람이 움직이지 않고 어디에 올라앉아 있는 것'을 말한다. 그래서 '차를 타다, 말을 타다' 등이 된다. 만약 '그네를 타다'라고 하면 '그네 위에 올라서 그냥 있는 것'을 말하게 된다. 따라서, '그네를 힘차게 저어 높게 올라가는 것'을 '그네를 뛰다' 또는 '그네뛰기'라고 한다. 이때 '뛰다'라는 말은 '멀리뛰기'와 같이 아마 '사물을 멀리 옮기다'는 뜻으로 쓰이는 듯하다.

'통째'와 '통채', '통체'

> 고기를 통째( ), 통채( ), 통체( ) 먹었다.

길잡이 '통째'는 '나누지 않고 덩어리로 있는 그대로'의 뜻이다. '통째'는 어근 '통'에 '그대로', '전부'의 뜻을 가진 접미사 '-째'가 결합되어 '통째'가 되었다. 그런데 '-째'가 접미사이면 '통-'은 어근이 되어야 하는데 '통'이 '사물'의 총칭적인 의미를 가진 자립 명사로 쓰이지 않기 때문에 문제이다. 반대로 '통-'이 접두사이고 '-째'가 접미사이면 어근이 없어 또한 문제이다.

경상도에서는 '너 그것 채로 먹어라.'하지 '째로 먹어라'하지 않는다. 더구나 '토끼를 산 채로 잡아 왔다.'라는 말처럼 의존 명사 '채'에 접두사 '통-'이 결합된 것으로 설명하는 것이 올바른 것으로 보인다. 그렇다면 '통채'가 올바른 표현일 수도 있다. 그러나 표준어는 '통째'이다. 따라서 '감귤 하나를 통째 먹었다.', '돼지를 통째 삶았다.'가 된다. '통째로', '통짜로'도 같은 표준어다.

'통털어'와 '통틀어'

통털어( ), 통틀어( ) 얼마인가?

> 길잡이 '통틀어'는 접두사 '통–'에 동사 '틀다(손목을 틀다)'가 결합되어 만들어진 낱말이다. '통–'은 '모두', '한꺼번에'의 뜻이다. 그래서 '우리가 가진 돈을 통틀어 헌금했다.', '우리 학교는 통틀어 200명밖에 안 된다.'와 같이 쓰인다. 그런데 간혹 무엇을 '털다'의 뜻으로 생각하여 '통털어'로 잘못 쓰는 경우가 많다. 그러나 '통틀어'가 맞다.

'패다'와 '피다'

오월이 되면 보리가 팬다( ). 핀다( ).

> 길잡이 '곡식이 자라서 이삭 따위가 나오는 것'을 '패다'라고 한다. '보리가 패다'나 '벼가 패기 시작한다.'와 같은 보기로 쓰인다. '보리가 피다'나 '벼가 피다'와 같이 '피다'는 틀린 말이다. 이삭이 나오는 것과 꽃이 나오는 것은 다르다. '꽃은 피다'이고, '이삭은 패다'이다.

'하세요'와 '하셔요', '하세오'

조용히 하세요( ), 하셔요( ), 하세오( ).

여기서 담배를 피우지 마시오( ), 마세요( ), 마시요( ).

> 길잡이 높임 명령의 종결어미 '–(으)세요'와 '–(으)셔요'는 둘 다 표준어이다. 그러나 '–(으)세오'는 표준어가 아니다. 그리고 '–(으)시오, –하시오'는 표준어이나, '–(으)시요, –하시요'는 표준어가 아니다.

238

'하다마다'와 '하다말다', '하고말고'

그 사람 결혼했니?

결혼하다마다( ), 결혼하다말다( ), 결혼하고말고( ).

길잡이 어미 '-다마다'와 '-고말고'는 같은 뜻으로 '긍정의 뜻을 강조하는 경우'에 쓰인다. '반드시 -을 하다' 또는 '당연히-하다' 등의 뜻이다. '-다마다'는 [-다+말다]에서 '-고말고'도 [-고+말다+고] 로 분석이 된다. 그래서 위의 '하다마다'와 '하고말고' 모두 가능하다. 그러나 '-다말다'는 표준어 가 아니다.

'한창'과 '한참'

그는 아직 한창( ), 한참( ) 일할 나이이다.

길잡이 '한창'은 '가장 성하고 활기가 있을 때'를 나타내고, '한참'은 '시간이 상당히 지나는 동안'의 뜻을 가지고 있다. '한창'은 명사로 '공사가 한창이다.'와 부사로 '벼가 한창 무성하게 자라고 있다.'와 같이 쓰인다. '한참'의 '참'은 원래 말을 타고 가다가 쉬는 역참(驛站)에서 나온 말이라고 한다. 그 래서 '한참'은 '한 역참과 다음 역참 사이의 거리'를 나타내기도 한다. '한참'은 '한참 수다를 떨고 는 나가 버렸다.'와 같이 쓰인다.

'해꼬지'와 '해코지'

그는 우리에게 아직 해꼬지( ), 해코지( )한 적이 한 번도 없다.

길잡이 '남을 해치고자 하는 짓'의 뜻인 '해코지'가 있다. '해코지'를 '해꼬지'라고 말하는 사람들이 많다. 표준어는 '해코지'이다. '그는 남에게 해코지를 잘하는 사람이다.'와 같이 쓰인다. '해코지'는 한자 어 '해(害)'에 접미사 '코지'가 붙어서 된 말인데, 이 '코지'가 접미사로 올라 있지 않아서 어원을 정 확하게 알 수가 없다. '코지'는 무엇이 튀어나온 부분'을 가리키기도 하나 '해코지'의 '코지'와는 관 련이 없다. '-코지'가 어미 '-하고지'가 줄어든 것일 수도 있다. 이 말의 동사는 '해코지하다'이다.

'해그름'과 '해거름'

그는 해그름(　), 해거름(　)에 돌아왔다.

길잡이 '해거름'은 '해가 서쪽으로 기울어질 무렵'을 뜻한다. '해거름'은 '해'와 '거름'이 합해진 말인데 '거름'의 어원을 정확하게 알기 어렵지만 '걷다+음'이 '걸음'으로 된 것이거나 '걷다'의 명사형 '걸음'이 '거름'으로 된 것으로 보인다. 어쨌든 '아버지께서는 일을 하시고 늘 해거름이 되어서야 돌아오셨다.'와 같이 표준어는 '해그름', '해그럼'이 아닌 '해거름'이다.

'핼쑥하다'와 '핼쓱하다', '해쓱하다'

그 여자는 얼굴이 핼쑥(　), 헬쑥(　), 핼쓱(　), 해쓱(　)했다.

길잡이 '핼쑥하다'는 '얼굴에 핏기가 없고 파리한 모습' 또는 '창백한 모습'의 뜻을 가진 말이다. '얼굴이 많이 핼쑥해졌다.'와 같이 쓰인다. 이와 같은 뜻을 가진 '해쓱하다'도 표준어이다. 이것을 '핼쓱하다' 또는 '헬쑥하다' 등으로 잘못 쓰는 경우가 많다.

'햇님'과 '해님'

햇님(　), 해님(　)이 방긋 웃는다.

길잡이 '해님'은 '해를 의인화하여 다정하게 부르는 어린이 말'로 '햇님'은 표준어가 아니다. '햇님'은 [핸님]으로 발음된다. 그러나 [해님]으로 발음해야 하기 때문에 '해님'이 표준어로 되어 있다. 그런데 대부분 사람들은 [핸님]으로 소리 낸다. 더구나 '햇일[핸닐]'이라는 낱말도 있다. 따라서 '햇님'도 표준어로 삼아도 될 것 같다.

'햇볕'과 '햇빛'

아침 햇볕(　), 햇빛(　)에 눈이 부셨다.

따사로운 햇볕(　), 햇빛(　)이 따갑다.

햇볕(　), 햇빛(　)이 쨍쨍 내리쪼였다.

길잡이　'햇볕'은 '해가 내리쬐는 뜨거운 기운'이고, '햇빛'은 '해의 빛'이다. 따라서 '햇볕'은 피부에 와 닿는 '감각적'인 뜻을 가지고 있다면, '햇빛'은 '물리적'인 뜻을 가진다. '햇빛'과 '햇살'은 비슷한 뜻으로 쓰인다. 햇빛은 한자어로 '일광(日光)'이라고 한다. 그리고 '햇볕'은 그냥 '볕'이라고도 한다. '햇빛은 생물에 매우 중요하다.'라는 문장에서 '햇빛' 대신 '햇볕'이라고 하면 틀린 표현이다. '따뜻한 햇볕'이라고 하지 '따뜻한 햇빛'이라고 하지는 않는다. 그래서 '햇빛에 눈이 부시다', '햇빛이 쨍쨍 내리쪼였다'가 된다. 사방으로 뻗친 햇살을 '햇발'이라고 한다.

'행여나'와 '혹시나'

행여나(　), 혹시나(　) 장가갔나 근심하였다.

혹시나(　), 행여나(　) 임을 만날까 기다려진다.

길잡이　부사 '행여나'는 '다행(多幸)스럽게도'의 뜻을 가져 '언제나 기대를 동반하는 긍정적인 상황'에 쓰인다. 그래서 '행여나 님을 만날까 밤새 기다렸다.'와 같이 쓰이고, '혹시나'는 한자어 '혹시(或是)나'에서 온 말로 '언제나 우려를 동반하는 부정적인 상황'에서 쓰인다. 그래서 '혹시나 전쟁이 일어날지 모른다.'와 같이 부정적인 서술어가 오게 된다.

'허드렛일'과 '허드랫일'

그는 허드렛일(　), 허드랫일(　)을 잘한다.

길잡이 표준어 규정 제11항: 다음 단어에서는 모음의 발음 변화를 인정하여, 발음이 바뀌어 굳어진 형태를 표준어로 삼는다.

'허드레'는 '허름하고 중요하지 아니하여 함부로 쓸 수 있는 것'이란 뜻이다. 이 '허드레'에서 만들어진 합성어로는 '허드렛물, 허드렛일, 허드레꾼' 정도이다. '허드래'나 '허드랫일'은 표준어가 아니다.

'허풍쟁이'와 '허풍선이'

그이는 말 많은 허풍쟁이( ), 허풍선이( )이다.

길잡이 '허풍선'은 원래 '숯불을 피우기 위해 풀무질을 하는 손풀무의 일종'이다. '허풍선'은 한자어 '허풍선(虛風扇)'에서 나왔으며, 이것이 바람을 일으키는 허풍선과 같이 말을 떠벌리기를 좋아하는 사람으로 의미가 확대되었다. 여기에 사람을 나타내는 의존 명사 '-이'가 붙어서 '허풍선이'가 된 것이다. '허풍쟁이'도 '허풍을 잘 떠는 사람을 낮잡아 이르는 말'로 사전에 표준어로 올라 있다.

'헷갈리다'와 '햇갈리다', '헛갈리다'

어느 것이 맞는지 헷갈린다( ), 햇갈린다( ), 헛갈린다( ).

길잡이 '헷갈리다'는 [헷+갈리다]로 된 낱말이다. 그리고 그 뜻은 '정신을 차리기 어렵다' 또는 '여러 갈래로 뒤섞이어 갈피를 못 잡다'이며, 이와 비슷한 낱말로 '헛갈리다'가 있다. 이 말의 어원은 평북 방언에 '이유 없는 또는 보람 없는' 뜻인 '헷'에서 찾을 수 있다. 고어에도 '헷'이 쓰였는데 '黃蓋 니로되 공이 말직간 업슴이 이시면 黃蓋 헷 괴로옴을 바들랏다'〈삼역 6:20〉가 있다. 이와 비슷하게 우리말 접두사 '헛-'도 '이유 없는', '보람 없는' 뜻을 가지고 있다. 그래서 '헛갈리다'라는 말도 있게 된 것이다. '헛'을 한자어 '허(虛)+ㅅ'의 짜임으로 볼 수도 있다. 같은 어원을 가진 말로 '헤매다'의 '헤-'도 마찬가지이다.

'행가래'와 '헹가래'

선수들은 감독을 헹가래(　), 행가래(　) 쳤다.

길잡이 기쁜 일을 나타내거나 잘못을 벌주는 뜻으로 여러 사람이 한 사람을 높이 추켜올렸다 받았다 하는 짓을 '헹가래'라 한다. 이 말은 원래 '가래질'의 하나로 '가래로 흙을 파기 전에 빈 가래로 손을 맞춰 보는 것을 이르는 것으로 앞으로 쭉 미끄러져 나갔던 장부(가래 자루)를 회수할 때 줄을 계속 팽팽하게 켱겨쥐어 가래를 어르는 것'을 말한다. 헹가래 말고도 '얼렁가래', '삽가래' 등이 있다. '헹가래'를 '행가래'로 잘못 쓰는 경우가 있다.

'홀리다'와 '호리다'

그는 여자에게 홀려서(　), 호려서(　) 돈을 다 빼앗겼다.

그 남자는 여자를 호릴(　), 홀릴(　) 수 있는 매력을 가지고 있다.

길잡이 뜻이 비슷한 동사 가운데 '호리다'와 '홀리다'가 있다. '호리다'는 타동사로 '매력으로 남을 유혹하여 정신을 흐리게 하다.'의 뜻을 가지고 있다. 그래서 '여자를 호릴 수 있는 매력을 가지고 있다'와 같이 쓰인다. '홀리다'는 '−에게 무엇의 유혹에 빠져 정신을 차리지 못하다'의 뜻으로 '여우에게 홀리다', '여자에게 홀리다'와 같이 쓰인다. 그런데 '홀리다'에도 '−을 유혹하여 정신을 차리지 못하게 하다.'의 뜻이 있는 것으로 되어 있다. '여우가 자기를 홀리고 있는지도 모른다.'와 같이 쓰인다. 따라서 '홀리다'는 피동형과 사동형 둘 다 쓰일 수 있으나, '호리다'는 사동형으로만 쓰인다.

'후레자식'과 '호로자식', '호래자식'

아버지에게 대들다니 저런 후레자식(　), 호래자식(　), 호로자식(　), 후래자식 (　)이 어디 있나.

'배운 데 없이 제멋대로 자라 교양이나 예의범절이 없는 사람을 속되게 부르는 말'로 '후레자식'
또는 '호래자식'이란 말이 있다.

　　이 말은 홀아버지나 홀어머니 밑에서 자란 뜻의 '홀'에서 나왔다는 주장과, 예의 범절이 없는 오
랑캐 노비의 자식이라는 뜻인 '호로자식(胡奴子息)'에서 나왔다는 주장이 있다. 표준어로는 '후레
자식'과 '호래자식'이 다 맞는 것으로 되어 있다.

'흐느적거리다'와 '허느적거리다'

　　그 사람은 지쳐 흐느적(　), 허느적(　)거리면서 걸었다.

'흐느적거리다'는 '가늘고 긴 나뭇가지나 얇고 가벼운 물건과 같은 것이 잇달아 부드럽고 느리
게 움직이는 모습'이다.

　　부사로 '흐느적흐느적'이 있고, 여기에 '–하다'가 붙으면 '흐느적흐느적하다'라는 동사가 된다.

'흐리멍텅하다'와 '흐리멍덩하다'

　　나이가 들어갈수록 머리가 흐리멍텅해진다(　), 흐리멍덩해진다(　).

'정신이 맑지 못하고 흐린 상태'를 나타내는 말로 '흐리멍덩'이 있다. 동사로 '흐리멍덩하다'가 있
다. 이를 우리는 흔히 '흐리멍텅하다'라고 잘못 쓰고 있다. 고어에 '흐리뭉둥ᄒ다(譯解)'이라는 말
이 있는데 이 말은 형용사 '흐리다'와 '멍덩하–'가 결합된 말이다. 부사는 '흐리멍덩히'이다. '흐리
멍텅'은 사전에 북한어로 되어 있다. 그런데 우리말에 '멍청이'의 뜻인 '멍텅구리'라는 말이 있는 것
으로 보면 '흐리멍덩'보다 '흐리멍텅'이 더 친숙한 말이 아닌가 한다.

[개정된 표준어 목록]

[2011년 9월 1일 개정]

추가된 표준어	현재 표준어	뜻 차이
간지럽히다	간질이다	
남사스럽다	남우세스럽다	
등물	목물	
맨날	만날	
묫자리	묏자리	
복숭아뼈	복사뼈	
세간살이	세간	
쌉싸름하다	쌉싸래하다	
토란대	고운대	
허접쓰레기	허섭스레기	
흙담	토담	
~길래	~기에	~길래: '~기에'의 구어적 표현.
개발새발	괴발개발	'괴발개발'은 '고양이의 발과 개의 발'이라는 뜻이고, '개발새발'은 '개의 발과 새의 발'이라는 뜻임.
나래	날개	'나래'는 '날개'의 문학적 표현.
내음	냄새	'내음'은 향기롭거나 나쁘지 않은 냄새로 제한됨.
눈꼬리	눈초리	• 눈초리: 어떤 대상을 바라볼 때 눈에 나타나는 표정. 예) '매서운 눈초리' • 눈꼬리: 눈의 귀 쪽으로 째진 부분.
떨구다	떨어뜨리다	'떨구다'에 '시선을 아래로 향하다'라는 뜻 있음.
뜨락	뜰	'뜨락'에는 추상적 공간을 비유하는 뜻이 있음.
먹거리	먹을거리	먹거리: 사람이 살아가기 위하여 먹는 음식을 통틀어 이름.
메꾸다	메우다	'메꾸다'에 '무료한 시간을 적당히 또는 그럭저럭 흘러가게 하다.'라는 뜻이 있음.
손주	손자(孫子)	• 손자: 아들의 아들. 또는 딸의 아들. • 손주: 손자와 손녀를 아울러 이르는 말.

● 현재 표준어와 같은 뜻을 가진 표준어로 인정한 것

추가된 표준어	현재 표준어	
구안와사	구안괘사	
굽신*	굽실	'굽신'이 표준어로 인정됨에 따라, '굽신거리다, 굽신대다, 굽신하다, 굽신굽신, 굽신굽신하다' 등도 표준어로 함께 인정됨.
눈두덩이	눈두덩	
삐지다	삐치다	
초장초	작장초	

● 현재 표준어와 뜻이나 어감이 차이가 나는 별도의 표준어로 인정한 것

추가 표준어	현재 표준어	뜻 차이
개기다	개개다	개기다: (속되게) 명령이나 지시를 따르지 않고 버티거나 반항하다. (※개개다: 성가시게 달라붙어 손해를 끼치다.)
꼬시다	꾀다	꼬시다: '꾀다'를 속되게 이르는 말. (※꾀다: 그럴듯한 말이나 행동으로 남을 속이거나 부추겨서 자기 생각대로 끌다.)
놀잇감	장난감	놀잇감: 놀이 또는 아동 교육 현장 따위에서 활용되는 물건이나 재료. (※장난감: 아이들이 가지고 노는 여러 가지 물건.)
딴지	딴죽	딴지: ((주로 '걸다, 놓다'와 함께 쓰여)) 일이 순순히 진행되지 못하도록 훼방을 놓거나 어기대는 것. (※딴죽: 이미 동의하거나 약속한 일에 대하여 딴전을 부림을 비유적으로 이르는 말.)
사그라들다	사그라지다	사그라들다: 삭아서 없어져 가다. (※사그라지다: 삭아서 없어지다.)
섬찟*	섬뜩	섬찟: 갑자기 소름이 끼치도록 무시무시하고 끔찍한 느낌이 드는 모양. (※섬뜩: 갑자가 소름이 끼치도록 무섭고 끔찍한 느낌이 드는 모양.)
속앓이	속병	속앓이: 「1」속이 아픈 병. 또는 속에 병이 생겨 아파하는 일. 「2」겉으로 드러내지 못하고 속으로 걱정하거나 괴로워하는 일. (※속병: 「1」몸속의 병을 통틀어 이르는 말. 「2」'위장병01'을 일상적으로 이르는 말. 「3」화가 나거나 속이 상하여 생긴 마음의 심한 아픔.
허접하다	허접스럽다	허접하다: 허름하고 잡스럽다. (※허접스럽다: 허름하고 잡스러운 느낌이 있다.)

* '섬찟'이 표준어로 인정됨에 따라, '섬찟하다, 섬찟섬찟, 섬찟섬찟하다' 등도 표준어로 함께 인정됨.

[2016년 1월 1일 개정]

● 복수 표준어: 현재 표준어와 같은 뜻을 가진 표준어로 인정한 것

추가 표준어	현재 표준어	비고
마실	마을	• '이웃에 놀러 다니는 일'의 의미에 한하여 표준어로 인정함. '여러 집이 모여 사는 곳'의 의미로 쓰인 '마실'은 비표준어임. • '마실꾼, 마실방, 마실돌이, 밤마실'도 표준어로 인정함. (예문) 나는 아들의 방문을 열고 이모네 마실 갔다 오마고 말했다.
이쁘다	예쁘다	• '이쁘장스럽다, 이쁘장스레, 이쁘장하다, 이쁘디이쁘다'도 표준어로 인정함. (예문) 어이구, 내 새끼 이쁘기도 하지.
찰지다	차지다	• 사전에서 〈'차지다'의 원말〉로 풀이함. (예문) 화단의 찰진 흙에 하얀 꽃잎이 화사하게 떨어져 날리곤 했다.
‐고프다	‐고 싶다	• 사전에서 〈'‐고 싶다'가 줄어든 말〉로 풀이함. (예문) 그 아이는 엄마가 보고파 앙앙 울었다.

● 별도 표준어: 현재 표준어와 뜻이 다른 표준어로 인정한 것(5개)

추가 표준어	현재 표준어	뜻 차이
꼬리연	가오리연	• 꼬리연: 긴 꼬리를 단 연. ※ 가오리연: 가오리 모양으로 만들어 꼬리를 길게 단 연. 띄우면 오르면서 머리가 아래위로 흔들린다. (예문) 행사가 끝날 때까지 하늘을 수놓았던 대형 꼬리연도 비상을 꿈꾸듯 끊임없이 창공을 향해 날아올랐다.
의론	의논	• 의론(議論): 어떤 사안에 대하여 각자의 의견을 제기함. 또는 그런 의견. ※ 의논(議論): 어떤 일에 대하여 서로 의견을 주고 받음. • '의론되다, 의론하다'도 표준어로 인정함. (예문) 이러니저러니 의론이 분분하다.
이크	이키	• 이크: 당황하거나 놀랐을 때 내는 소리. '이키'보다 큰 느낌을 준다. ※ 이키: 당황하거나 놀랐을 때 내는 소리. '이끼'보다 거센 느낌을 준다. (예문) 이크, 이거 큰일 났구나 싶어 허겁지겁 뛰어갔다.
잎새	잎사귀	• 잎새: 나무의 잎사귀. 주로 문학적 표현에 쓰인다. ※ 잎사귀: 낱낱의 잎. 주로 넓적한 잎을 이른다. (예문) 잎새가 몇 개 남지 않은 나무들이 창문 위로 뻗어올라 있었다.
푸르르다	푸르다	• 푸르르다: '푸르다'를 강조할 때 이르는 말. ※ 푸르다: 맑은 가을 하늘이나 깊은 바다, 풀의 빛깔과 같이 밝고 선명하다. • '푸르르다'는 '으불규칙용언'으로 분류함. (예문) 겨우내 찌푸리고 있던 잿빛 하늘이 푸르르게 맑아 오고 어디선지도 모르게 흙냄새가 뭉클하니 풍겨 오는 듯한 순간 벌써 봄이 온 것을 느낀다.

● 복수 표준형: 현재 표준적인 활용형과 용법이 같은 활용형으로 인정한 것

추가 표준형	현재 표준형	비고
말아 말아라 말아요	마 마라 마요	• '말다'에 명령형어미 '–아', '–아라', '–아요' 등이 결합할 때는 어간 끝의 'ㄹ'이 탈락하기도 하고 탈락하지 않기도 함. (예문) 내가 하는 말 농담으로 듣지 마/말아. 　　　얘야, 아무리 바빠도 제사는 잊지 마라/말아라. 　　　아유, 말도 마요/말아요.
노랗네 동그랗네 조그맣네 …	노라네 동그라네 조그마네 …	• ㅎ불규칙용언이 어미 '–네'와 결합할 때는 어간 끝의 'ㅎ'이 탈락하기도 하고 탈락하지 않기도 함. • '그렇다, 노랗다, 동그랗다, 뿌옇다, 어떻다, 조그맣다, 커다랗다' 등등 모든 ㅎ불규칙용언의 활용형에 적용됨. (예문) 생각보다 훨씬 노랗네/노라네. 　　　이 빵은 동그랗네/동그라네. 　　　건물이 아주 조그맣네/조그마네.

[2017년 1월 1일 개정]

● 추가 표준어(4항목)

추가 표준어	현재 표준어	뜻 차이
걸판지다	거방지다	• 걸판지다 [형용사] ① 매우 푸지다. ¶ 술상이 걸판지다 / 마침 눈먼 돈이 생긴 것도 있으니 오늘 저녁은 내가 걸판지게 사지. ② 동작이나 모양이 크고 어수선하다. ¶ 싸움판은 자못 걸판져서 구경거리였다. / 소리판은 옛날이 걸판지고 소리할 맛이 났었지.
		• 거방지다 [형용사] ① 몸집이 크다. ② 하는 짓이 점잖고 무게가 있다. ③ =걸판지다①.
겉울음	건울음	• 겉울음 [명사] ① 드러내 놓고 우는 울음. ¶ 꼭꼭 참고만 있다 보면 간혹 속울음이 겉울음으로 터질 때가 있다. ② 마음에도 없이 겉으로만 우는 울음. ¶ 눈물도 안 나면서 슬픈 척 겉울음 울지 마.
		• 건울음 [명사] =강울음. • 강울음 [명사] 눈물 없이 우는 울음, 또는 억지로 우는 울음.

추가 표준어	현재 표준어	뜻 차이
까탈스럽다	까다롭다	• 까탈스럽다 [형용사] ① 조건, 규정 따위가 복잡하고 엄격하여 적응하거나 적용하기에 어려운 데가 있다. '가탈스럽다①'보다 센 느낌을 준다. ¶ 까탈스러운 공정을 거치다 / 규정을 까탈스럽게 정하다 / 가스레인지에 길들여진 현대인들에게 지루하고 까탈스러운 숯 굽기 작업은 쓸데없는 시간 낭비로 비칠 수도 있겠다. ② 성미나 취향 따위가 원만하지 않고 별스러워 맞춰 주기에 어려운 데가 있다. '가탈스럽다②'보다 센 느낌을 준다. ¶ 까탈스러운 입맛 / 성격이 까탈스럽다 / 딸아이는 사 준 옷이 맘에 안 든다고 까탈스럽게 굴었다. ※ 같은 계열의 '가탈스럽다'도 표준어로 인정함.
		• 까다롭다 [형용사] ① 조건 따위가 복잡하거나 엄격하여 다루기에 순탄하지 않다. ② 성미나 취향 따위가 원만하지 않고 별스럽게 까탈이 많다.
실뭉치	실몽당이	• 실뭉치 [명사] 실을 한데 뭉치거나 감은 덩이. ¶ 뒤엉킨 실뭉치 / 실뭉치를 풀다 / 그의 머릿속은 엉클어진 실뭉치같이 갈피를 못 잡고 있었다.
		• 실몽당이 [명사] 실을 풀기 좋게 공 모양으로 감은 뭉치.

● 추가 표준형(2항목)

추가 표준형	현재 표준형	비고
엘랑	에는	• 표준어 규정 제25항에서 '에는'의 비표준형으로 규정해 온 '엘랑'을 표준형으로 인정함. • '엘랑' 외에도 'ㄹ랑'에 조사 또는 어미가 결합한 '에설랑, 설랑, −고설랑, −어설랑, −질랑'도 표준형으로 인정함. • '엘랑, −고설랑' 등은 단순한 조사/어미 결합형이므로 사전 표제어로는 다루지 않음. (예문) 서울엘랑 가지를 마오. 　　　 교실에설랑 떠들지 마라. 　　　 나를 앞에 앉혀놓고설랑 자기 아들 자랑만 하더라.
주책이다	주책없다	• 표준어 규정 제25항에 따라 '주책없다'의 비표준형으로 규정해 온 '주책이다'를 표준형으로 인정함. • '주책이다'는 '일정한 줏대가 없이 되는 대로 하는 짓'을 뜻하는 '주책'에 서술격조사 '이다'가 붙은 말로 봄. • '주책이다'는 단순한 명사+조사 결합형이므로 사전 표제어로는 다루지 않음. (예문) 이제 와서 오래 전에 헤어진 그녀를 떠올리는 나 자신을 보며 '나도 참 주책이군' 하는 생각이 들었다.

여섯째 마당

◇◇◇◇◇◇◇◇◇

틀리기 쉬운
한자어

이 마당에서는 우리가 사용하고 있는 한자어 가운데 낱말의 뜻이 비슷해서 잘못 쓰기 쉬운 것들을 모아 설명하였다. 한자어들은 주위에서 많이 사용하고 있는 낱말들을 중심으로 하였으며, 낱말의 의미는 《표준국어대사전》에 기대어 상식적이고 일반적인 수준에서 설명하였다.

이 책의 바탕에 어려운 한자어나 외래어를 쓰지 않는 뜻이 깔려 있음에도 굳이 한자어를 설명한 것은 한자어를 쓰지 않을 수 없을 경우에는 올바르게 쓸 수 있게 한 것이며, 곁들여 설명의 끝에 한자어에 대한 순화어를 제시함으로써 어려운 한자어 대신 쉬운 우리말로 바꾸어 쓰도록 하려는 데 뜻이 있다.

선생님의 가르침에 감사합니다(　), 감사드립니다(　).

합격을 축하합니다(　), 축하드립니다(　).

자주 인사드리겠습니다(　), 인사하겠습니다(　).

길잡이 '감사(感謝)하다'는 동사와 형용사로 쓰이는데 동사로는 '고맙게 여기다.'의 뜻이고 형용사로는 '고마운 마음이 있다.'의 뜻이다.

동사의 보기로 '나는 친구에게 도와준 것에 감사했다.', '부모님 은혜에 감사하고 있다.'로 쓰이고, 형용사 보기로는 '저의 무례를 용서해 주시면 감사하겠습니다.'와 같이 쓰인다.

그리고 '감사'가 명사로도 쓰이는데 '고마움을 나타내는 인사'와 '고맙게 여김, 또는 그런 마음'이라고 뜻매김해 놓았다. 그렇다면 '감사드립니다'라는 표현이 가능한가. '감사'가 명사로 '고마운 마음'의 뜻을 가지고 있기 때문에 이 마음을 상대에게 전하거나 줄 수가 있다. 그러나 '감사주다'라는 말은 불가능하다. '감사'라는 말 속에 높임의 의미를 담고 있기 때문에 서술어 '주다'보다 '드리다'와 호응이 자연스럽다. 이와 비슷한 말로 '인사'가 있다. '인사하다'가 가능하고 '인사를 드리다'도 가능하다. 1992년에 국립국어원에서 펴낸 《표준화법 해설》에는 '축하드리다'는 '축하하다'의 불필요한 공대라고 인정하지 않았다. 그러나 2011년에 펴낸 《표준 언어 예절》에서는 '축하드리다'와 '축하합니다', '감사합니다'와 '감사드립니다', '인사합니다'와 '인사드립니다' 모두 높임을 더욱 분명하게 드러내는 표현이라고 하여 인정하고 있다. 사전에 '드리다'는 '공손한 행위의 뜻을 더하고 동사를 만드는 접미사'라고 하여 '드리다'의 뜻넓이를 더 넓게 매김하였다. 따라서 '축하드립니다', '감사드립니다', '인사드립니다', '말씀드립니다'라는 말도 인정한 것이다.

이번 행사 비용은 회원들이 갹출(　), 각출(　), 거출(　)하기로 했다.

길잡이 '같은 목적을 위하여 여러 사람이 돈을 나누어 냄'의 뜻을 가진 한자어 '갹출(醵出)'이 있다. '갹(醵)'은 '술잔치할 갹, 추렴할 갹, 추렴할 거'로 읽는다. 따라서 '갹출'이라고도 하고 '거출'이라고도 한다. 추렴은 한자어 '출렴(出斂)'에서 나왔다고 하나 정확한 것은 알 수가 없다. '나누어(出) 내다', '거두다(斂)'와 같이 한자어 소리와 유사하여 '추렴'을 한자어 '출렴'의 어원으로 보고 있기도 하다. 우리말 '추렴'이 '모임이나 놀이 또는 잔치 따위의 비용으로 여럿이 각각 얼마씩의 돈을 내어 거둠'의 뜻을 가지고 있으니 어려운 한자어 '갹출'보다 '추렴'이란 말을 쓰는 것이 좋겠다. 아니면 '(돈을) 나누어 내다'로 풀어 쓰는 것이 이해하기가 쉽다.

　그런데 '갹출'을 '각출'이라고 하는 사람들이 있다.

　'각출(各出)'이란 말도 사전에 '각각 나옴, 각각 내놓음'의 뜻으로 올라 있다. 이 경우는 '재벌 기업마다 수재 의연금의 각출을 약속하였다'와 같이 '나누어 내다.'라는 뜻보다 그냥 '각각이 내는 것'을 나타낼 때 사용한다. 우리말로 '돈을 나누어 냄'으로 써도 된다.

'개발'과 '계발'

> 교육은 창의력을 개발(　), 계발(　)하도록 기회를 주어야 한다.
>
> 경제 개발(　), 계발(　)을 위해 투자를 많이 해야 한다.

길잡이 발음이 비슷하지만 뜻이 다른 한자어는 올바로 구별해서 사용해야 한다.

　한자어 '개발(開發)'과 '계발(啓發)'은 소리나 뜻이 비슷해서 잘못 쓰기 쉽다.

　'개발(開發)'은 '토지나 천연자원 따위를 유용하게 만듦.'의 뜻으로 '유전 개발, 수자원 개발'과 같이 쓰이고, '지식이나 재능 따위를 발달하게 함'의 뜻으로 '자신의 능력 개발'과 같이 쓰인다. 그리고 '산업이나 경제 따위를 발전하게 함'의 뜻을 가지고 있어서 '산업 개발'과 같이 쓰이고, '새로운 물건을 만들거나 새로운 생각을 내어놓음'의 뜻으로는 '신제품 개발, 핵무기 개발, 프로그램 개발'과 같은 보기로 쓰인다.

　반면에 '계발(啓發)'은 '슬기나 재능, 사상 따위를 일깨워 줌'의 뜻만 가지고 있어 '상상력 계발, 외국어 능력의 계발'과 같은 보기로 쓰인다. '창의력 계발', '소질 계발', '상상력 계발'과 같은 교육적 용어로 주로 사용된다. 쉽게 생각해서 '개발(開發)'은 물질적인 면에서 발달하게 하거나 새롭게 만들어 내는 것이라면, '계발(啓發)'은 정신적인 면에서 잠재된 능력을 일깨워 주고 키워 주는 뜻으로 보면 된다. '개발'과 '계발' 모두 동사 '개발하다'와 '개발되다', '계발하다'와 '계발되다'가 가능하다. 한자 '계(啓)'의 글자 해석은 '입을 열어 깨우치다'라는 뜻이다. '계발하다'는 순화어로 '일깨우다'로 되어 있다.

그 죄인은 개전(   ), 개준(   )의 모습을 전혀 보이지 않았다.

길잡이 '행실이나 태도의 잘못을 뉘우치고 마음을 바르게 고쳐먹음'의 뜻을 가진 한자어로 '개전(改悛)'이란 말이 있다. 그래서 '개전의 정을 보이다.', '죄인에게 개전의 기회를 주다.'와 같이 쓰인다. 비슷한 말로 '개과(改過)', '개심(改心)'이란 말이 있으며 동사로 '개전하다'가 있다.

그런데 '개전'을 '개준'이라고 하는 사람들이 있다. '개전(改悛)'의 '전(悛)'은 '고치다', '깨닫다'의 의미를 가진 한자다. 그런데 '개전'을 '개준'이라고 한 것은 한자 '전(悛)'와 '준(俊)'이 비슷하기 때문이다. '개전'보다 '뉘우치다'라는 우리말을 쓰는 것이 좋겠다.

나는 오늘 자동차운전면허증을 갱신(   ), 경신(   )했다.
그는 마라톤 세계 기록을 경신(   ), 갱신(   )했다.

길잡이 한자어에 같은 글자가 두 가지 뜻으로 쓰이는 경우가 많다. 그 가운데 하나가 '경(更)' 자다. 이 '경(更)' 자는 '고치다'와 '다시', '새롭다' 등의 뜻을 가지고 있다. 이 글자로 이루어진 낱말로 '경신(更新)'과 '갱신(更新)'이 있다. '경신(更新)'은 사전적으로 '이미 있던 것을 고쳐 새롭게 함'으로 되어 있고, '고침'으로 순화하라고 되어 있다. '종묘 개량 경신'과 같이 쓰이나 일상적으로 잘 쓰지 는 말이다. 그리고 '기록경기 따위에서 종전의 기록을 깨뜨림'의 뜻으로 '마라톤 세계 기록 경신'과 같이 쓰이며, '어떤 분야의 종전 최고치나 최저치를 깨뜨림'의 뜻으로 '주가가 반등세를 보이며 연중 최고치 경신이 가능할 것으로 보인다.'와 같은 보기로 쓰인다.

이와 비슷한 말로 '갱신(更新)'이 있다. '이미 있던 것을 고쳐 새롭게 함'의 뜻으로 동일하게 쓰인다. 그러나 법률적 용어로는 '경신(更新)'이 아니라 '갱신(更新)'이 쓰인다. '법률관계의 존속 기간이 끝났을 때 그 기간을 연장하는 일. 계약으로 기간을 연장하는 하는 일'의 뜻으로 '계약 갱신, 비자 갱신, 여권 갱신'과 같은 보기로 쓰인다. 둘 다 동사 '경신하다', '갱신하다', '경신되다', '갱신되다'로도 쓰인다.

우리말로 '다시'라는 말과 '새롭게', '바꿈'이라는 말을 쓸 수 있다.

'건강하십시오'와 '행복하십시오'

교수님 건강하십시오(   ), 건강하시길 바랍니다(   ).

여러분, 행복하십시오(   ), 행복하게 지내십시오(   ).

길잡이 우리말 인사말에 흔히 사용하고 있는 '건강하십시오'나 '행복하십시오'라는 말이 과연 어법에 맞는 말일까. '건강(健康)하다'는 사전에 형용사로 '정신적으로나 육체적으로 아무 탈이 없고 튼튼하다.'라고 뜻매김하고 있다.

따라서 '건강하십시오'와 같이 형용사의 명령형은 어법으로 잘못된 말이다. '행복하다'도 마찬가지이다. '행복하다'가 형용사로 상태를 나타내는 말이기 때문에 '행복하십시오'라고 명령형으로 쓸 수가 없다. 이것은 형용사 '깨끗하다', '지루하다'를 '깨끗하십시오', '지루하십시오'와 같이 쓸 수 없는 것과 같다. '건강하다'가 용언이기 때문에 활용이 가능해서 '건강하고', '건강하게', '건강하기' 등으로 쓸 수가 있다. 따라서, '건강하게 지내십시오.', '건강하시길 바랍니다.', '행복하게 지내십시오.', '행복하시길 바랍니다.' 등으로 쓸 수가 있다.

그런데 이런 말들이 가능한 것처럼 보이는 까닭은 [명사+하다]에서 명사의 의미 자질적인 특성과 화자와 청자의 발화 태도에 있는 것으로 보인다. 어근의 [동작성] 정도와 화자의 [기대성], [긍정성] 정도에 따라 형용사라도 명령형의 가능성 정도에 어느 정도 영향이 있는 것으로 보인다. 앞으로 이런 말들은 두루 많이 쓰기 때문에 관용적으로 수용할 수 있을 것으로 보인다.

'결딴나다'와 '절딴나다', '작살나다'

아버지가 사업에 실패해서 집안이 결딴났다(   ), 절딴났다(   ), 절단났다(   ), 작살났다(   ).

길잡이 우리말 '결딴나다'를 한자어로 잘못 알기 쉽다. 그러나 '결딴나다'는 고유어로 사전에 '어떤 일이나 물건 따위가 아주 망가져서 도무지 손을 쓸 수 없는 상태가 되다.'로 되어 있다. 그래서 '아이가 장난감을 집어던져 결딴났다.'와 같이 쓰인다. 비슷한 의미로 '살림이 망하여 거덜 나다.'의 뜻으로 '사업 실패로 집안이 완전히 결딴났어.'와 같이 쓰인다.

'결딴나다'를 한자어 '결단(決斷)나다'나 '절단(切斷)나다', '절단(絶斷)나다'로 생각하기 쉽다. 그러나 이러한 동사들은 지금 사전에 등재되어 있지 않다. 한자어 '결단(決斷)'은 '결정적인 판단을 하거나 단정을 내림. 또는 그런 판단이나 단정'의 뜻이며 '절단(切斷)'은 '자르거나 베어서 끊음', '절단(絶斷)'은 '관계를 끊음'의 뜻으로 명사로만 쓰인다. 따라서 이들은 '결딴나다'와는 뜻이 다르다. 그리고 '결딴나다'와 비슷한 말로 '작살나다'라는 말도 표준어이다. '작살나다'는 '완전히 깨어지거나 부서지다'와 '아주 결딴이 나다'와 같은 뜻으로 쓰인다. 그런데 '결딴나다'를 경상 방언에서는 '절딴나다'라고 하는 사람이 많다. 전라 방언에서는 '아작나다'라는 말도 쓰곤 한다. 그러나 표준어는 '결딴나다', '작살나다'이다.

아마 이 '결딴나다'도 한자어 '절단'에서 온 것이 아닌가 한다.

'결제'와 '결재'

그는 현금이 부족해서 카드로 결제( ), 결재( )했다.

그는 부장님께 이번 행사에 대한 결제( ), 결재( )를 받았다.

길잡이 우리는 가끔 '결제(決濟)'와 '결재(決裁)'를 혼동하여 쓰는 경우가 있다. 먼저, 한자어 '결제(決濟)'는 사전에 두 가지 뜻으로 제시되어 있다. 하나는 '일을 처리하여 끝을 냄'이고, 다른 하나는 '증권 또는 대금을 주고받아 매매 당사자 사이의 거래 관계를 끝맺는 일'이다.

첫 번째 보기는 일상적으로 잘 안 쓰는 말이다. 혼동해서 쓰는 말은 두 번째 뜻이다. 돈의 거래 관계를 끝맺는 뜻으로 '결제 대금', '어음 결제'와 같이 쓰인다. 동사로도 쓰이는데 '결제하다', '결제되다'가 사전에 등재되어 있다. 보기로 '물건 값을 카드로 결제하다, 물품 대금은 나중에 예치금에서 자동으로 결제된다.'와 같이 쓰인다.

이와 비슷한 소리를 가진 한자어로 '결재(決裁)'가 있다. 이 말의 뜻은 '결정할 권한이 있는 상관이 부하가 제출한 안건을 검토하여 허가하거나 승인함'으로 되어 있다. 그래서 '결재 서류, 결재가 나다, 결재를 받다, 결재를 올리다'와 같이 쓰인다. 동사로는 '결재(決裁)하다'가 있는데 이 말의 뜻도 '결정할 권한이 있는 상관이 부하가 제출한 안건을 검토하여 허가하거나 승인하다.'와 같이 명사 결재(決裁)의 의미를 가진 동사이다. 보기로는 '서류를 결재하다, 기안을 결재하다'와 같이 쓰인다. '재가(裁可)'를 '결재(決裁)'로 순화하도록 하고 있다.

'경우'와 '경위'

사람은 경우( ), 경위( )에 어긋나는 행동은 하지 않는 것이 좋다.

그 사람은 경우( ), 경위( )가 분명한 사람이다.

길잡이　한자어 '경우'와 '경위'를 구별하지 못하고 쓰는 경우가 있다. '경우(境遇)'에는 '사리나 도리의 뜻'과 '놓여 있는 조건이나 놓이게 된 형편이나 사정'이라는 뜻이 있다. 사리나 도리의 뜻으로는 '경우가 아니다, 경우에 맞다'와 같이 쓰기도 한다. 그리고 우리가 많이 쓰고 있는 형편이나 사정의 뜻으로는 '만약의 경우, 대개의 경우, 우리가 어려움에 처한 경우'와 같이 쓰인다. 그런데 첫 번째 의미와 비슷한 말로 '경위(經緯)'가 있다.

　'경위(經緯)'는 '사리의 옳고 그름이나 이러하고 저러함에 대한 분별'이라는 뜻으로 그 어원은 중국에 큰 강인 경수(涇水)와 위수가 있는데 경수 강물은 흐리고, 위수 강물은 맑아 경수와 위수의 강물을 구별할 수 있는 것처럼 사리를 뚜렷이 구별한다는 말에서 나왔다고 한다. 그래서 '경위'는 '경수'와 '위수'를 일컫는다. '사건의 경위를 밝혀야 한다.', '경위가 분명하다'와 같은 보기로 쓰인다.

'경품'과 '상품'

　추첨 행사에서 당첨자에게 자동차를 경품(　), 상품(　)으로 주었다.

길잡이　일정한 액수 이상의 물건을 사면 사는 사람에게 덤으로 주는 것을 '경품(景品)'이라고 한다. 사전에 '경품'은 두 가지 뜻으로 새기고 있는데, 하나는 '특정한 기간 동안 많은 상품을 팔고 손님의 호감을 얻기 위해, 일정한 액수 이상의 상품을 사는 손님에게 곁들여 주는 물품'의 뜻으로 '경품 증정, 수건을 경품으로 나누어 주다.'와 같이 쓰인다. 다른 하나는 '어떤 모임에서 제비를 뽑아 선물로 주는 물품'으로 쓰인다. 이런 뜻의 경품은 '**덤 상품**'으로 순화하도록 하였다. '경품 추첨', '경품 행사'와 같이 쓰인다. 원래 경품은 일본식 한자어로 '경품'의 '경(景)'은 '일본어에서 우수(일정한 수효 외에 더 받는 물건)를 주어 손님을 기쁘게 대접한다.'는 뜻이다. 따라서 경품에는 우리말 '덤'이라는 뜻이 담겨 있지 않다.

　그런데 '경품'과 비슷한 말로 '상품(賞品)'이 있다. '상품(賞品)'은 '상으로 주는 물품'의 뜻이다. 상품은 어떤 형식으로든 '겨룸'이 있어야 한다. '대회에서 일등 상품을 받았다.', '대회에서 우승의 상품을 받았다.'와 같이 쓰인다. 따라서 '상품'은 겨룸의 결과에 따라 물건을 주는 것이고, '경품'은 물건을 사는 데 덤으로 주거나 행사를 위해서 선물의 형태로 주는 것이다.

'게시'와 '계시'

　합격자 명단을 알림판에 게시(　), 계시(　)해 두었다.

길잡이 '게시(揭示)하다'는 '여러 사람에게 알리기 위하여 내붙이거나 내걸어 두루 보게 하다'의 뜻이다. 그래서 게시해서 알리는 판을 '게시판'이라고 한다. 게시판보다 '알림판'으로 쓰는 것이 좋겠다. 그리고 '게시'와 비슷하게 소리가 나는 '계시(啓示)'가 있다. '계시하다'는 '깨우쳐 보여 주다'의 뜻이다. 잘 쓰이지 않는 말이다. 주로 종교적으로 많이 사용하는 말로 '사람의 지혜로서는 알 수 없는 진리를 신이 가르쳐 알게 하다'라는 뜻이다. '신의 계시가 있다'와 같이 쓰인다. 우리말 '알림, 알려 줌'으로 순화해서 사용하는 것이 좋겠다.

'고소'와 '고발'

나를 폭행한 그 사람을 경찰에 고소했다(   ), 고발했다(   ).

경찰이 길가는 사람을 폭행한 사람을 고소했다(   ), 고발했다(   ).

길잡이 법률 용어 가운데 '고소(告訴)'와 '고발(告發)'이란 말이 있다. '고소'는 직접 피해를 입은 사람이나 피해자의 친족, 배우자, 자손인 대리인이 가해자를 수사기관에 범죄 사실을 신고하여 가해자의 처벌을 요구하는 행위이다.

'고발'은 피해자가 아닌 제삼자가 범죄 사실을 수사 기관에 범죄자의 처벌을 요구하는 행위를 말한다. 그리고 '고소'는 고소한 행위를 한 번 취하하면 다시 처벌을 요구할 수 없지만, '고발'은 취하하더라도 다시 처벌을 요구할 수 있다는 점이 다르다. 또 '고소'는 범죄 사실을 안 이후 6개월 안에 해야 하지만, '고발'은 정해진 기간이 없다는 점이 고소와 다르다.

공통점은 '고소'와 '고발' 모두 자기 자신이나 배우자의 직계 존속에 대해서는 할 수 없다는 점이다. 위에서는 각각 '경찰에 고소했다.', '사람을 고발했다.'가 맞다.

'곤색'과 '남색'

그 사람은 곤색(   ), 남색(   ), 감색(   ) 옷을 잘 입는다.

길잡이 우리말에 색을 나타내는 말은 고유어와 한자어 그리고 외래어 삼중 구조로 되어 있다. 예컨대, '붉은색-적색-레드'와 같다. 여기에 일본어가 있는 경우도 있다. 그 가운데 우리가 흔히 사용하고 있는 '곤색'은 일본어이다. '곤색'은 한자어로 '남색'을 말한다. 그런데 '곤색'이나 '남색'을 나타내는 고유어는 없다. 굳이 말한다면 '짙은 푸른색'이 남색에 가깝다. '남색'은 사전에 '푸른빛을 띤 자주색, 또는 그런 색의 물감'이라고 되어 있다. '감색(紺色)'은 '짙은 청색에 적색 빛깔이 풍기는 색'이라고 되어 있다. 따라서 '감색'과 '남색'은 정확하게 동일한 색은 아니다.

어쨌든 '곤색'이라는 일본어는 쓰지 않아야 하며, '남색'이나 '감색' 아니면 '짙은 푸른색'이라는 말을 쓰는 것이 좋겠다.

'곤혹'과 '곤욕'

그는 상관에게 항상 곤혹(   ), 곤욕(   )을 치렀다.

예기치 못한 상황에서 곤혹(   ), 곤욕(   )을 느꼈다.

길잡이 의미는 다른데 소리가 비슷해서 잘못 사용하는 낱말 가운데 '곤욕(困辱)'과 '곤혹(困惑)'이 있다.

'곤욕'은 사전에 '심한 모욕, 또는 참기 힘든 일'의 뜻으로 새기고 '곤욕을 치르다', '곤욕을 겪다'와 같은 보기로 쓰이는 것으로 되어 있다. 그러나 '곤혹'은 '곤란한 일을 당하여 어찌할 바를 모름'의 뜻으로 '예기치 못한 질문에 곤혹을 느끼다'와 같이 쓴다. 흔히 '곤욕을 치르다.'와 같이 쓰인다. 동사로 '곤욕하다'는 말은 없으나 '곤혹하다'는 동사로도 쓰인다. '곤혹하다'는 '곤란한 일을 당하여 어찌할 바를 모르다.'의 뜻이다. '곤혹한 상황', '곤혹한 질문과 같이 쓴다. 그러나 '곤욕(困辱)'은 '참기 어려운 일', '어려움'으로, '곤혹(困惑)'은 '어찌할 바를 모르다'와 같이 우리말로 풀어쓰는 것이 좋겠다.

'공표'와 '공포'

정기국회에서 통과된 법률을 관보에 공표(   ), 공포(   )했다.

새 공항 입지가 조만간 공표된다(   ), 공포된다(   ).

길잡이 한자어 '공표(公表)'와 '공포(公布)'는 뜻이 비슷하다. '공표(公表)'는 '여러 사람에게 널리 드러내어 알림'의 뜻으로 '공개 발표', '발표'로 순화하도록 하고 있다.

'학회는 결정적 증거가 나오기 전까지 새 학설의 공표를 미루기로 결정하였다.', '새 공항 입지가 공표되기를 기다리고 있다.'와 같이 쓰인다.

그런데 '공포(公布)'도 '공표'와 같이 '일반 대중에게 널리 알림'의 뜻을 가지고 있다. 사전에 '선생님께서 들어오시더니 시험 날짜를 공포하셨다.'와 같은 보기로 쓰인다고 되어 있다. 그러나 실제 이와 같은 보기로는 쉽게 쓰지 않는 말이다. '공포'의 또 다른 뜻인 '이미 확정된 법률, 조약, 명령 따위를 일반 국민에게 널리 알리는 일. 관보(官報) 따위의 정부의 정기 간행물에 게재하여 알린다.'가 있다. 그래서 '이번에 법률을 공포하였다.', '조약을 공포하다.'와 같이 쓰인다.

  '공포'는 '널리 알림'으로, '공표'는 '(공개) 발표'로 순화어를 제시해 놓았다.

'과반수'와 '과반수 이상'

안건이 통과하기 위해서는 과반수 이상( ), 과반수( )의 찬성을 얻어야 한다.

길잡이 '과반수(過半數)'는 '반수(半數)를 넘어선(過)'의 의미를 가진 말이다. 이 말에 이미 '넘어서다'라는 말이 있기 때문에 '이상'이라는 말은 필요 없다. 따라서 '과반수 이상'이라고 하면 과(過)와 이상(以上)이라는 의미가 겹쳐 쓰인 것이다.

  이와 같은 말을 보기로 들면 다음 표와 같은 것들이 있다. 대부분 이러한 말들은 한자어와 우리말의 의미가 겹쳐 일어나는 현상이다. 그런데 이러한 말들은 우리 일상생활에서 너무 많이 쓰는 관용구와 같아서 굳이 무리하게 구별해서 쓰는 것이 오히려 어색하게 보이는 경우도 많다. 가능한 한 한자어를 풀어서 우리말로 적을 수 있는 말이면 우리말로 적는 것이 좋다.

가뭄이 해갈되다	바로 직진하다	차가운 냉기/냉수/냉방
가까운 근방	방치해 놓다	차에 승차하다/하차하다/ 배에 승선하다/하선하다
간단히 요약하다	산재해 있다	처갓집/외갓집
개인적 사견	새신랑/새 신곡/	축구 차다
결실을 맺다	서로 상극/상충	파편 조각
근거 없는 낭설	스스로 자각	판이하게 다르다
날조된 조작극	어려운 난관	푸른 창공
남은 여생/여분/여가	여러 제반 사항	피해를 당하다/입다
넓은 광장/좁은 협곡	여분을 남기다	크게 대로하다
뇌리 속	역전 앞	한옥 집
늙은 고목	오래된 고목	황토 흙
다시 복습하다/재회/재론	우방국가	허송 세월을 보내다
대로길/철로길	접수받다	호피 가죽
둘로 양분하다	좋은 호평	혼자 독학하다

똑바로 직시하다	죽은 시체	홀로 독수공방으로 보내다
미리 예견하다/예고하다/ 예비하다/예습하다	집에서 가출하다	

'교육시키다'와 '교육하다'

국가 유공자 자녀를 무료로 교육시켜 줍니다(   ), 교육해 줍니다(   ).

나에게까지 거짓말시키면(   ), 거짓말하면(   ) 안 되지.

그 사람은 외화를 유출시킨(   ), 유출한(   ) 범인이다.

적의 비행기를 격추시켰다(   ), 격추했다(   ).

이러한 방법을 여러 곳에 적용시킬(   ), 적용할(   ) 수 있다.

잘못된 생활 습관을 개선시켜야(   ), 개선해야(   ) 한다.

나를 제외시키고(   ), 제외하고(   ) 자기들만 놀러 갔다.

 '교육(敎育)하다'와 '교육시키다'는 뜻이 서로 다르다. '교육하다'는 '지식과 기술 따위를 가르치며 인격을 길러 주다.'의 뜻이다. 그래서 '학생들을 올바르게 교육해야 한다. 요즘 교육하는 방법이 달라졌다.'와 같은 보기로 쓰인다. 그런데 '교육시키다'의 '시키다'는 '-가 -에게 -을 하게 하다'의 짜임을 가진 동사다. 그리고 접미사로 쓰여 사동의 뜻을 만들기도 한다.

'교육시키다'는 '부모가 선생님에게 자기 자녀에게 교육시키도록(교육하게) 했다.'와 같은 보기로 쓰일 수 있다. 따라서 자녀에게 무료로 '교육시켜 주는 것'이 아니고 '교육해 주는 것'이 맞다.

'거짓말시키다'라는 '거짓말하다'의 사동사는 사전에 등재되어 있지 않다. '거짓말 시키다'가 하나의 단어가 아니기 때문에 '거짓말(을) 시키다'와 같이 써야 한다. '거짓말 시키다'라는 말이 가능하기 위해서는 '누가 누구에게 거짓말을 하게 하다.'의 뜻으로 쓰여 '철수가 영희에게 거짓말 시켰다.'라고 하면 '철수가 영희에게 거짓말을 하도록 했다'는 뜻이 된다.

'유출(流出)하다'의 뜻은 '밖으로 흘려 내보내다.', '귀중한 물품이나 정보 따위를 불법적으로 나라나 조직의 밖으로 내보내다.'이다. 따라서 '외화를 유출한 장본인이다'로 해야 한다. '유출시키다'도 '유출(을) 시키다'로 띄어 써야 하며, '유출을 하게 하다'의 뜻으로 쓰일 수 있다. '그 사람은 부하에게 정보를 유출 시켰다'와 같은 문장은 가능하다.

접미사 '-시키다'를 붙여 사동사가 되는 동사에는 다음과 같은 말이 있다.

교육시키다/등록시키다/복직시키다/오염시키다/이해시키다/입원시키다/진정시키다/집합시키다/취소시키다/항복시키다/화해시키다 다음은 우리가 흔히 잘못 사용하고 말들이다.

격추시키다 → 격추하다, 적용시키다 → 적용하다, 개선시키다 → 개선하다, 제외시키다 → 제외하다

'괄시하다'와 '괄세하다'

내가 돈이 없다고 그렇게 괄시할(　), 괄세할(　) 수 있나.

길잡이 '남을 업신여겨 하찮게 대하다'의 뜻을 나타내는 말로 '괄시(恝視)하다'가 있다. 한자어 '괄시(恝視)'의 '괄(恝)' 자는 '걱정없다'는 뜻과 '소홀히 하다'의 뜻을 가지고 있다. '괄시하다'는 '남을 소홀하고 하찮게 보다.'의 뜻이 된다.
　'돈 좀 있다고 사람을 이렇게 괄시해도 되는 겁니까?'와 같이 쓰인다. 이 '괄시하다'를 '괄세하다'로 잘못 쓰는 사람들이 많다.
　'괄시하다'보다 아름다운 우리말 '업신여기다'라는 말을 쓰는 것이 좋겠다.

'구별하다'와 '구분하다'

공과 사를 구별하면서(　), 구분하면서(　) 근무를 해야 한다.
읽을 책과 읽은 책을 구분해(　), 구별해(　) 놓았다.

길잡이 서로 나누는 의미를 가진 한자어로 '구분(區分)'과 '구별(區別)'이 있다. '구분'은 '일정한 기준에 따라 전체를 몇 개로 갈라 나누다.'의 뜻이다. 동사로 '구분되다'와 '구분하다'가 있다. '내세는 천국과 지옥으로 구분된다.', '열차의 좌석을 경로석과 일반석으로 구분해 놓다.'와 같이 쓰인다. '구분'은 단순히 '나눔'에 의미의 초점이 있다. '구별'은 '성질이나 종류에 따라 차이가 남. 또는 성질이나 종류에 따라 갈라놓음.'의 뜻이다. '남녀의 구별 없이', '신분의 구별'과 같이 쓰이고, 동사로 '구별되다'와 '구별하다'가 있다. '구별되다'는 '진짜인지 가짜인지 구별되지 않는다.'와 같이 쓰이고 '구별하다'는 '선악을 구별하다.', '쌍둥이를 구별하기 어렵다.'와 같이 쓰인다. 따라서 '구별'은 둘 이상이 서로 어떤 '차이'가 있는지에 대한 뜻이 강조된다. 따라서 '구별' 앞에는 '차이'라는 명사를 넣어 목적어로 만들어 보면 더 자연스러움을 알 수 있다. '공과 사를 구별하다', '읽을 책과 읽은 책을 구분하다'가 된다.

> 홍수가 나서 필요한 가구들이 없어서 집안이 군색했다(   ), 궁색했다(   ).
>
> 아버지가 돌아가셔서 집안이 갑자기 궁색해졌다(   ), 군색해졌다(   ).

길잡이 의미가 비슷해서 굳이 가려 쓰지 않아도 될 법한 한자어가 있다. 그중 하나가 '군색(窘塞)하다'와 '궁색(窮塞)하다'이다. '군색하다'는 사전에 '필요한 것이 없거나 모자라서 딱하고 옹색하다.', '자연스럽거나 떳떳하지 못하고 거북하다'의 뜻으로 되어 있다. '군색한 가정 형편', '군색한 표현', '군색한 변명을 늘어놓다.'와 같이 쓰이고, '궁색하다'는 '아주 가난하다.', '말이나 태도, 행동의 이유나 근거 따위가 부족하다.'로 되어 있으며, '궁색한 집안', '궁색한 변명', '대답이 궁색하다'와 같이 쓰인다. 따라서, 위 문제는 각각 '군색하다'와 '궁색하다'가 자연스럽다. 그러나 사전적 의미로 보면 둘 다 가능하다.

'굴착기'와 '굴삭기'

> 굴착기(   ), 굴삭기(   )로 공사를 하고 있다.

길잡이 한자어 가운데 일본식 한자어를 우리말 한자어로 순화해서 사용하도록 하는 한자어가 있다. 바로 '굴착기(掘鑿機)'와 '굴삭기(掘削機)'이다. '굴착기'는 '땅이나 암석 따위를 파거나, 파낸 것을 처리하는 기계를 통틀어 이르는 말.'이라 되어 있고, 비슷한 말로 '굴삭기'가 있다. 그런데 '굴삭기'는 일본말 '굴삭기(掘削機, くっさくき)'에서 온 말이기 때문에 국립국어원에서는 '굴삭기'보다 '굴착기'라는 한자어를 사용하도록 권장하고 있다. 둘 다 어려운 한자어이다. 좋은 우리말로 순화할 수 있었으면 좋겠다. '땅파기'라고 순화할 수 있을지 모르겠다.

'금슬'과 '금실'

> 그 부부는 금슬(   ), 금실(   )이 좋았다.

길잡이 부부간의 사랑을 나타낼 때 '거문고와 비파가 음률이 잘 어울린다.'는 뜻인 금슬지락(琴瑟之樂)의 의미로 '금슬(琴瑟)'이란 말을 쓴다. 금슬이 현대어로 오면서 음운변화를 거쳐 '금실'이라고도 한다. 사전에는 이 두 말 모두 표준어로 등재해 놓고 있다. 따라서 '금슬'과 '금실' 모두 맞는 것으로 되어 있다. 그러나 거문고와 비파를 나타낼 때는 '금슬'이라고 해야 한다.

'기념행사'와 '주년 행사'

6.25 전쟁 50주년 행사(   ), 기념행사(   )를 했다.

광복절 50주년 행사(   ), 기념행사(   )를 했다.

길잡이 한자어에 '기념(記念, 紀念)'은 사전에 '어떤 뜻깊은 일이나 훌륭한 인물 등을 오래도록 잊지 아니하고 마음에 간직함'으로 되어 있다. 이 의미에 따르면 '축하하거나 좋은 일을 마음에 기억하는 것을 기념'이라고 해야 한다. '기념 논문, 결혼 기념, 출판 기념' 등으로 쓰인다. 그러나 부정적인 의미일 경우는 '기념'이라는 말은 어색하다. '전쟁 기념, 세월호 침몰에 희생자를 기리는 기념행사'와 같이 쓸 수는 없다. 따라서 부정적인 사건이나 행사일 경우는 '…주년 행사', '추도(추모) 행사' 등으로 쓰는 것이 적절하다.

'기왕'과 '이왕'

도움이 되지 않는 기왕(   ), 이왕(   )의 일은 생각하지 말자.

길잡이 '기왕(既往)'은 '이미 지나간 이전'의 뜻이다. 북한에서는 '기왕날'이라고 해서 그 전날을 나타낸다. '기왕의 일은 따지지 말자.', '기왕 말이 나오니 말인데'와 같이 쓰인다. 이미 지나간 일은 어찌할 도리가 없고 오직 장래의 일만 잘 삼가야 한다는 뜻의 '기왕불구(既往不咎)라는 한자어도 있다. '기왕지사(既往之事)'라는 말도 쓴다.

이와 비슷한 말로 '이왕(已往)'이 있다. 이 말은 '지금보다 이전'의 뜻이다. '이왕의 일은 잊어버리자.', '이왕 시작한 일은 끝을 보아야 한다.'와 같이 쓰인다. '이왕지사(已往之事)'라는 말도 쓴다. 그러나 어려운 한자어보다 '이미 지나간 일'이라고 쉬운 우리말을 쓰는 것이 좋겠다.

따라서 '기왕(既往)'이나 '이왕(已往)' 모두 같이 쓸 수 있는 말이다.

'기한'과 '기간'

> 서류를 제출할 기간(   ), 기한(   )을 놓치지 말아야 합니다.
>
> 음주 단속 기간(   ), 기한(   ) 동안 교통이 매우 복잡하다.

길잡이 시간에 관계되는 한자어로 '기한(期限)'과 '기간(期間)'이 있다. '기한(期限)'은 사전에 '미리 한정하여 놓은 시기'라고 뜻매김하면서 '마감'으로 순화하여 쓰도록 하였다. 비슷한 말로 '한기'라는 말도 쓴다고 한다. 예를 들면 '납품 기한', '제출 기한', '기한을 넘기다', '기한을 어기다' 등과 같이 쓰인다. 반면에 '기간(期間)'은 '어느 일정한 시기부터 다른 어느 일정한 시기까지의 사이'의 뜻이다. 그래서 '공백 기간', '단속 기간', '재임 기간', '그는 시험 기간에는 거의 잠을 자지 않았다.'와 같이 쓰인다.

따라서 '기한'은 화자가 일정 기간을 의도적으로 제한한 의미를 가진다면, '기간'은 단순히 객관적 시간의 사이를 말한다.

'기한'은 서술어에 화자의 의도가 담긴 말과 호응이 되어 '넘기다, 제출하다, 보내다'와 같이 행위자가 정해진 시간 안에 반드시 치러야 할 의무 행위 동사가 따라오게 된다. '기간'과 호응이 되는 서술어는 단순하게 시간 안에 일어나는 행위 동사가 뒤따른다. 따라서 '기한'은 '까지'와 '기간'은 '동안'이란 말과 호응이 자연스럽다.

'납량'과 '냅양'

> 여름에는 납량(   ), 냅양(   ) 특집극이 인기이다.

길잡이 한자어 '납량(納涼)'은 '여름철에 더위를 피하여 서늘한 기운을 느낌'의 뜻이다. 납(納)은 '드리다'의 뜻이고, 량(涼)은 '서늘하다'의 뜻이다. 발음은 [남냥]이다. 동사 '납량(納涼)하다'로 '여름철에 더위를 피하여 서늘한 기운을 느끼다.'의 뜻으로 쓰인다. 그러나 이 말은 일상적으로 거의 쓰이지 않는 어려운 말이다. 그리고 '납량'의 발음도 [남냥]으로 어려우니 '냅양'으로 쓰기 쉽다. 쉬운 우리말로 '여름 특집극'이나 '더위 식히기' 정도로 사용하면 되겠는데 적절한 우리말이 아직 없다.

'뇌졸중'과 '뇌졸증'

> 그 사람은 뇌졸중(   ), 뇌졸증(   )으로 죽었다.

서울대병원 의학 정보에 의하면 '뇌졸중(腦卒中)'은 '뇌기능의 부분적 또는 전체적으로 급속히 발생한 장애가 상당 기간 이상 지속되는 것으로, 뇌혈관의 병 이외에는 다른 원인을 찾을 수 없는 상태를 일컫는다.'고 되어 있다. 한의학계에서는 뇌졸중을 '중풍(中風)' 혹은 이를 줄여서 '풍(風)' 이라고 지칭하는 경우도 있지만, 한의학에서 말하는 '중풍'에는 서양의학에서 '뇌졸중'으로 분류하지 않는 질환도 포함하고 있다. 그런데 이 뇌졸중을 주로 명명으로 붙는 '-증'으로 생각하여 '뇌졸증'이라고 하는 사람들이 많다. '뇌졸증'이 아니고 '뇌졸중'이다.

'대중요법'과 '대증요법'

많은 사람들이 병원에서 치료하지 못하는 병을 대중요법(　), 대증요법(　)으로 치료하고 있다.

병을 치료하는 데는 병의 원인을 재거하는 '원인요법'과 표면에 나타난 증세에 대한 치료법인 '대증요법'이 있다. 수술과 같은 치료는 원인요법이고, 진통제나 소염제와 같은 것을 먹거나 찜질 마사지 등과 같이 일시적 통증을 완화시키는 치료법을 대증요법이라 한다.

그런데 대증요법(對症療法)을 대중요법(大衆療法)이라고 잘못 알고 있는 사람들이 있다.

'동고동락'과 '동거동락'

부부는 평생 동고동락(　) 동거동락(　)하며 살아간다.

흔히 '괴로움도 즐거움도 함께한다'는 뜻으로 '동고동락(同苦同樂)'이라는 말을 쓴다. 그런데 이 것을 '동거동락'으로 잘못 쓰는 경우도 있다. '한집이나 한방에서 같이 사는 것'의 뜻으로 동거(同居)라는 말이 있어서 '동거동락'이라는 말을 쓴 것으로 보인다. '같이 살면서 같이 즐거워한다.'는 말을 만들어 쓰려면 '동거 동락'이라고 띄어 써야 한다. '동고동락'도 '어려움과 즐거움을 같이 한다'라고 풀어쓰는 것도 좋겠다.

'동병상련'과 '동병상린', '동병상연'

같은 병을 앓는 사람은 동병상련(　), 동병상린(　), 동병상연(　)하는 마음을 가지고 있다.

> **길잡이** '같은 병을 앓는 사람끼리 서로 가엾게 여긴다'는 뜻인 '동병상련(同病相憐)'이란 말이 있다. 이 말은 '어려운 처지에 있는 사람끼리 서로 가엾게 여기다.'의 뜻으로 넓게 쓰이기도 한다. 동사로 '동병상련하다'라는 말로도 쓰인다. '상련(相憐)'은 서로 가엾게 여기는 의미로 동사 '상련하다'도 쓰인다. 그러나 흔히 이 말을 '동병상린'으로 잘못 쓰는 경우가 있다. '동병상련'을 '동병상린'으로 잘못 쓰는 것은 한자 '련(憐)'과 '린(隣)'이 비슷하기 때문이다. '동병상련'의 발음은 두음법칙에 따라 [동병상년]이 된다.

'동의(動議)'와 '동의(同議)', '제청'과 '재청'

이사회에서 회장을 선출할 것을 동의(動議)합니다(　), 동의(同議)합니다(　).

이 안건에 재청합니다(　), 제청합니다(　).

> **길잡이** 회의를 진행할 때 사용하는 용어들은 매우 복잡하고 다양하다. 그 가운데 '동의하다'라는 말이 있다. '동의(動議)'는 '회의 중에 토의할 안건을 제기함. 또는 그 안건'의 뜻이다. 동사로 '동의하다'가 있다. 이와 같은 소리를 가진 다른 말로 '동의(同議)', '동의(同意)'가 있다. '동의(同議)'나 '동의(同意)'는 각각 '같은 의견'이나 '의사나 의견을 같이함'과 같이 서로 비슷한 뜻을 가지고 있다. 우리가 흔히 '동의하다'라고 할 때는 '상대의 의견이나 생각에 뜻을 같이한다.'는 뜻으로 쓰인다. 그러나 회의 진행에서 안건을 내는 뜻으로의 '동의하다'가 있다. 이때 '동' 자는 같을 '동(同)'이 아니라 움직일 '동(動)'을 써서 '의견을 제기하거나 제안한다.'는 뜻이다.
>
> 그리고 회의 용어 가운데 '재청(再請)'이란 말이 있다. 이 말은 사전에 '회의할 때 다른 사람의 동의(動議)에 찬성하여 자기도 그와 같이 청함을 이르는 말.'로 되어 있다. 따라서 회의에서 동의한 안건에 대해 "재청합니다"라는 말을 한다. 그리고 같은 안건에 세 번째 찬성하는 사람이 나와 청하면 '삼청(三請)'이란 말을 쓰기도 한다. 이렇게 동의한 안건에 대해 재청이나 삼청한 사람이 나오면 그 안건은 회의에 정식 안건으로 올려지게 된다.
>
> 그런데 이와 비슷한 말로 '제청(提請)'이란 말이 있다. '제청(提請)'은 '어떤 안건을 제시하여 결정하여 달라고 청구함'으로 되어 있다. 따라서 '제청(提請)'은 '국무위원은 국무총리의 제청으로 대통령이 임명한다.'와 같이 쓰인다.

'맹서'와 '맹세'

국가에 충성하는 맹서(　), 맹세(　)의 글을 남겼다.

> **길잡이** '일정한 약속이나 목표를 꼭 실천하겠다고 다짐함'의 의미를 가진 말로 '맹세'가 있다. '맹세'는 한자어 '맹서(盟誓)'를 어원으로 하고 있다. '맹서'의 '맹(盟)'의 글자 해석을 보면 달 밝은 밤에 소 피를 먹으며 약속을 하는 것이고, '서(誓)'는 손에 도끼나 칼을 마주 쥐고 말로 하는 약속이라고 한다. 서맹(誓盟)이라고도 한다. '맹서'는 '맹약'과 '서약'이 합쳐 이루어진 말이다. '맹서'가 '맹세'로 되는 것은 '차비(差備)'가 '채비', '주초(柱礎)'가 '주추' 등과 같이 원래 한자어가 우리말 소리로 바 뀌면서 우리말 한자음으로 자리 잡게 된 것이다. 이런 말들은 굳이 한자 어원을 따질 필요 없이 우리말로 바뀐 것으로 보면 된다.

'목욕재계'와 '목욕제계'

목욕재계(　), 목욕제계(　)하고 제사를 모신다.

> **길잡이** '목욕재계(沐浴齋戒)'는 '목욕'과 '재계'가 합쳐진 말이다. '목욕'은 몸을 씻는 것을 말하고 '재계 (齋戒)'는 원래 불교 용어인데, 재(齋)를 올리는 불교 행사를 위해 계(戒)를 지키는 것을 말한다. 따라서 '목욕재계(沐浴齋戒)'는 재계(齋戒)를 위해서 몸과 마음을 깨끗하게 하여 부정(不淨)한 일 을 멀리하는 것을 말한다. '재계'를 어휘적 의미로 보면 모두 엄숙하고 삼가고 조심하라는 뜻이 있 다. 그런데 '목욕재계'를 '목욕제계'나 '목욕재배'로 잘못 쓰기도 한다.

'모란'과 '목단'

뜰에 모란(　), 목단(　)꽃이 아름답게 피어 있다.

> **길잡이** 식물 이름에 한자어 '목단(牧丹)'이 있다. 굵은 뿌리 위에서 새싹이 돋아나므로 수컷의 형상이라 고 해서 '목(牧)' 자를 붙였고, 꽃이 붉다고 해서 '단(丹)'을 붙였다고 한다. 사전에 '작약과의 낙엽 활엽 관목. 높이는 2미터 정도이고 가지는 굵고 털이 없으며, 잎은 크고 이회 우상 복엽이다. 늦봄

에 붉고 큰 꽃이 피는데 꽃빛은 보통 붉으나 개량 품종에 따라 흰색, 붉은 보라색, 검은 자주색, 누런색, 복숭앗빛을 띤 흰색 따위의 여러 가지가 있으며 중국이 원산지'로 되어 있다. '목단'이란 소리가 어렵기 때문에 '모란'이라는 속음으로 사용해 왔다. '목단'보다 '모란'이란 말을 더 많이 쓴다.

'목적'과 '목표'

이 행사의 목적(   ), 목표(   )은/는 구성원들의 단합에 있다.

 가끔 우리는 '목적'과 '목표'를 구별하지 못하는 경우가 있다.

'목표(目標)'는 사전적 의미로 보면 '어떤 목적을 이루려고 지향하는 실제적 대상으로 삼음. 또는 그 대상'으로 되어 있어 '목표를 달성하다', '목표를 세우다'와 같이 쓰이며, 다른 뜻으로 '도달해야 할 곳을 목적으로 삼음. 또는 목적으로 삼아 도달해야 할 곳'의 뜻으로 쓰여 '목표 지점', '목표를 향해 전진하다.'와 같이 쓰인다. 따라서 '목표'는 '최종적으로 이르는 곳', '도달점'의 뜻이다.

반면에 '목적(目的)'은 '실현하려고 하는 일이나 나아가는 방향'으로 '목적을 달성하다', '이 시험의 목적은 학생들의 학습 능력을 평가하는 데 있다.'와 같이 쓰인다. 따라서 '목적'은 '일을 도모하는 까닭'의 뜻이다.

'목표'와 '목적'은 모두 어떤 행위의 끝에 이름은 공통적으로 가지고 있으나 '목표'가 행위의 최종 도달점이라고 한다면, '목적'은 어떤 행위를 하려고 하는 이유나 행위자의 최종 성취점이라고 할 수 있다. '너의 인생의 목표는 무엇인가' 하면 '교사가 되는 것'이라고 할 수 있고 '교사가 되려는 목적은 무엇인가'라고 하면 '가르치는 것이 재미가 있어서'라고 말할 수 있다. 이와 같은 보기로 이해하면 알기 쉽다.

'문명'과 '문화'

우리 인류는 문명(   ), 문화(   )의 발달로 편리한 삶을 살고 있다.

 '문명'의 사전적 의미는 '인류가 이룩한 물질적, 기술적, 사회 구조적인 발전. 자연 그대로의 원시적 생활에 상대하여 발전되고 세련된 삶의 양태를 뜻한다.'로 되어 있다. 그리고 '문화'는 '자연 상태에서 벗어나 일정한 목적 또는 생활 이상을 실현하고자 사회 구성원에 의하여 습득, 공유, 전달되는 행동 양식이나 생활양식의 과정 및 그 과정에서 이룩하여 낸 물질적·정신적 소득을 통틀어 이르는 말. 의식주를 비롯하여 언어, 풍습, 종교, 학문, 예술, 제도 따위를 모두 포함한다.'로 되어 있다.

'문명'은 물질적·기술적인 부분을 말하며, '문화'는 정신적·지적인 부분으로 나누어 일컫기도 한다. '문화'는 '문명'보다 더 넓은 의미로 쓰이며 삶의 전반적인 모습을 말한다. '문명'은 삶을 살아가는 데 필요한 도구적 의미가 강하다고 할 수 있다. '고대 문명, 과학 문명, 문명의 발달'과 같은 보기로 쓰이고, '문화'는 '고대 문화, 민족 문화, 의식주 문화, 한류 문화' 등으로 쓰인다. '문명'이 객관성이나 과학성의 성향을 가진다면, '문화'는 주관성과 정신적인 면에 가까운 의미적 특성을 가진다.

'발전'과 '발달'

도시 문화가 발전( ), 발달( )될수록 사람은 더 이기적으로 변한다.

길잡이 한자어 '발달(發達)'과 '발전(發展)'의 의미를 정확하게 구별하기가 쉽지 않다.

'발달'의 사전적 의미는 '신체, 정서, 지능 따위가 성장하거나 성숙함'으로 '신체의 발달', '정서 발달'과 같이 쓰이며, '학문, 기술, 문명, 사회 따위의 현상이 보다 높은 수준에 이름'의 의미로 '의학의 발달', '과학 기술의 발달'과 같이 쓰인다. 그리고 '지리상의 어떤 지역이나 대상이 제법 크게 형성됨. 또는 기압, 태풍 따위의 규모가 점차 커짐'의 뜻으로 '대륙붕의 발달', '고기압 발달'과 같은 보기로 쓰인다. 그리고 '발달하다, 발달되다'와 같은 동사로도 쓰인다.

그런데 '발전'은 '더 낫고 좋은 상태나 더 높은 단계로 나아감'의 뜻으로 '과학의 발전에 기여하다.', '자기 발전을 위해 노력하다.', '경제 발전을 이루어야 한다.'와 같이 쓰인다. '일이 어떤 방향으로 전개됨'의 뜻으로는 '이야기가 이제 발전 단계로 접어들었다.', '사태의 발전'과 같이 쓰이며, '발전되다'와 '발전하다'와 같은 동사로도 쓰인다.

따라서 '발전'은 '더 나은 상태'로 나아가는 '과정'의 뜻이 두드러지고, '발달'은 어떤 상태에서 다른 상태로의 객관적인 '변화'의 뜻이 두드러진다.

'언어 발전'이라고 하지 않고 '언어 발달'이라고 하는 것은 언어가 더 나은 것으로 나아가는 것보다는 언어가 변화된다는 뜻이 강하기 때문이다. 문명이나 문화, 종교, 역사도 '발달'이라고 하고 '발전'이라고 하지 않은 것도 '발달'이 더 나은 것으로 나아가는 의미보다 상태의 변화에 뜻의 초점이 있기 때문이다. '신체의 발달'이라고 하지 '신체의 발전'이라고 하지 않는 것도 신체가 좋은 쪽으로 나아가는 뜻보다 신체의 상태가 변화함을 의미하기 때문이다.

반면에, '우리의 모임을 크게 발전(*발달)시켜 나가자.', '나라 경제를 발전(*발달)시켜야 국민이 살아가기가 편하다.'와 같은 보기에서는 '발달'보다 '발전'이 자연스럽다. 그리고 '발전'은 '작은 상태에서 큰 상태로 변화'하는 경우에도 쓰인다. 예를 들면 '한 사람의 죽음이 큰 데모로 발전(*발달)했다'와 같이 '발전하다'가 쓰인다.

한자의 뜻을 보아도 '발전(發展)'은 '시작해서(發)', '나아지다'의 뜻이 강하다면, '발달(發達)'은 '시작하다(發)'에서 어디에 '도달하다, 이르다(達)'로 되어 있어서 '발전'과 '발달'은 서로 뜻이 다르다. '발전'이 긍정적이라면, '발달'은 중립적인 뜻이 강하다고 할 수 있다.

개업을 했을 때 우리는 '축 발전'이라고 하지 '축 발달'이라고 하지 않는 것도 마찬가지이다.

'방방곡곡'과 '방방곳곳'

장사하느라 전국 방방곡곡(坊坊曲曲)(   ), 방방곳곳(   ), 방방곡곡(方方谷谷)(   )

안 다닌 곳 없다.

길잡이 '한 군데도 빠짐이 없는 모든 곳'의 뜻을 가진 '방방곡곡(坊坊曲曲)'이 있다. 이 '방방곡곡(坊坊曲曲)'을 '방방곳곳'으로 잘못 쓰는 사람들이 있다. '방방(坊坊)'의 '방(坊)'은 '동네'의 뜻을 가지고 있으며, '곡(曲)'은 '굽다'의 뜻을 가진 한자어다. '굽이굽이 동네동네'의 뜻을 가진 것으로 보인다. 그런데 곡(曲)을 우리말 장소를 나타내는 '곳곳'이나 골짜기를 나타내는 곡(谷)으로 잘못 쓰기도 한다. '방(坊)'을 '방(方)'으로 잘못 알기도 한다. '방방곡곡'을 '곡곡(曲曲)', '골골샅샅', '면면촌촌'과 같이 쓴다. 그러나 이런 말들은 잘 쓰지 않는 말이다.

'방증'과 '반증'

그의 주장을 반증(   ), 방증(   )하는 자료를 찾아야 하는데 방증(   ), 반증(   )

자료만 제출하였다.

길잡이 '반증(反證)'은 '어떤 사실이나 주장이 옳지 아니함을 그에 반대되는 근거를 들어 증명함. 또는 그런 증거'를 말한다. 따라서 '우리에겐 그 사실을 뒤집을 만한 반증이 없다.'와 같은 보기로 쓰인다. 즉, '반증'은 반박하거나 상대의 주장을 반대할 수 있는 증거이다.

이와 비슷한 말로 '방증(傍證)'이 있다. '방증(傍證)'은 '사실을 직접 증명할 수 있는 증거가 되지는 않지만, 주변의 상황을 밝힘으로써 간접적으로 증명에 도움을 줌. 또는 그 증거'이다. '방증 자료', '그 사람의 진술은 사건을 결정적으로 반증할 증거는 되지 않지만 참고할 방증은 될 수가 있다', '교수님께서 든 다양한 예는 교수님의 풍부한 지식을 방증하는 것이다.'와 같이 쓰인다. '반증'의 순화어는 '반대 증거'로 되어 있다.

'보상'과 '배상'

그동안 주인에게 진 빚을 보상(   ), 배상(   )해야 할 것 같다.

교통사고 피해자에게 피해를 보상(   ), 배상(   )하도록 해야 한다.

길잡이 한자어 '배상(賠償)'과 '보상(補償)'을 구별하지 못하고 쓰는 경우가 간혹 있다. '배상(賠償)'은 사전에 '남의 권리를 침해한 사람이 그 손해를 물어 주는 일'이라고 되어 있다. 보기로 '피해자에게 손해를 배상하고 용서를 빌었다.'와 같이 쓰인다. 따라서 '배상'은 상대의 손해를 갚아 준다는 뜻이다.

반면에 '보상(補償)'은 '남에게 진 빚 또는 받은 물건을 갚음'으로 '빌린 돈의 보상이 어렵게 되었다.'로 쓰이며, '어떤 것에 대한 대가로 갚음'의 뜻으로 '노고에 대해 보상을 받다'와 같은 보기로 쓰인다. 그리고 '남에게 끼친 손해를 갚음'의 뜻으로 '피해 보상'과 같이 쓰인다.

'배상'은 불법적인 측면에 대한 대가를 치러 주는 것이라면, '보상'은 정당한 행위, 긍정적인 측면에서 상대가 입은 불이익에 대한 대가를 치러 주는 것으로 해석하면 이해하기 쉽다.

국가가 토지 개발을 위해 합법적으로 수용하면서 토지 주인에게 돈을 주는 것을 '배상(賠償)하다'라 하지 않고 '보상(補償)하다'라고 한다. 거꾸로 남의 물건을 손상했을 때 행위자는 상대에게 '보상(補償)하다'라는 말을 쓰지 않고 '배상(賠償)하다'라고 한다.

순화어로 '보상(報償)'은 '갚음'으로 순화하도록 하였다.

'보존'과 '보전'

종족은 보존하고( ), 보전하고( ), 문화유적은 훼손하지 말고 잘 보전해야( ), 보존해야( ) 한다.

길잡이 한자어 '보존(保存)'과 '보전(保全)'의 의미를 구별하기가 어렵다.

'보존(保存)'은 '잘 보호하고 간수하여 남김'의 뜻이다. 그래서 '보존 창고', '영토 보존'과 같이 쓰이고, 동사로 '보존하다'는 '환경을 보존하다', '종족을 보존하다'와 같이 쓰인다. 반면에 '보전(保全)'은 '온전하게 보호하여 유지함'의 뜻을 가지고 있으며, '생태계 보전', '환경 보전'과 같이 쓰인다. 동사로 '보전하다'는 '국토를 가꾸고 보전하다.'와 같이 쓰인다.

'보존'은 원형의 상태를 훼손하느냐 하지 않느냐보다는 '상태를 보호하고 간수하여 남기다.'와 같이 '보호하고 남기다.'의 의미가 강하게 드러난다면 '보전'은 보호하여 원형을 훼손하지 않고 온전하게 유지하는 의미가 강하다. '역사 유물의 원형을 잘 보존하다.'와 같이 쓰는 것이 올바르다. '보전'이라고 하면 '전(全)' 자에 이미 원형이란 말이 담겨 있기 때문에 이중으로 쓸 필요가 없다.

그러나 이러한 말들은 쉬운 말로 '보호하고 지키다'로 풀어 쓰는 것이 좋겠다.

'복구'와 '복원'

지진으로 파손된 길을 복구했다( ), 복원했다( ).
불에 탄 문화재를 복구했다( ), 복원했다( ).

길잡이 '복구(復舊)'와 '복원(復元)'이란 말은 비슷하게 쓰이는 말이다. '복구'는 사전에 '손실 이전의 상태로 회복함'으로 되어 있다. 그런데 '복원'은 '원래대로 회복함'으로 되어 있다. 비슷한 의미로 쓰이지만 그 의미는 약간 차이가 있다. '복구'는 예전의 상태로 '되돌린다'는 의미가 강하고, '복원'은 '원래 그대로' 다시 회복한다는 의미가 강하다. '복구'는 '끊어진 길을 복구하다.(*복원하다), 컴퓨터를 복구하다.(*복원하다), 홍수로 피해 입은 도시를 복구한다.(*복원하다)'로 쓰인다. 그러나 '불에 탄 경복궁을 그대로 복원해야(*복구하다), 지워진 문자를 원형대로 복원해야(*복구해야) 한다.'는 '복구'보다 '복원'이 더 자연스럽다.

'부분'과 '부문'

드라마 부분( ), 부문( ) 대상은 홍길동입니다.
과학은 기초과학과 응용과학 부분( ), 부문( )으로 나누어진다.

길잡이 '무엇을 나눈다'는 뜻을 가진 한자어로 '부분(部分)'과 '부문(部門)'이 있다. '부분'은 '전체를 이루는 작은 범위. 또는 전체를 몇 개로 나눈 것의 하나'로 뜻매김되어 있다. 그래서 '썩은 부분', '행사를 세 부분으로 나눈다.'와 같이 쓰인다. '부문'은 '일정한 기준에 따라 분류하거나 나누어 놓은 낱낱의 범위나 부분'으로 되어 있다. 우리말로 '갈래'에 가깝다. '사회과학 부문', '자연과학은 여러 부문으로 나뉜다.', '드라마 부문', '뉴스 부문'과 같이 쓰인다.

'분리수거'와 '분리배출'

아파트 주민들은 쓰레기 분리수거( ), 분리배출( )을 생활화해야 한다.

길잡이 사람들이 쓰레기를 쓰레기장에 내어놓는 것을 '쓰레기 분리수거'라는 말로 사용하고 있다. 이 말은 잘못된 말이다. '분리수거(分離收去)'는 '분리하여 거두어 가는 것'을 말한다. 쓰레기를 나누어 거두어 가는 주체는 환경미화원이나 쓰레기를 가져가는 사람이다. 따라서 쓰레기를 내어놓는 주체인 아파트 주민이나 사람은 마땅히 쓰레기를 '배출하다', '투기하다', '내어놓는다'라고 해야 한다. 아파트 주민이 쓰레기를 분리하여 거두는 것이 아니기 때문이다.

'수거(收去)'라는 한자말보다 '거두어 가다'라는 말을 써서 '분리수거(分離收去)'라는 말보다 사전에 제시한 순화어인 '따로 거두다', '따로 거두어 가다'와 같이 쓰는 것이 좋겠다. 그리고 '분리 배출(分離排出)'도 '따로 내다', '따로 내어 놓다'라는 말로 순화하여 쓰는 것이 좋다. 그런데 '쓰레기 투기(投棄)'라는 말을 쓰는 사람이 있는데 '투기'는 남몰래 내어 던져 버리는 부정적 의미를 가지고 있어서 올바른 말이 아니다. '길가에 쓰레기를 함부로 투기하지 말아야 한다.'라고 할 때는 '투기(投棄)'라는 말은 가능하다. 그러나 이 말도 '던져 버리다'라는 우리말을 쓰는 것이 좋다. '분리 수거'는 주민이 하는 것이 아니다. 따라서 '시에서는 쓰레기 분리수거를 철저하게 해야 한다'가 올바른 표현이다.

'분석'과 '분류'

> 문장은 구, 어절, 단어, 형태소와 같은 작은 단위로 분석(　), 분류(　)될 수 있다.
> 자료를 세 종류로 분석(　), 분류(　)해 보자.

길잡이 어떤 대상을 나누는 의미로 한자어 '분류(分類)'와 '분석(分析)'이 있다. 이 말은 크게 어렵지 않으나 간혹 잘못 쓰는 경우도 있다. '분류'는 사전에 '종류에 따라서 가름.'으로 되어 있고, '나눔'으로 순화하도록 했다. 그래서 '분류 기준', '분류 방법', '도서 분류'와 같이 쓰인다. 반면에 '분석(分析)'은 '얽혀 있거나 복잡한 것을 풀어서 개별적인 요소나 성질로 나눔'으로 되어 있다. '심리 분석', '원인 분석', '성분 분석'과 같이 쓰인다. 동사로 각각 '분류하다'와 '분석하다'가 있다. 따라서 '분류'는 어떤 기준에 따라 나누는 것을 말하고, '분석'은 얽혀 있거나 복잡한 상태를 작은 부분으로 나누는 것을 말한다. 예컨대, '문장을 분류하면 홑문장, 겹문장, 이어진 문장 등이 있고, 분석하면 주어, 목적어, 서술어, 관형어, 부사어 등이 있다.'와 같이 된다.

'사단'과 '사달'

> 일이 꺼림칙하게 되어 가더니만 결국 사단(　), 사달(　)이 났다.
> 영수가 그냥 한 말이 불화의 사단(　), 사달(　)이 되었다.

'사달'과 '사단(事端)'도 소리가 비슷해서 잘못 사용하는 말 가운데 하나다. '사달'은 우리말로 사전에 '사고나 탈'로 새기고 있다. 보기로 '일이 사달이 났다.', '사달을 일으키다.'와 같은 보기로 쓰인다. 그러나 '사단(事端)'은 한자어로 '사건의 단서. 또는 일의 실마리'의 뜻으로 '일의 사단', '사건의 사단'과 같은 보기로 쓰인다.

'사족'과 '사죽'

그 사람은 친구 말이라면 사족(　), 사죽(　)을 못 쓴다.

'사족(四足)'은 '짐승의 네발, 또는 네발 가진 짐승'을 말한다. '사지(四肢)'의 속된 말로도 쓰인다. '사족이 멀쩡하다', '그 사람은 친구 말이라면 사족을 못 쓴다.'와 같은 보기로 쓰인다. 따라서 사족은 '온몸' 또는 '몸 전체'를 의미한다. 속담으로 '아무 일도 안 하고 빈둥빈둥 놀고먹는 사람을 욕으로 이르는 말'을 나타내는 '사족이 성한 병신'이라는 말도 있다. 그런데 '사족(四足)'을 '사죽'이라고 잘못 쓰는 경우가 많다.

'사사하다'와 '사사받다'

그는 기능보유자에게 판소리를 사사했다(　), 사사받았다(　).

한자어 '사사(師事)하다'는 '스승으로 섬기다. 또는 스승으로 삼고 가르침을 받다.'의 뜻이다. 그래서 '그는 김 선생에게서 창을 사사하였다'와 같이 쓰인다.

그런데 '사사하다'를 '사사받다'로 잘못 쓰는 사람들이 있다. '사사'는 '받는 것'이 아니고 '섬기는 것'이기 때문에 '사사받다'라고 하면 '섬김을 받다'라는 뜻이 된다. 그리고 '사사하다' 속에 '가르침을 받다'라는 뜻이 이미 포함되어 있다. 따라서 '사사받다'라는 말을 쓸 수가 없다.

'사사하다'는 '누구에게서 무엇을 사사하다', '누구를 사사하다'와 같이 쓰인다. '사사하다'도 어려운 한자어이기 때문에 '스승으로 섬기다(모시다)', '가르침을 받다'와 같이 쉬운 우리말을 쓰는 것이 좋겠다.

'산수갑산'과 '삼수갑산'

산수갑산(　), 삼수갑산(　)에 가는 한이 있더라도

길잡이 　우리는 흔히 어려운 일을 일컬을 때 '삼수갑산(三水甲山)'이라는 말을 쓰곤 한다. 그런데 이 말을 잘못 알고 '산수갑산'이라고 말하는 경우가 많다. '산수갑산'이라고 하면 얼핏 산과 물이 있는 경치 좋은 곳으로 생각하기 쉬우나 실제는 이 의미와는 반대의 뜻을 가지고 있다.

　삼수갑산(三水甲山)은 경치가 좋은 곳이 아니라 함경도 맨 꼭대기, 백두산 아래쪽에 있는 삼수와 갑산이라는 험한 산골이다. 조선시대에는 주로 죄인을 이 고장으로 귀양을 보내던 곳이었다. 우리나라에서 가장 험한 산골로 이 두 곳으로 귀양을 가면 살아오기 어려운 곳이었다고 한다.

　속담에 '삼수갑산에 가는 한이 있어도-'라는 말은 '자신에게 닥쳐올 어떤 위험도 무릅쓰고라도'라는 뜻으로 쓴다. '삼수갑산에 가는 한이 있어도 그놈만큼은 내 손으로 잡겠다.' '삼수갑산을 가서 산전을 일궈 먹더라도' 등의 관용구나 속담으로 쓰인다.

'산지사방'과 '삼지사방'

많던 사람들이 모두 산지사방(　), 삼지사방(　)으로 흩어졌다.

길잡이 　'무엇이 사방으로 흩어짐 또는 흩어져 있는 각 방향'을 뜻하는 한자어로 '산지사방(散之四方)'이 있다. '산지사처(散之四處)'라고도 한다. '낙엽이 바람에 산지사방으로 흩날렸다.'와 같이 쓰인다. 이 말을 '삼지사방'으로 잘못 쓰는 사람이 있다. 그냥 '여러 곳으로 흩어지다'라는 말로 쓰는 것이 좋겠다.

'삼오제'와 '삼우제'

어제 부모님 삼오제(　), 삼우제(　)를 지냈다.

길잡이 　장사를 지낸 후 세 번째 지내는 제사를 '삼우(三虞)' 또는 '삼우제(三虞祭)'라고 한다. 장사를 지낸 후 첫 번째 지내는 제사를 '초우(初虞)'라고 하며, 혼령을 위안하기 위한 제사로 장사 당일에 지낸다. 그다음 제를 '재우(再虞)'라고 하고 이것은 장사를 지낸 후 두 번째 지내는 제사로, 초우제를 지낸 그다음 날 아침에 지내는 제사이다. 그런데 '삼우제(三虞祭)'를 '삼오' 또는 '삼오제'라고 하는 사람들이 있다. '삼오제'가 아니라 '삼우제'가 맞다.

'성대모사'와 '성대묘사'

그 사람은 성대모사(   ), 성대묘사(   )를 잘한다.

길잡이 '다른 사람의 목소리나 새, 짐승 따위의 소리를 흉내 내는 일을 비유적으로 이르는 말'로 '성대모사(聲帶模寫)'라는 말을 자주 쓴다. 그런데 '성대모사'를 '성대묘사'라고 하는 사람도 있다. 모사(模寫)는 '사물을 형태 그대로 그림, 또는 그런 그림'의 뜻을 가지고 있다. 소리를 그림으로 비유하여 '모사'라고 한 것이다. 묘사(描寫)는 '어떤 대상이나 사물, 현상 따위를 언어로 서술하거나 그림을 그려서 표현함'의 뜻으로 '그려 냄'으로 순화하도록 하였다.

'선임', '임명', '위촉'

우리 재단에서 그 사람을 어렵게 심사위원으로 선임(   ), 임명(   ), 위촉(   )하였다.

길잡이 '임명(任命)'은 '일정한 지위나 임무를 남에게 맡김'의 뜻이다. 동사 '임명하다'로 주로 쓰인다. '임명'은 상부기관의 장이 개인에게 직위를 맡기는 것으로 주체가 주로 기관의 장인 개인이다. 이와 비슷한 말로 '위촉'이 있다. '위촉'은 '어떤 일을 남에게 부탁하여 맡게 함'의 뜻이다. '위촉'은 주로 단체에서 개인에게 그 단체에 소속되어 일을 하도록 일을 부탁해서 맡기는 것이다. 따라서 '임명'은 공식적으로 임무를 내려 주는 것이라면, '위촉'은 상대에게 일을 어렵게 부탁하는 공손성의 뜻이 강하다고 할 수 있다. 그리고 '선임(選任)'은 '여러 사람 가운데서 어떤 직무나 임무를 맡을 사람을 골라냄.'으로 되어 있다. '총장은 이사회에서 선임한다'와 같이 쓰인다. 위의 문제에서는 '선임', '임명'보다도 '위촉'이 더 적절한 표현이다. '선임'은 '뽑음', '임명함'으로, '위촉'은 '맡김'으로, '위촉하다'는 '맡기다'로 순화하도록 하였다.

'성과금'과 '성과급'

이번에 성과금(　), 성과급(　)을 많이 받았다.

길잡이　한자어에는 '임금, 저축금, 계약금, 기부금, 연금' 등과 같이 접미사 '−금(金)'이 붙어서 된 말들이 있다. 그래서 '성과급(成果給)'도 '성과금'으로 잘못 아는 사람들이 많다. '성과급(成果給)'은 '작업의 성과를 기준으로 지급하는 임금'으로 되어 있다. '−급(級)'은 접미사로 '그에 준하는 뜻'을 가진 말로 '재벌급', '국보급'과 같이 쓰이는 말은 있으나 '급여(給與)'의 뜻으로 된 접미사는 없다. 한자어 '급(給)'은 '주다', '급여(給與)'의 뜻으로 쓰인다. '성과급(成果給)'은 '성과에 따라 주는 급료(給料)'란 말이다. '급료(給料)'는 '일에 대한 대가로 고용주가 지급하는 돈'으로 달마다 주는 급료를 월급(月給), 주마다 주는 급료는 주급(週給), 날마다 주는 급료는 일급(日給)이다. 업적급, 능률급과 같은 말이며 '성과급'은 '고정급'과 상대되는 말이다.

'소재'와 제재'

김소월의 시 '가는 길'의 소재(　), 제재(　)는 서산, 까마귀, 강물 등이다.

길잡이　문학 작품에서 '소재'와 '제재'라는 말을 간혹 쓰기도 한다. 이 두 말을 구별하기가 쉽지 않다.
　'소재(素材)'는 문학 작품을 쓰기 위해 사용된 모든 낱 재료를 말한다. '제재(題材)'는 많은 소재 가운데 중심된 재료나 큰 의미에서 소재를 일컫는다. 그래서 제재를 다른 말로 '중심 소재', '큰 소재'라고도 한다.
　'소재'는 사전에 '예술 작품에서 지은이가 말하고자 하는 바를 나타내기 위해 선택하는 재료'라고 되어 있다. '한국 전쟁을 소재로 삼은 영화들', '그 작가는 요즘 중산층의 의식과 생활을 소재로 한 작품을 쓰고 있다.'와 같이 쓰인다. '제재'는 '예술 작품이나 학술 연구의 바탕이 되는 재료'이며, '제재를 잘 잡아야 좋은 글이 된다.'와 같은 보기로 쓰인다.
　시 '가는 길'의 소재는 산, 까마귀, 앞 강물이고, 제재는 '가는 길'이라고 할 수 있다. 이 두 말을 모두 우리말 '글감'으로 써도 된다. 제재를 '중심 글감'이라고 할 수도 있다.

'수고하십시오'와 '수고했어요'

과장님, 수고하십시오(　), 김 선생, 수고했어요(　).

우리는 인사말로 흔히 '수고하다'라는 말을 하곤 한다. '수고'는 원래 한자어 수고(受苦)에서 나온 말이다. 그런데 현재 사전에는 이것이 한자어로 올라 있지 않다. '수고'는 15세기 '슈고'에서 나온 말로 '어려움을 겪다', '고통을 받다'의 뜻이다. 따라서 '수고하십시오.'라고 하는 말은 상대에게 '어려움을 겪으십시오.', '고생하십시오.'라는 말이 되어 올바른 표현이 아니다. 그러나 동년배나 손아랫사람에게 하는 '수고하게'라는 말은 상대를 격려하는 차원에서 가능한 말이다. 국립국어원에서도 손윗사람에게 '수고하셨습니다'라고 하는 인사말은 잘못된 말로 보고 있다. 손아랫사람이 손윗사람을 방문하고 나올 때는 '저 (나)가보겠습니다.', '먼저 갑니다.', '내일 뵙겠습니다.'라고 하면 된다.

　그런데 '수고하다'를 과거형으로 쓰면 쓰임이 달라진다. 손아랫사람이 손윗사람에게 '그동안 저희들을 위해 수고(고생)가 참 많으셨습니다.', '그동안 수고하셨습니다.'가 가능하고, 손윗사람이 손아랫사람에게 '그동안 수고했네.'라는 말은 자연스럽다. 그러나 우리말 예법에서 아랫사람이 윗사람의 행위에 대해 판단하여 평가하고 명령하는 어법은 어긋난 예법이기 때문에 되도록 쓰지 않는 것이 좋다.

　'수고하십시오'는 경상 방언 인사말에 '욕보다'라는 말과 비슷하다. '욕(辱) 보이소'라는 말은 손윗사람에게 사용해서는 안 되는 말이다.

'수여받다'와 '수여하다'

나는 오늘 정부로부터 훈장을 수여받았습니다(　). 받았습니다(　).

정부는 유공자에게 훈장을 수여했습니다(　), 주었습니다(　).

한자어에 '증서, 상장, 훈장 따위를 주다.'의 의미로 '수여(授與)하다'라는 말이 있다. '수여하다'는 '누가 누구에게 수여하다.'의 짜임으로 쓰인다. '대통령은 신임 장관들에게 임명장을 수여하였다.'와 같은 보기로 쓴다. 그런데 '상을 받는 것'을 '수여받다'라고 잘못 쓰는 사람이 있다. '수여받다'는 '수여'가 '주다'의 의미이기 때문에 여기에 '받다'라는 말과 같이 쓸 수가 없다. 따라서 상을 수여하면 상대는 '상을 받는다'고 하면 된다. '상을 주는 것'과 '상을 받는 것' 모두 한자어 '수상하다'라고 하는데 한자가 서로 다르다. 상을 주는 수상의 '수'는 줄 '수(授)'를 써서 '수상(授賞)하다'가 되고, '상을 받다' 의미의 '수상하다'의 '수'는 받을 '수(受)'를 써서 '수상(受賞)하다'라고 써야 한다. 그러나 이와 같은 어려운 한자어를 쓰기보다는 '상을 받다'와 '상을 주다'와 같이 우리말을 쓰면 뜻을 쉽게 알 수가 있다.

'숙맥'과 '쑥맥'

그는 세상 물정을 모르는 숙맥(   ), 쑥맥(   )이다.

길잡이 '숙맥(菽麥)'은 '콩과 보리'를 일컫기도 하고 '사리 분별을 못하고 세상 물정을 잘 모르는 사람'을 뜻하기도 한다. 이 말은 사리분별을 잘 못하는 '숙맥불변'에서 나온 말이다.

중국 좌전(左傳)에 나오는 말이다. 중국 춘추시대 진나라(기원전573) 도공(주자)이라는 사람에게 형이 있었다. 그런데 주자를 따르는 사람들이 형을 배제하고 주자를 군주로 추대하기 위해서 그 형을 폄하하기를 주자의 형은 '숙'과 '맥'을 구별하지 못하는 어리석은 사람이니 군주가 될 수가 없다고 하였다. 여기에서 '숙맥불변'이란 말이 나왔다고 한다. 이와 비슷한 한자성어로 '어(魚)'자와 '노(魯)'자를 구별하지 못한다는 '어로불변(魚魯不辨)'이나 고무래를 보고 고무래 '정(丁)'자를 모른다는 '목불식정(目不識丁)', 한 글자도 모른다는 '일자무식(一字無識)'이나 우리 속담에 '낫 놓고 기역자 모른다'고 한 것도 비슷한 뜻이다. 그러나 어려운 한자성어를 써서 남들이 모르는 것보다 쉬운 우리말을 쓰는 것이 좋겠다. '숙맥'을 우리말 '쑥'으로 생각해서 '쑥맥'이라고 잘못 쓰기 쉽다.

'시간'과 '시각'

해 뜨는 시간(   ), 시각(   )이 오전 7시 10분이다.

길잡이 시간을 나타내는 말로 '시간'과 '시각'이 있다. '시간(時間)'은 글자 뜻대로 새기면 '시각과 시각의 사이'를 말하고, '시각(時刻)'은 시간 가운데 '한 순간'을 뜻한다고 볼 수 있다. 따라서 '시간'은 '영화를 보면서 시간을 보냈다.', '수업 시간, 회의 시간'과 같은 보기로 쓰인다. '시각'은 '해 뜨는 시각', '현재 시각을 알려 드리겠습니다.'라고 해야 한다. 그러나 사전에는 '시간'을 '시각'의 의미로도 쓴다고 되어 있다. 따라서 '취침 시간', '마감 시간'은 '시각'으로 바꾸어 쓸 수가 있다. [순간적인 의미]를 강하게 드러낼 때는 '시간'보다 '시각'을 쓰는 것이 더 정확한 표현이다.

그러나 '시간'이나 '시각' 대신 우리말 '때'로 쓸 수 있는 곳이면 우리말로 쓰는 것이 좋겠다.

'시체'와 '사체', '주검'

죽은 사람의 시체(   ), 사체(   ), 주검(   )을/를 부검하였다.

길잡이 죽은 사람의 몸을 나타내는 한자어 '시체(屍體)'가 있다. 사전에는 '시체'를 '송장'과 같은 말이라고만 되어 있다. 또 우리말 '송장'은 '죽은 사람의 몸을 이르는 말'로 되어 있다. 비슷한 말로 '사시(死屍)·시구(屍軀)·시수(屍首)·시체(屍體)·연시(沿屍)·주검'이 있다.

그런데 사전에는 '사체(死體)'도 '사람 또는 동물 따위의 죽은 몸뚱이'라는 뜻으로 표준어로 되어 있다. 어떤 사람은 '시체'는 사람의 죽은 몸을, '사체'는 동물의 죽은 몸뚱이라고 하는 사람도 있다. 어쨌든 우리는 죽은 사람의 몸을 일컬을 때는 일본식 한자어 '사체'보다는 '시체'라고 해야 한다. 그리고 동물의 죽은 몸뚱이를 말할 때는 '사체'로 사람의 죽은 몸인 '시체'와 구별하는 것이 좋다. 일본어에는 '죽을' '사(死)'와 '주검' '시(屍)'를 모두 'し'로 읽기 때문에 사람이나 동물의 죽은 것을 구별 없이 사용하고 있다.

'시체'의 '시(屍)'는 음으로 시체를 나타내는 '시(尸)'에다 죽음을 나타내는 사(死)로 이루어진 말이다. '사(死)'는 원래 사람이 죽으면 혼백이 흩어져 뼈만 남는 모양을 나타내는 형상을 나타낸다고 한다.

'송장'은 다소 부정적 느낌을 나타내는 것이어서 '주검'이나 '시체'라는 말을 사용하는 것이 좋다. '주검'은 우리말 '죽다'에 명사 파생 접미사 '-엄'이 결합되어 이루어진 말이다. 이것은 '묻다'에 접미사 '-엄'이 붙어 '무덤'이 되는 것과 같다.

'시험'과 '실험'

북한에서 미사일을 시험(　), 실험(　) 발사했으며, 핵 실험(　), 시험(　)도 계획하고 있다.

길잡이 우리가 흔히 쓰는 '시험(試驗)'과 '실험(實驗)'의 뜻을 구별하기가 쉽지 않다.

'시험'은 '재능이나 실력 따위를 일정한 절차에 따라 검사하고 평가하는 일'의 뜻이 있으며, '시험 과목', '시험에 응시하다.', '시험에 떨어지다.' 등과 같이 쓰인다. 다른 뜻으로 '사물의 성질이나 기능을 실지로 증험(證驗)하여 보는 일'이 있으며 '시험 운전, 미사일 시험' 등과 같이 쓰인다.

그리고 '사람의 됨됨이를 알기 위하여 떠보는 일. 또는 그런 상황'의 뜻이 있으며 '시험에 빠지게 하다.', '시험에 들다.'와 같이 쓰인다.

반면에 '실험'은 '실제로 해 봄. 또는 그렇게 하는 일'의 뜻과 '과학에서 이론이나 현상을 관찰하고 측정함.'의 뜻과 '새로운 방법이나 형식을 사용해 봄'의 뜻을 가지고 있다. 동사로 '실험하다'가 있다.

'시험하다'와 '실험하다'의 뜻 차이는 '시험'은 성능이나 내용을 알아보기 위해서 하는 일이라기보다는 성능이나 이론, 현상들은 이미 완성된 상태에서 그것을 한번 해 보는 것이다. 그러나 '실험'은 성능이나 이론, 현상 등이 결정되고 완성되지 않은 상태에서 더 나은 상태로 나아가기 위해서 하는 행위로 볼 수 있다. 따라서 '실험'은 어떤 것을 찾아내는 과정의 하나라고 생각하면 이해하기 쉽다. 따라서 '동물 실험'이라고 하고, '임상 시험'이라고 하여 서로 구별하여 쓴다. 북한의 미사일은 이미 개발이 완성된 상태에서 한번 발사를 하는 것이라서 '미사일 시험'이라 하고, 핵폭탄은 아직 개발 진행 중인 것으로 보아 '핵 실험'이라는 말을 사용한다.

남한은 북한의 핵 개발을 아직 인정하고 있지 않기 때문에 '핵 시험'이라 하지 않고 '핵 실험'이라고 한다.

'식겁'과 '십겁'

혼자 밤길을 가느라고 식겁(   ), 십겁(   )을 했다.

길잡이 경상도에서 '식겁하다'라는 말을 욕설의 하나로 생각해 왔다. '식겁'을 '십겁'으로 성교를 나타내는 십(十)이라는 뜻으로 생각했던 것이다. 그런데 이 말은 '겁(怯)'을 '먹다(食)'의 뜻이 합해진 '뜻밖에 놀라 겁을 먹음'의 뜻이다. '겁(怯)'은 '무서워하는 마음, 또는 그런 심리적 경향'의 뜻을 가지고 있다. 동사로 '식겁하다'로도 쓰이며, '아들이 다쳤다는 말을 듣고 얼마나 식겁했는지 모른다.'와 같이 쓰인다.

'실제'와 '실재'

그것이 그 사람의 실제(   ), 실재(   ) 모습이다.

길잡이 한자어에 소리가 비슷하여 뜻이 간혹 헷갈리는 말들 가운데 하나가 '실제'와 '실재'이다.

'실제(實際)'는 사전에 '사실의 경우나 형편'으로 뜻매김되어 있다. 그래서 '실제 모습, 실제 생활, 이론과 실제'와 같이 쓰인다. 그리고 '실제'는 부사로도 쓰이며 뒤에 조사 '로'를 붙여서 부사 '실제로'와 같이 쓰인다. 그런데 '실재(實在)'는 '실제로 존재함'의 뜻으로 '실재 인물'과 같이 쓰인다. 동사는 '실재하다'로 '소설 속에 나오는 그 곳이 실재하고 있다.'와 같이 쓰인다. 그러나 '실제적'이나 '실제하다'와 같은 말은 없다.

'심란하다'와 '심난하다'

그는 심란한(   ), 심난한(   ) 얼굴을 하고 있다.

길잡이 한자어 '심란(心亂)하다'는 '마음이 어수선하다'라는 뜻이다. 비슷한 말로 '심산(心散)하다'가 있다. 이 '심란하다'를 '심난(甚難)하다'로 잘못 쓰는 경우가 있다. '심난하다'는 '매우 어렵다'는 뜻이다. 따라서 '아버지는 심난했던 지난날을 생각하면서 눈물을 흘렸다'와 같이 쓰인다. 이 말과 비슷한 말로 '지난(至難)하다'가 있다.

'심문하다'와 '신문하다'

판사는 변호인에게 여러 가지 심문(   ), 신문(   )을 했다.

길잡이 법원이나 검찰, 경찰에서 사용하는 한자어로 '심문(審問)하다'와 '신문(訊問)하다'가 있다.

먼저, '심문(審問)하다'는 사전에 '자세히 따져서 묻다.'로 되어 있다. 그리고 법률 용어로 '법원이 당사자나 그 밖에 이해관계가 있는 사람에게 서면이나 구두로 개별적으로 진술할 기회를 주다.'로 뜻매김하고 있다. 그래서 '피의자를 심문하다'와 같이 쓰인다. '심문'은 일반적으로 법원에서 법관이 행하는 심리 절차의 하나이다. 판사가 변호인이나 증인, 원고, 피고에게 직접 묻는 것을 말한다. 따라서 '심문'은 범죄사실을 캐내려고 묻는 것보다 여러 사람에게 객관적 사실 여부를 묻는 것을 말한다.

'신문(訊問)'은 '알고 있는 사실을 캐어묻다.'와 법률 용어로 '법원이나 기타 국가 기관이 어떤 사건에 관하여 증인, 당사자, 피고인 등에게 말로 물어 조사하다.'의 뜻이 있다. 그래서 인적 사항을 묻는 것을 '인정신문', 증인에게 묻는 것을 '증인신문'이라고 한다. 신문은 '범인을 신문하다.', '사전 용의자를 신문해 자백을 받아 냈다.'와 같이 쓰인다. 따라서 '신문'은 범죄 사실을 찾아내기 위해 적극적이고 능동적으로 캐묻는 것을 말한다. 어려운 한자어보다 우리말로 '심문'은 '묻다, 따져묻다, 캐묻다'와 같은 말을 쓰는 것이 좋다.

'아연실색'과 '아연질색'

그는 사고 소식에 아연실색(   ), 아연질색(   )하였다.

길잡이 '아연실색(啞然失色)'은 '뜻밖의 일에 너무 놀라서 얼굴빛이 변함'으로 되어 있다. '크게 놀람'으로 순화해 쓰도록 하였다.

'사고 소식에 아연실색하다.', '우리는 그가 음모를 꾸민 사실에 아연실색하여 아무 말도 할 수 없었다.'와 같이 쓰인다. '아연(啞然)'은 '맥없이 웃는 모양', '놀라 입을 벌리고 있는 모양'을 뜻하는 것이고, '실색(失色)'은 '얼굴빛이 변하는 것'을 뜻한다. '아연실색하다'와 같이 동사로도 쓴다. 이 것을 '아연질색'이라고 잘못 쓰기 쉽다.

'안전사고'와 '부주의사고'

안전사고(　), 부주의사고(　)로 생명을 잃는 사람들이 많다.

길잡이 　우리말 가운데 말뜻에 맞지 않는 말이 우리말로 자리 잡고 사전에까지 올려 있는 말들이 많다. 그 가운데 '안전사고(安全事故)'라는 말이 있다. 이 말은 '안전'과 '사고'가 합해져 만들어진 말이 다. '사고'라고 하면 '뜻밖에 일어난 불행한 일' 또는 '어떤 일이 일어난 까닭'으로 뜻매김되어 있다. '붕괴사고, 감전사고, 충돌사고, 침몰사고' 등으로 쓰인다. '-로 인한 뜻밖의 불행한 일'이기 때문 에 사고의 원인은 부정적인 말이 와야 한다. '안전사고'는 '안전으로 일어난 사고'라는 뜻이기 때 문에 어법상 잘못된 말이다. 그럼에도 우리말 속에 너무나 깊게 들어와 우리말처럼 사용하고 있 다. 정확하게 말하면 '부주의로 인한 사고'로 어법에 맞는 말을 만들어 사용해야 한다, '안전 불감 증'이란 말도 마찬가지이다. '안전을 느끼지 못하는 증세'라고 뜻매김되어 있다. 안전을 못 느끼는 것이 아니라 부주의를 느끼지 못하거나 사고의 위험성을 느끼지 못하는 것이다. 이 또한 어법에 맞는 적절한 말을 만들어 써야 한다.

'야반도주'와 '야밤도주', '야간도주'

빚쟁이들이 야반도주(　), 야간도주(　), 야밤도주(　)하였다.

길잡이 　우리는 밤에 남몰래 도망가는 것을 '야밤도주'라고 하는 경우가 있다. 그러나 '야밤도주'가 아니 고 '야반도주(夜半逃走)'라고 해야 한다. '야밤도주'라고 했을 때 '야밤'은 '깊은 밤'의 뜻으로 쓰인 다. 그래서 '야밤도주'라는 말도 가능할 듯하다. '야밤'은 밤을 나타내는 한자어 '야(夜)'에 우리말 '밤'이 합해져서 만들어진 합성어이다. 그래서 '밤'의 뜻이 중복된 말이다.
　따라서 '야간도주(夜間逃走)'나 '야반도주(夜半逃走)'라고 해야 한다.

'역할'과 '역활'

그는 부서에서 중요한 역할( ), 역활( )을 하고 있다.

길잡이 한자어 '역할(役割)'을 '역활'로 잘못 사용하는 경우가 많다. '역할'은 '자기가 마땅히 하여야 할 맡은 바 직책이나 임무.'로 일본식 한자어이다. 사전에는 '구실', '소임', '할 일'로 순화하도록 하고 있다. '역할'은 '역할 분담', '각자 맡은 바 역할을 다하다.', '자신의 역할에 충실하다.' 등과 같이 쓰인다. '역할'의 '역(役)'은 '부리다', '할(割)'은 '베다'의 뜻인데 '역할'을 '역활'로 잘못 쓰게 되는 것은 한자어 '할(割)'을 '활'로 잘못 읽었거나, '할(割)'을 '활(活)'로 잘못 알았기 때문으로 보인다. 우리말 '구실'로 순화하여 쓰는 것이 좋겠다.

'연패(連敗)'와 '연패(連霸)'

우리 팀은 작년에 이어 올해도 연패( ), 연폐( )하는 쾌거를 이루었다.

길잡이 한글로 썼을 때 같은 글자가 서로 반대의 뜻이 되는 경우가 있다. 그 가운데 하나가 '연패'이다. '연패(連霸)'는 '싸움이나 경기에서 이어서 우승하거나 이기는 것'을 말하고, '연패(連敗)'는 '싸움이나 경기에서 이어서 지는 것'을 말한다. 이 뜻은 문맥으로 보면 쉽게 알 수가 있다. 우리말로 '이어서 이겼다.', '연이어 우승했다.', 또는 '이어서 졌다.'로 쓰면 쉽게 알 수가 있다. 그러나 '연폐'는 이기고 지는 뜻은 없는 말이다. 이처럼 한 단어가 한자어로 보면 반대가 되는 두 가지 뜻을 가진 말로 '방화'가 있다. '방화(放火)'는 '일부러 불을 지르는 것'을 말하고, '방화(防火)'는 '불나는 것을 미리 막는다.'는 뜻이다. '방화범'이라고 하면 불을 지른 사람이고, '방화벽'이라고 하면 불을 막는 벽임을 알 수가 있다. 아니면 '방화(放火)'는 '불을 지르다.', '방화(防火)'는 '불을 끄다.'와 같이 우리말로 풀어 쓰면 더 쉽게 알 수가 있다.

'열사'와 '의사'

무력으로써 항거하여 의롭게 죽은 사람을 열사( ), 의사( )라고 한다.

길잡이 우리는 '열사(烈士)'와 '의사(義士)'라는 말을 자주 쓴다. '열사'와 '의사'는 한자로 보면 서로 구별하기 어렵다.

사전에 '열사'는 '나라를 위하여 절의를 굳게 지키며 충성을 다하여 싸운 사람'으로 되어 있고, '의사'는 '의로운 지사(志士)'로 되어 있다. 사전적 의미로도 서로 구별하기 어렵다. 국가보훈처의 설명에 따르면 '열사'는 '맨몸으로써 저항하여 자신의 지조를 나타내는 사람'이고, '의사'는 '무력으로써 항거하여 의롭게 죽은 사람'이라고 한다. 그래서 '유관순 열사', '이준 열사'가 되고, '안중근 의사', '윤봉길 의사'가 된다. 그리고 '의사자(義死者)'란 말도 있다. 사전에 '직무 외의 행위로서 남의 생명, 신체, 재산의 급박한 위해(危害)를 구제하다가 사망한 사람'으로 되어 있다.

'염치 불구'와 '염치 불고'

그 사람은 염치 불구(   ), 염치 불고(   )하고 먹기 시작했다.

길잡이 '염치 불구(廉恥不拘)'나 '염치 불고(廉恥不顧)'는 모두 한 단어로 사전에 올라 있지 않다. '염치를 돌보지 않은 뜻'으로 '염치 불고'와 같이 쓰인다. '염치'는 '체면을 차릴 줄 알며 부끄러움을 아는 마음'이고, '불고(不顧)'는 '돌아보지 아니함'의 뜻이다. '체면 불고', '염치 불고'와 같이 '불고'는 '체면'과 '염치'와 떼어 써야 한다. 그리고 '불고하다'와 같이 동사로도 쓰여 '체면을 불고하다', '염치 불고하다'와 같이 쓰인다. 그런데 '염치 불구', '염치 불구하다'와 같이 '불고' 대신 '불구'를 쓰면 틀린다. 이 말은 그냥 우리말로 **부끄러움도 없이**라고 하면 된다.

'요새'와 '요세', '금새'와 '금세'

요새(   ), 요세(   ) 통신이 발달해서 소문이 금세(   ), 금새(   ) 퍼진다.

길잡이 시간을 나타내는 부사 '요새'와 '금세'의 표기가 헷갈리기 쉽다.

'요새'는 '요사이'의 준말이다. '요새 통 소식이 없다'와 같이 쓰인다. 그리고 '금세'는 '금시(今時)에'가 줄어든 말로 구어체에서 많이 사용한다. 비슷한 글자 '요세'와 '금새'는 시간 부사와는 다른 뜻을 가지고 있다. '요세(徭稅)'는 '예전에, 요역과 세금을 아울러 이르던 말'이라고 되어 있고, '금새'는 '물건의 값. 또는 물건 값의 비싸고 싼 정도'라고 되어 있다. 이 말들은 잘 쓰이지 않는 어려운 말이다.

'이용'과 '사용'

지하철을 이용(　), 사용(　)하면 매우 편리하다.

당분간 화장실을 이용(　), 사용(　)하지 맙시다.

> **길잡이** '이용(利用)하다'는 '대상을 필요에 따라 이롭게 쓰다.'로 되어 있다. 그리고 '사용(使用)하다'는 '일정한 목적이나 기능에 맞게 쓰다.'로 되어 있다. 따라서 두 말의 차이는 무엇을 활용하되 이롭게 활용하느냐, 단순히 그냥 기능에 맞게 활용하느냐에 있다. 두 말이 같이 쓰이는 경우도 있다. '이용(사용)한 물건을 제자리에 놓아라.'와 같이 둘 다 가능하다. 그러나 '열차를 이용하는 것이 편리하다.'는 자연스럽지만 '열차를 사용하는 것이 편리하다.'는 어색하다. 반면에 '어른에게 높임말을 사용해야 한다.'는 가능하지만 '높임말을 이용해야 한다.'는 말은 어색하다. 그리고 '화장실을 사용하다'보다 '이용하다'가 더 자연스럽다. 또 '남의 약점을 이용하다'는 자연스럽지만 '남의 약점을 사용하다'는 부자연스럽다.

'이하'와 '미만'

30명 중 반대가 15명으로 과반수 이하(　), 미만(　)이어서 부결되었다.

> **길잡이** 한자어 '이상(以上)'과 '이하(以下)', '초과(超過)'와 '미만(未滿)'이란 단어가 헷갈리는 경우가 있다.
>
> '이상(以上)'과 '이하(以下)'는 일정한 수를 포함하는 뜻으로 쓰인다. 10명 '이상'이라고 하면 10명을 포함한 10, 11이 되고, '이하'라고 하면 10, 9가 된다. 그러나 '미만(未滿)'이라고 하면 그 수를 포함하지 않은 수를 말한다. 10명 미만이라고 하면 9, 8이 되고, 반대로 '초과(超過)'라고 하면 11, 12가 된다.

'인수받다'와 '인수하다', '인계하다'

오늘 앞 사람의 업무를 인수받았습니다(　), 인수했습니다(　).

나는 내 업무의 일부를 과장에게 인수했습니다(　), 인계했습니다(　).

> **길잡이** 한자어 '인수(引受)'는 '물건이나 권리를 건네받음'의 뜻을 가지고 있다. 동사는 '인수하다'로 쓰인다. '인수'에 이미 '받다'라는 의미를 가지고 있기 때문에 '인수받다'로는 쓸 수가 없다. 따라서 '누가 누구로부터 —을 인수하다'로 써야 한다. '무엇을 주는 사람'은 '인수하다'라는 말을 쓸 수가 없다. 따라서 '나는 내 업무 일부를 과장에게 인수했다.'라는 말은 잘못된 말이다. '나는 과장의 업무를 인수했다.'라고 해야 한다. '인계(引繼)하다'는 '하던 일이나 물품을 넘겨주거나 넘겨받다'의 뜻을 가지고 있기 때문에 '주고받는' 의미로 '인계하다'를 쓸 수가 있다. '인계하다'는 '나는 무엇을 누구에게 인계하다.'도 가능하고, '나는 무엇을 누구에게서 인계하다.'도 가능하다. 그러나 '인계받다'는 불가능하다. '인계하다' 속에 '받다'의 의미를 가지고 있기 때문이다. 흔히 우리는 '업무를 인계받았다'라는 말을 쓰는데 잘못된 말이다.
>
> '인계하다'는 '받다', '주다'로 '인수'나 '인수하다'도 '넘겨받음'으로 순화하여 쓰도록 해야 한다.

'일사분란'과 '일사불란'

> 많은 사람들이 일사불란(   ), 일사분란(   )하게 움직였다.

> **길잡이** '일사불란(一絲不亂)'의 뜻은 '한 오리 실도 엉키지 아니함'으로, '질서가 정연하여 조금도 흐트러지지 아니함'을 이르는 말이다. 그런데 '일사분란'은 잘못 쓴 말이다. '어수선하고 소란스러움'의 뜻인 '분란(紛亂)'은 '일사불란'과는 반대의 의미를 가진 말이다.

'일체'와 '일절'

> 근심은 일체(   ), 일절(   ) 털어버리고 살아가자.
> 그 사람은 앞으로 일체(   ), 일절(   ) 만나지 마라.

> **길잡이** 하나의 한자어를 두 가지 의미로 구별하여 쓰는 말 가운데 '일체(一切)'가 있다.
> 명사의 뜻으로 '모든 것'을 나타내어 '도난에 대한 일체의 책임을 지다.', '안주 일체, 음료수 종류의 일체를 갖추고 있다.'와 같이 쓰인다. 그리고 '전부' 또는 '완전히'의 뜻으로 '오늘부터 당신에게 모든 권한을 일체로 맡길 테니'와 같이 쓰인다. 그리고 이 '일체'는 부사로도 쓰이는데, '모든 것을 다'의 뜻으로 '걱정 근심일랑 일체 털어 버리고 자.'와 같이 쓰인다. 그러나 같은 한자어가 '아주, 전혀, 절대로'의 뜻으로 쓰일 때는 '일절'로 읽는다. '일절'은 '행위를 그치게 하거나 어떤 일을

하지 않을 때에 쓰는 말이다. '그 일에 일절 참견하지 마라.'와 같이 쓰인다. 그리고 '일절'은 그 뒤에 항상 부정의 뜻을 가진 말과 같이 쓰인다. '일체'나 '일절'보다 우리말 '모든 것', '아주'와 같은 말을 쓰는 것이 좋겠다.

'임대하다'와 '임차하다'

은행 돈을 빌려서 가게를 임대했다(   ), 임차했다(   ).

길잡이 돈을 받고 자기의 물건을 남에게 빌려주는 것을 '임대(賃貸)'라고 하고, 돈을 내고 남의 물건을 빌려 쓰는 것을 '임차(賃借)'라고 한다. '임대 아파트, 주인에게 임대해 주다.'와 같이 쓰고 '은행 돈을 빌려서 사무실을 임차하였다.'와 같이 쓰인다. 임대(賃貸)는 '빌려주다', 임차(賃借)는 '세내다, 세냄'으로 순화해서 쓰는 것이 좋겠다.

'자문하다'와 '자문받다'

교육 전문가에게 자문해서(   ), 자문받아서(   ), 자문을 구해서(   ) 정책을 결정해야 한다.

길잡이 우리는 흔히 '자문(諮問)받다'라는 말을 쓰곤 한다. 그런데 '자문받다'라고 하는 말은 잘못된 말이다. '자문(諮問)하다'라고 해야 한다. '자문(諮問)하다'는 '어떤 일을 좀 더 효율적이고 바르게 처리하려고 그 방면의 전문가나, 전문가들로 이루어진 기구에 의견을 묻다.'의 뜻이다. 그래서 '그 기관에 경제 시책을 자문하다. 전문가에게 매사 자문하였다'라는 보기로 쓰인다. '자문(諮問)'의 '자(諮)'는 '묻다'의 뜻으로 윗사람이 아랫사람에게 물을 때 쓰는 글자이다. 그리고 '문(問)'도 '묻다'의 뜻이다. 따라서 '자문하다'는 '누가 누구에게 무엇을 묻다.'의 짜임으로 쓰인다. '자문(諮問)'은 일반적으로 전문적인 지식이나 정책 등에 대해 물을 경우에 많이 쓴다.

그런데 '자문받다'는 말은 '물음을 받다'라는 뜻으로 잘못된 말이며, 사전에도 등재되어 있지 않다. '자문을 구하다'라는 말도 마찬가지로 '물음을 구하다'가 되기 때문에 잘못된 말이다.

'자문'보다 우리말인 '묻다', '도움을 받다'라는 말을 쓰면 된다.

누나 남편을 자형(   ), 매형(   )이라고 한다.

길잡이 언제부터인지 누나 남편을 '매형'이라고 하는 사람들이 많다. 국립국어원에서도 '매형'을 표준어로 취급하고 있다. 남자 형제의 손위는 '형(兄)', 동생은 '제(兄弟)'라 하고, 여자 형제의 손위는 '자(姉)'라 하고, 손아래는 '매(妹)'라고 한다. 그래서 '형제자매(兄弟姉妹)'가 있게 된다. 남자 형의 아내를 '형수(兄嫂)', 동생의 아내는 '제수(弟嫂)'라 한다. 누나의 남편은 '자형(姉兄)'이라 하고, 여동생의 남편은 '매부(妹夫)', '매제(妹弟)'라고 한다. 여기 어디에도 '매형(妹兄)'이라는 말은 없다. 손아래 동생의 남편에 '형(兄)' 자를 붙이는 것도 우스운 말이다. 앞으로 '매형'이라는 말은 쓰지 않아야 한다.

그 사람은 이번 행사를 성공적으로 이끈 장본인(   ), 주인공(   )이다.

길잡이 '장본인(張本人)'의 사전적 의미는 '어떤 일을 꾀하여 일으킨 바로 그 사람'으로 되어 있다. '장본인'은 일반적으로 부정적인 문맥에서 많이 쓰인다. '일을 이렇게 망친 장본인이 도리어 큰소리를 쳤다.'와 같이 쓰인다. 그러나 긍정적인 맥락에서도 가끔 쓰고 있다. '그는 내가 어려울 때 도와준 장본인이었으면서도 늘 겸손했다.'와 같이 쓰인다. '장본인'은 '어떤 일(本)을 일으킨(張) 사람(人)'이라는 글자 뜻을 가지고 있다. 긍정적인 문맥에서는 '주인공'이나 '당사자', '사람' 정도로 쓰면 무난하고, 부정적인 뜻으로는 장본인과 함께 '주모자', '주동자'와 같은 말을 쓸 수가 있다.

현재 재적(   ), 제적(   ) 학생은 모두 스무 명이다.

그 학생은 학교에서 제적(   ), 재적(   )되었다.

> **길잡이** '재적'과 '제적'도 헷갈리기 쉬운 한자어다. '재적(在籍)'은 쉽게 '적이 있다'는 뜻이다. '학적, 병적 따위의 명부(名簿)에 이름이 올라 있음'의 뜻으로 '재적 명단', '재적 인원'과 같이 쓰인다. 동사 '재적하다'도 있다. 그리고 '제적(除籍)'은 '적을 제거하다'의 뜻이다. 즉, '학적, 당적 따위에서 이름을 지워 버림'의 뜻으로 쓰인다. 동사 '제적하다'와 '제적되다'도 있다. '장기간 무단결석한 학생은 제적된다.'와 같이 쓰인다. 그리고 이와 비슷한 '재직(在職)'은 '어떤 직장에 소속되어 근무하고 있는 것'을 뜻한다. 그러나 '직장을 제거하다'의 뜻으로 '제직'이라는 말은 없다.

'재연'과 '재현'

연기자의 재연( ), 재현( )으로 그때 상황을 새롭게 재연( ), 재현( )해 내었다.

> **길잡이** 어떤 일이 되풀이되는 현상을 나타내는 말로 '재연(再演)'과 '재현(再現)'이 있다. 두 말 모두 동사 '재연되다'와 '재연하다', '재현되다', '재현하다'로 쓰인다.
>
> '재연(再演)'은 '연극이나 영화 따위를 다시 상연하거나 상영함'의 의미와 '한 번 하였던 행위나 일을 다시 되풀이함'의 뜻으로 쓰인다. '현장 재연', '불행한 사태의 재연을 막으려면 모두가 노력해야 한다.'와 '이런 사태가 재연되어서는 안 된다', '현장 검증에서 범인이 태연히 재연했다.'와 같은 보기로 쓰인다.
>
> '재현(再現)'은 '다시 나타남. 또는 다시 나타냄'의 뜻이다. '어제 꿈속에서 보았던 것이 실제 재현되었다.', '사고 당시의 상황을 재현하다'와 같이 쓰인다.
>
> '재연(再演)'이 행위자가 어떤 행위나 상태를 의도적으로 다시 나타내는 동작의 뜻이 강하다면, '재현(再現)'은 어떤 행위나 상태가 다시 나타나거나 단순히 수동적으로 드러내는 상태의 뜻이 강하다고 할 수 있다.
>
> 우리말로 재연(再演)은 '다시 나타냄', '다시 상영함'으로, 재현(再現)은 '다시 나타냄'으로 구별해서 쓰는 것이 좋겠다.

'재원'과 '재자'

그 집 아들은 소문난 재원( ), 재자( )이다.

'재주가 뛰어난 젊은 여자'를 나타내는 한자어로 '재원(才媛)'이란 말이 있다. '재원(才媛)'은 여자를 일컫는데 남자에게도 잘못 사용하는 경우가 있다. '재원(才媛)'과 상대되는 말로 '재자(才子)'라는 한자어가 있다. '재자(才子)'는 '재주가 뛰어난 젊은 남자'를 일컫는데 이 말은 잘 쓰이지 않는 말이다. 어려운 한자어를 사용하지 않는 것이 좋겠다.

'적나라'와 '적나나', '적라라'

그 사람의 속살이 적나라(   ), 적나나(   )하게 드러났다.

'적나라(赤裸裸)하다'는 '몸에 아무것도 입지 아니하고 발가벗다.'의 뜻으로 '그의 적나라한 상체에는 기다란 흉터가 있었다.'라는 보기로 쓰인다. 또 다른 뜻은 '있는 그대로 다 드러내어 숨김이 없다.'로 '환자의 얼굴에 고통이 적나라하게 드러났다.'와 같은 보기로 쓰인다.

한자를 보면 '아무것도 없다', '비다'의 뜻인 붉을 '적(赤)'에 벌거숭이의 뜻인 '나(裸)'가 반복해서 쓰인 것이다. 한자어 그대로 읽으면 '적나나'로 읽어야 한다.

그러나 '적나나'는 '한글 맞춤법' 제3장, 제5절 두음 법칙, 제11항, 붙임 1인 '단어의 첫머리 이외의 경우에는 본음대로 적는다'에 따르면 '적라라'가 된다. 그러나 제11항 붙임 4에 의해 '접두사처럼 쓰이는 한자가 붙어서 된 단어는 뒷말을 두음법칙에 따라 적는다.'라는 규정에 의해 '적+나라'가 된다. 따라서 '적나라'로 적어야 한다.

'절체절명'과 '절대절명'

절체절명(   ), 절대절명(   )의 위기가 왔다.

'몸도 목숨도 다 되었다'는 뜻인 '절체절명(絕體絕命)'이란 말이 있다. '어찌할 수 없는 절박한 경우'를 비유적으로 이르는 말이다. 궁지에 몰려 살아날 길이 없게 된 막다른 처지를 나타내는 뜻이다. 이것을 '절대절명(絕對絕命)'이라고 잘못 쓰기도 한다.

'접수하다'와 '접수받다'

오늘까지 응시원서를 접수하고( ), 접수받고( ) 있습니다.

길잡이 한자어 '접수(接受)하다'라는 말을 잘못 쓰는 사람들이 많다. '접수(接受)하다'는 타동사로 '신청이나 신고 따위를 구두(口頭)나 문서로 받다.'의 뜻이다. 그래서 '어떤 기관에서 어떤 서류를 접수하다'와 같은 짜임으로 쓰인다. 그런데 원서나 서류를 기관에 제출하는 것을 '접수하다'라고 잘못 쓰는 사람들이 많다.

그리고 접수하는 것을 '접수받는다'는 말로 쓰곤 하는데, 이 또한 잘못된 말이다. 기관에서는 서류를 '접수받는 것'이 아니고 '접수하다'라고 해야 한다. '접수하다'라는 말 속에 이미 '받다'라는 의미가 있기 때문에 다시 '접수받다'라고 해서는 안 된다.

따라서 서류를 내는 사람은 '서류를 제출하다', '서류를 내다'라고 해야 한다. 그리고 더구나 어떤 사람은 '원서를 내고 왔다'라고 해야 할 것을 '원서를 접수시키고 왔다'라고 말하기도 한다. '접수시키다'는 서류를 받는 사람이 다른 사람에게 대신 접수하도록(받도록) 할 때 쓸 수가 있다.

'정안수'와 '정화수'

어머니는 아침마다 정안수( ), 정화수( )를 떠 놓고 아들 건강하기를 빌었다.

길잡이 우리는 기도할 때 떠 놓는 물을 '정안수'라고 하는데, 정안수가 아니고 '정화수(井華水)'가 표준어이다. '정화수'는 '이른 새벽에 길은 우물물. 조왕신에게 가족의 평안을 빌면서 정성을 들이거나 약을 달이는 데 쓴다.'고 되어 있다. 물의 맑음으로 마음의 맑음을 대신하며 조왕신에게 기도하는 매개체의 구실을 하는 물이다. 물을 정화(淨化)하는 말과는 다른 말이다.

'좌변기'와 '와변기'

그 화장실에는 변기가 좌변기( ), 화변기( ), 와변기( ), 양변기( )로 되어 있다.

길잡이 변기의 종류를 나타내는 말에는 여러 가지 있다. 변의 종류에 따라 소변기, 대변기로 나누고, 변기의 모습에 따라 좌변기, 양변기, 화변기 등으로 나눈다. '좌변기'는 양변기와 같은 것으로 쪼그려 앉아서 보는 변기를 말한다. '화변기(和便器)'라고도 한다. '화변기'는 네덜란드의 일본식 한자음 '화란'의 '화'에서 온 말이다. 어떤 사람은 변기가 누워 있다고 해서 '와(臥)변기'라는 말을 쓰기도 하는데 이 말은 '화변기'를 잘못 쓴 것으로 보인다. '화변기'도 어려운 말이라 쓰지 않는 것이 좋겠다.

참고로 변소를 나타내는 말도 여러 가지 있다. 변소의 토박이말은 '뒷간'이다. 강원이나 경상 방언에 '정낭', '통시'라는 말도 있다. 한자어로는 '측간(厠間)'이라고 하였으며, 서양인이 들어오면서 편안한 곳으로 영어 rest room의 뜻인 '변소(便所)'를 넓게 사용하게 되었다. 그리고 화장을 하는 곳이란 뜻으로 '화장실(化粧室)'이란 말이 넓게 쓰이게 되었는데 이 말의 어원은 정확하게 알 수 없지만 변소에서 화장을 지우고 손을 씻는다는 뜻으로 영국에서 들어온 말이라고도 한다. 지금 글자로 보면 이해하기 어려운 말이다. 사찰에서 주로 사용하고 있는 말로 '근심을 푸는 곳'이란 뜻인 '해우소(解憂所)'란 말을 쓰기도 한다. 그리고 수세식 화장실, 푸세식 화장실이란 말도 있다. 수세식은 물로 씻어내는 화장실을 말하고, 푸세식은 변기의 오물을 퍼내는 화장실을 말한다. 변소를 나타내는 영어도 여러 가지를 사용하고 있다. '변기'의 뜻인 toilet, '쉬는 곳'이란 뜻인 rest room, '목욕하는 곳'이란 뜻인 bathroom 등이 있다. WC는 수세식 화장실을 말하며, water closet의 약자이다. 그런데 '푸세식'은 사전에 올라 있지 않은 말이다.

'주기(週忌)'와 '주년(週/周年)', '추념(追念)'과 '추모(追慕)', '추도(追悼)'

> 오늘은 할아버지 돌아가신 삼십 주기(   ), 주년(   )이/가 되는 날이다.
> 이준 열사를 추념하는(   ), 추모하는(   ) 행사가 해마다 열린다.

길잡이 한자어에 해마다 돌아오는 날을 뜻하는 말로 '주기'와 '주년'이 있다. '주기(週忌)'는 사전에 '사람이 죽은 뒤 그 날짜가 해마다 돌아오는 횟수를 나타내는 말'이라고 되어 있고, '주년(週年)'은 '일 년을 단위로 돌아오는 돌을 세는 단위'로 되어 있다. '주기'는 '추모'의 뜻을 가지고 있으며, '제삿날'의 뜻을 가지고 있다. 그래서 '사망 몇 주기'와 같이 쓰인다. '주년'은 단순히 해 마다 돌아오는 '돌'의 뜻으로 '기념'의 뜻이 강하다. 그래서 '개교 몇 주년'과 같이 쓰인다.

따라서 '주기'는 '추모(追慕)'나 '추도(追悼)'라는 말과 자연스럽게 어울리며, '주년'은 '추념(追念)'과 자연스럽게 어울리는 말이다.

그리고 '추모(追慕)'는 '죽은 사람을 그리며 생각함'의 뜻을 가지고 있으며, '추도(追悼)'는 '죽은 사람을 생각하여 슬퍼함'의 뜻을 가지고 있어 둘 다 비슷하게 쓰인다. 또 '추념(追念)'은 '지나간 일을 돌이켜 생각함'의 뜻과 '죽은 사람을 생각함'의 뜻을 같이 가지고 있다.

죽은 사람을 생각하는 뜻으로는 '추모'와 '추도'가 자연스럽지만 '추념'도 가능하다.

우리말로 '기림'이라는 말을 쓰는 것이 좋겠다.

'주최'와 '주관', '후원'과 '협찬'

이 말하기 대회는 문화체육관광부에서 주최(   ), 주관(   )하고

국어문화원에서 주최(   ), 주관(   )하였다.

진주시에서 후원(   ), 협찬(   )하고, ○○기업에서 많은 돈으로 후원(   ), 협찬

(   )하였다.

길잡이 우리는 행사를 할 경우 흔히 '주최(主催)'와 '주관(主管)'을 헷갈려 쓰는 경우가 많다.

'주최(主催)'는 '행사나 모임을 주장하고 기획하여 엶.'의 뜻이다. 주최에서 파생된 동사로는 '주최되다'와 '주최하다'가 있다.

명사로는 '군청 주최 씨름 대회', '방송사 주최의 토론회'와 같은 보기로 쓰이고, 동사로는 '이 행사는 장애인을 돕기 위해 주최되었다.'와 '대학에서 말하기 대회를 주최하였다.'와 같이 쓰인다.

이와 비슷한 말로 '주관(主管)'이 있다. 주관(主管)은 '어떤 일을 책임을 지고 맡아 관리함'의 뜻이다. 그래서 '주관 단체', '총 동문회 주관기', '시청 주관으로 행사를 치렀다.'와 같은 보기로 쓰인다. 명사 '주관'의 파생 동사는 '주관되다'와 '주관하다'가 있다. '이 행사는 대학에서 주관된 행사다.' '해당 업무를 주관하는 기관'과 같이 쓰인다.

그런데 '주최'와 '주관'을 같이 쓸 경우는 '주최'는 '행사를 기획하고 결정하며 최종적으로 책임을 지는 것'을 말하고, '주관'은 '행사를 홍보하고 일정과 행사 내용을 구체적으로 계획하여 치르는 것'을 말한다. 일반적으로 '주최'는 '주관'보다 상위 기관이 된다. 때로는 한 기관이 '주최'와 '주관'을 같이 하는 경우도 있다. 그리고 '후원(後援)'은 말 그대로 뒤에서 지원하는 것을 말하는데, 주로 재정적인 지원이나 경품이나 상품을 지원하는 것을 말한다. '협찬'이란 말도 있다. 이 말은 '어떤 일 따위에 재정적으로 도움을 줌'으로 되어 있어 특별히 재정적 도움을 주었을 때 쓰는 말이다. '후원'과 '협찬'은 같이 사용할 수도 있다. '후원'이 더 넓은 의미이고, '협찬'은 재정적 지원이라는 측면을 강조한 말이다. 따라서 '주최, 주관, 후원, 협찬'을 올바로 구별해서 사용해야 한다.

'중과부적'과 '중과부족'

우리는 중과부적(   ), 중과부족(   )으로 결국 전쟁에 지고 말았다.

'적은 수효로 많은 수효를 대적하지 못함'의 뜻을 가지고 있는 한자어 '중과부적(衆寡不敵)'이 있다. 과부적중(寡不適中)과 비슷한 말이다. 이를 '중과부족'으로 쓰는 사람이 있다. '중과부적'은 원래 '과부적중'에서 온 말이다. 맹자의 양혜왕 상조에 나오는 것으로 (맹자가) 말하기를 "약소국인 추(鄒)나라와 강대국인 초(楚)나라가 싸우면 누가 이기겠습니까?" 하니 (선왕이) 말하기를 "초나라가 이길 것이오." "그렇소. 작은 것은 진정 큰 것과 대적할 수 없고(小固不可以敵大), 적은 수는 진정 많은 수를 대적할 수 없고(寡固不可以敵衆)—"에서 '과부적중(寡不適中)'이란 말이 나온 것이다.

'중구난방'과 '중우난방'

여러 사람들이 중구난방(　　), 중우난방(　　)으로 떠들고 있다.

길잡이 '뭇사람의 말을 막기가 어렵다는 뜻으로, 막기 어려울 정도로 여럿이 마구 지껄임을 이르는 말'의 뜻으로 '중구난방(衆口難防)'이란 말이 있다. 한자 글자대로 뜻을 새기면 '여러 사람의 말을 막을 수가 없다.'라는 뜻이다. 원래 대중, 민중들의 말과 뜻을 거스를 수 없다는 긍정적인 의미였는데, 여러 사람들이 마구 지껄이는 부정적 의미로 의미 전이가 이루어진 것으로 보인다. 사전에는 '마구 떠듦'으로 순화하여 쓰도록 권장하고 있다. 그런데 '중구난방'을 '중우난방(衆愚難防)'으로 잘못 쓰는 사람들이 많다.

'중임'과 '연임', '재임'

회장은 계속 연임(　), 중임(　), 재임(　)할 수 없도록 했다.
그 사람은 다른 장관으로 중임(　), 연임(　), 재임(　)되었다.
그는 한 차례 쉬고 다시 장관으로 재임(　), 중임(　), 연임(　)하였다.

길잡이 한자어에서 '중임(重任)'과 '연임(連任)', '재임(再任)'이 구별하기가 어려울 때가 있다. '중임(重任)'은 '임기가 끝나거나 임기 중에 개편이 있을 때 거듭 그 자리에 임용함'이나 '중대한 임무'의 뜻이다. 따라서 '중임(重任)'은 임기에 관계없이 특정한 자리에 임용되는 것을 말한다. '연임(連任)'은 '원래 정해진 임기를 다 마친 뒤에 다시 계속하여 그 직위에 머무름'으로 되어 있어 임기를 다 채우고 같은 자리에 계속 이어 임용되는 것을 말한다. '그 사람은 이번 개각에서 다른 장관으로 중임되었다.'라고 할 수 있지만 '그 사람은 다른 장관으로 연임했다.'라고 말할 수 없다. '연임'은 두 번 세 번 계속할 수도 있는 뜻으로 쓰인다. 만약 한 번 연임할 수 있다고 하면 두 번만 할 수 있다는 뜻이 된다. 그리고 비슷한 말로 '재임(再任)'이란 말이 있는데, 이 말은 '같은 관직에 다시 임명됨'을 말한다. '재임되다'와 '재임하다'와 같은 동사로 쓰인다. 임기를 마치기 전에 중간에 들어가서 임기를 마치고 다시 같은 자리에 임명되거나, 같은 자리에 이어서 임명되지 않고 중간에 다른 곳에 임명되어 일을 하거나 쉬다가 다시 지난 자리에 임명되어도 '재임'이라고 할 수 있다. '재임'은 '같은 관직'에 다시 임명된다는 뜻이 강하고, '연임'은 '계속 이어 임명되다'는 시간적인 뜻이 강하다. 둘 다 같이 쓸 수도 있다.

'지양'과 '지향'

교육은 경제 원리를 지양( ), 지향( )해야 한다.
건전한 소비생활로 지향( ), 지양( )해야 한다.

길잡이 한자어 '지향(志向)'과 '지양(止揚)'을 잘못 쓰는 경우가 있다.

'지향(志向)'은 '어떤 목표로 뜻이 쏠리어 향함. 또는 그 방향이나 그쪽으로 쏠리는 의지'의 뜻이다. '복지국가로 지향한다. 출세 지향적이다'와 같이 쓴다.

그런데 이와 소리가 비슷한 '지양(止揚)'이 있다. '지양'은 '더 높은 단계로 오르기 위하여 어떠한 것을 하지 아니함'의 뜻을 가지고 있으며 '피함', '하지 않음'으로 순화하여 쓰도록 권장하고 있다. '교육에서 경제 원리를 지양해야 한다.'와 같이 쓰인다. '지향'과 '지양'은 소리가 비슷하지만 반대의 뜻을 가진 말이다. 두 말 모두 동사 '지향하다', '지양하다'로도 쓰인다.

'지향(志向)'과 다른 동음어인 '지향(指向)'이 있다. '지향(指向)'은 '작정하거나 지정한 방향으로 나아감. 또는 그 방향'이란 뜻이다. 이 '지향'은 화자의 의지와 관계없이 다만 일정한 방향으로 나가거나 그 방향을 나타낸다. '길을 잃고 지향 없이 헤맨다.'와 같이 쓰이나 많이 쓰는 말은 아니다.

'참고'와 '참조'

지금까지 공부한 여러 문헌을 서로 참고( ), 참조( )하여 글을 써야 한다.

길잡이 '참조(參照)'와 '참고(參考)'의 의미를 구별하여 쓰기가 쉽지 않다.

'참조(參照)'는 '참고로 비교하고 대조하여 봄'으로 사전에 새겨 놓고 있다. '참(參)'은 여러 가지 의미 가운데 '헤아리다, 비교하다, 살피다'의 뜻으로 해석하며, '조(照)'는 '밝게 비추어 보거나 비교, 대조해 보는 것'을 말한다. 따라서 '참조'는 '어떤 대상과 서로 비교하거나 대조하는 뜻이 강하다. '관계 기사 참조, 사진 참조, 참고 문헌을 참조하다'와 같은 보기로 쓰인다. 이와 비슷한 '참고 (參考)'는 '살펴서 생각함. 살펴서 도움이 될 만한 재료로 삼음'의 뜻이다. '참(參)'은 '헤아리다, 살피다'의 뜻이며, '고(考)'는 '생각하다'의 뜻이 중심 의미이다. 따라서 '참고(參考)'는 어떤 대상을 단순하게 활용하고 생각하는 것이며, 또 도움이 될 만한 자료의 뜻을 가지고 있다. 따라서 '참고'는 '참고(*참조) 문헌, 참고(*참조) 도서, 참고(*참조) 자료, 그 자료를 참고로 하다'와 같이 쓰인다. 일반적으로 논문에서 다른 자료와 비교할 때는 '참조'라는 말을 많이 쓴다. '참고(參考)'가 '참조 (參照)'보다 넓은 뜻으로 쓰이는 것으로 보인다.

'참조'는 동사 '참조하다'는 가능하나 '참조되다'는 사전에 등재되어 있지 않다. 반면에 '참고'는 동사 '참고하다', '참고되다'가 모두 쓰인다.

'초주검'과 '초죽음'

> 그 사람은 전장에서 초주검(   ), 초죽음(   )이 되어 돌아왔다.

길잡이 '초주검'은 '두들겨 맞거나 병이 깊어서 거의 다 죽게 된 상태. 또는 피곤에 지쳐서 꼼짝을 할 수 없게 된 상태'를 말한다. '초주검'을 '초죽음'으로 잘못 쓰는 경우가 있다. '초(初)+주검'의 구조로 된 말이다. '곧 죽게 된 시체가 되기 전의 상태'라는 뜻이다.

'추호'와 '추오'

> 나는 추호(   ), 추오(   )도 거짓말을 하지 않는다.

길잡이 '가을철에 털갈이하여 새로 돋아난 짐승의 가는 털'이란 뜻으로 '추호(秋毫)'가 있다. 이 말은 매우 적거나 조금인 것을 비유적으로 이르는 말로 쓰인다. '분호(分毫)'나 '일호(一毫)'와 비슷한 말이다. '당신을 모욕할 생각은 추호도 없었습니다.', '그의 결심은 추호도 흔들리지 않았다.'와 같이 쓰인다. 이때 '호(毫)'는 '가는 털', '조금'의 뜻을 가지고 있다. '호(毫)'를 호랑이의 뜻인 '호(虎)'로 잘못 알고 있는 사람도 있다. 우리말 '조금도'로 쓰는 것이 좋겠다.

'토론'과 '토의', '회의'

내일 소풍 어디로 갈지 토론(   ), 토의(   )합시다.

금리를 올릴 것인지 말 것인지 토론(   ), 토의(   )을/를 한다.

매주 화요일마다 간부들은 토론(   ), 토의(   ), 회의(   )을/를 한다.

길잡이 말하기 방법 가운데 '토론(討論)'과 '토의(討議)'가 있다.

'토론'은 사전에 '어떤 문제에 대하여 여러 사람이 각각 의견을 말하며 논의함'으로 되어 있다. 그리고 '토의'도 '어떤 문제에 대하여 검토하고 협의함'으로 되어 있다. 따라서, 사전적 의미로 보면 '토론'과 '토의'가 뚜렷이 구별되지 않는다. '토론'과 '토의'를 두루 쓸 수 있다는 뜻도 된다. 그러나 '토론'과 '토의'를 명백하게 구별해야 할 경우에는 서로 구별하여 쓰는 것이 좋겠다.

'토론(討論)'은 하나의 주제에 대해 여러 사람이 찬성과 반대의 주장을 내세우면서 자기의 주장을 상대에게 설득하는 말하기이다. '토의(討議)'는 일정한 주제에 대한 여러 가지 의견을 나누어 최선을 선택하는 말하기이다. '토론하다'는 '시에서 사업을 계속 추진할 것인지 말 것인지에 대해 토론을 했다.', '간부 회의에서 임금 인상 여부에 대해 토론하였다.'와 같이 쓰인다. '토의하다'는 '우리 학교가 가지고 있는 여러 가지 문제에 대해 토의한다.', '모임의 운영 방식에 대해 토의하자.'와 같이 쓰인다.

이와 비슷한 말로 '회의(會議)'가 있다. '회의(會議)하다'는 '어떤 사항에 대해 여럿이 모여 의논하다'의 뜻이다. 따라서 '회의'는 일정한 주제를 두고 의논하는 것보다 어떤 단체에서 정기적으로 모여 의논하거나 여러 가지 사안에 대해 서로 자유롭게 의견을 나누는 폭넓은 말하기 방법이다. '사장님께서 간부들과 간부 회의를 하고 있습니다.'와 같이 쓰인다. 그리고 회의는 '법관 회의, 간부 회의, 가족 회의, 임시 회의 정기 회의' 등과 같은 말로 쓰인다. 이 외에도 '논의하다', '의논하다' 등이 있다.

'파토'와 '파투'

그 일이 그렇게 파토(   ), 파투(   )가 날 줄 몰랐다.

길잡이 우리는 어떤 일이 잘못되는 것을 '파토를 내다'와 같이 쓰는 경우가 있다. '파토'가 아니라 '파투'가 표준어이다. '파투(破鬪)'는 '화투 놀이에서 잘못되어 판이 무효가 됨. 또는 그렇게 되게 함. 장수가 부족하거나 순서가 뒤바뀔 경우에 일어난다.'의 뜻으로 쓰이며, '파투가 나다', '파투를 놓다'와 같이 쓰인다. 그리고 '일이 잘못되어 흐지부지됨을 비유적으로 이르는 말'의 뜻으로 '일이 파투가 났다.', '사업이 파투가 났다.'와 같이 쓰인다. 동사로 '파투하다(破鬪--)'로도 쓰여 '화투 놀이에서, 잘못되어 판이 무효가 되다. 또는 그렇게 되게 하다. 장수가 부족하거나 순서가 뒤바뀔 경우에 일어난다.'라는 뜻이다.

'폐인'과 '패인'

그 사람 폐인(　), 패인(　)이 되었다.

길잡이 '병 따위로 몸을 망친 사람, 쓸모없이 된 사람'을 일컬을 때 '폐인(廢人)'이라는 말을 쓴다. 이것을 '패인(敗人)'이나 '페인'으로 잘못 아는 사람이 간혹 있다. 발음이 '페'로 나기 때문에 '페인'이나 '패인'으로 쓰기 쉽다. '피폐(疲弊), 퇴폐(頹廢)'도 모두 어려운 한자말이다.

'표지'와 '표식', '표시'

통행금지 표지판(標識版)(　), 표시판(表示版)(　), 표식판(標識版)(　)이 보이지 않는다.

길잡이 한자어에 어떤 정보를 나타내는 말 가운데 '표시'와 '표지', '표식'이라는 말이 있다. 이 말들을 서로 구별하기가 쉽지 않다.

사전적 의미로 보면 '표시'는 두 가지 한자가 있는데, 하나는 '표시(表示)'이고, 다른 하나는 '표시(標示)'이다. '표시(表示)'는 '겉으로 드러내 보임'으로 되어 있고, '표시(標示)'는 '표를 하여 외부에 드러내 보임'으로 되어 있다. 이와 비슷한 '표지(標識)'는 '표시나 특징으로 어떤 사물을 다른 것과 구별하게 함. 또는 그 표시나 특징'으로 되어 있다. '표지(標識)'를 '표식'이라고 읽기도 하는데, 이것은 표준어가 아니며 '표지'의 북한어라고 되어 있다. 한자 '識'는 '표하다' '나타내다'라는 뜻으로는 '지'라고 읽고, '알다'의 뜻으로는 '식'이라고 읽는다. 따라서 '표지'를 '표식'이라고 하면 틀린다.

그런데 '표시'와 '표지'는 문맥이나 상황에 따라 같이 쓰이기도 하고 다르게 쓰이기도 한다.

'표시'가 언어나 기호로 어떤 정보를 드러내는 데 뜻의 중심이 있다면, '표지'는 그러한 표시를 한 일정한 틀이나 형식에 뜻의 중심이 있다고 하겠다. 따라서 '표지'는 어떤 정보를 표시한 결과물에 가깝다. '표시'는 '애정 표시', '성의 표시', '감사 표시'와 같이 쓰이고 '애정을 표시하다', '성의를 표시하다', '감사를 표시하다'와 같이 동사로도 매우 자연스럽게 쓰인다. 그러나 '애정 표지', '성의 표지', '감사 표지'라고는 하지 않는다. 즉, '표시'는 언어와 다른 기호, 행동을 싸안은 넓은 뜻으로 본다면, '표지'는 언어와 기호로 나타낸 공식적이고 일반적인 내용을 시각적으로 일정한 형식을 갖춘 표현으로 이해할 수 있다. '농기계 안전표지·조작표시 통일'에서 안전표지는 공식적 기호의 뜻이 강하고 조작표시는 설명이나 기술의 뜻이 두드러진다. 이 둘을 같이 쓴다고 틀린 것은 아니다. '표지판엔 60km, 노면엔 70km 제한 속도 표시 제각각'과 같이 쓰인다. 그래서 '표시판'보다 '표지판'이란 말을 많이 쓰는 것이다. 따라서 '수영 금지표지/표시가 잘못되어 있다.'와 같이 둘 다 가능하다.

또 '표식(表式)'이라는 말이 있다. 이 말은 사전에 '무엇을 나타내 보이는 일정한 방식'이라고 되어 있다. '재생산표식'이라는 말과 같이 쓰인다. 그러나 '표식'이라는 말은 많이 쓰이지 않는 말이다.

그런데 대부분 '표시'와 '표지', '표식'을 구별 없이 쓰고 있다. 이 낱말들이 서로 비슷한 의미를 가진 한자어라면 그냥 '표시'로 쓰든지 아니면 '알림'이라는 우리말을 쓰는 것도 좋다. '표지판'을 '알림판'이라고 할 수도 있다.

'풍비박산'과 '풍지박산', '풍지박살'

사업 실패로 그 집안은 풍비박산(   ), 풍지박산(   ), 풍지박살(   ), 풍비박살(   ) 이 났다.

길잡이 한자어 '풍비박산(風飛雹散)'을 '풍지박산'이나 '풍지박살'로 잘못 쓰는 경우가 많다. '풍비박산 (風飛雹散)'은 '바람이 불어 우박(雹)이 사방으로 날아 산산이 깨지고 흩어지는 모양'을 말한다. 사전에는 '사방으로 날아 흩어짐'이라고 되어 있다. 동사로 '풍비박산되다', '풍비박산하다'로도 쓰인다.

'피난'과 '피란'

지진이 나자 사람들은 다른 곳으로 피난(   ), 피란(   )을 갔다.
전쟁이 나자 모두 피란(   ), 피난(   )을 가 버리고 도시가 텅텅 비었다.

> 길잡이 한자어 가운데 비슷한 뜻을 가진 한자어가 많다. 그 가운데 '피난(避難)'과 '피란(避亂)'이 있다. '피란(避亂)'은 한자어 그대로 '난리를 피하여 옮겨 감'이고, '피난(避難)'은 '재난을 피하여 멀리 옮겨 감'이다. 따라서 전쟁도 재난에 속한다면 '피난'의 뜻이 '피란'의 뜻보다 더 넓은 뜻으로 쓰인다고 볼 수 있다. 위 앞 보기는 지진은 전쟁이 아니기 때문에 '피난'이 맞고, 아랫것은 전쟁이라고 하는 재난이 구체적으로 명시되어 있기 때문에 '피란'을 쓰는 것이 맞다.

'피로회복'과 '피로해소'

그 음료수는 피로회복(   ), 피로해소(   )에 매우 좋다.

> 길잡이 우리가 틀린 말인데도 거의 굳어져서 그대로 사용하고 있는 말 가운데 '피로회복(疲勞回復)'이라는 말이 있다. '회복(回復)하다'라는 말은 '원래의 상태로 돌이키거나 원래의 상태를 되찾다'라는 뜻을 가지고 있다. 즉, 부정적인 뜻을 긍정적인 뜻으로 바꾸는 것이다. 그래서 '국권을 회복하다, 건강을 회복하다, 원기를 회복하다'와 같이 쓰인다. 그런데 '피로를 회복하다'라는 말은 부정적인 '피로로 다시 돌아간다.'는 뜻이기 때문에 반대의 뜻으로 잘못 쓴 것이다. 이것은 피로의 반대말인 '원기회복(元氣回復)'이라고 하든지, '피로해소(疲勞解消)'라고 해야 맞다.
> 아무리 오랫동안 써온 말이라고 하더라도 명백하게 잘못된 말이라면 반드시 바루어 고쳐 써야 한다.

'항소'와 '상고', '항고', '상소'

원고는 이번 사건을 제1심에서 불복하여 제2심 법원에 항소했다(   ),

상고했다(   ), 항고했다(   ).

재판 판결에 불복하여 상급 법원에 상고했다(   ), 상소했다(   ).

> 길잡이 법률 용어는 대부분 어려운 한자어로 되어 있어서 일반인이 알기가 매우 어렵다. 최근 법원 행정처에서는 어려운 법률 용어를 쉽게 순화시키는 작업을 계속 해 오고 있다. 그러나 아직도 많은 법률 용어들이 일반인이 알 수 없는 일본식 한자어들로 되어 있다.
> 그 가운데 우리가 많이 사용하고 있는 법률 용어로 '항소(抗訴), 상고(上告), 항고(抗告), 상소(上訴)'라는 말이 있다.

이 말들은 모두 뜻이 비슷하여 글자 뜻으로만 보아서는 쉽게 알 수가 없다.

먼저, '항소(抗訴)'는 사전에 '민소 소송에서, 제일심의 종국 판결에 대하여 불복하여 상소함.'으로 되어 있다. 일반적으로 제일심 법원인 지방법원 판결에 불복하여 제이심 법원인 고등법원에 재심을 신청하는 것을 말한다.

'상고(上告)'는 '제이심 판결에 대한 상소(上訴). 원심(原審)의 판결에 불복하여 판결의 재심사를 상급 법원에 신청하는 일이다.' 즉, 일반적으로 고등법원의 판결에 불복하여 대법원에 재심을 신청하는 것이다. 간혹 제일심 판결이 법령에 위반된 것을 이유로 대법원에 바로 상소하는 경우도 있는데 이것도 '상고'라 한다.

'항고(抗告)'는 재판의 판결이 아닌 '결정'이나 '명령'에 대해 상급 법원에 재심을 신청하는 것을 말한다.

그리고 '상소(上訴)'는 법원의 판결에 불복하여 상급법원에 재심을 신청하는 행위를 모두 아울러 '상소'라고 한다. 따라서 '항소', '상고', '항고'의 행위를 모두 '상소하다'라고 한다.

'화룡점정'과 '화룡정점'

부처님의 점안식은 화룡정점( ) 화룡점정( )과 같다.

길잡이

어떤 일을 마지막으로 마치는 일을 뜻하는 말로 '화룡점정(畵龍點睛)'이 있다.

이 말의 유래는 다음과 같다. 중국 양나라 때 화가 장승요라는 사람이 금릉에 있는 안락사에서 용 두 마리를 그려 놓고 눈동자를 그려 넣지 않았는데, 사람들은 왜 눈동자를 그려 넣지 않느냐고 물으니 그는 눈동자를 그려 넣으면 용이 하늘로 날아가기 때문이라고 했다. 그래도 사람들이 그 말을 믿지 않아서 실제 한 마리 용의 그림에 눈동자를 그려 넣었더니 그 용이 하늘로 날아갔다고 한다. '화룡점정'은 '무슨 일을 하는 데에 가장 중요한 부분을 완성함을 비유적으로 이르는 말'이다. 이 말을 어떤 사람은 '화룡정점'이라고 한다. '점정(點睛)'을 '정점'으로 헷갈렸기 때문이다.

'환골탈태'와 '환골탈퇴'

그 사람은 군대에 갔다 오더니 환골탈태( ), 환골탈퇴( )하였다.

'사람이 보다 나은 방향으로 변하여 전혀 딴사람처럼 된다.'는 뜻을 가진 말로 '환골탈태(換骨奪胎)'라는 말이 있다. 원래 뜻은 '뼈대를 바꾸어 끼우고 태를 바꾸어 쓴다.'는 뜻으로, 고인의 시문의 형식을 바꾸어서 그 짜임새와 수법이 먼저 것보다 잘되게 하는 데에서 나온 말로 '환골'과 '탈태'가 합쳐져서 된 말이다. 이 말을 '환골탈퇴'라고 잘못 사용하는 경우가 있다. 동사 '환골탈태하다'도 사전에 올라 있다. 매우 어려운 한자말이다.

'홀홀단신'과 '혈혈단신'

그는 홀홀단신(   ), 혈혈단신(   )으로 살아남았다.

의지할 곳이 없는 외로운 홀몸을 뜻하는 '혈연단신(血緣單身)'과 같은 한자어로 '혈혈단신(孑孑單身)'이 있다. 한자 '혈(孑)'은 '외롭다'는 뜻이다. 그래서 한자어 형용사 '혈혈하다'와 부사 '혈혈히'라는 말이 있다. '혈혈단신'을 '홀홀단신'으로 잘못 쓰는 경우가 있다. 이것을 '홀홀'이라고 생각한 것은 우리말에 '짝이 없이 혼자뿐인'의 뜻을 가진 접두사 '홀–'때문이 아닌가 한다. 그래서 배우자나 형제가 없는 사람을 일컫는 우리말 '홀몸'이라는 말을 쓰기도 한다.

'희한하다'와 '희안하다'

어제 희한한(   ), 희안한(   ) 일이 일어났다.

'희한(稀罕)하다'는 '매우 드물거나 신기하다'라는 뜻이다. '희한한 일', '처음 본 희한한 물건' 등과 같이 쓰인다.

'희(稀)'는 '드물다'의 뜻이고, '한(罕)'은 '그물'의 뜻도 있지만 '드물다'의 뜻도 같이 가지고 있다. 따라서 한자어 '희한(稀罕)'은 두 자 모두 '드물다'의 뜻을 가지고 있다.

이것을 '희안하다'라고 잘못 쓰기 쉽다.

일곱째 마당

◇◇◇◇◇◇◇◇◇◇◇

틀리기 쉬운
표준 발음

〈표준 발음법〉은 표준어 규정의 일부로 제2부에 해당되며 모두 7장 30항으로 되어 있다. 여기에 뽑은 '틀리기 쉬운 표준 발음'은 사람들이 〈표준 발음법〉과 잘못 발음하기 쉬운 것들이다. 〈한글 맞춤법〉이 바른 글쓰기를 하는 데 기본이라면 〈표준 발음법〉은 바른 말하기를 하는 데 기본이 된다. 정확한 발음으로 정확하고 효과적인 의사소통을 할 수 있도록 노력해야 한다.

총 칙

제1항: 표준 발음법은 표준어의 실제 발음을 따르되, 국어의 전통성과 합리성을 고려하여 정함을 원칙으로 한다.

문법공부 '전통성'과 '합리성'

〈표준 발음법〉 총칙 제1항 내용인 표준어의 실제 발음을 따른다는 것은 '현실성'을 고려한 의미이고, '전통성'은 오랫동안 발음해 온 것을 존중한다는 의미이다. 그리고 '합리성'은 발음의 경제 원리에 따른 '효율성'을 의미한다. 전통성의 보수성과 합리성의 편이성 가운데에 무엇을 따를 것인가가 어렵다. 합리성을 강조하면 발음의 변화에 따라가기 어려워 혼란이 생길 우려가 있고, 전통성을 강조하면 발음하기가 어려워 비효율적일 수도 있다.

예컨대, '맛있다'를 [마딛따]로 발음한 것을 인정한 것은 전통성이고, [마싣따]도 표준 발음으로 인정한 것은 현실성과 합리성을 반영한 것이다.

민주주의(民主主義)의 의의(意義): [민주주ㅣㅢ ㅢㅣ] (　)

　　　　　　　　　　　　　　　[민주주ㅣㅔ ㅢㅣ] (　)

　　　　　　　　　　　　　　　[민주주ㅣㅢ ㅣㅣ] (　)

　　　　　　　　　　　　　　　[민주주ㅣㅡ ㅢㅣ] (　)

길잡이 표준 발음법 제5항 다만 3: 자음을 첫소리로 가지고 있는 음절의 'ㅢ'는 [ㅣ]로 발음한다.

늴리리 닁큼 띄어쓰기 씌어 틔어 희어 희망 유희

다만4. 단어의 첫음절 이외의 '의'는 [ㅣ]로, 조사 '의'는 [ㅔ]로 발음함도 허용한다.

넓다: [널따](　), [넙따](　)

밟다: [밥따](　), [발따](　)

넓죽하다: [널쭉카다] (　), [넙쭈카다](　)

길잡이 표준 발음법 제10항: 겹받침 'ㄳ', 'ㄵ', 'ㄼ', 'ㄽ', 'ㄾ', 'ㅄ'은 어말 또는 자음 앞에서 각각 [ㄱ, ㄴ, ㄹ, ㅂ]으로 발음한다.

넓다[널따], 떫다[떨따]

다만, '밟-'은 자음 앞에서 [밥]으로 발음하고, '넓-'은 다음과 같은 경우에 [넙]으로 발음한다

밟다[밥따], 밟는[밥:는 → 밤:는], 밟고[밥꼬], 넓죽하다[넙쭈카다]

맑다: [막따]( ), [말따]( )

늙지: [늑찌]( ), [늘찌]( )

맑게: [막께]( ), [말께]( )

길잡이 표준 발음법 제11항: 겹받침 'ㄺ', 'ㄻ', 'ㄿ'은 어말 또는 자음 앞에서 각각 [ㄱ, ㅁ, ㅂ]으로 발음한다.

맑다[막따], 늙지[늑찌]

다만, 용언의 어간 말음 'ㄺ'은 'ㄱ' 앞에서 [ㄹ]로 발음한다.

맑게[말께], 밝게[발께]

문법공부 끝소리 규칙(말음 법칙)

국어 끝음절 소리는 'ㄱ, ㄴ, ㄷ, ㄹ, ㅁ, ㅂ, ㅇ'의 일곱 개밖에 나지 않는다. 이 밖의 자음이 오면, 이 일곱 자음 중의 하나로 바뀐다. 이것을 '끝소리 규칙' 또는 '말음 법칙'이라고 한다.

/ㅍ/ → [ㅂ]
/ㅅ, ㅆ, ㅈ, ㅊ, ㅌ/ → [ㄷ]
/ㄲ, ㅋ/→ [ㄱ]

겹받침이 올 때 끝소리는 표준 발음법에 따른다. 표준 발음법은 부록 참고.

맛없다: [맏업따]( ), [마덥따]( )

맛있다: [마딛따]( ), [마싣따]( )

멋있다: [머딛따]( ), [머싣따]( )

길잡이   **표준 발음법 제15항**: 받침 뒤에 'ㅏ, ㅓ, ㅗ, ㅜ, ㅟ'들로 시작되는 실질형태소가 연결되는 경우에 는, 대표음으로 바꾸어서 뒤 음절 첫소리로 옮겨 발음한다.

다만, '맛있다', '멋있다'는 [마싣따], [머싣따]로도 발음할 수 있다.

광한루: [광할루]( ), [광한루]( )

이원론: [이원논]( ), [이월론]( )

상견례: [상견녜]( ), [상결례]( )

길잡이   **표준 발음법 제20항**: 'ㄴ'은 'ㄹ'의 앞이나 뒤에서 [ㄹ]로 발음한다.

이 규정은 '자음 동화'를 말한다. '자음 동화'는 어떤 한 자음이 앞뒤 다른 자음의 소리에 영향을 받아 그 앞뒤 발음과 같거나 비슷하게 바뀌는 현상을 말한다. 이것은 발음을 쉽게 하려는 원리 때문이다.

난로[날로], 광한루[광할루], 할는지[할른지]

다만, 다음과 같은 단어들은 'ㄹ'을 [ㄴ]으로 발음한다.
공권력[공꿘녁], 이원론[이:원논], 상견례[상견녜]

되어: [되어]( ), [되여]( )

길잡이   **표준 발음법 제22항**: 다음과 같은 용언의 어미는 [어]로 발음함을 원칙으로 하되, [여]로 발음함 도 허용한다.

이 규정은 '모음동화'를 말한다. 결국, 'ㅣ 모음 동화'를 인정하지 않은 것이다. 북한에서는 '되어' 를 [되여]라고 발음하고 표기도 그렇게 한다.

되어[되어/되여], 피어[피어/피여]
이오[이오/이요], 아니오[아니오/아니요]

문법: [문뻡](   ), [뭄뻡](   ), [문법](   )

젖먹이: [전머기](   ), [점머기](   )

길잡이 방언의 성격을 가진 '자음 동화'를 인정하지 않았다.

문법[문뻡], 꽃밭[꼳빧], 꽃길[꼳낄], 젖먹이[전머기], 있고[읻꼬], 웃감[옫깜]

문법공부 ## 동화 현상(同化現象)

두 음절이 합쳐지면 소리의 변화가 일어날 수 있다. 우리말뿐만 아니라 다른 나라 말에도 같은 현상이 있다. 이러한 현상은 앞소리와 뒷소리의 발음 위치나 방법의 차이에 의해 말하는 사람이 쉽게 발음을 하기 위한 자연스러운 현상이다. 이것을 '발음 경제 원칙'이라 하기도 한다. 소리 내는 데 최소한의 노력으로 의미를 변별할 수 있게 하는 것이다. 그리고 표현의 효과를 높이기 위해서 일어나는 현상이다.

그 가운데 동화 현상이 있다. '동화(同化)'라는 말은 어떤 소리가 다른 소리에 닮아가는 것을 말한다. 음운 동화를 '소리닮기'라고 하는 것도 이 때문이다. 어떤 소리가 어떤 소리로 닮아가는 방향에 따라 뒷소리가 앞소리를 닮으면 순서가 순행적이라고 하여 '순행 동화'라 하고, 거꾸로 앞소리가 뒷소리를 닮으면 거꾸로 닮는다고 해서 '역행 동화'라고 한다. 앞뒤 소리가 서로 닮으면 '상호 동화'라고 한다. 또한 어느 정도 동화되었느냐에 따라 완전하게 동화했으면 '완전 동화', 불완전하게 동화했으면 '불완전 동화'라 한다.

그리고 자음의 동화 현상을 '자음 동화', 모음의 동화 현상을 '모음 동화'라 한다.

우리말에서 자음 동화는 크게 '비음화', '유음화', '구개음화'가 있다.

1. 비음화(鼻音化)

비음(鼻音)은 콧소리라고 하는데 코에서 울려나는 소리를 말한다. 우리말 소리에 비음은 'ㄴ, ㅁ, ㅇ'이 있다. 비음이 아니었던 소리가 비음으로 되는 것을 '비음화'라고 하고 '콧소리되기'라고 한다.

'ㅂ, ㄷ, ㄱ'+ 'ㄴ, ㅁ'→[ㅁ, ㄴ, ㅇ]

ㅂ + ㄴ, ㅁ→[ㅁ] + ㄴ, ㅁ: 밥물→[밤물], 앞만→[압만]→[암만]　　　[역행 동화][완전 동화]

　　　　　　　　　　　　앞날→[압날]→[암날], 갚는→[갑는]→[감는]　[역행 동화][불완전 동화]

ㄷ + ㄴ, ㅁ→[ㄴ] + ㄴ, ㅁ: 맏며느리→[만며느리]　　　　　　　　　[역행 동화][불완전 동화]

　　　　　　　　　　　　맛난→[맏난]→[만난], 꽃만→[꼳만]→[꼰만]　[역행 동화][완전 동화]

　　　　　　　　　　　　밭머리→[받머리]→[반머리]　　　　　　　　[역행 동화][불완전 동화]

ㄱ + ㄴ, ㅁ→[ㅇ] + ㄴ, ㅁ: 작년→[장년], 국물→[궁물]　　　　　　[역행 동화][불완전 동화]

　　　　　　　　　　　　부엌문→[부억문]→[부엉문], 밖만→[박만]→[방만]　[역행 동화][불완전 동화]

'ㅁ, ㅇ' + 'ㄹ' → [ㅁ, ㅇ] + [ㄴ]

ㅁ + ㄹ → ㅁ + [ㄴ]: 남루→[남누], 담력→[담녁]   [순행 동화][불완전 동화]

ㅇ + ㄹ → ㅇ + [ㄴ]: 종로→[종노], 대통령→[대통녕], 영리→[영니]   [순행 동화][불완전 동화]

'ㅂ, ㄷ, ㄱ' + 'ㄹ' → 'ㅂ, ㄷ, ㄱ' + [ㄴ] → [ㅁ, ㄴ, ㅇ] + [ㄴ]

ㅂ + ㄹ: [ㅁ + ㄴ] (ㅁ + ㄹ → ㅂ + ㄴ → ㅁ + ㄴ): 섭리→[섭니]→[섬니], 협력→[협녁]→[혐녁]

[상호 동화][불완전 동화]

ㄷ + ㄹ: [ㄴ + ㄴ] (ㄷ + ㄹ → ㄷ + ㄴ → ㄴ + ㄴ): 몇 리→[면리]→[면리]→[면니]

[상호 동화][불완전 동화]

ㄱ + ㄹ: [ㅇ + ㄴ] (ㄱ + ㄹ → ㄱ + ㄴ → ㅇ + ㄴ): 백로→[백노]→[뱅노], 국립→[국닙]→[궁닙]

[상호 동화][불완전 동화]

2. 유음화(流音化)

유음화는 유음(流音)(흐름소리) 'ㄹ'이 아닌 소리가 유음의 영향을 받아서 유음으로 바뀌는 현상을 말한다. 이처럼 비음인 'ㄴ'이 'ㄹ' 소리 앞이거나 뒤에서 ㄹ로 바뀌는 것은 'ㄴ' 소리와 'ㄹ'소리가 나는 자리가 비슷하기 때문이다.

'ㄹ' + 'ㄴ' → [ㄹㄹ]

ㄹ + ㄴ: 칼날→[칼랄], 설날→[설랄], 앓는→[알른], 훑는→[훌른]   [순행 동화][완전 동화]

'ㄴ' + 'ㄹ' → [ㄹㄹ]

ㄴ + ㄹ: 난로→[날로], 신라→[실라], 전라도→[절라도], 산란기→[살란기]

[역행 동화][완전 동화]

[*유음화의 예외]

의견란→[의견난], 임진란→[임진난], 생산량→[생산냥], 결단력→[결딴녁], 입원료→[이붠뇨],
동원령→[동원녕], 상견례→[상견녜], 공권력→[공꿘녁], 이원론→[이원논]

3. 모음동화(母音同化)

국어에서는 모음동화를 원칙적으로 인정하지 않는다.

'ㅣ'모음 순행 동화: 먹이다–[멕이다](×), 속이다–[쇡이다](×), 고기–[괴기](×)

'ㅣ'모음 역행 동화: 아지랑이(○) 아지랭이(×)

(예외) 나기–내기, 남비–냄비, 차비–채비, 장이–쟁이(의미 다름), 담장이–담쟁이

310

안기다: [안기다]( ), [안끼다]( )

 길잡이
표준 발음법 제24항: 다만, 피동, 사동의 접미사 '-기-'는 된소리로 발음하지 않는다.

감기다[감기다] 굶기다[굼기다] 옮기다[옴기다]

송별연: [송:벼련]( ), [송:별련]( )
등용문: [등용문]( ), [등뇽문]( )

 길잡이
표준 발음법 제29항: 합성어 및 파생어에서, 앞 단어나 접두사의 끝이 자음이고 뒤 단어나 접미
사의 첫 음절이 '이, 야, 여, 요, 유'인 경우에 는 'ㄴ'을 첨가하여 [냐, 녀, 뇨,
뉴]로 발음한다.

다만, 다음과 같은 단어에서는 'ㄴ(ㄹ)'음을 첨가하여 발음하지 않는다.

6.25[유기오] 3.1절[사밀쩔] 송별연[송:벼련] 등용문[등용문]

사건(事件): [사껀]( ), [사건]( ), [삭껀]( )
초점(焦點): [초쩜]( ), [초점]( ), [촌쩜]( )
조건(條件): [조껀]( ), [조건]( ), [족껀]( )

 길잡이
모두 '자음역행 동화'를 인정하지 않고 뒷소리의 된소리는 인정한다. 따라서 [삭껀], [촌쩜], [족
껀]과 같이 소리 내는 것이 아니라 [사껀], [초쩜], [조껀] 등으로 소리 내어야 한다.

여덟째 마당

◇◇◇◇◇◇◇◇◇◇

틀리기 쉬운
외래어 표기

　　현재 쓰고 있는 〈외래어 표기법〉은 1986년 1월 7일 문교부에서 공포한 〈외래어 표기법(문교부 고시 제85-11호)〉을 1992년 11월 동구 5개국의 언어에 대한 표기법을 추가하여 공포한 〈문화부 고시 제1992-31호) 것이다.

　　여기에 소개한 〈틀리기 쉬운 외래어 표기〉는 많은 사람들이 〈외래어 표기법 규정〉과 다르게 사용하는 것들을 모아 설명한 것이다.

　　가능한 한 외래어를 사용하지 않아야 하겠지만 혹시 외래어를 사용하지 않으면 안 되는 경우에는 〈외래어 표기법 규정〉에 맞도록 올바로 표기해야 한다. 〈길잡이〉 끝에 외래어에 해당하는 우리말을 제안해 놓았다.

표기의 기본 원칙

제1항: 외래어는 국어의 현용 24자모만으로 적는다.

제2항: 외래어의 1음운은 원칙적으로 1기호로 적는다.

제3항: 받침에는 'ㄱ, ㄴ, ㄹ, ㅁ, ㅂ, ㅅ, ㅇ'만을 쓴다.

제4항: 파열음 표기에는 된소리를 쓰지 않는 것을 원칙으로 한다.

제5항: 이미 굳어진 외래어는 관용을 존중하되, 그 범위와 용례는 따로 정한다.

> 그 여자는 가디건( ), 카디건( )을 즐겨 입는다.

 옷 가운데 여자들이 자주 입는 '카디건'이 있다. 이것을 '가디건'이라고 하는 사람이 많다.
　'카디건'은 털로 짠 스웨터의 하나로 크림 전쟁 당시 이 옷을 즐겨 입은 영국의 카디건 백작(Earl of Cardigan)의 이름에서 유래되었다고 한다.

> 일반적으로 가톨릭( ), 카톨릭( )은 구교를 말한다.

 가톨릭교회나 가톨릭교도를 이르는 말로 '가톨릭'이 있다. '가톨릭'을 '카톨릭'이라고 말하곤 한다.
　가톨릭(Catholic)은 히랍어 카톨리코스(Katholikos)에서 나온 말로 '보편적'이라는 뜻을 가진 말이다. 우리나라에서는 일반적으로 구교를 일컬으며 신교는 기독교라고 한다.

> 선수가 녹다운( ), 넉다운( ) 되었다.

'녹다운((knockdown)'은 권투 시합에서 상대 선수에게 맞아 바닥에 넘어지거나 로프에 의지하여 있거나 링 밖으로 나가떨어진 상태로 더 이상 싸울 수 없는 상태를 말한다. 이 말은 영어의 'knock'인 '두드리다, 노크하다, 치다'의 뜻에 '땅바닥', '떨어진'의 뜻인 'down'이 합해져서 된 말이다. 이 말의 외래어 표기는 '넉다운'이 아니라 '녹다운'이다. 이 말과 비슷한 말로 KO가 있다 이것은 '녹아웃(knockout)'의 줄임말이다.

그 사람 전공은 뎃생(   ), 데생(   ), 뎃상(   )이다.

영어로 '드로잉(drawing)'에 해당되는 미술 기법의 하나로 프랑스어 '데생(dessin)'이 있다. '데생'은 '소묘', '스케치', '윤곽선' 등의 뜻을 가지고 있다. 이것을 흔히 '뎃상' 또는 '뎃생'이라고 하는 사람이 많은데, '데생'이 올바른 표기이다. 이에 대한 적당한 우리말이 아직 없는 것 같다. 우리말로 '색없는 그림'이라고 할 수 있을 것 같다.

도너스(   ), 도넛(   ), 도나스(   )는/은 찹쌀로도 만든다.

우리가 흔히 '도너스' 또는 '도나스'라고 하는 것은 잘못된 표기이다. '도넛'이 외래어 표기 규정에 맞다. '도넛(doughnuts)'은 '밀가루를 반죽한 말랑말랑한 덩어리'의 뜻을 가진 'dough'와 '속에 딱딱한 무엇을 넣은' 또는 '핵심', '핵'의 뜻을 가진 'nut'가 합쳐진 말이다. 그래서 밀가루나 찹쌀가루 반죽 안에 팥을 넣은 것을 '도넛'이라고 한다. 북한에서는 '가락지빵'이라고 한다.

레크레이션(   ), 레크리에이션(   )은 항상 즐거워야 한다.

일이나 공부에 의한 피로를 풀고 정신적 육체적으로 새로운 힘을 북돋우기 위해 오락이나 여가를 즐기는 것을 '레크리에이션(recreation)'이라 한다. 한자어 '오락'의 뜻에 가깝다. '레크리에이션'은 '다시', '재(在)'의 뜻을 가진 접두사 're-'에, '창조'의 뜻인 'creation'이 합쳐져서 만들어진 말이다. 그래서 그 속에는 '잃었던 원기를 회복하다' 또는 '기분을 다시 창조(전환)한다'는 뜻을 가지고 있다. 그리고 '레크리에이션'은 더 새로운(창조적인) 내일을 위한 준비라는 깊은 뜻까지 포함하고 있다.

그런데 대부분이 '레크리에이션'이라고 하지 않고 '레크레이션'이라고 표기하고 있다. 외래어 표기 규정으로 '레크리에이션'이 맞는 것으로 되어 있다.

외래어 '레크리에이션'보다 '오락'이나 '놀이'라는 우리말을 사용하는 것이 좋겠다.

로켓( ), 로케트( ), 로켓트( ) 발사

산업용 로봇( ), 로보트( ), 로봇트( )

젯트( ), 제트( ) 비행기

길잡이 미래의 세계는 인공지능을 가진 '로봇'이 지배할지도 모른다. 이 '로봇'의 어원은 1920년대 초 체코 극작가 카렐 차페크가 '롯숨이 만든 만능 로봇'이라는 희곡을 썼는데, 거기에 체코어로 '노예, 강제노동'의 뜻을 가지고 있는 '로보타(robota)'를 쓰면서 '로봇(robot)'이라는 단어를 만들었다고 한다.

외래어 표기법 제3장 제1절 제1항에 영어의 '짧은 모음 다음의 어말 무성 파열음([p],[t],[k]은 받침으로 적는다.'로 되어 있다. 그리고 외래어 표기의 받침은 'ㄱ, ㄴ, ㄹ, ㅁ, ㅂ, ㅅ, ㅇ' 일곱 개만 쓸 수 있기 때문에 'ㅌ'이 아니라 'ㅅ'으로 적는다. 그래서 rocket은 '로케트'나 '로켓트'가 아니고 '로켓'이 되며, robot도 '로봇트'나 '로보트'가 아니라 '로봇'으로 써야 한다.

이와 유사한 것으로 '알파벳(alphabet)', '카펫(carpet)', '포켓(pocket)', '티켓(ticket)', '라켓(racket)' 등이 있다. 그런데 cut는 '컷'과 '커트'로 구분되어 쓰인다. '컷'은 '작은 삽화'나 '영화 촬영을 할 때 촬영을 잠시 멈추는 것'일 때 쓰고, '커트'는 '탁구, 테니스와 같은 운동에서 무엇을 자르는 모양'이나 '필름을 잘라 내는 것' 또는 '머리의 모양'을 이를 때 쓴다.

짧은 모음이 아니고 긴 모음으로 소리 나는 모음 뒤에 't'는 '으'를 붙여 '트'로 쓴다. 예를 들면 다음과 같은 외래어들이 있다.

'제트(jet)', '니트(knit)', '노트(knot)', '로트(lot)', '네트(net)', '세트(set)'

류마티스( ), 류머티스( ), 류머티즘( )에 걸리면 매우 고통스럽다.

길잡이 '류머티즘(rheumatism)'은 사전에 '뼈, 관절, 근육 따위가 단단하게 굳거나 아프며 운동하기가 곤란한 증상을 보이는 병을 통틀어 이르는 말. 한랭(寒冷)·습기(濕氣)·세균 감염 따위가 원인으로, 관절 류머티즘·근육 류머티즘·류머티즘열 따위가 있다.'라고 되어 있다. 흔히 많은 사람이 '류마티스'라고 하는데, 외래어 표기로는 류머티즘이다. 이 말은 그리스어 'rheuma'에서 나온 말로 '흐르다'의 뜻을 가진 말이라고 한다. 통증이 전체적으로 흘러내린다는 의미를 가지고 있다.

> 그 사람은 리더쉽( ), 리더십( )이 좋은 사람이다.

 길잡이 '리더십(leadership)'은 '무리를 다스리거나 이끌어 가는 지도자로서의 능력.'이란 뜻을 가진 말로 **지도력**'으로 순화하도록 하고 있다. '리더십을 발휘하였다'와 같이 쓰인다. 이 말은 'lead+-er+-ship'의 합성어이다. 외래어 표기는 '리더쉽'이 아니라 '리더십'이 맞다. 접미사 '-ship'이 들어가는 말은 모두 '십'이라고 적어야 한다. '멤버십', '스포츠맨십'으로 적어야 한다.

> 그 환자는 링게르( ), 링거( ) 주사를 맞고 의식을 찾았다.

길잡이 중병환자나 출혈이 심한 환자에게 혈액 대용으로 피하 또는 정맥에 주사하는 생리적 식염수를 흔히 우리는 '링게르'라고 하는데, '링게르'가 아니고 '링거(Ringer)'가 올바른 표기이다.

'링거액'는 영국의 의학자이며 생리학자인 '시드니 링거(Sydney, Ringer)'가 고안한 것이다. 우리가 흔히 '링거'나 '링게르'라고 하는 것은 원래는 '링거액(液)(Ringer's solusion)'을 말하는 것이며 그 종류도 매우 많다. 비전문가인 일반인들은 통칭 '링거' 또는 '링게르'라고만 한다. 그리고 '링게르'는 '링거(Ringer)'의 독일식 발음으로 이전에는 '링게르'가 맞는 표기로 되어 있었다. 그러나 현재 외래어 표기 규정으로는 '링게르'가 아니고 '링거'를 올바른 표기로 인정하고 있다.

> 그는 사진 마니아( ), 매니아( )이다.

길잡이 '마니아(mania)'는 '어떤 한 가지 일에 몹시 열중하는 사람. 또는 그런 일.'을 말한다. 한자어로 '광기(狂氣)'나 '벽(癖)'에 가깝다. 정신의학적으로는 '조증'이나 '편집증'이라고도 한다. 올바른 외래어 표기는 '매니아', '메니아'가 아니고 '마니아'이다.

> 몽타주( ), 몽타지( ), 몽타즈( ) 사진으로 범인을 잡았다.

길잡이 흔히, 범죄 수사를 위해 범인의 인물을 정확하게 알지 못했을 때 목격자의 말을 듣고 범인의 인상을 그린 것을 '몽타지'라고 하는데 '몽타주(montage)'가 올바른 표기이다. '몽타주'는 '조작하다', '조립하다'라는 뜻인 프랑스어 'monter'에 명사 파생 접미사 '-age'가 합쳐져 '구성, 편집'을 뜻한다. 이것이 영화, 사진 용어로 쓰이면서 둘 이상의 따로 된 회면이나 사진을 창조적으로 결합시켜 현실과는 다른 새로운 장면을 만들어 내는 방법을 말한다. 여러 사람의 사진에서 코, 입, 눈매와 얼굴의 형태를 중심으로 어떤 사람의 얼굴과 비슷한 부분만 오려서 하나로 맞춘 사진이 바로 범인의 얼굴을 유추해 내는 '몽타주 사진'이다. 여러 가지 레코드를 하나로 편집하는 것으로 '몽타주 레코드'라는 것도 있다. 우리말로 '짠사진', '맞춘 사진'이면 어떨지.

이번 회식에는 돼지 바베큐( ), 바비큐( )로 하기로 했다.

길잡이 '바비큐(barbecue)'를 흔히 '바베큐'라고 하는 사람들이 많다. 외래어 표기로는 '바비큐'가 맞다. '바비큐'의 어원은 정확한 것은 없지만 대체로 아메리카 원주민 아이티(Haiti)에 살던 타이노(Taino) 인디언들이 해 먹던 고기 요리 방법인 barbacoa에서 온 말이라고도 한다. 이 말은 타이노 말로 '나무로 만든 틀'이란 뜻이었으며, 이것을 스페인 사람들이 들어오면서 그 말을 사용하게 된 것으로 보인다. 아메리카 인디언이 화덕에 굽는 야외 요리의 토착어인 '바베아큐(babe a queue: 머리부터 꼬리까지 통째로)'에서 온 말이라고도 한다. '바비큐'는 처음엔 돼지나 소 따위를 통구이로 통째 구워 먹는 것을 말하였으나 오늘날에는 야외에서 고기를 구워 먹는 것을 일컫기도 한다. 우리말로 '통구이'라고 하면 된다.

학생은 학교 배지( ), 뱃지( ), 뺏지( )를 잘 달고 다녀야 한다.

길잡이 옷이나 모자 등에 신분, 소속, 직무, 명예를 나타내는 표지를 영어로 '배지(badge)'라고 한다. 한자어로 '휘장(徽章)'이라고 하는데 오늘날은 '휘장(徽章)'과 '배지'가 다소 다르게 쓰이는 것 같다. '휘장'은 주로 명예로움을 나타내는 훈장과 같이 크기가 큰 것을 나타내고, '배지'는 주로 소속을 나타내거나 여행지를 상징하는 작은 금속 표지를 일컫는다. 영어 '배지(badge)'는 라틴어 baga(고리), 고대영어 beagh(관)과 관계가 있어 명예의 뜻을 가지게 된 것으로 보인다. 우리는 흔히 '배지'를 '뺏지' 또는 '뺏지'라고 하는데, 이것은 일본식 영어다. 그래서 '기념 배지', '학교 배지' 등으로 써야 한다. 한자어 '표지'라는 말을 쓸 수 있겠다.

오늘은 여자가 사랑하는 남자에게 초콜릿을 주는 발렌타인데이( ), 밸런타인데이 ( ), 발렌타이데이( )이다.

밸런타인데이(Valentine Day)는 사전에는 '발렌티누스의 축일(祝日)인 2월 14일을 이르는 말. 해마다 성 발렌티누스 사제가 순교한 2월 14일에 사랑하는 사람끼리 선물이나 카드를 주고받는 풍습'이라고 되어 있다. 이 외 여러 가지 주장이 있으나 우리나라와 일본에서는 이날 여성이 먼저 남성에게 사랑을 고백하는 날로 알려져 있으며 초콜릿을 주는 것은 일본의 제과업체에서 이날 초콜릿을 주고받는 행사를 하면서 시작되었다고 한다. 초콜릿보다 우리 떡을 주고받는 것도 좋을 것 같다.

부르즈와( ), 부르주아( ), 부르조아( )는 프롤레타리아와 상대되는 말이다.

근대 국가에서 '노동자' 또는 '무산자'의 '프롤레타리아'와 상대되는 뜻으로 '자본가' 또는 '유산자'의 뜻을 가진 '부르주아(bourgeois)'라는 말이 있다. 이 말은 원래 프랑스어로서 '시벽(市壁)'의 뜻을 가진 'bourg-'에 '사람'의 뜻을 가진 '-eois'가 결합되어 이루어진 말이다. 'bourg'는 'Hamburg'의 'bourg'와 같은 뜻이다. 원래 뜻은 '市壁 안의 주민'으로 중세 봉건 국가에서는 시골 사람에 대한 도시 상인이나 수공업자였다. 이것이 17, 18세기에는 승려와 귀족 계층에 대한 제3계층의 유산자를 의미하기도 했으며, 근대 자본주의 국가에서는 '부자'를 상징하면서 '자본가'를 의미하게 되었다.

그런데 우리는 흔히 이것을 '부르조아', '부르죠아' 또는 '부르즈와'와 같이 잘못 표기하고 있다. 정확한 표기는 '부르주아'이다.

아이들은 비스킷( ), 비스켙( ), 비스켓( )을 좋아 한다.
초콜렛( ), 초콜릿( ), 쵸코렛( )으로 사랑을 표시하기도 한다.
바삭바삭 소리 나는 크래커( ), 크래카( )도 맛있다.

요즘 아이들이 좋아 하는 외국 과자 가운데 '비스킷(biscuit)'과 '초콜릿(chocolate)'이 있다. '비스킷'은 '밀가루에 설탕, 버터, 우유 등을 섞어서 구운 과자'를 말하는데 이 '비스킷'은 중세 프랑스어 'bis(두 번의)'와 'cuit(요리된)'의 뜻이 합쳐진 말이다. 다른 어원으로 프랑스와 스페인 사이의 '비스케이(Biscay) 만'의 이름을 딴 것이라고도 한다.

그런데 이 과자의 외래어 표기 규정으로는 '비스켓'이나 '비스켙'이 아니라 '비스킷'이 맞다.

이와 비슷하게 '초콜릿'이라는 과자가 있는데, 이 '초콜릿'은 코코아를 주원료로 하여 만든 것으로 주로 멕시코 원주민의 음료나 약용으로 썼다고 하며, 이 말은 멕시코 중부의 나와어 'chocolatl'에서 왔다고 한다. 그리고 이 초콜릿을 유럽에 처음 소개한 사람은 1519년 멕시코 족을 정복한 에르난 코르테스라는 사람으로 그 나라는 스페인이었다. 처음에는 음료였으나 지금은 과

자인 초콜릿은 1847년에 영국의 프라이 앤드선스사에서 개발했다고 한다.

우리는 흔히 이 '초콜릿'을 '초콜렛', '쵸코렛'으로 잘못 쓰고 있다. 과자 이름도 마찬가지다. 그러나 외래어 표기 규정에 따르면 '초콜릿'이 맞는 것으로 되어 있다.

그리고 '비스킷'의 종류로 얇고 딱딱하게 구운 과자인 '크래커(cracker)'가 있다. 이 '크래커'는 아마 과자가 딱딱해서 먹으면 소리가 나기 때문에 부서지는 소리를 나타내는 '크랙(crack)'에서 만들어진 말이다. 이 '크래커'도 대부분 '크래카'로 잘못 표기하고 있다.

그는 섹소폰( ), 색스폰( ), 색소폰( )연주를 잘했다.

길잡이   악기 가운데 '색소폰'이라는 악기가 있다. 이것은 1846년 벨기에 아돌프 삭스(Sax, Adolphe)라는 사람이 발명했는데 그의 이름을 따서 '색소폰'이라 한다. 음역에 따라 7개로 나누어지고 표현력이 풍부한 음색을 지니며 경음악과 취주악에 많이 쓰인다. '색소폰'의 발명자인 '삭스(Sax)'는 '색소폰' 말고도 '색스호온(saxhorn)'이라는 악기도 발명했다. '색소폰'은 발명자 '삭스(sax)'에 '소리(音)'의 뜻을 가진 'phone'이 결합된 것이고, '색스호온'은 발명자 '삭스'에 '뿔' 또는 악기 '호른'의 뜻인 'horn'이 결합된 것이다.

그런데 우리는 이 '색소폰'을 '색스폰'이나 '섹소폰'으로 잘못 표기하는 경우가 많다.

샤마니즘( ), 샤머니즘( )을 무속 신앙이라고 한다.

길잡이   주로 시베리아 북부 여러 부족들 사이에서 믿던 원시 종교로 '샤머니즘(shamanism)'이라는 것이 있다. 자연 현상이나 사람의 일을 신의 의지에 의한 것이라고 생각하여 주술사(무당)를 통해 소원을 빌면 무엇이든지 이룰 수 있다고 믿는 신앙이다. '샤만(shaman)'은 원래 만주 퉁구스어로 '아는 사람'이란 뜻을 가지고 있다. 그리고 '샤먼'은 제사를 주관하는 사제, 혼을 인도하는 영적인 능력을 가진 사람, '무교(巫敎)'의 도사로 보았다. 시베리아에서 '샤먼'은 주로 '샤먼'인 부모로부터 물려받거나 선택된다고 한다. 일설로는 '샤먼'이 불교에서 출가한 승려를 말하는 '사문(沙門)'에서 온 말이라고도 한다.

그런데, 이 '샤머니즘'을 '샤마니즘'이라고 하는 사람이 많다. 외래어 표기로 '샤머니즘'이 맞다. 한자어로는 '무속 신앙'으로 표현할 수 있다.

창문 샤시( ), 새시( ), 샷시( )를 잘해야 비가 새지 않는다.

길잡이 '새시(sash)'는 '철, 스테인리스강, 알루미늄 따위를 재료로 하여 만든 창의 틀.'을 말하는 것으로 '창틀'로 순화하도록 하고 있다. 'sash'는 영어로 '띠'나 '내리닫이 창문이나 창문의 한 짝'을 말한다. 주로 알루미늄 새시를 많이 사용한다. '새시'를 '샤시'나 '샷시' 등으로 잘못 쓰기 쉽다.

요즘 어린이들은 소시지(   ), 소세지(   )를 매우 좋아한다.
교황은 성탄 메세지(   ), 메시지(   )를 전 세계에 보냈다.

길잡이 요즘 아이들이 잘 먹는 '소시지(sausage)'는 돼지고기와 소고기를 곱게 갈아서 동물의 창자 또는 인공 창자에 채운 가공 식품이다. '소시지'의 어원은 라틴어 '살수스(salsus)-소금에 절이다'에서 왔다. 그리고 '소시지'로 만든 '핫도그(hot dog)'는 1852년 독일 프랑크푸르트 축협에서 처음 만들었다고 한다. 그 모양이 독일 사냥개인 닥스훈트라는 개와 닮아서 '독(dog)'이 붙었으며 '핫(hot)'은 따끈하게 해서 먹기 때문에 붙여졌다.

그런데 '소시지'를 '소세지'로 잘못 쓰는 사람이 많다. '소시지'로 써야 하며, 이와 비슷한 것으로 '전갈, 전언, 통신'의 뜻을 가진 '메시지(message)'가 있다. 이 '메시지'도 '소세지'처럼 '메세지'로 잘못 쓰는 경우가 많으나 '메시지'가 바른 표기임을 알아야 하겠다.

우리는 외래어 '메시지'보다 '알림글' 또는 '알림말'과 같이 아름다운 우리말을 찾아 써야 한다.

스테인리스(   ), 스텐리스(   ), 스텐레스(   ) 그릇은 녹슬지 않는다.

길잡이 조상들이 즐겨 사용했던 그릇 가운데 하나가 놋그릇이다. 그런데 놋그릇은 녹이 쉽게 슬어 그릇 닦기가 여간 어려운 일이 아니었다. 그러던 중 획기적인 금속 제품이 나왔는데 바로 녹슬지 않는 그릇인 이른바 '스테인리스(stainless)'이다. 원래 '스테인리스'는 '녹', '얼룩'의 뜻인 '스테인(stain)'에 '-이 없는'의 뜻을 가지고 있는 접미사 '-리스(less)'가 결합된 말이다. 그러나 정확한 표현은 '스테인리스 강철(stainless steel)'이다.

그런데 우리는 흔히 이것을 '스텐'으로 부르고 있다. '스텐'은 '녹이 슬다'의 뜻이기 때문에 '녹스는 그릇'이 되어 원래의 뜻과 정반대가 되어 버린다. 따라서 stainless의 외래어 표기로 '스텐'이나 '스텐레스'가 아니라 '스테인리스'가 맞다. 우리말 '녹막이 그릇'으로 쓰자는 제안도 참신하다.

물건을 스티로폴(   ), 스티로폼(   ), 스치로폴(   )(으)로 포장했다.

우리는 흔히 포장제나 방음, 방온제로 가볍고 하얀 화학 제품을 사용하고 있다. 이것을 우리는 '스티로폴(Styropor)'이라고도 하고 '스티로폼(Styrofoam)'이라고 하기도 한다. 주로 언론이나 책에는 '스티로폼'으로 쓰고 있고, 일상적으로 상품을 부를 때는 '스티로폴'이라고도 한다.

그런데 우리가 흔히 부르고 있는 '스티로폴'과 '스티로폼'은 상품명임을 알아야 하겠다. '스티로폴(Styropor)'은 독일 파스프 회사에서 만든 상품명이다. 이것이 1972년에 우리나라에 들어오면서 '스티로폴' 또는 '스치로폴'로 굳어져 사용되고 있다. '스티로폼(Styrofoam)' 또한 '포장 재료로 쓰이는 발포 스티롤재'인 상품명의 하나인데 이것은 '스티렌(Syrene)'을 '발포(發泡)(foaming)'한 것이기 때문에 붙여진 이름이다. 그래서 '스티로폴(Styropor)'이나 '스티로폼(Styrofoam)' 모두 그 첫 글자를 대문자로 써서 상품명임을 나타내고 있다.

이들의 정확한 화학명은 '발포 폴리스티렌(expandable polystyrene)'으로 즉, EPS라고 한다.

그런데 문제는 외래어 표기법의 외래어 표기 용례(이희승·안병희, 1994)에는 '스티로폴(Styropor)'만 올라 있을 뿐 '스티로폼(Styrofoam)'은 올라 있지 않다. 그리고 우리에게 오랫동안 널리 익혀진 이름은 '스티로폴'이다. 그러나 영어 사전이나 최근에 나오는 화학 제품명 또는 여러 인쇄물에서는 '스티로폼'을 쓰고 있다.

최근에 세계적으로 광범위하게 쓰이고 있으며, 이름 속에 제품의 특성을 쉽게 이해할 수 있는 영어식 상품명 **'스티로폼'**이 외래어 표기법에 맞는 것으로 되어 있다. 따라서 '스치로폴'은 틀린 표기이다.

스펀지( ), 스폰지( )에 물을 적셔서 마라톤 선수에게 주었다.

물을 흡수할 수 있는 합성수지 제품으로 '스펀지(sponge)'라는 것이 있다. 원래 이 '스펀지'는 바다에 사는 솜털과 같이 생긴 '해면 동물'을 말한다. '스펀지'에서 나온 것으로 '스펀지 볼', '스펀지 고무', '스펀지 케이크' 등의 말이 있다.

그런데 대부분이 이 '스펀지'를 '스폰지'로 잘못 발음하고 있다.

스프링쿨러( ), 스프링클러( )로 잔디에 물을 주었다.

논이나 밭, 잔디에 자동적으로 물을 뿌려 주는 기계가 있다. 한자어로 '살수기', '살수장치'라고도 한다. 이것을 외래어로 흔히 '스프링쿨러'라고 잘못 사용하는 사람들이 많다. 정확한 외래어는 '스프링클러(sprinkler)'이다. 아파트와 같은 건축물 천장에 설치하여 화재가 났을 때 자동적으로 물을 뿜어내는 것도 같은 것이다. 이 말은 무엇을 '뿌리다'의 뜻인 'sprinkle'에서 나온 말이다.

영어에서는 악센트( ), 액센트( ), 액선트( )가 매우 중요하다.

> **길잡이** 음성 언어에는 음의 길이(length of sound), 강세(stress), 고저(pitch), 공명도(sonority) 등의
> 여러 요소가 작용한다. 그 가운데 연속되는 단어나 음절의 한 부분이 다른 부분보다 청각적으로
> 두드러지게 소리 내는 것을 '악센트(accent)'라 한다. 이것을 외래어 표기로는 '액센트'가 아니라,
> '악센트'로 써야 한다.
>
> 개정 이전의 외래어 표기에는 '액센트'로 되어 있었던 것이 이번에는 '악센트'가 맞는 것으로 규
> 정하고 있다. 영어 원음으로는 명사일 때는 '액선트[æksənt]', 동사일 때는 '액센트[æksent]'로
> 소리나는 것으로 되어 있다. 그러나 외래어 표기 규정에는 '악센트'로 되어 있다.
>
> 이 '악센트'는 라틴어 'accentus'에서 나왔으며 이것은 '새들이 우는 소리, 주문, 예언'의 뜻을 가
> 진' 'cantus'라는 말을 어근으로 하고 있다. '악센트'는 원래 노래에 붙어진 억양, 즉 멜로디를 말
> 하는 것이었다. 라틴어에 가수를 'cantor'라 하고, 반주자를 'accentor'라고 한 것도 모두 'cantus'
> 에서 나왔다. 특히, 그리스어는 노래와 같은 어조의 악센트를 가지고 있었던 것에서 'accentus'가
> 유래되었다고 한다. 일반적으로 '악센트'는 음성적으로 강세(stress)와 유사한 의미로 쓰인다. 그
> 뿐만 아니라 사물에서 어떤 한 부분을 강조할 때나 의미를 강조할 때도 강조된 부분을 '악센트'라
> 고 한다. 우리말 '힘줌' 또는 한자어로 '강세'라고 하는 것이 좋다.

나는 봄이 되면 꽃가루 알레르기( ), 알러지( )로 고생을 한다.

> **길잡이** '처음에 어떤 물질이 몸속에 들어갔을 때 그것에 반응하는 항체가 생긴 뒤, 다시 같은 물질이 생
> 체에 들어가면 그 물질과 항체가 반응하는 일'을 우리는 '알레르기(Allergie)'라 한다. 이 말은 독
> 일어에서 온 것으로 가능한 한 원어를 사용하는 외래어 표기법의 규정에 따른 것이다. 지금도 의
> 료계에서는 영어식 표현인 '알러지(allergy)'라는 말을 많이 사용하고 있다. 알레르기는 1906년 본
> 피르퀘트(von Pirquet)가 사용한 것으로 그리스어 'allos(다른)'와 '-ergo(작용)'을 합해서 만든 말
> 이다. 국립국어원에서는 이를 '거부 반응', '과민 반응'으로 순화하도록 하고 있다. 외래어 표기법
> 으로 '알러지'가 아니고 '알레르기'가 맞다.

학생들의 고민을 앙케트( ), 앙케이트( )로 물어보았다.

> **길잡이** 의견 조사 방법의 하나로 같은 질문을 여러 사람에게 회답을 구하는 '앙케트(enquete)'가 있다.
> 이 말은 프랑스어 '조사하다', '수사하다'라는 'enqueter'의 명사형인데, 어원은 접두사 'en-'에 '질
> 문하다'의 뜻인 'querer'가 합쳐진 말이다. 이것은 오래전 영국에서 정부와 공공기관의 통계 조사

에 대한 보조적 조사로 행해지면서 보편화 되었다.

그런데 보통 '앙케이트'라고 하는데 외래어 표기 규정에 따르면 '앙케트'가 맞다. 그러나 '앙케트'보다 한자어 '조사', '질문' 또는 우리말 '물음'이라는 말을 사용하는 것이 좋겠다.

그 가수는 앙코르( ), 앙콜( ), 앵콜( )곡을 여러 곡 불렀다.
그는 세계적인 콩쿨( ), 콩쿠르( ) 대회에서 대상을 받았다.

길잡이 우리는 음악회 등에서 잘한 사람의 연주나 노래를 한 번 더 듣기 위해서 '앙코르'를 외친다. '앙코르(encore)'는 프랑스어인데 어원은 'to this hour'의 뜻인 라틴어 'in hanc horam'에서 유래되었으며 이것이 '다시(again)'의 뜻이 된 것이다. 프랑스어로 '앙코르(encore)'는 '또, 다시, 더, 더욱'의 뜻인 부사다. '앙코르'의 외침이나 박수에 답해서 연주를 다시 하는 관례는 17세기 이탈리아 오페라에서 시작되어 18세기에는 유럽 각국에 번졌다. 오늘날에는 주로 영국권에서 사용되고 있다. 정작 이 말이 나오게 된 프랑스나 이탈리아에서는 '앙코르' 대신 '비스!(bis[bis])'라 외친다고 한다.

그런데 우리는 '앙코르'를 흔히 '앙콜' 또는 '앵콜'이라 하는데 그것은 잘못된 표기이다. 외래어 표기로 '앙코르'가 맞다. 그리고 '음악, 미술, 영화 등을 장려하기 위하여 여는 경연회'의 뜻을 가진 '콩쿠르(concours)'라는 프랑스어가 있다. 이 '콩쿠르'도 흔히 '콩쿨'이라고 잘못 쓰는 경우가 있는데 '콩쿠르'가 맞다.

우리는 '앙코르'는 '재창'으로, '콩쿠르'는 '겨루기'나 한자어 '시합', '대회' 등으로 표현하는 것이 좋겠다.

액세서리( ), 악세서리( ), 악세사리( )는 우리말로 치렛감으로 하는 것이 좋다.

길잡이 한자어로 '장신구'의 뜻으로 외래어 '액세서리(accessory)'가 있다. 이것은 영어로 원래 '부속물', '부품'의 뜻인데, 이것이 사람의 치장을 화려하게 하는 '장신구'의 뜻도 가지게 되었다. 'accessory'는 '부착하다', '첨가'의 뜻을 가지고 있는 'access'에 '-의 성질이 있는'의 뜻을 가진 접미사 '-ory'가 합쳐져 된 말이다.

그런데 보통 이것을 '악세사리' 또는 '악세서리'로 잘못 쓰고 있다. 외래어 표기 규정으로 '액세서리'가 맞다. 외래어 순화 용어 자료에는 이것을 '장식물', '노리개', '치렛감'으로 쓰도록 하고 있다.

이번 여름에는 에어콘( ), 에어컨( )을 설치해야 하겠다.

길잡이 과학이 발달하여 더운 여름에도 찬 공기를 내게 하는 장치로 현대인들은 추위를 느낄 만큼 시원하게 지낼 수 있다. 그 장치를 우리는 흔히 '에어콘' 또는 '에어컨'이라고 한다. 바른 외래어 표기는 '에어컨'인데, 이 말은 원래 '에어컨디셔너(air conditioner)'에서 줄어진 말이다. 원래 '에어컨'은 실내의 온도를 조절하는 장치로 실내의 온도를 높이거나 낮추고 또 습도를 조절하는 공기 조절 장치를 말한다. 그런데 요즘은 실내 공기를 차게 하는 장치를 주로 말하며, 덥게 하는 것은 히터(heater)라고 한다. '에어컨디셔너'를 '에어컨'과 같이 두 낱말을 줄여서 한 단어가 된 것은 이것 말고도 '리모트 컨트롤(remote control)'을 '리모컨'이라 하고, '오토 바이시클(auto bicycle)'을 '오토바이'라 하고, '볼포인트 펜(ball point pen)'을 '볼펜'이라고 하는 것들이 있다.

'에어콘'이 아니라 '에어컨'이 바른 외래어 표기임을 알아야 하겠다. 한자어로 '온풍기'에 대응되는 말로 '냉풍기'라 할 수 있을까.

1야아드( ), 야드( )는 0.9114m에 해당된다.

길잡이 길이의 단위인 '야드(yard)'는 원래 인체에서 유래되었다. 1305년 영국의 에드워드 1세는 자신의 코끝에서부터 팔을 뻗어 엄지손가락 끝까지의 길이를 1야드로 정했는데 그 길이는 0.9114m가 된다. '야드'의 기준이 되는 단위는 큐빗(cubit)이라고 한다. 이 큐빗(cubit)은 팔을 굽혔을 때 팔꿈치에서 가운데 손가락 끝까지의 길이를 의미하는 말이었다. 그리고 1피트(one foot-feet)는 발뒤꿈치에서부터 엄지발가락 끝까지의 발 길이를 기준으로 한 단위이고, 1인치(inch)는 1피트의 12분의 1로 그 기준은 엄지손가락 폭이었다고 한다.

그런데 우리는 '야드'를 '야아드'로 잘못 쓰는 경우가 많다. '야드'가 올바른 표기임을 알아야 하겠다.

그는 유머( ), 유모어( ), 유우머( )가 풍부한 사람이다.

길잡이 문학 용어의 하나로 '익살', '해학'에 해당되는 외래어로 '유머(humor)'가 있다. '유머'는 '복잡한 정신 자극으로 마음을 즐겁게 하거나 웃음이라는 반사 행동을 일으키는 의사소통의 한 형태'를 말하는데, 원래 이 말은 '축축하다'라는 뜻을 가진 라틴어 'umor'에서 왔다. 오늘날 영어 'humid-'로 시작하는 단어가 모두 라틴어 '축축하다', '습기차다'의 뜻인 'humere'에서 온 것과 같다. 그리스인은 사람의 기질을 좌우하는 것이 습기(체액)이라고 믿었다. 그래서 히포크라테스는 사람의 체질, 기질을 결정하는 체액(humor)을 네 가지로 분류하였다. 그것은 활동적이면서 쾌활하고 낙천적인 성격의 원인이 되는 '혈액(blood)', 게으른 성격의 원인이 되는 '가래(담)(phlegm)', 기분을 우울하게 하거나 슬프게 하는 '흑담즙(black bile)', 겁을 많이 내게 하는 '황담즙(yellow bile)'이다. 그리고 영어 'melancholy'도 '흑담즙('검다'의 그리스어 melanos)'이라는 뜻을 가지고 있는데, 이 흑담즙이 많으면 기분이 우울해지기 때문에 오늘날 '우울하다', '슬프다'와 같은 뜻이 되었다고 한다. 그리고 이 네 가지 체액이 혼합된 상태를 'temperament' 또는 'complexion'이라고 한다.

그런데 흔히 '유머'를 '유우머' 또는 '유모어'로 잘못 쓰는 경우가 있다. 단모음으로 '유머'가 맞는 표기이다. 우리말 '익살', '우스개', '해학'으로 순화하여 쓰도록 하고 있다.

오렌지 주스( ), 쥬스( )에는 비타민이 많이 들어 있다.

그 옷은 쥬니어( ), 주니어( ) 복이다.

길잡이 과일이나 채소를 즙으로 짜서 만든 액체를 '주스(juice)'라고 한다. '주스'는 100% 과즙액을 말하고 탄산수를 섞은 것은 팝(pop)이라고 한다. 그런데 흔히 '주스'를 '쥬스'로 표기하는데 잘못된 표기이다.

그리고 주로 어린이를 나타내는 말로 '주니어(junior)'가 있다. '주니어'는 일반적으로 어떤 대상보다 나이가 어린 사람을 나타내는데 학년에서는 최고 학년보다 한 단계 낮은 학생을 나타낸다. 반면에 최고 학년은 시니어(senior)라고 한다. 주니어는 라틴어 'juvenis(젊은)+-ior(비교급)'에서 왔다고 한다. '주니어'는 한자어 '**청소년**'에 해당될 것 같다.

서류는 캐비넷( ), 캐비닛( )에 잘 보관해야 한다.

교통사고로 차 보닛( ), 본넷( ), 본넷트( )이/가 부서졌다.

그는 자켓( ), 재킷( )을 즐겨 입는다.

길잡이 '귀중품이나 사무 용품 등을 보관하는 장'을 '캐비닛(cabinet)'이라고 한다. '캐비닛'은 원래는 이탈리아어 gabinetto(양복장)에서 왔다고 한다. 이것이 프랑스어에서 'cabin(오두막)+et'로 된 말이다. 그래서 영어 '캐비닛'은 '정치인들이 오두막(cabin)에 모여 정사를 논의한 데서 유래되었다. 그리고 '캐비닛'은 '내각(內閣)'이라는 뜻을 가지고도 있는데, 이것도 '집(閣)'의 뜻을 가지고 있다. 내각도 양복장에 양복을 진열하는 것과 같이 여러 각료들이 배치되어 있다는 뜻에서 모두 유사하다.

그런데 대부분이 '캐비닛'을 '캐비넷'으로 잘못 쓰고 있다. '캐비닛'이 올바른 표기이다.

그리고 '차의 엔진 부분의 덮개'를 흔히 '본네트'나 '본넷트'라고 하는데 그것은 잘못된 표기이며 '보닛(bonnet)'이 바른 표기이다. '보닛'은 원래 턱 아래에서 끈을 매어서 쓰는 어린이, 여자의 모자를 의미한다. 차의 엔진 덮개의 뜻으로는 주로 영국에서 쓰이고, 미국에서는 같은 뜻으로 후드

(hood)를 사용한다고 한다.

　이와 비슷하게 '목표물', '과녁', '표적'의 뜻을 가지고 있는 외래어는 '타켓'이나 '타겟'이 아니고 '타깃(target)'이며, '앞이 터지고 소매가 달린 짧은 상의'는 '자켓'이 아니라 '재킷(jacket)'으로 표기해야 한다.

인터넷에 카페( ), 까페( )가 갈수록 많이 생긴다.

 '카페(café)'는 프랑스어에서 온 말이다. '커피나 음료, 술 또는 가벼운 서양 음식을 파는 집'을 말하며 '술집', '찻집'으로 순화하도록 하였다. 외래어 표기법 제 1장 4항 '파열음 표기에는 된소리를 쓰지 않는 것을 원칙으로 한다.'에 따라 '까페'가 아니라 '카페'로 적어야 한다. '카페'는 일찍이 옥스포드 대학을 중심으로 지식인들이 모여 담론을 나누는 장소인 '카페하우스'에서 시작되었다고 한다.

안방 커텐( ), 커튼( ), 카텐( )이 매우 화려하다.

밖에서 볼 수 없도록 창이나 문에 치는 휘장을 '커튼(curtain)'이라 한다. '커튼'은 영어로 여러 가지 뜻이 있는데 그 가운데 '장막'이라는 뜻과 연극에서 '막(幕)'의 뜻이 중심이 된다. '커튼'은 라틴어로 '칸막이'의 뜻인 'cortina'에서 유래되었으며, 원래 '작은 뜰'의 뜻을 가지고 있었다. 이것은 프랑스어 '정원'의 뜻인 'court'와 어원이 같다. 그런데 흔히 우리는 이 '커튼'을 '커텐' 또는 '카텐'으로 쓰고 있는데, 원음에 따라 '커튼'이 맞는 표기이다. 이 말에 대한 적당한 우리말이 아직 없는 것 같다. '문가리개'라고 하면 어떨지.

커피숍( ), 커피숖( )을 찻집이라고 하자.

요즘 남녀노소 없이 즐겨 마시는 커피는 언제 어떻게 발견했을까.
　지금까지 알려지기는 약 1000년 전에 에티오피아에서 한 염소지기가 염소들이 붉은 열매를 먹고 흥분하는 것을 보고 그것을 따먹은 것으로부터 시작되었다고 한다. 지금의 용해성 인스턴트 커피는 1906년 영국인 워싱턴이라는 사람이 처음 발견했다고 하며 이것이 우리나라에 들어 온 것은 1882년 외국 사신들이 가지고 오면서부터였다고 한다. 그리고 1896년에 고종(高宗)임금이 러시아 공관에 있을 때 즐겨 먹었으며 이것이 일반인에게 보급되기는 1920년대쯤이라고 한다. 커피를 '양탕국'이란 말로 쓴 것도 이때였다고 한다.

커피는 프랑스어로 카페(café)라고 한다. 이 '카페'가 주로 미국에서는 술집으로 통하나 다른 여러 나라에서는 '커피'라는 말과 같은 뜻으로 쓰인다. 그리고 '커피'는 커피가 처음 발견된 곳인 에티오피아 '카파' 고원에서 온 말이라고도 한다.

그런데 많은 사람들이 '커피를 마시는 곳'을 '커피숖' 또는 '커피샵'으로 표기하는데 '커피숍'이 외래어 표기법에 맞다. '커피숍'의 '숍(shop)'은 '특정 상품을 파는 전문점'을 말하는데, shop의 우리말 표기는 '숖'이 아니고 '숍'임을 알아야 하겠다. 외래어 표기 규정 제1항에 '영어의 무성 파열음 [p], [t], [k]은 짧은 모음 다음의 어말 무성 파열음은 받침으로 적는다'로 되어 있다. 모음 뒤의 어말이 [p]인 영어는 우리말 표기는 'ㅂ'으로 적어야 한다. 그리고 이것은 외래어 표기법 제1장 표기의 기본 원칙 제3항에 '받침에는 'ㄱ, ㄴ, ㄹ, ㅁ, ㅂ, ㅅ, ㅇ'만을 쓴다.'고 한 규정에 따른 것이다.

다음은 어말이 [p]으로 된 외래어 가운데 자주 쓰는 외래어들이다.

'gap(갭), syrup(시럽), close-up(클로즈업), pickup(픽업), lap(랩) snap(스냅), step(스텝), tap(탭), tip(팁), trap(트랩)'

그러나 우리는 '숍'이라는 말 대신 '집'이나 '가게' 등과 같은 우리말을 찾아 쓰도록 해야 하겠다.

그 사람은 여자에 대한 콤플렉스(   ), 컴플렉스(   )가 있다.

길잡이 '콤플렉스(complex)'는 사전에 심리학 용어로 '현실적인 행동이나 지각에 영향을 미치는 무의식의 감정적 관념. 융은 언어 연상 시험을 통하여 특정 단어에 대한 피검자의 반응 시간 지연, 연상 불능, 부자연스러운 연상 내용 따위가 이것에서 비롯된다고 주장하였다.'고 되어 있다. '강박 관념', '열등감', '욕구 불만'으로 순화하도록 하고 있다. 아들이 어머니에 대한 애정을 나타내는 오이디푸스 콤플렉스, 딸이 아버지를 애정으로 나타나는 엘렉트라 콤플렉스, 형제간의 갈등을 나타내는 카인 콤플렉스 등 심리학적으로 여러 가지 종류의 콤플렉스가 있다. 주로 '갈등'이라는 말로 쓰기도 한다. 그런데 이 말이 '컴플렉스'가 아니고 '콤플렉스'임을 알아야 하겠다.

코메디(   ), 코미디(   )는 사람을 즐겁게 해 준다.

길잡이 '비극(tragedy)'의 반대 의미인 '희극'을 영어로 코미디(comedy)라 한다. '코미디'는 comos(merry making)에 고대 그리스 연극에서 합창단이 손뼉을 치거나 춤 따위를 따라서 노래하도록 만들어진 시가인 '-oide'가 합쳐진 말이다. tragedy의 '-edy'도 바로 위의 '-oide'에서 파생된 것이다.

코미디(comedy)의 유래 배경은 다음과 같다. 고대 그리스 트라키아 지방 사람들은 대지의 생성을 지배하고 연극의 신인 젊은 남자 신 디오니소스를 믿고 있었다. 그 제전에서 마을 사람들은 술에 취하고 횃불을 들고 줄지어 행진을 했다. 특히 여자들은 남자의 남근(男根)을 본뜬 나무를 메고 줄지어 돌고, 광란과 도취 속에서 혼의 해방을 소망했다. 그때 불렀던 노래가 바로 '코미디(comedy)'였다고 한다.

그런데 이 '코미디'를 대부분 '코메디'로 표기하고 있는데, '코미디'가 올바른 표기이다. '코미디'는 '희극' 또는 '웃음'이라고 할 수 있을까?

짧은 콩트(　), 꽁트(　) 속에 깊은 의미가 담겨 있다.

길잡이 단편 소설보다 짧은 분량 속에 인생에 대한 유머, 풍자, 기지가 담겨 있는 산문 형식의 하나를 '콩트(conte)'라고 한다. 이 말의 어원은 그리스어 '이야기하다'의 뜻을 가진 'conter'에서 유래되었으며 프랑스에서 발달한 소설 형태이다. 한자어로 단편소설보다 짧은 '장편(掌篇)소설' 또는 '엽편(葉篇)소설'에 해당된다. 원래는 프랑스에서 내용이나 길이에 관계없이 운문으로 쓰인 이야기를 의미했으나 중세 말기부터 오늘의 '콩트' 형식으로 정착되었다. 프랑스 작가 '모파상'이 가장 즐겨 사용했던 형식이다. 프랑스어로 '콩트'에는 '이야기'라는 포괄적인 뜻도 있다.

그런데 우리는 'conte'를 흔히 '꽁트'로 표기하기도 했다. 그러나 '콩트'가 맞는 표기이다. 영어나 프랑스어 모두 자음 [c] 뒤에 [a], [o], [u]이 올 때 일반적으로 [c]은 우리말 [ㅋ]으로 표기하기 때문이다. '콩트'를 우리말로 '손바닥 소설'이라고 할 만하다.

크리스틸(　), 크리스탈(　) 유리는 매우 맑고 투명하다.

길잡이 유리의 하나로 굴절률과 투명도가 높아 광채가 매우 빛나며 두드리면 금속성의 아름다운 소리를 내는 '크리스틸(crystal)'이라는 것이 있다. 그리고 투명하고 맑은 광석의 하나인 '수정'을 '크리스틸'이라고도 하고, 결혼 15회째를 수정혼식이라 하기도 한다.

'크리스틸'이라는 말은 '맑은 얼음'을 뜻하는 그리스어 'krystallos'에서 유래되었는데, 그것은 그리스인이 얼음, 눈, 서리 등의 아름다움에 특히 감동했다고 하는 것과 관계있다. 그래서 그들의 구조가 알려지면서 '크리스틸'에 '결정'이라는 뜻이 생겼다고 한다. '크리스틸' 유리는 중세 유럽 이탈리아에서 탄생되었다. 7세기 베네치아는 유리로서 매우 유명하였는데, 그 가운데 무색 투명한 유리를 '크리스탈로(cristallo)'라고 불렀다 한다.

한국의 '파카(parka) 크리스틸'은 '박승직'이라는 '박가'가 만든 분(粉)으로 유명한 '박가분(朴家粉)'의 '박가'에서 따온 것이라고 한다.

그런데 지금도 '크리스틸'을 '크리스탈'로 표기하는 곳이 많다. 호텔 이름도 '크리스탈'로 불리어 오고 있다. 외래어 표기로 올바른 것은 '크리스탈'이 아니라, 영어의 원음 [kristəl]에 따른 '크리스틸'임을 알아야 하겠다. '크리스틸'을 우리는 한자어이지만 '수정'이라고 하는 것이 좋겠다.

그는 훌륭한 탈렌트( ), 탤런트( )였다.

길잡이 외래어로서 탤런트(talent)는 텔레비전의 드라마에 출연하는 연기자를 말한다. 그런데 이 '탤런트'는 원래 그리스나 로마에서 큰 중량의 단위였다. 그 중량은 일정치 않으나 성경에서는 33.75kg로 계산하였다. 이것이 다시 돈의 단위로 한 달란트는 6천 드라크마에 해당된다고 하였다. 그 어원은 'talanton'이었다. 이것이 '재능'이라는 의미로 사용되기 시작한 것은 성경(마태복음 제25장 14절에서 30절)에 나오는 우화에서부터였다고 한다. 우화는 다음과 같다. 어떤 사람이 타국에 갈 때 자기의 소유를 세 사람의 종들에게 각각 그 재능대로 금 5달란트, 2달란트, 1달란트를 맡겼다. 그리고 긴 여행에서 돌아와 회계해 보니 현명한 두 사람은 그 돈으로 장사하여 각각 배로 불려 놓았지만, 1달란트를 맡았던 하인은 엄한 주인의 노여움을 사는 것이 두려워 땅에 그 돈을 묻어 감추어 두고 활용하지 못했다. 그래서 주인은 그 게으른 종에게 한 달란트까지 빼앗아 열 달란트를 가진 사람에게 주라고 했다. 이 우화에서 talent가 그것을 사용하는 사람의 '재능'을 의미하게 되었다. 즉, 자기가 가지고 있는 '달란트'만큼 능력을 발휘한다는 것이다. 그래서 '탤런트'가 어떤 특정 분야에 대한 재능을 의미하게 되었다.

그런데 이 'talent'를 많은 사람들이 '탈렌트'라 한다. 바른 표기는 '탤런트'이다. 그러나 우리는 '탤런트'를 '재능', '연기자' 등으로 표현하도록 해야 하겠다.

이와 유사한 외래어로 '균형', '평형'의 뜻인 'balance'가 있는데, 이것의 우리말 표기는 '발란스'가 아니고 '밸런스'이다.

정보는 컴퓨터에 파일( ), 화일( )로 저장한다.
계란은 프라이( ), 후라이( )팬에 튀겨 먹는다.

길잡이 영어의 첫소리 [f]는 우리말 [ㅍ]로 표기한다. 영어의 [f]는 우리말 소리와 정확하게 대응되는 소리는 없다. 우리말 소리 [ㅍ]는 두 입술에서 터져 나오는 소리이나 영어의 [f]는 윗니와 아래 입술에서 터져 나오는 소리이기 때문에 두 소리가 서로 다르다.

우리말 [ㅍ]에 대응되는 소리로 영어에는 [p]가 있다. 그래서 영어의 [f]를 영어의 [p]에 해당되는 [ㅍ]로 표기하기 때문에 매우 어색할 수밖에 없다. 더구나 우리말 [ㅎ]은 영어 [h]와 대응되기 때문에 [f]를 [ㅎ]으로 표기하기도 어렵다. 그래서 어쩔 수 없이 영어의 [f] 소리를 우리말 [ㅍ]과 가까운 것으로 간주하여 모두 [ㅍ]으로 표기하기로 규정하였다.

파일(file)은 원래 '서류를 정리하여 철해 놓는 곳'을 뜻하는데, 요즘은 컴퓨터에서 정보를 저장해 놓는 형태를 '파일'이라고도 한다. '행정용어순화편람'에는 '파일'을 반드시 '서류철', '말뚝', '서류묶음'으로 표기하도록 되어 있다.

그리고 프라이(fry)는 '튀김'으로, 프라이팬(fry pan)은 '튀김냄비'로, 프라이드 치킨(fried chicken)은 '튀긴 닭'으로 쓰도록 해야 한다.

학교 축제에 시화를 판넬( ), 패널( )로 만들어 내어야 한다.

길잡이 우리는 흔히 시화나 그림을 판자에 그린 것을 '판넬'이라 하는데 '판넬'은 틀린 표기이고 '패널(panel)'이 올바른 외래어 표기이다. 그러나 '주어진 논제를 가지고 대여섯 명이 앉아 자유롭게 토론하는 것'을 '패널디스커션' 또는 '공개 토론회'라고 한다. 영어로 '배심원'이라는 뜻도 있다. '패널'의 어원은 프랑스어 '한조각의 천'의 뜻을 가진 'pan'에서 유래되었다고 한다. 외래어 '패널'보다 '화판'이나 '판그림'이 더 낫지 않을까 한다.

선거 팜플렛( ), 팜플릿( ), 팸플릿( ), 팜플레트( )이/가 어지럽게 널려 있다.

길잡이 '팜플렛(pamphlet)'은 12세기 유럽에 팜필리우스(pamphilus)라는 시인이 라틴어로 쓴 연애시의 소책자 제목을 '팜플렛'이라고 붙인 것에서 시작되었다고 한다. 그래서 오랫동안 '팜플렛'은 소논문이나 논문 요약서 또는 소책자를 의미했다. 그러다가 20세기에 들어오면서 주로 광고나 정치 선전용 홍보 책자의 의미로 확대되었다.

외래어 표기 규정에 처음에는 '팜플렛'으로 되어 있었다. 지금은 '팸플릿'이 올바른 외래어 표기이다. 국립국어원에서는 '소책자', '작은 책자'로 순화하도록 하고 있다.

시내 곳곳에 우승 플래카드( ), 플랭카드( ), 프랭카드( )가 붙어 있다.

길잡이 '기다란 천에 글을 써서 양쪽 끝을 장대에 매어 놓은 표지물'을 '플래카드(placard)'라고 한다. '플래카드'는 원래 포스터, 벽보, 게시 등과 같이 광범위하게 쓰였는데 우리말에 들어 와서는 위에 설명한 뜻으로 한정되어 쓰인다. 그런데 이 '플래카드'와 비슷한 뜻을 가진 한자어로 '현수막(懸垂幕)'이 있다. '현수막'은 '밑으로 길게 내려(垂) 매단(懸) 천(幕)'을 나타낸다. 그래서 옆으로 길게 걸어 놓은 것은 '플래카드'이고, 아래로 내려놓은 것은 '현수막'이라고 구분하기도 한다. 영어는 가로 쓰기를 하기 때문에 가로로 쓴 '플래카드'를 사용하고, 한자는 세로 쓰기를 하기 때문에 아래로 쓴 '현수막'을 사용하게 된 것이다.

그런데 많은 사람들이 '플래카드'를 '플랭카드' 또는 '프랭카드'로 잘못 쓰고 있다. '플래카드'가 올바른 표기임을 알아야 하겠다. '플래카드'를 '알림막', '펼침막'으로 사용할 것을 제안한 사람도 있다.

아홉째 마당

◇◇◇◇◇◇◇◇◇◇

자 료

(1) 띄어쓰기 규정

제1절: 조사

제41항: 조사는 그 앞말에 붙여 쓴다.

꽃이	꽃마저	꽃밖에	꽃에서부터	꽃으로만
꽃이나마	꽃이다	꽃입니다	꽃처럼	어디까지나
거기도	멀리는	웃고만		

제2절: 의존 명사, 단위를 나타내는 명사 및 열거하는 말 등

제42항: 의존 명사는 띄어 쓴다.

아는 것이 힘이다.	나도 할 수 있다.
먹을 만큼 먹어라.	아는 이를 만났다.
네가 뜻한 바를 알겠다.	그가 떠난 지가 오래다.

제43항: 단위를 나타내는 명사는 띄어 쓴다.

한 개	차 한 대	금 서 돈	소 한 마리
옷 한 벌	열 살	조기 한 손	연필 한 자루
버선 한 죽	집 한 채	신 두 켤레	북어 한 쾌

다만, 순서를 나타내는 경우나 숫자와 어울리어 쓰이는 경우에는 붙여 쓸 수 있다.

두시 삼십분 오초	제일과	삼학년
육층	1446년 10월 9일	2대대
16동 502호	제1실습실	80원
10개	7미터	

제44항: 수를 적을 적에는 '만(萬)' 단위로 띄어 쓴다.

십이억	삼천사백오십육만	칠천팔백구십팔
12억	3456만	7898

제45항: 두 말을 이어 주거나 열거할 적에 쓰이는 다음의 말들은 띄어 쓴다.

국장 겸 과장	열 내지 스물	청군 대 백군	책상, 걸상 등이 있다
이사장 및 이사들	사과, 배, 귤 등등	사과, 배 등속	부산, 광주 등지

제46항: 단음절로 된 단어가 연이어 나타날 적에는 붙여 쓸 수 있다.

그때 그곳	좀더 큰것	이말 저말	한잎 두잎

제3절: 보조용언

제47항: 보조용언은 띄어 씀을 원칙으로 하되, 경우에 따라 붙여 씀도 허용한다.
(ㄱ을 원칙으로 하고, ㄴ을 허용함.)

ㄱ	ㄴ
불이 꺼져 간다.	불이 꺼져간다.
내 힘으로 막아 낸다.	내 힘으로 막아낸다.
어머니를 도와 드린다.	어머니를 도와드린다.
그릇을 깨뜨려 버렸다.	그릇을 깨뜨려버렸다.
비가 올 듯하다.	비가 올듯하다.
그 일은 할 만하다.	그 일은 할만하다.
일이 될 법하다.	일이 될법하다.
비가 올 성싶다.	비가 올성싶다.
잘 아는 척한다.	잘 아는척한다.

　　다만, 앞말에 조사가 붙거나 앞말이 합성 동사인 경우, 그리고 중간에 조사가 들어갈 적에는 그 뒤에 오는 보조용언은 띄어 쓴다.

잘도 놀아만 나는구나!　　책을 읽어도 보고…….

네가 덤벼들어 보아라.　　강물에 떠내려가 버렸다.

그가 올 듯도 하다.　　잘난 체를 한다.

제4절: 고유 명사 및 전문 용어

제48항: 성과 이름, 성과 호 등은 붙여 쓰고, 이에 덧붙는 호칭어, 관직명 등은 띄어 쓴다.

　　　김양수(金良洙)　　　　서화담(徐花潭)　　　　채영신 씨

　　　최치원 선생　　　　　박동식 박사　　　　　충무공 이순신 장군

다만, 성과 이름, 성과 호를 분명히 구분할 필요가 있을 경우에는 띄어 쓸 수 있다.

　　　남궁억/남궁 억　　　　독고준/독고 준　　　　황보지봉(皇甫芝峰)/황보 지봉

제49항: 성명 이외의 고유 명사는 단어별로 띄어 씀을 원칙으로 하되, 단위별로 띄어 쓸 수 있다.(ㄱ을 원칙으로 하고, ㄴ을 허용함.)

ㄱ	ㄴ
대한 중학교	대한중학교
한국 대학교 사범 대학	한국대학교 사범대학

제50항: 전문 용어는 단어별로 띄어 씀을 원칙으로 하되, 붙여 쓸 수 있다.(ㄱ을 원칙으로 하고, ㄴ을 허용함.)

ㄱ	ㄴ
만성 골수성 백혈병	만성골수성백혈병
중거리 탄도 유도탄	중거리탄도유도탄

(2) 표준 발음법

제1장: 총 칙

제1항: 표준 발음법은 표준어의 실제 발음을 따르되, 국어의 전통성과 합리성을 고려하여 정함
을 원칙으로 한다.

제2장: 자음과 모음

제2항: 표준어의 자음은 다음 19개로 한다.

ㄱ ㄲ ㄴ ㄷ ㄸ ㄹ ㅁ ㅂ ㅃ ㅅ ㅆ ㅇ ㅈ ㅉ ㅊ ㅋ ㅌ ㅍ ㅎ

제3항: 표준어의 모음은 다음 21개로 한다.

ㅏ ㅐ ㅑ ㅒ ㅓ ㅔ ㅕ ㅖ ㅗ ㅘ ㅙ ㅚ ㅛ ㅜ ㅝ ㅞ ㅟ ㅠ ㅡ ㅢ ㅣ

제4항: 'ㅏ ㅐ ㅓ ㅔ ㅗ ㅚ ㅜ ㅟ ㅡ ㅣ'는 단모음(單母音)으로 발음한다.

[붙임] 'ㅚ, ㅟ'는 이중 모음으로 발음할 수 있다.

제5항: 'ㅑ ㅒ ㅕ ㅖ ㅘ ㅙ ㅛ ㅝ ㅞ ㅠ ㅢ'는 이중 모음으로 발음한다.

　다만 1. 용언의 활용형에 나타나는 '져, 쪄, 쳐'는 [저, 쩌, 처]로 발음한다.

　　가지어→가져[가저]　　　찌어→쪄[쩌]　　　　　다치어→다쳐[다처]

　다만 2. '예, 례' 이외의 'ㅖ'는 [ㅔ]로도 발음한다.

　　계집[계:집/게:집]　　　계시다[계:시다/게:시다]

　　시계[시계/시게](時計)　　연계[연계/연게](連繫)

　　몌별[몌별/메별](袂別)　　개폐[개폐/개페](開閉)

　　혜택[혜:택/헤:택](惠澤)　　지혜[지혜/지헤](智慧)

다만 3. 자음을 첫소리로 가지고 있는 음절의 'ㅢ'는 [ㅣ]로 발음한다.

닐리리   닁큼   무늬   띄어쓰기   씌어

틔어   희어   희떱다   희망   유희

다만 4. 단어의 첫음절 이외의 '의'는 [ㅣ]로, 조사 '의'는 [ㅔ]로 발음함도 허용한다.

주의[주의/주이]   협의[혀븨/혀비]

우리의[우리의/우리에]   강의의[강:의의/강:이에]

제3장: 음의 길이

제6항: 모음의 장단을 구별하여 발음하되, 단어의 첫음절에서만 긴소리가 나타나는 것을 원칙
으로 한다.

(1) 눈보라[눈:보라]   말씨[말:씨]   밤나무[밤:나무]

많다[만:타]   멀리[멀:리]   벌리다[벌:리다]

(2) 첫눈[천눈]   참말[참말]   쌍동밤[쌍동밤]

수많이[수:마니]   눈멀다[눈멀다]   떠벌리다[떠벌리다]

다만, 합성어의 경우에는 둘째 음절 이하에서도 분명한 긴소리를 인정한다.

반신반의[반:신 바:늬/반:신 바:니]   재삼재사[재:삼 재:사]

[붙임] 용언의 단음절 어간에 어미 '-아/-어'가 결합되어 한 음절로 축약되는 경우에도 긴소
리로 발음한다.

보아 → 봐[봐:]   기어 → 겨[겨:]   되어 → 돼[돼:]

두어 → 둬[둬:]   하여 → 해[해:]

다만, '오아 → 와, 지어 → 져, 찌어 → 쪄, 치어 → 쳐' 등은 긴소리로 발음하지 않는다.

제7항: 긴소리를 가진 음절이라도, 다음과 같은 경우에는 짧게 발음한다.

1. 단음절인 용언 어간에 모음으로 시작된 어미가 결합되는 경우

감다[감:따] — 감으니[가므니]　　　밟다[밥:따] — 밟으면[발브면]

신다[신:따] — 신어[시너]　　　　　알다[알:다] — 알아[아라]

다만, 다음과 같은 경우에는 예외적이다.

끌다[끌:다] — 끌어[끄:러]　　　　떫다[떨:따] — 떫은[떨:븐]

벌다[벌:다] — 벌어[버:러]　　　　썰다[썰:다] — 썰어[써:러]

없다[업:따] — 없으니[업:쓰니]

2. 용언 어간에 피동, 사동의 접미사가 결합되는 경우

감다[감:따] — 감기다[감기다]　　　꼬다[꼬:다] — 꼬이다[꼬이다]

밟다[밥:따] — 밟히다[발피다]

다만, 다음과 같은 경우에는 예외적이다.

끌리다[끌:리다]　　벌리다[벌:리다]　　없애다[업:쌔다]

[붙임] 다음과 같은 복합어[1]에서는 본디의 길이에 관계없이 짧게 발음한다.

밀—물　　　썰—물　　쏜—살—같이[2]　　작은—아버지

1　학교 문법 용어에 따른다면 이 '복합어'는 '합성어'가 된다.

2　이를 '쏜살같—이'로 분석한다고 생각할 수 있으나, 고시본대로 둔다.

제4장: 받침의 발음

제8항: 받침소리로는 'ㄱ, ㄴ, ㄷ, ㄹ, ㅁ, ㅂ, ㅇ'의 7개 자음만 발음한다.

제9항: 받침 'ㄲ, ㅋ', 'ㅅ, ㅆ, ㅈ, ㅊ, ㅌ', 'ㅍ'은 어말 또는 자음 앞에서 각각 대표음 [ㄱ, ㄷ, ㅂ]
으로 발음한다.

닦다[닥따]	키읔[키윽]	키읔과[키윽꽈]	옷[옫]
웃다[욷:따]	있다[읻따]	젖[젇]	빚다[빋따]
꽃[꼳]	쫓다[쫃따]	솥[솓]	뱉다[밷:따])
앞[압]	덮다[덥따]		

제10항: 겹받침 'ㄳ', 'ㄵ', 'ㄼ, ㄽ, ㄾ', 'ㅄ'은 어말 또는 자음 앞에서 각각 [ㄱ, ㄴ, ㄹ, ㅂ]으로 발
음한다.

넋[넉]	넋과[넉꽈]	앉다[안따]	여덟[여덜]	
넓다[널따]	외곬[외골]	핥다[할따]	값[갑]	없다[업:따]

다만, '밟-'은 자음 앞에서 [밥]으로 발음하고, '넓-'은 다음과 같은 경우에 [넙]으로 발음
한다.

(1) 밟다[밥:따]　　　　밟소[밥:쏘]　　밟지[밥:찌]

　　밟는[밥:는→밤:는]　　밟게[밥:께]　　밟고[밥:꼬]

(2) 넓-죽하다[넙쭈카다]　　넓-둥글다[넙뚱글다]

제11항: 겹받침 'ㄺ, ㄻ, ㄿ'은 어말 또는 자음 앞에서 각각 [ㄱ, ㅁ, ㅂ]으로 발음한다.

닭[닥]	흙과[흑꽈]	맑다[막따]	늙지[늑찌]
삶[삼:]	젊다[점:따]	읊고[읍꼬]	읊다[읍따]

다만, 용언의 어간 말음 'ㄺ'은 'ㄱ' 앞에서 [ㄹ]로 발음한다.

맑게[말께]　　　　묽고[물꼬]　　　얽거나[얼꺼나]

제12항: 받침 'ㅎ'의 발음은 다음과 같다.

1. 'ㅎ(ㄶ, ㅀ)' 뒤에 'ㄱ, ㄷ, ㅈ'이 결합되는 경우에는, 뒤 음절 첫소리와 합쳐서 [ㅋ, ㅌ, ㅊ]으로 발음한다.

놓고[노코]　　좋던[조:턴]　　쌓지[싸치]　　많고[만:코]　　않던[안턴]　　닳지[달치]

[붙임 1] 받침 'ㄱ(ㄺ), ㄷ, ㅂ(ㄼ), ㅈ(ㄵ)'이 뒤 음절 첫소리 'ㅎ'과 결합되는 경우에도, 역시 두 음을 합쳐서 [ㅋ, ㅌ, ㅍ, ㅊ]으로 발음한다.

각하[가카]　　　　먹히다[머키다]　　　　밝히다[발키다]

맏형[마텽]　　　　좁히다[조피다]　　　　넓히다[널피다]

꽂히다[꼬치다]　　앉히다[안치다]

[붙임 2] 규정에 따라 'ㄷ'으로 발음되는 'ㅅ, ㅈ, ㅊ, ㅌ'의 경우에도 이에 준한다.

옷 한 벌[오탄벌]　　낮 한때[나탄때]　　꽃 한 송이[꼬탄송이]　　숱하다[수타다]

2. 'ㅎ(ㄶ, ㅀ)' 뒤에 'ㅅ'이 결합되는 경우에는, 'ㅅ'을 [ㅆ]으로 발음한다.

닿소[다쏘]　　　　많소[만:쏘]　　　　싫소[실쏘]

3. 'ㅎ' 뒤에 'ㄴ'이 결합되는 경우에는, [ㄴ]으로 발음한다.

놓는[논는]　　　　쌓네[싼네]

[붙임] 'ㄶ, ㅀ' 뒤에 'ㄴ'이 결합되는 경우에는, 'ㅎ'을 발음하지 않는다.

않네[안네]　　　　않는[안는]　　　　뚫네[뚤네→뚤레]　　　　뚫는[뚤는→뚤른]

＊'뚫네[뚤네→뚤레], 뚫는[뚤는→뚤른]'에 대해서는 제20항 참조.

4. 'ㅎ(ㄶ, ㅀ)' 뒤에 모음으로 시작된 어미나 접미사가 결합되는 경우에는, 'ㅎ'을 발음하지 않는다.

낳은[나은]　　　　놓아[노아]　　　　쌓이다[싸이다]　　　　많아[마:나]

않은[아는]　　　　닳아[다라]　　　　싫어도[시러도]

제13항: 홑받침이나 쌍받침이 모음으로 시작된 조사나 어미, 접미사와 결합되는 경우에는, 제
음가대로 뒤 음절 첫소리로 옮겨 발음한다.

깎아[까까]　　　　옷이[오시]　　　　있어[이써]　　　　낮이[나지]
꽂아[꼬자]　　　　꽃을[꼬츨]　　　　쫓아[쪼차]　　　　밭에[바테]
앞으로[아프로]　　덮이다[더피다]

제14항: 겹받침이 모음으로 시작된 조사나 어미, 접미사와 결합되는 경우에는, 뒤엣것만을 뒤
음절 첫소리로 옮겨 발음한다.(이 경우, 'ㅅ'은 된소리로 발음함.)

넋이[넉씨]　　　　앉아[안자]　　　　닭을[달글]　　　　젊어[절머]
곬이[골씨]　　　　핥아[할타]　　　　읊어[을퍼]　　　　값을[갑쓸]
없어[업:써]

제15항: 받침 뒤에 모음 'ㅏ, ㅓ, ㅗ, ㅜ, ㅟ'들로 시작되는 실질 형태소가 연결되는 경우에는, 대
표음으로 바꾸어서 뒤 음절 첫소리로 옮겨 발음한다.

밭 아래[바다래]　　늪 앞[느밥]　　　젖어미[저더미]　　맛없다[마덥따]
겉옷[거돋]　　　　헛웃음[허두슴]　　꽃 위[꼬뒤]

다만, '맛있다, 멋있다'는 [마싣따], [머싣따]로도 발음할 수 있다.

[붙임] 겹받침의 경우에는, 그 중 하나만을 옮겨 발음한다.

넋없다[너겁따]　　닭 앞에[다가페]　　값어치[가버치]　　값있는[가빈는]

제16항: 한글 자모의 이름은 그 받침소리를 연음하되, 'ㄷ, ㅈ, ㅊ, ㅋ, ㅌ, ㅍ, ㅎ'의 경우에는 특
별히 다음과 같이 발음한다.

디귿이[디그시]　　　디귿을[디그슬]　　　디귿에[디그세]
지읒이[지으시]　　　지읒을[지으슬]　　　지읒에[지으세]
치읓이[치으시]　　　치읓을[치으슬]　　　치읓에[치으세]
키읔이[키으기]　　　키읔을[키으글]　　　키읔에[키으게]
티읕이[티으시]　　　티읕을[티으슬]　　　티읕에[티으세]
피읖이[피으비]　　　피읖을[피으블]　　　피읖에[피으베]
히읗이[히으시]　　　히읗을[히으슬]　　　히읗에[히으세]

제5장: 음의 동화

제17항: 받침 'ㄷ, ㅌ(ㄾ)'이 조사나 접미사의 모음 'ㅣ'와 결합되는 경우에는, [ㅈ, ㅊ]으로 바꾸어서 뒤 음절 첫소리로 옮겨 발음한다.

곧이듣다[고지듣따]　　굳이[구지]　　미닫이[미다지]

땀받이[땀바지]　　밭이[바치]　　벼훑이[벼훌치]

[붙임] 'ㄷ' 뒤에 접미사 '히'가 결합되어 '티'를 이루는 것은 [치]로 발음한다.

굳히다[구치다]　　닫히다[다치다]　　묻히다[무치다]

제18항: 받침 'ㄱ(ㄲ, ㅋ, ㄳ, ㄺ), ㄷ(ㅅ, ㅆ, ㅈ, ㅊ, ㅌ, ㅎ), ㅂ(ㅍ, ㄼ, ㄿ, ㅄ)'은 'ㄴ, ㅁ' 앞에서 [ㅇ, ㄴ, ㅁ]으로 발음한다.

먹는[멍는]	국물[궁물]	깎는[깡는]	키읔만[키응만]
몫몫이[몽목씨]	긁는[긍는]	흙만[흥만]	닫는[단는]
짓는[진ː는]	옷맵시[온맵씨]	있는[인는]	맞는[만는]
젖멍울[전멍울]	쫓는[쫀는]	꽃망울[꼰망울]	붙는[분는]
놓는[논는]	잡는[잠는]	밥물[밤물]	앞마당[암마당]
밟는[밤ː는]	읊는[음는]	없는[엄ː는]	값매다[감매다]

[붙임] 두 단어를 이어서 한 마디로 발음하는 경우에도 이와 같다.

책 넣는다[챙넌는다]　흙 말리다[흥말리다]　옷 맞추다[온마추다]　밥 먹는다[밤멍는다]

값 매기다[감매기다]

제19항: 받침 'ㅁ, ㅇ' 뒤에 연결되는 'ㄹ'은 [ㄴ]으로 발음한다.

담력[담ː녁]　　침략[침냑]　　강릉[강능]　　항로[항ː노]　　대통령[대ː통녕]

[붙임] 받침 'ㄱ, ㅂ' 뒤에 연결되는 'ㄹ'도 [ㄴ]으로 발음한다.[3]

막론[막논→망논]　　백리[백니→뱅니]　　협력[협녁→혐녁]　　십리[십니→심니]

3　예시어 중 '백리', '십리'를 '백 리', '십 리'처럼 띄어 쓸 수 있겠으나, 현용 사전에서 이들을 하나의 단어로 처리한 것도 있으므로, 고시본대로 두기로 한다.

제20항: 'ㄴ'은 'ㄹ'의 앞이나 뒤에서 [ㄹ]로 발음한다.

난로[날:로]　　　신라[실라]　　　천리[철리]　　　광한루[광:할루]　　　대관령[대:괄령]

칼날[칼랄]　　　물난리[물랄리]　줄넘기[줄럼끼]　할는지[할른지]

[붙임] 첫소리 'ㄴ'이 'ㅀ', 'ㄾ' 뒤에 연결되는 경우에도 이에 준한다.

닳는[달른]　　　뚫는[뚤른]　　　핥네[할레]

다만, 다음과 같은 단어들은 'ㄹ'을 [ㄴ]으로 발음한다.

의견란[의:견난]	임진란[임:진난]	생산량[생산냥]
결단력[결딴녁]	공권력[공꿘녁]	동원령[동:원녕]
상견례[상견녜]	횡단로[횡단노]	이원론[이:원논]
입원료[이붠뇨]	구근류[구근뉴]	

제21항: 위에서 지적한 이외의 자음 동화는 인정하지 않는다.

감기[감:기](×[강:기])	옷감[옫깜](×[옥깜])
있고[읻꼬](×[익꼬])	꽃길[꼳낄](×[꼭낄])
젖먹이[전머기](×[점머기])	문법[문뻡](×[뭄뻡])
꽃밭[꼳빧](×[꼽빧])	

제22항: 다음과 같은 용언의 어미는 [어]로 발음함을 원칙으로 하되, [여]로 발음함도 허용한다.

되어[되어/되여]　　　　피어[피어/피여]

[붙임] '이오, 아니오'도 이에 준하여 [이요, 아니요]로 발음함을 허용한다.

제6장 경음화

제23항: 받침 'ㄱ(ㄲ, ㅋ, ㄳ, ㄺ), ㄷ(ㅅ, ㅆ, ㅈ, ㅊ, ㅌ), ㅂ(ㅍ, ㄼ, ㄿ,ㅄ)' 뒤에 연결되는 'ㄱ, ㄷ,
ㅂ, ㅅ, ㅈ'은 된소리로 발음한다.

국밥[국빱]	깎다[깍따]	넋받이[넉빠지]	삯돈[삭똔]
닭장[닥짱]	칡범[칙뻠]	뻗대다[뻗때다]	옷고름[옫꼬름]
있던[읻떤]	꽂고[꼳꼬]	꽃다발[꼳따발]	낯설다[낟썰다]
밭갈이[받까리]	솥전[솓쩐]	곱돌[곱똘]	덮개[덥깨]
옆집[엽찝]	넓죽하다[넙쭈카다]	읊조리다[읍쪼리다]	
값지다[갑찌다]			

제24항: 어간 받침 'ㄴ(ㄵ), ㅁ(ㄻ)' 뒤에 결합되는 어미의 첫소리 'ㄱ, ㄷ, ㅅ, ㅈ'은 된소리로 발
음한다.

신고[신:꼬]	껴안다[껴안따]	앉고[안꼬]	얹다[언따]
삼고[삼:꼬]	더듬지[더듬찌]	닮고[담:꼬]	젊지[점:찌]

다만, 피동, 사동의 접미사 '-기-'는 된소리로 발음하지 않는다.

안기다[안기다]	감기다[감기다]	굶기다[굼기다]	옮기다[옴기다]

제25항: 어간 받침 'ㄼ, ㄾ' 뒤에 결합되는 어미의 첫소리 'ㄱ, ㄷ, ㅅ, ㅈ'은 된소리로 발음한다.

넓게[널께]	핥다[할따]	훑소[훌쏘]	떫지[떨:찌]

제26항: 한자어에서, 'ㄹ' 받침 뒤에 연결되는 'ㄷ, ㅅ, ㅈ'은 된소리로 발음한다.

갈등[갈뜽]	발동[발똥]	절도[절또]	말살[말쌀]
불소[불쏘](弗素)	일시[일씨]	갈증[갈쯩]	물질[물찔]
발전[발쩐]	몰상식[몰쌍식]	불세출[불쎄출]	

다만, 같은 한자가 겹쳐진 단어의 경우에는 된소리로 발음하지 않는다.

허허실실[허허실실](虛虛實實)   절절-하다[절절하다](切切-)

제27항: 관형사형 '-(으)ㄹ' 뒤에 연결되는 'ㄱ, ㄷ, ㅂ, ㅅ, ㅈ'은 된소리로 발음한다.

할 것을[할꺼슬]　　갈 데가[갈떼가]　　할 바를[할빠를]

할 수는[할쑤는]　　할 적에[할쩌게]　　갈 곳[갈꼳]

할 도리[할또리]　　만날 사람[만날싸람]

다만, 끊어서 말할 적에는 예사소리로 발음한다.

[붙임] '-(으)ㄹ'로 시작되는 어미의 경우에도 이에 준한다.

할걸[할껄]　　할밖에[할빠께]　　할세라[할쎄라]

할수록[할쑤록]　　할지라도[할찌라도]　　할지언정[할찌언정]

할진대[할찐대]

제28항: 표기상으로는 사이시옷이 없더라도, 관형격 기능을 지니는 사이시옷이 있어야 할(휴지가 성립되는) 합성어의 경우에는, 뒤 단어의 첫소리 'ㄱ, ㄷ, ㅂ, ㅅ, ㅈ'을 된소리로 발음한다.

문-고리[문꼬리]　　눈-동자[눈똥자]　　신-바람[신빠람]

산-새[산쌔]　　손-재주[손째주]　　길-가[길까]

물-동이[물똥이]　　발-바닥[발빠닥]　　굴-속[굴ː쏙]

술-잔[술짠]　　바람-결[바람껼]　　그믐-달[그믐딸]

아침-밥[아침빱]　　잠-자리[잠짜리]　　강-가[강까]

초승-달[초승딸]　　등-불[등뿔]　　창-살[창쌀]

강-줄기[강쭐기]

제7장: 음의 첨가

제29항: 합성어 및 파생어에서, 앞 단어나 접두사의 끝이 자음이고 뒤 단어나 접미사의 첫음절이 '이, 야, 여, 요, 유'인 경우에는, 'ㄴ' 음을 첨가하여 [니, 냐, 녀, 뇨, 뉴]로 발음한다.

솜-이불[솜:니불]	홑-이불[혼니불]	막-일[망닐]
삯-일[상닐]	맨-입[맨닙]	꽃-잎[꼰닙]
내복-약[내:봉냑]	한-여름[한녀름]	남존-여비[남존녀비]
신-여성[신녀성]	색-연필[생년필]	직행-열차[지캥녈차]
늑막-염[능망념]	콩-엿[콩녇]	담-요[담:뇨]
눈-요기[눈뇨기]	영업-용[영엄뇽]	식용-유[시공뉴]
국민-윤리[궁민뉼리]	밤-윷[밤:뉻]	

다만, 다음과 같은 말들은 'ㄴ' 음을 첨가하여 발음하되, 표기대로 발음할 수 있다.

이죽-이죽[이중니죽/이주기죽]	야금-야금[야금냐금/야그먀금]
검열[검:녈/거:멸]	욜랑-욜랑[욜랑놀랑/욜랑욜랑]
금융[금늉/그뮹]	

[붙임 1] 'ㄹ' 받침 뒤에 첨가되는 'ㄴ' 음은 [ㄹ]로 발음한다.

들-일[들:릴]	솔-잎[솔립]	설-익다[설릭따]
물-약[물략]	불-여우[불려우]	서울-역[서울력]
물-엿[물련]	휘발-유[휘발류]	유들-유들[유들류들]

[붙임 2] 두 단어를 이어서 한 마디로 발음하는 경우에도 이에 준한다.[4]

한 일[한닐]	옷 입다[온닙따]	서른여섯[서른녀섣]
3 연대[삼년대]	먹은 엿[머근녇]	할 일[할릴]
잘 입다[잘립따]	스물여섯[스물려섣]	1 연대[일련대]
먹을 엿[머글렫]		

---

4 예시어 중 '서른여섯[서른녀섣]', '스물여섯[스물려섣]'을 한 단어로 보느냐 두 단어로 보느냐에 대하여 논란의 여지가 있으나, 여기에서는 고시본에서 제시한 대로 두기로 한다.

다만, 다음과 같은 단어에서는 'ㄴ(ㄹ)' 음을 첨가하여 발음하지 않는다.

6 · 25[유기오]   3 · 1절[사밀쩔]   송별-연[송:벼련]   등-용문[등용문][5]

제30항: 사이시옷이 붙은 단어는 다음과 같이 발음한다.

1. 'ㄱ, ㄷ, ㅂ, ㅅ, ㅈ'으로 시작하는 단어 앞에 사이시옷이 올 때는 이들 자음만을 된소리로 발음하는 것을 원칙으로 하되, 사이시옷을 [ㄷ]으로 발음하는 것도 허용한다.

냇가[내:까/낻:까]   샛길[새:낄/샏:낄]   빨랫돌[빨래똘/빨랟똘]
콧등[코뜽/콛뜽]   깃발[기빨/긷빨]   대팻밥[대:패빱/대:팯빱]
햇살[해쌀/핻쌀]   뱃속[배쏙/밷쏙]   뱃전[배쩐/밷쩐]
고갯짓[고개찓/고갣찓]

2. 사이시옷 뒤에 'ㄴ, ㅁ'이 결합되는 경우에는 [ㄴ]으로 발음한다.

콧날[콛날→콘날]   아랫니[아랟니→아랜니]
툇마루[퇻:마루→퇸:마루]   뱃머리[밷머리→밴머리]

3. 사이시옷 뒤에 '이' 음이 결합되는 경우에는 [ㄴㄴ]으로 발음한다.

베갯잇[베갣닏→베갠닏]   깻잎[깯닙→깬닙]
나뭇잎[나묻닙→나문닙]   도리깻열[도리깯녈→도리깬녈]
뒷윷[뒫:뉻→뒨:뉻]

---

5 고시본에서 '등용-문[등용문]'으로 보인 것을 위와 같이 바로잡았다.

(3) 국어의 로마자 표기법

(문화관광부 고시 제2000-8호)]

제1장: 표기의 기본 원칙

제1항: 국어의 로마자 표기는 국어의 표준 발음법에 따라 적는 것을 원칙으로 한다.

제2항: 로마자 이외의 부호는 되도록 사용하지 않는다.

제2장: 표기 일람

제1항: 모음은 다음 각 호와 같이 적는다.

1. 단모음

ㅏ	ㅓ	ㅗ	ㅜ	ㅡ	ㅣ	ㅐ	ㅔ	ㅚ	ㅟ
a	eo	o	u	eu	i	ae	e	oe	wi

2. 이중 모음

ㅑ	ㅕ	ㅛ	ㅠ	ㅒ	ㅖ	ㅘ	ㅙ	ㅝ	ㅞ	ㅢ
ya	yeo	yo	yu	yae	ye	wa	wae	wo	we	ui

[붙임 1] 'ㅢ'는 'ㅣ'로 소리 나더라도 'ui'로 적는다.

〈보기〉 광희문　Gwanghuimun

[붙임 2] 장모음의 표기는 따로 하지 않는다.

제2항: 자음은 다음 각 호와 같이 적는다.

1. 파열음

ㄱ	ㄲ	ㅋ	ㄷ	ㄸ	ㅌ	ㅂ	ㅃ	ㅍ
g, k	kk	k	d, t	tt	t	b, p	pp	p

2. 파찰음

ㅈ	ㅉ	ㅊ
j	jj	ch

3. 마찰음

ㅅ	ㅆ	ㅎ
s	ss	h

4. 비음

ㄴ	ㅁ	ㅇ
n	m	ng

5. 유음

ㄹ
r, l

[붙임 1] 'ㄱ, ㄷ, ㅂ'은 모음 앞에서는 'g, d, b'로, 자음 앞이나 어말에서는 'k, t, p'로 적는다.([ ] 안의 발음에 따라 표기함.)

〈보기〉 구미 Gumi   영동 Yeongdong   백암 Baegam
       옥천 Okcheon   합덕 Hapdeok   호법 Hobeop
       월곶[월곧] Wolgot   벚꽃[벋꼳] beotkkot   한밭[한받] Hanbat

[붙임 2] 'ㄹ'은 모음 앞에서는 'r'로, 자음 앞이나 어말에서는 'l'로 적는다. 단, 'ㄹㄹ'은 'll'로 적는다.

〈보기〉 구리 Guri   설악 Seorak   칠곡 Chilgok

임실 Imsil   울릉 Ulleung   대관령[대괄령] Daegwallyeong

제3장: 표기상의 유의점

제1항: 음운 변화가 일어날 때에는 변화의 결과에 따라 다음 각 호와 같이 적는다.

1. 자음 사이에서 동화 작용이 일어나는 경우

〈보기〉 백마[뱅마] Baengma   신문로[신문노] Sinmunno   종로[종노] Jongno
왕십리[왕심니] Wangsimni   별내[별래] Byeollae   신라[실라] Silla

2. 'ㄴ, ㄹ'이 덧나는 경우

〈보기〉 학여울[항녀울] Hangnyeoul   알약[알략] allyak

3. 구개음화가 되는 경우

〈보기〉 해돋이[해도지] haedoji   같이[가치] gachi   맞히다[마치다] machida

4. 'ㄱ, ㄷ, ㅂ, ㅈ'이 'ㅎ'과 합하여 거센소리로 소리 나는 경우

〈보기〉 좋고[조코] joko   놓다[노타] nota
잡혀[자펴] japyeo   낳지[나치] nachi

다만, 체언에서 'ㄱ, ㄷ, ㅂ' 뒤에 'ㅎ'이 따를 때에는 'ㅎ'을 밝혀 적는다.

〈보기〉 묵호 Mukho   집현전 Jiphyeonjeon

[붙임] 된소리되기는 표기에 반영하지 않는다.

〈보기〉 압구정 Apgujeong   낙동강 Nakdonggang

죽변 Jukbyeon   낙성대 Nakseongdae

합정 Hapjeong   팔당 Paldang

샛별 saetbyeol   울산 Ulsan

제2항: 발음상 혼동의 우려가 있을 때에는 음절 사이에 붙임표(–)를 쓸 수 있다.

〈보기〉 중앙 Jung-ang   반구대 Ban-gudae

세운 Se-un   해운대 Hae-undae

제3항: 고유 명사는 첫 글자를 대문자로 적는다.

〈보기〉 부산 Busan   세종 Sejong

제4항: 인명은 성과 이름의 순서로 띄어 쓴다. 이름은 붙여 쓰는 것을 원칙으로 하되 음절 사이에 붙임표(–)를 쓰는 것을 허용한다.( )안의 표기를 허용함.)

〈보기〉 민용하 Min Yongha (Min Yong-ha)   송나리 Song Nari (Song Na-ri)

(1) 이름에서 일어나는 음운 변화는 표기에 반영하지 않는다.

〈보기〉 한복남 Han Boknam (Han Bok-nam)   홍빛나 Hong Bitna (Hong Bit-na)

(2) 성의 표기는 따로 정한다.

제5항: '도, 시, 군, 구, 읍, 면, 리, 동'의 행정 구역 단위와 '가'는 각각 'do, si, gun, gu, eup, myeon, ri, dong, ga'로 적고, 그 앞에는 붙임표(–)를 넣는다. 붙임표(–) 앞뒤에서 일어나는 음운 변화는 표기에 반영하지 않는다.

〈보기〉 충청북도 Chungcheongbuk-do   제주도 Jeju-do

의정부시 Uijeongbu-si   양주군 Yangju-gun

도봉구 Dobong-gu   신창읍 Sinchang-eup

삼죽면 Samjuk-myeon   인왕리 Inwang-ri

당산동 Dangsan-dong   봉천1동 Bongcheon 1(il)-dong

종로 2가 Jongno 2(i)-ga   퇴계로 3가 Toegyero 3(sam)-ga

[붙임] '시, 군, 읍'의 행정 구역 단위는 생략할 수 있다.

〈보기〉 청주시 Cheongju   함평군 Hampyeong 순창읍 Sunchang

제6항: 자연 지물명, 문화재명, 인공 축조물명은 붙임표(-) 없이 붙여 쓴다.

〈보기〉 남산 Namsan	속리산 Songnisan
금강 Geumgang	독도 Dokdo
경복궁 Gyeongbokgung	무량수전 Muryangsujeon
연화교 Yeonhwagyo	극락전 Geungnakjeon
안압지 Anapji	남한산성 Namhansanseong
화랑대 Hwarangdae	불국사 Bulguksa
현충사 Hyeonchungsa	독립문 Dongnimmun
오죽헌 Ojukheon	촉석루 Chokseongnu
종묘 Jongmyo	다보탑 Dabotap

제7항: 인명, 회사명, 단체명 등은 그 동안 써 온 표기를 쓸 수 있다.

제8항: 학술 연구 논문 등 특수 분야에서 한글 복원을 전제로 표기할 경우에는 한글 표기를 대상으로 적는다. 이때 글자 대응은 제2장을 따르되 'ㄱ, ㄷ, ㅂ, ㄹ'은 'g, d, b, l'로만 적는다. 음가 없는 'ㅇ'은 붙임표(-)로 표기하되 어두에서는 생략하는 것을 원칙으로 한다. 기타 분절의 필요가 있을 때에도 붙임표(-)를 쓴다.

〈보기〉 집 jib	짚 jip 밖 bakk
값 gabs	붓꽃 buskkoch
먹는 meogneun	독립 doglib
문리 munli	물엿 mul-yeos
굳이 gud-i	좋다 johda
가곡 gagog	조랑말 jolangmal
없었습니다 eobs-eoss-seubnida	

① (시행일) 이 규정은 고시한 날부터 시행한다.

② (표지판 등에 대한 경과 조치) 이 표기법 시행 당시 종전의 표기법에 의하여 설치된 표지판 (도로, 광고물, 문화재 등의 안내판)은 2005. 12. 31.까지 이 표기법을 따라야 한다.

③ (출판물 등에 대한 경과 조치) 이 표기법 시행 당시 종전의 표기법에 의하여 발간된 교과서 등 출판물은 2002. 2. 28.까지 이 표기법을 따라야 한다.

(4) 문장 부호

(문체부 고시 제2014-0039호)

문장 부호는 글에서 문장의 구조를 드러내거나 글쓴이의 의도를 전달하기 위하여 사용하는 부호이다. 문장 부호의 이름과 사용법은 다음과 같이 정한다.

1. 마침표(.)

(1) 서술, 명령, 청유 등을 나타내는 문장의 끝에 쓴다.

> 예 젊은이는 나라의 기둥입니다.
> 예 제 손을 꼭 잡으세요.
> 예 집으로 돌아갑시다.
> 예 가는 말이 고와야 오는 말이 곱다.

[붙임 1] 직접 인용한 문장의 끝에는 쓰는 것을 원칙으로 하되, 쓰지 않는 것을 허용한다. (ㄱ을 원칙으로 하고, ㄴ을 허용함.)

> 예 ㄱ. 그는 "지금 바로 떠나자."라고 말하며 서둘러 짐을 챙겼다.
> ㄴ. 그는 "지금 바로 떠나자"라고 말하며 서둘러 짐을 챙겼다.

[붙임 2] 용언의 명사형이나 명사로 끝나는 문장에는 쓰는 것을 원칙으로 하되, 쓰지 않는 것을 허용한다.(ㄱ을 원칙으로 하고, ㄴ을 허용함.)

> (예) ㄱ. 목적을 이루기 위하여 몸과 마음을 다하여 애를 씀.
>
> ㄴ. 목적을 이루기 위하여 몸과 마음을 다하여 애를 씀
>
> (예) ㄱ. 결과에 연연하지 않고 끝까지 최선을 다하기.
>
> ㄴ. 결과에 연연하지 않고 끝까지 최선을 다하기
>
> (예) ㄱ. 신입 사원 모집을 위한 기업 설명회 개최.
>
> ㄴ. 신입 사원 모집을 위한 기업 설명회 개최
>
> (예) ㄱ. 내일 오전까지 보고서를 제출할 것.
>
> ㄴ. 내일 오전까지 보고서를 제출할 것

다만, 제목이나 표어에는 쓰지 않음을 원칙으로 한다.

> (예) 압록강은 흐른다
>
> (예) 꺼진 불도 다시 보자
>
> (예) 건강한 몸 만들기

(2) 아라비아 숫자만으로 연월일을 표시할 때 쓴다.

> (예) 1919. 3. 1.   (예) 10. 1.~10. 12.

(3) 특정한 의미가 있는 날을 표시할 때 월과 일을 나타내는 아라비아 숫자 사이에 쓴다.

> (예) 3.1 운동   (예) 8.15 광복

[붙임] 이때는 마침표 대신 가운뎃점을 쓸 수 있다.

> (예) 3·1 운동   (예) 8·15 광복

(4) 장, 절, 항 등을 표시하는 문자나 숫자 다음에 쓴다.

> (예) 가. 인명   (예) ㄱ. 머리말
>
> (예) Ⅰ. 서론   (예) 1. 연구 목적

[붙임] '마침표' 대신 '온점'이라는 용어를 쓸 수 있다.

2. 물음표(?)

(1) 의문문이나 의문을 나타내는 어구의 끝에 쓴다.

　예 점심 먹었어?

　예 이번에 가시면 언제 돌아오세요?

　예 제가 부모님 말씀을 따르지 않을 리가 있겠습니까?

　예 남북이 통일되면 얼마나 좋을까?

　예 다섯 살짜리 꼬마가 이 멀고 험한 곳까지 혼자 왔다?

　예 지금?

　예 뭐라고?

　예 네?

[붙임 1] 한 문장 안에 몇 개의 선택적인 물음이 이어질 때는 맨 끝의 물음에만 쓰고, 각 물음이 독립적일 때는 각 물음의 뒤에 쓴다.

　예 너는 중학생이냐, 고등학생이냐?

　예 너는 여기에 언제 왔니? 어디서 왔니? 무엇하러 왔니?

[붙임 2] 의문의 정도가 약할 때는 물음표 대신 마침표를 쓸 수 있다.

　예 도대체 이 일을 어쩐단 말이냐.

　예 이것이 과연 내가 찾던 행복일까.

다만, 제목이나 표어에는 쓰지 않음을 원칙으로 한다.

　예 역사란 무엇인가

　예 아직도 담배를 피우십니까

(2) 특정한 어구의 내용에 대하여 의심, 빈정거림 등을 표시할 때, 또는 적절한 말을 쓰기 어려울 때 소괄호 안에 쓴다.

　예 우리와 의견을 같이할 사람은 최 선생(?) 정도인 것 같다.

　예 30점이라, 거참 훌륭한(?) 성적이군.

　예 우리 집 강아지가 가출(?)을 했어요.

(3) 모르거나 불확실한 내용임을 나타낼 때 쓴다.

　예 최치원(857~?)은 통일 신라 말기에 이름을 떨쳤던 학자이자 문장가이다.

356

예 조선 시대의 시인 강백(1690?~1777?)의 자는 자청이고, 호는 우곡이다.

3. 느낌표(!)

(1) 감탄문이나 감탄사의 끝에 쓴다.

예 이거 정말 큰일이 났구나!　　　예 어머!

[붙임] 감탄의 정도가 약할 때는 느낌표 대신 쉼표나 마침표를 쓸 수 있다.

예 어, 벌써 끝났네.　　　예 날씨가 참 좋군.

(2) 특별히 강한 느낌을 나타내는 어구, 평서문, 명령문, 청유문에 쓴다.

예 청춘! 이는 듣기만 하여도 가슴이 설레는 말이다.

예 이야, 정말 재밌다!　　　예 지금 즉시 대답해!

예 앞만 보고 달리자!

(3) 물음의 말로 놀람이나 항의의 뜻을 나타내는 경우에 쓴다.

예 이게 누구야!　　　예 내가 왜 나빠!

(4) 감정을 넣어 대답하거나 다른 사람을 부를 때 쓴다.

예 네!　　　예 네, 선생님!

예 흥부야!　　　예 언니!

4. 쉼표(,)

(1) 같은 자격의 어구를 열거할 때 그 사이에 쓴다.

예 근면, 검소, 협동은 우리 겨레의 미덕이다.

예 충청도의 계룡산, 전라도의 내장산, 강원도의 설악산은 모두 국립 공원이다.

예 집을 보러 가면 그 집이 내가 원하는 조건에 맞는지, 살기에 편한지, 망가진 곳은 없
는지 확인해야 한다.

예 5보다 작은 자연수는 1, 2, 3, 4이다.

다만, (가) 쉼표 없이도 열거되는 사항임이 쉽게 드러날 때는 쓰지 않을 수 있다.

예 아버지 어머니께서 함께 오셨어요.

예 네 돈 내 돈 다 합쳐 보아야 만 원도 안 되겠다.

(나) 열거할 어구들을 생략할 때 사용하는 줄임표 앞에는 쉼표를 쓰지 않는다.

예 광역시: 광주, 대구, 대전……

(2) 짝을 지어 구별할 때 쓴다.

예 닭과 지네, 개와 고양이는 상극이다.

(3) 이웃하는 수를 개략적으로 나타낼 때 쓴다.

예 5, 6세기   예 6, 7, 8개

(4) 열거의 순서를 나타내는 어구 다음에 쓴다.

예 첫째, 몸이 튼튼해야 한다.   예 마지막으로, 무엇보다 마음이 편해야 한다.

(5) 문장의 연결 관계를 분명히 하고자 할 때 절과 절 사이에 쓴다.

예 콩 심은 데 콩 나고, 팥 심은 데 팥 난다.

예 저는 신뢰와 정직을 생명과 같이 여기고 살아온바, 이번 비리 사건과는 무관하다는
점을 분명히 밝힙니다.

예 떡국은 설날의 대표적인 음식인데, 이걸 먹어야 비로소 나이도 한 살 더 먹는다고
한다.

(6) 같은 말이 되풀이되는 것을 피하기 위하여 일정한 부분을 줄여서 열거할 때 쓴다.

예 여름에는 바다에서, 겨울에는 산에서 휴가를 즐겼다.

(7) 부르거나 대답하는 말 뒤에 쓴다.

예 지은아, 이리 좀 와 봐.

예 네, 지금 가겠습니다.

(8) 한 문장 안에서 앞말을 '곧', '다시 말해' 등과 같은 어구로 다시 설명할 때 앞말 다음에
쓴다.

예 책의 서문, 곧 머리말에는 책을 지은 목적이 드러나 있다.

⑩ 원만한 인간관계는 말과 관련한 예의, 즉 언어 예절을 갖추는 것에서 시작된다.

⑩ 호준이 어머니, 다시 말해 나의 누님은 올해로 결혼한 지 20년이 된다.

⑩ 나에게도 작은 소망, 이를테면 나만의 정원을 가졌으면 하는 소망이 있어.

(9) 문장 앞부분에서 조사 없이 쓰인 제시어나 주제어의 뒤에 쓴다.

⑩ 돈, 돈이 인생의 전부이더냐?

⑩ 열정, 이것이야말로 젊은이의 가장 소중한 자산이다.

⑩ 지금 네가 여기 있다는 것, 그것만으로도 나는 충분히 행복해.

⑩ 저 친구, 저러다가 큰일 한번 내겠어.

⑩ 그 사실, 넌 알고 있었지?

(10) 한 문장에 같은 의미의 어구가 반복될 때 앞에 오는 어구 다음에 쓴다.

⑩ 그의 애국심, 몸을 사리지 않고 국가를 위해 헌신한 정신을 우리는 본받아야 한다.

(11) 도치문에서 도치된 어구들 사이에 쓴다.

⑩ 이리 오세요, 어머님.　　　　　⑩ 다시 보자, 한강수야.

(12) 바로 다음 말과 직접적인 관계에 있지 않음을 나타낼 때 쓴다.

⑩ 갑돌이는, 울면서 떠나는 갑순이를 배웅했다.

⑩ 철원과, 대관령을 중심으로 한 강원도 산간 지대에 예년보다 일찍 첫눈이 내렸습니다.

(13) 문장 중간에 끼어든 어구의 앞뒤에 쓴다.

⑩ 나는, 솔직히 말하면, 그 말이 별로 탐탁지 않아.

⑩ 영호는 미소를 띠고, 속으로는 화가 치밀어 올라 잠시라도 견딜 수 없을 만큼 괴로웠지만, 그들을 맞았다.

[붙임 1] 이때는 쉼표 대신 줄표를 쓸 수 있다.

⑩ 나는 ― 솔직히 말하면 ― 그 말이 별로 탐탁지 않아.

⑩ 영호는 미소를 띠고 ― 속으로는 화가 치밀어 올라 잠시라도 견딜 수 없을 만큼 괴로웠지만 ― 그들을 맞았다.

[붙임 2] 끼어든 어구 안에 다른 쉼표가 들어 있을 때는 쉼표 대신 줄표를 쓴다.

> 예 이건 내 것이니까 — 아니, 내가 처음 발견한 것이니까 — 절대로 양보할 수 없다.

(14) 특별한 효과를 위해 끊어 읽는 곳을 나타낼 때 쓴다.

> 예 내가, 정말 그 일을 오늘 안에 해낼 수 있을까?
>
> 예 이 전투는 바로 우리가, 우리만이, 승리로 이끌 수 있다.

(15) 짧게 더듬는 말을 표시할 때 쓴다.

> 예 선생님, 부, 부정행위라니요? 그런 건 새, 생각조차 하지 않았습니다.

[붙임] '쉼표' 대신 '반점'이라는 용어를 쓸 수 있다.

5. 가운뎃점(·)

(1) 열거할 어구들을 일정한 기준으로 묶어서 나타낼 때 쓴다.

> 예 민수·영희, 선미·준호가 서로 짝이 되어 윷놀이를 하였다.
>
> 예 지금의 경상남도·경상북도, 전라남도·전라북도, 충청남도·충청북도 지역을 예부터 삼남이라 일러 왔다.

(2) 짝을 이루는 어구들 사이에 쓴다.

> 예 한(韓)·이(伊) 양국 간의 무역량이 늘고 있다.
>
> 예 우리는 그 일의 참·거짓을 따질 겨를도 없었다.
>
> 예 하천 수질의 조사·분석
>
> 예 빨강·초록·파랑이 빛의 삼원색이다.

다만, 이때는 가운뎃점을 쓰지 않거나 쉼표를 쓸 수도 있다.

> 예 한(韓) 이(伊) 양국 간의 무역량이 늘고 있다.
>
> 예 우리는 그 일의 참 거짓을 따질 겨를도 없었다.
>
> 예 하천 수질의 조사, 분석
>
> 예 빨강, 초록, 파랑이 빛의 삼원색이다.

(3) 공통 성분을 줄여서 하나의 어구로 묶을 때 쓴다.

    예 상·중·하위권   예 금·은·동메달   예 통권 제54·55·56호

[붙임] 이때는 가운뎃점 대신 쉼표를 쓸 수 있다.

    예 상, 중, 하위권   예 금, 은, 동메달   예 통권 제54, 55, 56호

6. 쌍점(:)

(1) 표제 다음에 해당 항목을 들거나 설명을 붙일 때 쓴다.

    예 문방사우: 종이, 붓, 먹, 벼루

    예 일시: 2014년 10월 9일 10시

    예 흔하진 않지만 두 자로 된 성씨도 있다.(예: 남궁, 선우, 황보)

    예 올림표(#): 음의 높이를 반음 올릴 것을 지시한다.

(2) 희곡 등에서 대화 내용을 제시할 때 말하는 이와 말한 내용 사이에 쓴다.

    예 김 과장: 난 못 참겠다.

    예 아들: 아버지, 제발 제 말씀 좀 들어 보세요.

(3) 시와 분, 장과 절 등을 구별할 때 쓴다.

    예 오전 10:20(오전 10시 20분)   예 두시언해 6:15(두시언해 제6권 제15장)

(4) 의존 명사 '대'가 쓰일 자리에 쓴다.

    예 65:60(65 대 60)   예 청군:백군(청군 대 백군)

[붙임] 쌍점의 앞은 붙여 쓰고 뒤는 띄어 쓴다. 다만, (3)과 (4)에서는 쌍점의 앞뒤를 붙여 쓴다.

7. 빗금(/)

(1) 대비되는 두 개 이상의 어구를 묶어 나타낼 때 그 사이에 쓴다.

    예 먹이다/먹히다   예 남반구/북반구

    예 금메달/은메달/동메달   예 (　)이/가 우리나라의 보물 제1호이다.

(2) 기준 단위당 수량을 표시할 때 해당 수량과 기준 단위 사이에 쓴다.

　　⑩ 100미터/초

　　⑩ 1,000원/개

(3) 시의 행이 바뀌는 부분임을 나타낼 때 쓴다.

　　⑩ 산에 / 산에 / 피는 꽃은 / 저만치 혼자서 피어 있네

다만, 연이 바뀜을 나타낼 때는 두 번 겹쳐 쓴다.

　　⑩ 산에는 꽃 피네 / 꽃이 피네 / 갈 봄 여름 없이 / 꽃이 피네 // 산에 / 산에 / 피는 꽃
　　은 / 저만치 혼자서 피어 있네

[붙임] 빗금의 앞뒤는 (1)과 (2)에서는 붙여 쓰며, (3)에서는 띄어 쓰는 것을 원칙으로 하되 붙
　　여 쓰는 것을 허용한다. 단, (1)에서 대비되는 어구가 두 어절 이상인 경우에는 빗금의
　　앞뒤를 띄어 쓸 수 있다.

8. 큰따옴표(" ")

(1) 글 가운데에서 직접 대화를 표시할 때 쓴다.

　　⑩ "어머니, 제가 가겠어요."
　　　"아니다. 내가 다녀오마."

(2) 말이나 글을 직접 인용할 때 쓴다.

　　⑩ 나는 "어, 광훈이 아니냐?" 하는 소리에 깜짝 놀랐다.

　　⑩ 밤하늘에 반짝이는 별들을 보면서 "나는 아무 걱정도 없이 가을 속의 별들을 다 헬
　　　듯합니다."라는 시구를 떠올렸다.

　　⑩ 편지의 끝머리에는 이렇게 적혀 있었다.
　　　"할머니, 편지에 사진을 동봉했다고 하셨지만 봉투 안에는 아무것도 없었어요."

9. 작은따옴표(' ')

(1) 인용한 말 안에 있는 인용한 말을 나타낼 때 쓴다.

　　⑩ 그는 "여러분! '시작이 반이다.'라는 말 들어 보셨죠?"라고 말하며 강연을 시작했다.

(2) 마음속으로 한 말을 적을 때 쓴다.

ⓔ 나는 '일이 다 틀렸나 보군.' 하고 생각하였다.

ⓔ '이번에는 꼭 이기고야 말겠어.' 호연이는 마음속으로 몇 번이나 그렇게 다짐하며 주먹을 불끈 쥐었다.

10. 소괄호(( ))

(1) 주석이나 보충적인 내용을 덧붙일 때 쓴다.

ⓔ 니체(독일의 철학자)의 말을 빌리면 다음과 같다.

ⓔ 2014. 12. 19.(금)

ⓔ 문인화의 대표적인 소재인 사군자(매화, 난초, 국화, 대나무)는 고결한 선비 정신을 상징한다.

(2) 우리말 표기와 원어 표기를 아울러 보일 때 쓴다.

ⓔ 기호(嗜好), 자세(姿勢)

ⓔ 커피(coffee), 에티켓(étiquette)

(3) 생략할 수 있는 요소임을 나타낼 때 쓴다.

ⓔ 학교에서 동료 교사를 부를 때는 이름 뒤에 '선생(님)'이라는 말을 덧붙인다.

ⓔ 광개토(대)왕은 고구려의 전성기를 이끌었던 임금이다.

(4) 희곡 등 대화를 적은 글에서 동작이나 분위기, 상태를 드러낼 때 쓴다.

ⓔ 현우: (가쁜 숨을 내쉬며) 왜 이렇게 빨리 뛰어?

ⓔ "관찰한 것을 쓰는 것이 습관이 되었죠. 그러다 보니, 상상력이 생겼나 봐요." (웃음)

(5) 내용이 들어갈 자리임을 나타낼 때 쓴다.

ⓔ 우리나라의 수도는 ( )이다.

ⓔ 다음 빈칸에 알맞은 조사를 쓰시오.
민수가 할아버지( ) 꽃을 드렸다.

(6) 항목의 순서나 종류를 나타내는 숫자나 문자 등에 쓴다.

예 사람의 인격은 (1) 용모, (2) 언어, (3) 행동, (4) 덕성 등으로 표현된다.

예 (가) 동해, (나) 서해, (다) 남해

11. 중괄호({ })

(1) 같은 범주에 속하는 여러 요소를 세로로 묶어서 보일 때 쓴다.

예 주격 조사 { 이 / 가 }

예 국가의 성립 요소 { 영토 / 국민 / 주권 }

(2) 열거된 항목 중 어느 하나가 자유롭게 선택될 수 있음을 보일 때 쓴다.

예 아이들이 모두 학교{에, 로, 까지} 갔어요.

12. 대괄호([ ])

(1) 괄호 안에 또 괄호를 쓸 필요가 있을 때 바깥쪽의 괄호로 쓴다.

예 어린이날이 새로 제정되었을 당시에는 어린이들에게 경어를 쓰라고 하였다.[윤석중 전집(1988), 70쪽 참조]

예 이번 회의에는 두 명[이혜정(실장), 박철용(과장)]만 빼고 모두 참석했습니다.

(2) 고유어에 대응하는 한자어를 함께 보일 때 쓴다.

예 나이[年歲]　　　예 낱말[單語]　　　예 손발[手足]

(3) 원문에 대한 이해를 돕기 위해 설명이나 논평 등을 덧붙일 때 쓴다.

예 그것[한글]은 이처럼 정보화 시대에 알맞은 과학적인 문자이다.

예 신경준의 ≪여암전서≫에 "삼각산은 산이 모두 돌 봉우리인데, 그 으뜸 봉우리를 구름 위에 솟아 있다고 백운(白雲)이라 하며 [이하 생략]"

예 그런 일은 결코 있을 수 없다.[원문에는 '업다'임.]

13. 겹낫표(『 』)와 겹화살괄호(≪ ≫)

책의 제목이나 신문 이름 등을 나타낼 때 쓴다.

> (예) 우리나라 최초의 민간 신문은 1896년에 창간된 『독립신문』이다.
>
> (예) 『훈민정음』은 1997년에 유네스코 세계 기록 유산으로 지정되었다.
>
> (예) ≪한성순보≫는 우리나라 최초의 근대 신문이다.
>
> (예) 윤동주의 유고 시집인 ≪하늘과 바람과 별과 시≫에는 31편의 시가 실려 있다.

[붙임] 겹낫표나 겹화살괄호 대신 큰따옴표를 쓸 수 있다.

> (예) 우리나라 최초의 민간 신문은 1896년에 창간된 "독립신문"이다.
>
> (예) 윤동주의 유고 시집인 "하늘과 바람과 별과 시"에는 31편의 시가 실려 있다.

14. 홑낫표(「 」)와 홑화살괄호(〈 〉)

소제목, 그림이나 노래와 같은 예술 작품의 제목, 상호, 법률, 규정 등을 나타낼 때 쓴다.

> (예) 「국어 기본법 시행령」은 「국어 기본법」에서 위임된 사항과 그 시행에 필요한 사항을 규정함을 목적으로 한다.
>
> (예) 이 곡은 베르디가 작곡한 「축배의 노래」이다.
>
> (예) 사무실 밖에 「해와 달」이라고 쓴 간판을 달았다.
>
> (예) 〈한강〉은 사진집 ≪아름다운 땅≫에 실린 작품이다.
>
> (예) 백남준은 2005년에 〈엄마〉라는 작품을 선보였다.

[붙임] 홑낫표나 홑화살괄호 대신 작은따옴표를 쓸 수 있다.

> (예) 사무실 밖에 '해와 달'이라고 쓴 간판을 달았다.
>
> (예) '한강'은 사진집 "아름다운 땅"에 실린 작품이다.

15. 줄표(—)

제목 다음에 표시하는 부제의 앞뒤에 쓴다.

> (예) 이번 토론회의 제목은 '역사 바로잡기 — 근대의 설정 —'이다.
>
> (예) '환경 보호 — 숲 가꾸기 —'라는 제목으로 글짓기를 했다.

다만, 뒤에 오는 줄표는 생략할 수 있다.

> ㉮ 이번 토론회의 제목은 '역사 바로잡기 ― 근대의 설정'이다.

> ㉮ '환경 보호 ― 숲 가꾸기'라는 제목으로 글짓기를 했다.

[붙임] 줄표의 앞뒤는 띄어 쓰는 것을 원칙으로 하되, 붙여 쓰는 것을 허용한다.

16. 붙임표(-)

(1) 차례대로 이어지는 내용을 하나로 묶어 열거할 때 각 어구 사이에 쓴다.

> ㉮ 멀리뛰기는 도움닫기-도약-공중 자세-착지의 순서로 이루어진다.

> ㉮ 김 과장은 기획-실무-홍보까지 직접 발로 뛰었다.

(2) 두 개 이상의 어구가 밀접한 관련이 있음을 나타내고자 할 때 쓴다.

> ㉮ 드디어 서울-북경의 항로가 열렸다.

> ㉮ 원-달러 환율

> ㉮ 남한-북한-일본 삼자 관계

17. 물결표(~)

기간이나 거리 또는 범위를 나타낼 때 쓴다.

> ㉮ 9월 15일~9월 25일

> ㉮ 김정희(1786~1856)

> ㉮ 서울~천안 정도는 출퇴근이 가능하다.

> ㉮ 이번 시험의 범위는 3~78쪽입니다.

[붙임] 물결표 대신 붙임표를 쓸 수 있다.

> ㉮ 9월 15일-9월 25일

> ㉮ 김정희(1786-1856)

> ㉮ 서울-천안 정도는 출퇴근이 가능하다.

> ㉮ 이번 시험의 범위는 3-78쪽입니다.

18. 드러냄표(˙)와 밑줄(___)

문장 내용 중에서 주의가 미쳐야 할 곳이나 중요한 부분을 특별히 드러내 보일 때 쓴다.

⑩ 한글의 본디 이름은 훈민정음이다.

⑩ 중요한 것은 왜 사느냐가 아니라 어떻게 사느냐이다.

⑩ 지금 필요한 것은 지식이 아니라 실천입니다.

⑩ 다음 보기에서 명사가 아닌 것은?

[붙임] 드러냄표나 밑줄 대신 작은따옴표를 쓸 수 있다.

⑩ 한글의 본디 이름은 '훈민정음'이다.

⑩ 중요한 것은 '왜 사느냐'가 아니라 '어떻게 사느냐'이다.

⑩ 지금 필요한 것은 '지식'이 아니라 '실천'입니다.

⑩ 다음 보기에서 명사가 '아닌' 것은?

19. 숨김표(○, ×)

(1) 금기어나 공공연히 쓰기 어려운 비속어임을 나타낼 때, 그 글자의 수효만큼 쓴다.

⑩ 배운 사람 입에서 어찌 ○○○란 말이 나올 수 있느냐?

⑩ 그 말을 듣는 순간 ×××란 말이 목구멍까지 치밀었다.

(2) 비밀을 유지해야 하거나 밝힐 수 없는 사항임을 나타낼 때 쓴다.

⑩ 1차 시험 합격자는 김○영, 이○준, 박○순 등 모두 3명이다.

⑩ 육군 ○○ 부대 ○○○ 명이 작전에 참가하였다.

⑩ 그 모임의 참석자는 김×× 씨, 정×× 씨 등 5명이었다.

20. 빠짐표(□)

(1) 옛 비문이나 문헌 등에서 글자가 분명하지 않을 때 그 글자의 수효만큼 쓴다.

⑩ 大師爲法主□□賴之大□薦

(2) 글자가 들어가야 할 자리를 나타낼 때 쓴다.

⑩ 훈민정음의 초성 중에서 아음(牙音)은 □□□의 석 자다.

21. 줄임표(……)

(1) 할 말을 줄였을 때 쓴다.

> 예 "어디 나하고 한번……." 하고 민수가 나섰다.

(2) 말이 없음을 나타낼 때 쓴다.

> 예 "빨리 말해!"
>
> "……."

(3) 문장이나 글의 일부를 생략할 때 쓴다.

> 예 '고유'라는 말은 문자 그대로 본디부터 있었다는 뜻은 아닙니다. …… 같은 역사적 환경에서 공동의 집단생활을 영위해 오는 동안 공동으로 발견된, 사물에 대한 공동의 사고방식을 우리는 한국의 고유 사상이라 부를 수 있다는 것입니다.

(4) 머뭇거림을 보일 때 쓴다.

> 예 "우리는 모두…… 그러니까…… 예외 없이 눈물만…… 흘렸다."

[붙임 1] 점은 가운데에 찍는 대신 아래쪽에 찍을 수도 있다.

> 예 "어디 나하고 한번.......” 하고 민수가 나섰다.

> 예 "실은...... 저 사람...... 우리 아저씨일지 몰라."

[붙임 2] 점은 여섯 점을 찍는 대신 세 점을 찍을 수도 있다.

> 예 "어디 나하고 한번….” 하고 민수가 나섰다.

> 예 "실은... 저 사람... 우리 아저씨일지 몰라."

[붙임 3] 줄임표는 앞말에 붙여 쓴다. 다만, (3)에서는 줄임표의 앞뒤를 띄어 쓴다.

[문장 부호 개정 내용 정리]

항목	시기	내 용
문장 부호이름	전	마침표 아래 온점(.) 고리점(。)
	후	온점과 고리점을 없애고 마침표로 통일함. 마침표 대신 온점이란 용어를 쓸 수 있음.
	전	쉼표 아래 반점(,)과 모점(、)
	후	반점과 모점을 없애고 쉼표로 통일함 쉼표 대신 반점이라는 용어를 쓸 수 있음.
	전	따옴표 아래 큰따옴표(" "),겹낫표(『 』), 작은 따옴표(' ') 낫표(「 」)
	후	큰따옴표와 작은따옴표는 그대로 두고 겹낫표는 겹화살괄호(≪ ≫), 낫표는 홑낫표는 홑화살괄호(〈 〉)라 하고 낫표는 없앰.
	전	묶음표, 이음표, 드러냄표, 안드러냄표
	후	'드러냄표'를 큰 제목으로 하지 않고 '드러냄표'와 '줄표'로 작은 제목으로 제시하고 있음.
마침표		[붙임 1] 직접 인용한 문장의 끝에는 쓰는 것을 원칙으로 하되, 쓰지 않는 것을 허용한다. 　　(ㄱ을 원칙으로 하고, ㄴ을 허용함.) 예 ㄱ. 그는 "지금 바로 떠나자."라고 말하며 서둘러 짐을 챙겼다
	허용	ㄴ. 그는 "지금 바로 떠나자"라고 말하며 서둘러 짐을 챙겼다.
		[붙임 2] 용언의 명사형이나 명사로 끝나는 문장에는 쓰는 것을 원칙으로 하되, 쓰지 않는 것을 허용한다.(ㄱ을 원칙으로 하고, ㄴ을 허용함.) 예 ㄱ. 목적을 이루기 위하여 몸과 마음을 다하여 애를 씀.
	허용	ㄴ. 목적을 이루기 위하여 몸과 마음을 다하여 애를 씀
		특정한 의미가 있는 날을 표시할 때 월과 일을 나타내는 아라비아 숫자 사이에 쓴다. 예 3.1 운동　　　　　　　예 8.15 광복
	허용	[붙임] 이때는 마침표 대신 가운뎃점을 쓸 수 있다. 예 3·1 운동　　　　　　　예 8·15 광복
물음표	신설	다만, 제목이나 표어에는 쓰지 않음을 원칙으로 한다. 예 역사란 무엇인가　　　　예 아직도 담배를 피우십니까
물결표		기간이나 거리 또는 범위를 나타낼 때 쓴다. 예 9월 15일~9월 25일　　　　예 김정희(1786~1856) 예 서울~천안 정도는 출퇴근이 가능하다.　예 이번 시험의 범위는 3~78쪽입니다.
	허용	[붙임] 물결표 대신 붙임표를 쓸 수 있다. 9월 15일-9월 25일

항목	시기	내 용
겹낫표(『 』)와 겹화살괄호(≪ ≫)		책의 제목이나 신문 이름 등을 나타낼 때 쓴다. 예 우리나라 최초의 민간 신문은 1896년에 창간된 『독립신문』이다. 예 ≪한성순보≫는 우리나라 최초의 근대 신문이다.
	허용	[붙임] 겹낫표나 겹화살괄호 대신 큰따옴표를 쓸 수 있다. 예 우리나라 최초의 민간 신문은 1896년에 창간된 "독립신문"이다. 예 윤동주의 유고 시집인 "하늘과 바람과 별과 시"에는 31편의 시가 실려 있다.
	신설	겹화살괄호(≪ ≫) 새로 생김
홑낫표(「 」)와 홑화살괄호(〈 〉)		소제목, 그림이나 노래와 같은 예술 작품의 제목, 상호, 법률, 규정 등을 나 타낼 때 쓴다. 예 「국어 기본법 시행령」은 「국어 기본법」에서 위임된 사항과 그 시행에 필 요한 사항을 규정함을 목적으로 한다. 예 〈한강〉은 사진집 ≪아름다운 땅≫에 실린 작품이다.
	허용	[붙임] 홑낫표나 홑화살괄호 대신 작은따옴표를 쓸 수 있다. 예 사무실 밖에 '해와 달'이라고 쓴 간판을 달았다. 예 '한강'은 사진집 "아름다운 땅"에 실린 작품이다.
	신설	홑화살괄호(〈 〉) 새로 생김
말줄임표		(1) 할 말을 줄였을 때 쓴다. 예 "어디 나하고 한번……" 하고 민수가 나섰다. (2) 말이 없음을 나타낼 때 쓴다. 예 "빨리 말해!" "……."
	허용	[붙임 1] 점은 가운데에 찍는 대신 아래쪽에 찍을 수도 있다. 예 "어디 나하고 한번......" 하고 민수가 나섰다. 예 "실은...... 저 사람...... 우리 아저씨일지 몰라." [붙임 2] 점은 여섯 점을 찍는 대신 세 점을 찍을 수도 있다. 예 "어디 나하고 한번…." 하고 민수가 나섰다. 예 "실은... 저 사람... 우리 아저씨일지 몰라."

(5) 행정 용어 순화어 목록
(2012년 문화체육관광부 고시용 371개, 행정안전부 고시용 503개)

※ 여러 순화어들을 '①, ②' 등으로 구분한 것은 순화어들의 의미나 용법에 뚜렷한 차이가 있음을
  뜻하는 것으로 문맥에 맞게 골라 쓸 수 있다는 의미임.

번호	대상 용어	그른 표기	원어 표기	순화어
1	가건물		假建物	임시 건물
2	가건축		假建築	임시 건축
3	가검물		可檢物	검사 대상물
4	가결의		假決議	임시 결의
5	가계약		假契約	임시 계약
6	가계정		假計定	임시 계정
7	가도		假道	임시 도로
8	가부 동수		可否同數	찬반 동수
9	가사용		假使用	임시 사용
10	가설무대		假設舞臺	임시 무대
11	가이드		guide	① 안내자, 안내원, 길잡이, ② 지침서, 안내서, 길잡이
12	가이드라인		guideline	지침, 방침
13	가이드북		guidebook	안내서, 지침서
14	간선도로		幹線道路	주요 도로, 중심 도로
15	개찰구		改札口	표 내는 곳
16	개토		開土	땅파기
17	거래선		去來先	거래처
18	건폐율		建蔽率	건물 비율, 건평률
19	계리		計理	회계 처리
20	고수부지		高水敷地	둔치
21	고저		高低	높낮이
22	과당 경쟁		過當競爭	과열 경쟁, 지나친 경쟁
23	관유물		官有物	공공기관의 물건
24	교면 포장		橋面鋪裝	교량 포장, 다리 포장
25	구배		勾配	① 기울기, ② 물매, 비탈, 오르막
26	구휼		救恤	구호, 구제
27	국지		局地	일부 지역
28	굴토		掘土	땅파기
29	그린벨트		greenbelt	개발제한구역
30	그린웨이		green way	녹색길, 보행자·자전거 전용 도로, 산책로, 산책길

번호	대상 용어	그른 표기	원어 표기	순화어
31	그린카		green car	친환경차
32	글로벌 스탠더드		global standard	국제 표준
33	금일		今日	오늘
34	난굴		亂掘	마구 파냄
35	내비게이션	네비게이션	navigation	길도우미, 길안내기
36	내역서		內譯書	명세서
37	네트워크/네트워킹		network(ing)	연결망, 연계망, 관계망
38	네티즌	내티즌	netizen	누리꾼
39	노미네이트		nominate	후보 지명
40	노하우		knowhow	비법, 기술, 비결
41	노후 시설/ 노후한 시설		老朽施設/ 老朽- 施設	낡은 시설
42	뉴스레터		newsletter	소식지
43	닉네임		nickname	별명
44	다운사이징		downsizing	감축, 축소, 줄이기
45	단차		段差	높낮이 차이
46	답보		踏步	제자리걸음
47	당년		當年	올해, 그해
48	당월		當月	이번 달, 그달
49	당일		當日	오늘, 그날
50	대사		對査	대조 확인
51	대조 공부		對照公簿	장부 확인, 장부 대조
52	대합실		待合室	맞이방
53	더치페이		dutch pay	각자내기, 추렴
54	도장 공사		塗裝工事	칠 공사, 도색 공사
55	독거노인		獨居老人	홀로노인, 홀로 사는 노인, 홀몸노인
56	동법		同法	① 같은 법, ② 같은 방법, 같은 수법
57	동절기		冬節期	겨울철
58	드레싱		dressing	① 맛깔장, ② 상처 치료, 상처 치료약
59	디브레인	디브래인	dBrain(digital brain)	디지털 예산 회계 시스템
60	디아이와이		DIY(do it yourself)	손수 짜기, 직접 만들기, 손수 제작
61	디엠		DM(direct mail)	우편 광고, 우편 광고물
62	디지털포렌식		digital forensics	전자법의학
63	라이브러리		library	자료관, 도서관
64	라이선스	라이센스	license	사용권, 면허, 면허장, 허가, 허가장
65	랜드마크		landmark	마루지
66	러브 라인		love line	사랑 구도
67	레저	레져	leisure	여가

번호	대상 용어	그른 표기	원어 표기	순화어
68	로고		logo	상징
69	로고송		logo song	상징 노래
70	로드 무비		road movie	여정 영화
71	로드맵		road map	이행안, 단계별 이행안
72	로드쇼		road show	홍보 마당
73	로드킬		road kill	동물 찻길 사고, 동물, 교통사고
74	루머		rumor	소문, 뜬소문
75	루미나리아	루미나리에	luminaria	① 불빛축제, 불빛잔치, ② 불빛시설
76	룸메이트		roommate	방짝, 방친구
77	리더십	리더쉽	leadership	지도력
78	리드미컬하다	리드미칼하다	rhythmical-	율동적이다
79	리메이크		remake	원작 재구성
80	리빙룸		living room	거실
81	리콜		recall	① 결함 보상, 결함 보상제, ② 불러들임
82	리폼		reform	개량, 수선
83	마리나		marina	해안유원지
84	마블링		marbling	결지방
85	마스터클래스		master class	명인 강좌
86	마이너스		minus	① 적자, 빼기, 모자람, 손해, ② 음극, ③ 음성
87	마일리지		mileage	이용 실적 점수, 이용 실적
88	마케팅		marketing	① 광고, 홍보, ② 시장 거래, 시장 관리, ③ 영업, 판매
89	마켓	마킷	market	시장
90	마크맨		mark man	전담 요원
91	매너리즘	메너리즘	mannerism	타성
92	매뉴얼	메뉴얼	manual	설명서, 안내서, 지침
93	매점매석		買占賣惜	사재기
94	매치업		match-up	맞대결
95	매칭그랜트		matching grant	동반 기부
96	매칭펀드		matching fund	대응 투자금
97	매표소		買票所	표 사는 곳
98	맹지		盲地	배후 토지, 도로 없는 땅
99	머스트해브		musthave	필수품
100	멀티미디어		multimedia	다중 매체, 복합 매체
101	메디컬 비자		medical visa	의료 비자, 의료 사증
102	메디컬 콜 센터		medical call center	전화 의료 상담실

번호	대상 용어	그른 표기	원어 표기	순화어
103	메신저		messenger	쪽지창
104	메카		mecca	중심, 중심지
105	멘토		mentor	조언자, 인생길잡이
106	멘토링		mentoring	① 지도, ② 조언, ③ 상담, ④ 후원
107	멜로디		melody	가락
108	명일		明日	내일
109	모니터링		monitoring	점검, 관찰, 감시, 살피기
110	모바일		mobile	① 이동, 이동식, ② 이동통신
111	모티켓	모티켙	motiquette	통신 예절
112	모티프/모티브		〈프〉motif/〈영〉motive	동기
113	몽리 면적		蒙利面積	수혜 면적, 수혜 넓이, 수혜 지역
114	무빙워크		moving walk	자동길
115	미디어		media	매체
116	미션		mission	중요 임무, 임무
117	바비큐	바베큐	barbecue	통구이
118	바우처		voucher	상품권, 이용권
119	바인더		binder	① 보관철, 묶음, ② 조임틀, 죔틀
120	박스 오피스		box office	흥행 수익
121	반도핑		反doping	약물 복용 반대, 약물 주사 반대
122	방침을 득하여		方針- 得-	방침을 받아
123	배너		banner	막대 광고, 띠 광고, 현수막 광고
124	버블		bubble	① 거품, ② 거품 현상
125	버전	버젼	version	판
126	버튼	버턴	button	단추, 누름쇠
127	보드마커		board marker	칠판펜
128	보디라인	바디라인	body line	체형
129	보이스피싱		voice phishing	사기 전화
130	보텀업	바텀업/ 버텀업	bottom—up	상향식
131	복토		覆土	흙덮기
132	불비한		不備-	갖추어지지 않은
133	불요불급한		不要不急-	급하지 않은, 당장 필요하지 않은
134	불철주야		不撤晝夜	밤낮없이
135	불출		拂出	내줌, 치러 줌
136	뷰파인더		view finder	보기창
137	브랜드 아이덴티티		brand identity	① 상표 정체성, ② 상표 일체감
138	브랜드 파워		brand power	상표 경쟁력
139	브랜드화		brand化	상표화

번호	대상 용어	그른 표기	원어 표기	순화어
140	브랜딩 C.I.		branding corporate identity	기업 이미지 상표화
141	브로마이드		bromide	벽붙이사진
142	브로슈어		brochure	안내서
143	블록	블럭/불록	block	구역
144	비전		vision	① 전망, ② 이상
145	비즈니스 네트워킹 허브		business networking hub	사업 연계 중심, 업무 연계 중심
146	비즈니스 데스크		business desk	① 사업부서, ② 사업부서장
147	사이버		cyber	가상공간
148	사토	沙土/砂土		모래흙
149	상기	上記		위, 위의
150	상기한 바와 같이	上記-		위와 같이
151	상당액	相當額		① 해당 금액, ② 많은 금액
152	상존	尙存/常存		① 남아 있음, ② 늘 있음
153	샐러리맨		salariedman/salaryman	봉급생활자, 급여생활자
154	샘플링		sampling	표본추출
155	생계비	生計費		생활비
156	석식	夕食		저녁밥, 저녁 식사, 저녁
157	선루프	썬루프	sunroof	지붕창
158	선팅	썬팅	sunting	빛가림
159	세계잉여금	歲計剩餘金		결산 잔액
160	세미나		seminar	발표회, 토론회, 연구회
161	세일	쎄일	sale	할인판매
162	세트 피스		set piece	맞춤전술
163	센서스	쎈서스	census	총조사
164	소맥피	小麥皮		밀기울
165	소셜 네트워크 서비스/SNS		social network service(SNS)	① 누리소통망, ② 누리소통망 서비스
166	소요	所要		필요
167	소정 양식	所定樣式		규정 서식
168	쇼케이스		showcase	시험 공연, 선보임 공연
169	수범 사례	垂範事例		모범 사례, 잘된 사례
170	수취인	受取人		받는 이, 받는 사람
171	스마트워크		smart work	원격 근무
172	스카이라운지		sky lounge	전망쉼터, 하늘쉼터
173	스캔들		scandal	추문, 뒷소문

번호	대상 용어	그른 표기	원어 표기	순화어
174	스케줄	스케쥴	schedule	일정, 계획표
175	스크랩		scrap	자료 모음, 오려두기, 오려 모으기
176	스크린		screen	화면
177	스크린도어		screen door	안전문
178	스타일리스트		stylist	맵시가꿈이
179	스타팅멤버		starting member	선발 선수, 앞장 선수
180	스터디그룹	스타디그룹	study group	공부 모임, 공부 모둠
181	스토리		story	이야기
182	스토리보드		story board	줄거리판
183	스토리텔링		storytelling	이야기하기, 이야기 나누기
184	스폰서		sponsor	① 광고주, 광고 의뢰자, ② 후원자
185	스폿광고	스팟광고/ 스파트광고/ 스포트광고	spot廣告	반짝 광고, 중간 광고
186	스프레이		spray	분무기
187	승강장		乘降場	타는 곳
188	시너지		synergy	① 상승, ② 동반 상승
189	시운전		試運轉	시험 운전
190	신분증 패용		身分證佩用	신분증 달기
191	실링		ceiling	최고 한도액, 최고 한도, 한도액, 상한
192	실버시터		silver sitter	어르신도우미, 경로도우미
193	심벌마크		symbol mark	상징표시, 상징표
194	아우라		aura	기품
195	아웃소싱		outsourcing	외부 용역, 외주
196	아이콘		icon	① 상징, 상징물, ② 그림 단추
197	아이피티브이		IPTV(Internet Protocol Television)	맞춤형 누리 텔레비전
198	아카이브		archive	① 자료 보관소, 자료 저장소, 기록 보관, ② 자료 전산화
199	아킬레스건		Achilles腱	치명적 약점
200	아트 마켓		art market	예술 시장
201	아트 페스티벌		art festival	예술 축전
202	아티스트		artist	예술가
203	어시스트		assist	도움
204	언더패스		underpass	아래찻길
205	언론 플레이		言論 play	여론몰이

번호	대상 용어	그른 표기	원어 표기	순화어
206	에스오에스		SOS	구원 요청
207	에스컬레이터	에스칼레이터	escalator	자동계단
208	에어라이트		air light	① 풍선 광고, ② 기둥풍선 입간판, 풍선형 입간판, 풍선 입간판
209	에이전트		agent	대리인, 대행인
210	엔딩 크레딧		ending credit	끝자막, 맺음자막
211	엘리트		elite	정예
212	연대채무		連帶債務	함께 갚을 채무, 줄보증
213	연와조		煉瓦造	벽돌 구조
214	엽연초		葉煙草	잎담배
215	영조물		營造物	① 공공시설물, ② 건축물, ③ 시설물
216	예수금		豫受金	임시 받은 금액
217	예탁금		預託金	임시 맡긴 금액, 미리 맡긴 금액
218	오일볼		oil ball	기름 뭉치
219	오일쇼크		oil shock	석유 파동
220	오토프로그램		auto program	자동 프로그램
221	오프너		opener	병따개
222	오프라인		off-line	현실 공간
223	올인		all in	① 다걸기, ② 집중
224	옵션		option	선택, 선택 사항
225	워밍업		warming-up	준비 운동, 준비
226	워크숍	워크샵	workshop	연수회, 수련회
227	워킹맘		working mom	직장 엄마
228	월드 뮤직 페스티벌		world music festival	세계 음악 축전, 세계 음악 축제
229	웨딩플래너		wedding planner	결혼 도우미
230	웹서핑		web surfing	웹 검색, 누리 검색, 인터넷 검색
231	유관 기관		有關機關	관계 기관
232	유비쿼터스		ubiquitous	두루누리
233	유시시	유씨씨	UCC(User Created Contents)	손수 제작물, 개인 제작물
234	유어행위		遊漁行爲	낚시
235	유어행위 금지		遊漁行爲禁止	낚시 금지
236	유인물		油印物	인쇄물
237	유저		user	사용자
238	유찰		流札	입찰 무효, 낙찰 무효

번호	대상 용어	그른 표기	원어 표기	순화어
239	육묘		育苗	모기르기
240	육우		肉牛	고기소
241	이모티콘		emoticon	그림말
242	이벤트		event	① 기획 행사, 행사, ② 사건
243	이슈		issue	쟁점, 문젯거리
244	이호조	e-호조	electronic 戶曹	지방재정시스템
245	인센티브		incentive	① 특전, 성과급, ② 유인책
246	인스턴트식품	인스탄트 식품	instant 食品	즉석식품, 즉석 먹거리, 즉석 먹을거리
247	인우		鄰友/隣友	지인, 이웃
248	인터랙티브		interactive	① 쌍방향, 양방향, ② 대화식
249	인테리어		interior	실내 장식
250	일괄하여		一括-	한꺼번에, 몰아서
251	일시 차입금		一時借入金	잠시 빌린 돈
252	일실치 않도록		逸失-	놓치지 않도록, 잃지 않도록
253	일용잡급		日傭雜給	일용직
254	일할 계산		日割計算	날짜 계산, 날수 계산
255	잔임 기간		殘任期間	남은 임기
256	잔존 기간		殘存期間	남은 기간
257	저널리즘		journalism	언론
258	저류조		貯溜槽	물 저장 시설
259	전수		全數	모두
260	절사		切捨	끊어 버림, 잘라 버림
261	점용 허가		占用許可	점거 사용 허가
262	접속 도로		接續道路	연결 도로
263	정수 처분		停水處分	급수 정지 처분
264	제 규정		諸規定	여러 규정, 모든 규정
265	제 수당		諸手當	여러 수당, 모든 수당
266	제로베이스		zero base	백지상태, 원점
267	제반 요인		諸般要因	여러 요인, 모든 요인
268	제연경계벽		除燃境界壁	연기 차단 벽
269	제척		除斥	제외, 뺌
270	조류 인플루엔자		鳥類 influenza	조류 독감
271	조식		早食	아침밥, 아침 식사, 아침
272	중식		中食	점심밥, 점심 식사, 점심
273	집수정		集水井	물 저장고, 물 모이

번호	대상 용어	그른 표기	원어 표기	순화어
274	집진 시설		集塵施設	먼지 제거 장치, 먼지 제거 시설
275	집하		集荷	수집, 모음
276	징구		徵求	걷기, 거두기, 청구
277	차면 시설		遮面施設	가리개, 가림시설
278	차폐		遮蔽	가림
279	찬스	챤스	chance	기회
280	채널		channel	① 경로, 통로, ② 텔레비전 번호
281	천공		穿孔	구멍 뚫기
282	첨부 서류		添附書類	붙임 서류
283	체인		chain	① 배급망, ② 연쇄 사슬
284	체크리스트		check list	점검표
285	출감		出監	출소
286	카시트		car seat	아이 안전 의자, 안전 의자
287	카운트다운		countdown	초읽기
288	캐스팅보트		castingvote	결정권, 결정표
289	캠프파이어		campfire	모닥불놀이
290	커플룩		couple look	짝꿍 차림
291	컨디션		condition	① 조건, ② 상태
292	컨설팅		consulting	상담, 자문
293	케이스		case	① 경우, ② 상자
294	코드		code	① 부호, ② 성향
295	코르사주	코사지	corsage	맵시꽃, 옷 장식꽃
296	코칭 과학		coaching 科學	지도 과학
297	콘셉트	컨셉트/컨셉	concept	① 개념, ② 설정
298	콘텐츠어워드		content awards	콘텐츠 상, 꾸림정보 상
299	콘퍼런스	컨퍼런스	conference	회의
300	쿠폰		coupon	① 교환권, ② 이용권, ③ 할인권
301	큐레이터		curator	전시기획자
302	타운하우스		town house	공동 전원 주택
303	타이틀곡		title曲	주제곡
304	타임 서비스		time service	반짝할인
305	타임캡슐		time capsule	기억상자
306	태스크포스/ 태스크포스팀		task force/ task force team	특별 전담 조직, 전담 조직, 특별팀
307	턴키 발주		turnkey 發注	일괄 발주, 일괄 주문
308	테스터		tester	체험평가자

번호	대상 용어	그른 표기	원어 표기	순화어
309	테이블 클로스		tablecloth	식탁보
310	템플릿	탬플릿/ 템플리트	template	서식
311	토털	토탈	total	합계, 총계
312	톱다운	탑다운	top-down	하향식
313	통로암거		通路暗渠	지하 통로
314	투어		tour	관광여행
315	트랜스 지방		trans 脂肪	변이지방
316	트레일		trail	탐방로
317	팁		tip	① 도움말, ② 봉사료
318	파일		file	서류철, 서류묶음
319	파일럿 프로그램		pilot program	맛보기 프로그램
320	파트		part	부분, 일부
321	파트너		partner	동반자
322	팝업창		pop-up 窓	알림창
323	패딩		padding	누비옷
324	패셔니스타		fashionista	맵시꾼
325	패키지 디자인	팩키지 디자인	package design	묶음 디자인, 꾸러미 디자인
326	패키지 상품	팩키지 상품	Package product/ multipack	① 꾸러미 상품, ② 기획 상품
327	팩스/팩시밀리		FAX/Fax/ fax(facsimile)	전송
328	팸투어		Familiarization Tour	사전 답사 여행, 홍보 여행, 초청 홍보 여행
329	퍼블리시티권		right of publicity/ publicity權	초상 사용권, 초상권
330	펀드		fund	기금, 자금
331	페스티벌		festival	축전, 축제
332	펜네임		pen name	필명
333	포럼		forum	토론회, 공개 토론회
334	포맷		format	양식, 서식, 형식
335	포스트잇	포스트잍/ 포스트이트	post-it	붙임쪽지
336	포토존		photo zone	사진 촬영 구역, 촬영 구역, 사진 찍는 곳
337	풀 세트		full set	다 모음, 온벌
338	프라임 시간대		prime 時間帶	황금 시간대, 주시청시간대
339	프러포즈	프로포즈	propose	제안, 구애, 청혼
340	프레 콘서트		pre-concert	사전 공연, 사전 연주회

번호	대상 용어	그른 표기	원어 표기	순화어
341	프레젠테이션	프리젠테이션	presentation	① 시청각 설명, ② 시청각 설명회
342	프로슈머		prosumer	참여형 소비자
343	프로필	프로파일	profile	인물 소개, 약력
344	플라모델	프라모델	plamodel/ plastic model	조립 모형, 조립장난감
345	플리 바기닝	플리 바게닝	plea bargaining	자백감형제, 자백감형제도
346	피엘상품	PL상품	private label products/PL 商品	자체 기획 상품
347	피켓		picket	팻말, 손팻말
348	피크 기간		peak 期間	집중 기간
349	하이파이브		high five	손뼉맞장구
350	하절기		夏節期	여름철
351	하중		荷重	① 짐무게, ② 부담
352	해태하다		懈怠-	게을리하다, 제때 하지 않다
353	핸드폰/휴대폰		hand phone/携帶 phone	휴대전화, 손전화
354	핸드프린팅		hand printing	기념손찍기
355	호안		護岸	기슭 보호, 둑 보호
356	호우		豪雨	큰비
357	홈스테이		homestay	가정 체험, 가정집묵기
358	홈헬퍼		home helper	가사도우미, 가정도우미
359	확폭		擴幅	폭 넓히기
360	환가		換價	가치 환산, 값어치, 환산 가액, 환산 값어치
361	횡풍 주의		橫風	옆바람 주의
362	휘핑 크림		whipping cream	거품크림
363	휴테크		休tech	여가 활용 기술
364	~ 게이트		~ gate	~ 의혹사건
365	Job Networking		job networking	일 연계망 형성, 일자리 연계망 형성
366	OA		office automation	사무자동화
367	OS		operating system	운영체계, 운영체제
368	R&D		research and development	연구 개발
369	RFID		Radio Frequency Identification	전파 식별
370	SOC		social overhead capital	① 사회 기반 시설, ② 사회 간접 자본
371	VOD		video on demand	① 다시보기, ② 주문형 비디오

번호	대상 용어	그른 표기	원어 표기	순화어
1	가금류		家禽類	사육 조류
2	가내시		假內示	임시 통보
3	가드레일		guardrail	보호난간
4	가매장		假埋葬	임시 매장
5	가솔린		gasoline	휘발유
6	가수용		假收容	임시 수용
7	가위탁		假委託	임시 위탁
8	가일층		加一層	한층 더, 좀 더
9	가접수		假接受	임시 접수
10	가제목		假題目	임시 제목
11	가지정		假指定	임시 지정
12	가치장		假置場	임시 보관소
13	간석지		干潟地	개펄
14	간수		看守	교도관
15	감옥		監獄	교도소
16	객담		喀痰	가래
17	갤러리		gallery	화랑
18	갱의실/경의실		更衣室	탈의실, 옷 갈아입는 곳
19	거마비		車馬費	① 교통비, ② 사례비
20	거소		居所	사는 곳
21	검체		檢體	검사 대상물
22	견사		繭絲	고치실
23	견출지		見出紙	찾음표, 찾아보기표
24	경구투여		經口投與	복용, 약 먹음, 복약
25	계육		鷄肉	닭고기
26	계출		屆出	신고
27	계출서		屆出書	신고서
28	고가차		高架車	사다리차
29	고지 방송		告知放送	안내 방송, 알림 방송
30	고참		古參	선임자
31	공란		空欄	빈칸
32	공병		空瓶	빈 병
33	공사다망 중		公私多忙中	바쁘신 가운데, 바쁘신 데도
34	공상		公傷	공무 중 부상
35	과년도		過年度	지난해
36	구랍		舊臘	지난해 섣달
37	구릉		丘陵	언덕
38	균사		菌絲	곰팡이실, 팡이실

번호	대상 용어	그른 표기	원어 표기	순화어
39	근일		近日	요사이, 요즘, 가까운 날
40	글로벌		global	지구촌, 국제적, 세계적, 국제, 세계
41	금년		今年	올해
42	금번		今番	이번
43	금월		今月	이달, 이번 달
44	급부금		給付金	지급금, 내줄 돈
45	끽연		喫煙	흡연
46	낙뢰		落雷	벼락
47	내구연한		耐久年限	사용 가능 햇수, 견딜 햇수
48	넘버		number	① 번호, 호수, 호, ② 수, 숫자
49	노견		路肩	갓길
50	노이로제		Neurose	신경쇠약
51	노후/노후한		老朽/老朽-	낡은
52	누일		累日	여러 날
53	다년생		多年生	여러해살이
54	담수어		淡水魚	민물고기
55	데커레이션	데코레이션	decoration	장식, 꾸밈
56	도선장		渡船場	나루터
57	독거실		獨居室	독방
58	독립가옥		獨立家屋	외딴집, 딴채 살림집
59	돈육		豚肉	돼지고기
60	동력거		動力鋸	기계톱, 동력톱
61	동선		銅線	구리선
62	동소		同所	같은 곳
63	두창		痘瘡	천연두, 마마
64	드라마틱하다		dramatic-	극적이다
65	디텍터		detector	① 탐지기, ② 검출기, ③ 검파기, ④ 검전기
66	라스트		last	마지막, 최종
67	라이벌		rival	맞수, 경쟁자
68	라이프사이클		life cycle	① 생애 주기, ② 수명 주기
69	라이프스타일		life style	생활양식
70	래치		latch	걸쇠, 잠금쇠
71	랜덤 샘플링		random sampling	임의 표본
72	러닝타임	런닝타임	running time	상영시간
73	레시피	레서피/래시피/래서피	recipe	조리법
74	레이스		race	경주, 달리기

번호	대상 용어	그른 표기	원어 표기	순화어
75	레인코트		raincoat	비옷
76	레지던시		residency	거주, 거주지
77	레크리에이션	레크레이션/ 레크리에이숀	recreation	오락, 놀이
78	렉처		lecture	강연, 강의
79	로열박스	로얄박스	royal box	귀빈석
80	로열티	로얄티	royalty	사용료, 저작권료
81	로터리식		rotary式	회전형, 회전식
82	로프		rope	밧줄, 줄
83	루베		lube	세제곱미터, ㎥
84	룰		rule	규칙
85	리더		leader	지도자
86	리모델링		remodeling	새단장, 구조 변경
87	리사이클링		recycling	재활용
88	리셉션		reception	연회, 피로연, 축하연, 초대연, 맞이 잔치
89	리스크		risk	위험
90	리플		reply	댓글
91	리플릿	리플렛	leaflet	광고지, 홍보지, 홍보 책자, 홍보 전단, 광고 쪽지, 홍보물
92	마스터플랜	마스타플랜	master plan	① 종합 계획, ② 기본 계획, ③ 기본 설계
93	마켓셰어	마켓쉐어/마킷셰어/ 마킷쉐어	market share	시장 점유율
94	매도인		賣渡人	파는 사람
95	매수인		買受人	사는 사람
96	매스미디어		mass media	대중매체
97	맥주맥		麥酒麥	맥주보리
98	맨투맨		man—to—man	일대일
99	머천다이징		merchandising	상품화
100	멀티탭		multiple—tap	모둠꽂이, 모둠전원꽂이
101	메세나	매세나	mecenat	문예후원, 예술후원
102	메커니즘		mechanism	① 구조, 체제, 체계, ② 기제, 작용 원리
103	메타포		metaphor	은유
104	면포		綿布	무명, 무명베
105	명의 환서		名義換書	이름 바꿔 적기
106	모델케이스		model case	본보기
107	모럴	모랄	moral	도덕
108	모사 우표		模寫郵票	위조 우표

번호	대상 용어	그른 표기	원어 표기	순화어
109	모션		motion	동작, 움직임, 몸짓
110	목각인		木刻印	나무도장
111	목근		木根	나무뿌리
112	목산		目算	눈셈, 눈어림, 눈짐작, 눈대중
113	목상자		木箱子	나무상자
114	목편		木片	나뭇조각, 나이테 표본
115	몽리		蒙利	수혜, 덕 봄, 이익 얻음
116	몽리자		蒙利者	수혜자
117	뮤직아카데미		music academy	음악원, 음악 기관, 음악 단체, 음악 학원
118	미강		米糠	쌀겨
119	미니 차트		mini chart	작은 도표, 작은 괘도
120	미스테이크		mistake	잘못, 틀림, 실수
121	미싱		ミシン/sewing machine	재봉틀
122	믹스하다		mix-	섞다
123	바겐세일	바겐쎄일	bargain sale	할인 판매
124	바리케이드	바리케이트	barricade	방어벽, 방어 울타리, 방책
125	바운더리		boundary	① 경계, 구역, ② 담당 범위, ③ 경계선
126	바이브레이터		vibrator	진동기
127	바이어		buyer	구매자, 수입상
128	바캉스		vacance	휴가, 여름휴가
129	발레파킹	발렛파킹	valet parking	대리주차
130	발치		拔齒	이뽑기
131	방카쉬랑스	방카슈랑스	bancassurance	은행연계보험
132	백 데이터		back data	① 근거 자료, ② 참고 자료, ③ 보관 자료
133	백그라운드		background	① 연줄, ② 배경, ③ 바탕
134	밸런스	바란스/발란스	balance	균형
135	뱅크		bank	은행
136	버추얼	버츄얼	virtual	가상
137	별송		別送	따로 보냄
138	별첨		別添	따로 붙임
139	보너스	보나스/보우너스	bonus	상여금
140	보디가드	바디가드	bodyguard	경호원
141	보정		補正	바로잡음
142	본건		本件	이 사건, 이 일
143	본드		bond	접착제
144	부불금		賦拂金	할부금

번호	대상 용어	그른 표기	원어 표기	순화어
145	부식토		腐植土	거름흙
146	분묘		墳墓	무덤
147	불원간		不遠間	머지않아
148	불입		拂入	납입, 납부, 냄, 치름
149	불입 자본		拂入資本	납입 자본
150	브로커		broker	중개인, 거간
151	브이아이피		VIP(very important person)	귀빈, 요인
152	블루벨트		blue belt	청정 수역, 근해 보호 지역
153	삐라		ビラ[⟨bill]	전단
154	사고다발지역		事故多發地域	사고잦은곳
155	사력토		沙礫土/砂礫土	자갈흙
156	사보타주	사보타지	sabotage	태업
157	사시미		さしーみ	생선회
158	사양토		沙壤土/砂壤土	모래참흙, 모래진흙
159	살포		撒布	뿌리기
160	삽목		揷木	꺾꽂이, 가지심기
161	삽식		揷植	꺾꽂이
162	상시		常時	늘
163	상신		上申	올림, 보고
164	생장추		生長錐	나이테 측정기, 나이테 표본 채취기
165	서머리		summary	간추림, 요약, 개요
166	서비스 차지		service charge	봉사료
167	서클	써클	circle	동아리
168	서훈된 자		敍勳− 者	훈장을 받은 자
169	석력지		石礫地	자갈땅
170	선하차 후승차		先下車後乘車	내린 다음 타기
171	센서	쎈서	sensor	감지기
172	센세이션		sensation	큰 화제, 선풍
173	센티멘털리즘	센치멘탈리즘	sentimentalism	감상주의
174	소류지		沼溜地	늪지대, 늪지역
175	소맥		小麥	밀
176	소맥분		小麥粉	밀가루
177	소스		source	출처, 자료, 원전
178	소정 기일 내		所定期日內	정한 날짜 안(에)
179	소정의		所定−	정해진
180	소택지		沼澤地	늪, 늪지역, 습한 땅, 늪지대, 습지
181	소트	쏘트	sort	정렬

번호	대상 용어	그른 표기	원어 표기	순화어
182	송달지		送達地	배달지, 받는 곳
183	쇄토		碎土	흙부수기
184	수괴		首魁	두목, 우두머리
185	수류지		水流地	물 흐르는 땅
186	수목 식재		樹木植栽	나무심기
187	수범		垂範	모범
188	수보 기관		受報機關	보고받는 기관
189	수의 시담		隨意示談	가격 협의
190	수지품		手持品	휴대품
191	스마트그리드		smart grid	지능형 전력망
192	스타디움		stadium	경기장
193	스태프		staff	제작진, 진행 요원
194	스탠더드	스탠다드	standard	표준, 기준
195	스테이지		stage	무대
196	스파크		spark	불꽃
197	스페어		spare	여분, 예비
198	스피드 건		speed gun	속도 측정기
199	슬관절		膝關節	무릎 관절
200	습벽		習癖	나쁜 습성, 버릇
201	시건		施鍵	잠금
202	시말서		始末書	경위서
203	시방서		示方書	설명서
204	식부 면적		植付面積	심은 면적
205	신드롬	씬드롬	syndrome	증후군
206	실기 사건		失期事件	때 놓친 사건
207	심결		審決	심리 결정
208	심득 사항		心得事項	마음에 새길 일
209	심토		心土	속흙, 깊은 흙
210	쓰레기 하치장		一荷置場	쓰레기 처리장
211	아나고		あなご	붕장어
212	아우트라인		outline	윤곽, 테두리, 윤곽선
213	아이덴티티	아이덴터티	identity	정체성
214	안검		眼瞼	눈꺼풀
215	안료		顔料	물감
216	안면부		顔面部	얼굴 부위
217	안출		案出	생각해 냄
218	압인대		押印臺	도장 찍는 곳
219	압착		壓搾	① 눌러 붙임, ② 눌러 짜냄

번호	대상 용어	그른 표기	원어 표기	순화어
220	앙등하다		昂騰—	오르다, 뛰어오르다
221	앙케트	앙케이드/ 앙케이트	enquête	설문조사
222	애버리지	에버리지	average	평균
223	액세스	엑세스	access	① 접근, ② 접속
224	액제		液劑	물약
225	앰뷸런스	앰뷸란스/ 앰불란스/ 앰불런스	ambulance	구급차
226	양건 예금		兩建預金	구속성 예금, 대출 조건부 예금
227	양여		讓與	넘겨줌
228	어드바이스		advice	도움말, 조언, 충고
229	어유		魚油	물고기 기름
230	어젠다	아젠다	agenda	의제
231	언더라인		underline	밑줄
232	언더커팅		undercutting	① 홈파기, ② 내려깎기, ③ 끊어쳐 날리기
233	엄수하다		嚴守—	꼭 지키다, 반드시 지키다
234	엄책		嚴責	엄하게 꾸짖음
235	업황		業況	업무 현황, 업계 현황
236	에러		error	① 실수, 실책, 잘못, ② 오류
237	에코맘		EcoMom	친환경주부, 환경 친화 주부
238	에티켓		etiquette	① 예절, 예의, ② 품위
239	에피소드		episode	일화
240	에필로그		epilogue	끝말, 후기
241	엑기스	액기스/엑끼스	エキス	진액, 농축액
242	엑스포		expo	박람회
243	엔지니어링		engineering	공학
244	엘리베이터	엘리베이타/ 엘리베타/에레베타	elevator	승강기
245	여구 검사		旅具檢査	짐 검사
246	여입 결의		戾入決議	회수 결정
247	여입금		戾入金	회수금
248	여히		如—	같이
249	연면적		延面積	총면적, 전체 면적
250	연초		煙草	담배
251	염두에 두어		念頭—	생각하여, 고려하여
252	예가		預價	예정 가격
253	예비 간벌		豫備間伐	미리 솎아베기
254	예산지변과목		豫算支辨科目	예산 과목

번호	대상 용어	그른 표기	원어 표기	순화어
255	예하 기관		隷下機關	소속 기관
256	오너		owner	소유주
257	오물 투기		汚物投棄	쓰레기 버리기
258	오일		oil	기름, 석유
259	오토메이션		automation	① 자동, ② 자동화
260	오토클레이브		autoclave	멸균기
261	오토피더		auto feeder	자동 투입기
262	오픈마켓		open market	열린 시장, 열린 장터
263	오피니언 리더		opinion leader	① 여론 주도자, ② 여론 주도층
264	와가		瓦家	기와집
265	와이어로프		wire rope	쇠밧줄
266	와이파이		Wi-Fi(wireless fidelity)	근거리 무선망
267	와이프		wife	아내, 처, 부인
268	외주연		外周緣	바깥 둘레
269	외포심		畏怖心	두려움
270	요계표		要計表	집계표
271	우각		牛角	쇠뿔, 소뿔
272	우수 무지		右手拇指	오른 엄지
273	우육		牛肉	쇠고기, 소고기
274	우측 상단		右側上端	오른쪽 위, 오른쪽 위끝
275	우측단		右側端	오른쪽 끝
276	우편낭		郵便囊	우편 자루
277	운휴 차량		運休車	쉬는 차
278	워터파크		waterpark	물놀이 공원
279	웰빙		well-being	참살이
280	위격 검사		違格檢查	규격 검사
281	위규		違規	규정 위반
282	위식		僞飾	거짓
283	윈윈		win-win	상생
284	유도 표지판		誘導標識板	안내 표지판, 알림 표지판
285	유류한		遺留-	남겨 놓은
286	유치 증서		留置證書	보관 증서
287	유탈		遺脫	빠뜨림
288	유해 조수		有害鳥獸	해로운 짐승, 유해 짐승
289	윤허		允許	허락, 허가
290	윤화		輪禍	교통사고
291	음용수		飲用水	먹는 물, 마시는 물
292	응당일		應當日	그날

번호	대상 용어	그른 표기	원어 표기	순화어
293	의낭		衣囊	호주머니, 옷 주머니
294	의료 수가		醫療酬價	진료비, 치료비
295	이격 거리		離隔-	떨어진 거리
296	이니셜		initial	머리글자
297	이데올로기		ideology	이념, 사상
298	이메일		email/e-mail/ electronic mail	전자우편
299	이토		泥土	① 진흙, ② 갯벌
300	익년/익년도		翌年/翌年度	다음 해, 이듬해
301	익월		翌月	다음 달
302	익일		翌日	다음 날, 이튿날
303	인감 개인		印鑑改印	인감 변경
304	인덱스		index	찾아보기
305	인입선		引入線	끌어들임줄, 끌어들임선
306	인치하다		引致-	끌어오다
307	인터체인지		IC/interchange	나들목
308	인턴		intern	실습, 실습 사원
309	인포메이션		information	① 정보, ② 안내
310	인프라		infrastructure	기반
311	일광 신호경		日光信號鏡	신호 거울
312	일러스트레이션		illustration	삽화, 도안
313	일렉트로닉		electronic	전자
314	일부인		日附印	날짜 도장
315	일조점호		日朝點呼	아침점호
316	입방미터		立方meter	세제곱미터, m3
317	입보하다		立保-	보증 서다
318	입출항계		入出港屆	입출항 신고서
319	자모회		姉母會	어머니회
320	자양물		滋養物	영양물
321	작야		昨夜	어젯밤
322	잔전		-錢	잔돈
323	잔존 채권		殘存	남은 채권
324	잠농		蠶農	누에 농사, 양잠
325	잠업		蠶業	누에치기, 양잠 산업
326	장리자		掌理者	관리자
327	장제비		葬祭費	장례비
328	장치 물품		藏置物品	보관 물품
329	재근지		在勤地	근무지

번호	대상 용어	그른 표기	원어 표기	순화어
330	재도 증서		再渡證書	재교부 증서
331	재획정		再劃定	다시 정함
332	저감		低減	① 낮춤, ② 줄임
333	저락		低落	내림, 떨어짐
334	적사장		積砂場/積沙場	모래터
335	적요		摘要	요점, 주요 내용, 골자
336	적의 처리		適宜處理	알맞게 처리, 적절히 처리
337	적치하다		積置-	쌓아 놓다, 쌓아 두다
338	전자유기장		電子遊技場	전자오락실
339	절분 기능		切分機能	분리 기능
340	절체 작업		切替作業	교체 작업
341	절취선		截取線	자르는 선
342	정부 대상금		政府貸上金	대정부 대출금, 정부 대출금
343	정부 대하금		政府貸下金	대정부 차입금, 정부 차입금
344	정히		正-	바로, 틀림없이
345	제반 정상		諸般情狀	여러 사정, 모든 사정
346	제스처	제스쳐	gesture	몸짓
347	조상 배정		繰上配定	당겨 배정, 앞당겨 배정
348	조상 징수		繰上徵收	앞당겨 받음, 앞당겨 거둠
349	족관절		足關節	발목 관절
350	종단 방향		縱斷方向	세로 방향
351	종서		縱書	세로쓰기
352	죽재		竹材	대나무
353	준용 하천		準用河川	지방 관리 하천
354	즉납		卽納	즉시 납부
355	즉보		卽報	즉시 보고
356	지급필		支給畢	지급 끝남, 지급 완료, 지급함, 지급했음, 지급 끝냄
357	직상층		直上層	바로 위층
358	진균		眞菌	곰팡이
359	진동 개소		震動個所	흔들리는 곳
360	집찰구		集札口	표 내는 곳
361	집표구		集票口	표 내는 곳
362	징벌에 처하다		懲罰-處-	처벌하다
363	징병서		徵兵書	징병 검사서
364	차년도		次年度	다음 해, 다음 연도
365	차압		差押	압류, 잡아둠
366	차폐 식수		遮蔽植樹	가림나무, 심기

번호	대상 용어	그른 표기	원어 표기	순화어
367	채마밭		菜麻−	채소밭
368	채종림		採種林	씨받이 숲
369	채증		採證	증거 수집
370	척박지		瘠薄地	메마른 땅
371	척사		擲柶	윷놀이
372	천공충		穿孔蟲	구멍벌레
373	첨단 벌채		尖端伐採	끝자르기
374	첩로		捷路	지름길
375	청고병		靑枯病	풋마름병, 시들병
376	체결 행낭		締結行囊	묶은 자루
377	체류지		滯留地	머무는 곳
378	체크 보드		check board	기록판
379	초도 순시		初度巡視	첫 방문, 첫 둘러보기
380	초두		初頭	첫머리, 애초
381	촉수 엄금		觸手嚴禁	손대지 마십시오
382	최번 시		最繁時	가장 바쁠 때
383	최전열		最前列	맨 앞줄
384	최촉하다		催促	재촉하다, 독촉하다
385	추곡 수매가		秋穀收買價	벼 사들이는 값
386	추완		追完	추가 보완
387	출계자		出系子	양자 간 아들
388	출원		出願	원서 제출, 원서 냄, 청원
389	취명하다		吹鳴−	울리다
390	층고		層高	층높이
391	치잠		稚蠶	애누에, 어린누에
392	카드 리더		card reader	카드 판독기
393	카운슬러		counsellor	상담사, 길잡이
394	카운슬링		counselling	상담
395	카운터		counter	계산대
396	카테고리		category	범주, 갈래
397	카풀/카풀제		car pool/car pool制	승용차 함께 타기
398	캐비아	캐비어	caviar	철갑상어알
399	캐시카드	캐쉬카드	cash card	현금카드
400	캐치프레이즈		catchphrase	구호
401	캘린더		calendar	달력
402	캡처	캡쳐	capture	갈무리, 장면 갈무리, 화면 담기

번호	대상 용어	그른 표기	원어 표기	순화어
403	커리어우먼	캐리어우먼/케리어우먼	career woman	전문직여성
404	커뮤니케이션		communication	소통
405	커미션		commission	수수료, 구전
406	커버		cover	덮개, 가리개, 씌우개
407	컨버전		conversion	변환
408	컨소시엄		consortium	연합체
409	컨펌		confirm	확인, 확정
410	컴프레서	콤프레서	compressor	① 압축기, 압착기, ② 강우기
411	코너		corner	① 구석, 모퉁이, 구역, ② 쪽, ③ 꼭지(방송 프로그램 용어)
412	코멘트 자료		comment 資料	설명 자료
413	코스트		cost	비용
414	쿼터제		quota制	할당제, 의무 할당제, 의무 배당제
415	크랙		crack	균열, 갈라짐
416	크레디트카드	크레딧카드	credit card	신용카드
417	키		key	열쇠
418	키오스크		Kiosk	① 무인안내기, 무인 단말기, ② 간이 판매대, 간이 매장
419	키포인트		key point	요점, 핵심
420	타깃	타겟/타켓	target	과녁, 표적, 목표
421	타액		唾液	침
422	타월	타올	towel	수건
423	타이틀		title	제목, 표제
424	타이핑		typing	타자
425	타임 래그		time lag	시차
426	타임 테이블		timetable	시간표
427	타입		type	① 모양, ② 유형
428	턴키 공사		turnkey 工事	일괄 공사
429	테마		thema	주제
430	테이블 다이어리		table diary	탁상일기
431	테이블 세팅	테이블 셋팅	table setting	상차림
432	테크닉		technic	기교, 기술, 솜씨
433	텔레마케팅		telemarketing	전화판매, 통신판매
434	템포		tempo	속도, 박자
435	토괴		土塊	흙덩이
436	토사도		土沙道	흙길
437	톨게이트		tollgate	요금소

번호	대상 용어	그른 표기	원어 표기	순화어
438	톱클래스	톱크래스/톱크라스/톱클라스/탑클래스/탑크래스/탑크라스	topclass	정상급
439	투어콘서트		tour concert	순회공연
440	투잡		two job/two jobs	겹벌이, 겸업
441	트레이닝복	추리닝/츄리닝/추리닝복/츄리닝복	training服	운동복
442	티오		TO(table of organization)	정원
443	티케팅		ticketing	① 표사기, 표팔기, 표사고팔기, ② 검표, 표검사
444	티켓		ticket	표
445	파울		foul	반칙
446	파워		power	힘, 권력
447	파워 게임		power game	권력 다툼, 세력 다툼
448	파일럿		pilot	조종사, 뱃길잡이
449	파출 검사		派出檢査	출장 검사
450	파출 수납		派出收納	출장 수납
451	파트너십	파트너쉽	partnership	동반 관계
452	파트타임		part time	시간제근무
453	패널		panel	토론자
454	패러독스		paradox	역설
455	퍼포먼스 예술		performance 藝術	행위예술
456	편린		片鱗	일면, 한 단면, 조각
457	편평족		扁平足	편발, 편평발, 평발
458	폐치 분합/폐합		廢置分合/廢合	없애고 합침
459	포락지		浦落地	무너진 곳
460	포말 소화기		泡沫消火器	거품 소화기
461	포커스		focus	초점
462	포태		胞胎	임신, 새끼배기
463	표찰		標札	① 이름표, ② 표지판
464	프라이버시		privacy	사생활
465	프라임 레이트		prime rate	우대 금리
466	플라자	프라자	plaza	① 광장, ② 상가
467	플래카드	플랑카드/플랭카드/플레카드/프래카드	placard	펼침막, 현수막
468	피견인차		被牽引車	끌려가는 차

번호	대상 용어	그른 표기	원어 표기	순화어
469	피날레		finale	마지막
470	피니시		finish	끝
471	피맥		皮麥	겉보리
472	피아르	피알	public relations/PR	홍보
473	피혁		皮革	가죽
474	픽션		fiction	허구
475	핀트		ピント(pinto) [<네>brandpunt]	초점
476	필경		畢竟	마침내
477	필연대		筆硯臺	기록대, 쓰는 곳
478	필한 자		畢-者	마친 사람
479	하구언		河口堰	강어귓둑, 강어귀의 둑
480	하기		下記	아래, 다음
481	하대두		夏大豆	여름콩
482	하도부		下渡簿	보냄 장부
483	하이웨이		highway	고속도로
484	하이테크		high-tech	첨단기술
485	핫이슈		hot issue	주요 쟁점
486	해촉		解囑	위촉 해제, 위촉을 끝냄, 맡김을 끝냄
487	행락철		行樂-	나들이철
488	헤게모니		Hegemonie	주도권
489	헬멧		helmet	안전모
490	협조전		協助箋	협조문
491	협착		挾着	① 끼워 붙이기, ② 좁음, 끼임
492	화물 적하		貨物積下	짐 내리기, 짐 부림
493	확행 바랍니다		確行-	꼭 하시기 바랍니다
494	환금 작물		換金作物	수익 작물, 돈벌이 작물
495	환시산표		換試算表	환검산표
496	회납금		回納金	반납금
497	회보하다		回報-	알려 주다
498	회시하다		回示-	회답하다
499	횡서		橫書	가로쓰기
500	휴반 소각		畦畔燒却	두렁태우기
501	흉고 직경		胸高直徑	가슴높이 지름
502	흉골		胸骨	앞가슴뼈
503	흉위		胸圍	가슴둘레

참고 문헌

고성환 · 이호권(2001), 맞춤법과 표준어, 방송통신대학교출판부.

권오운(2000), 우리말 1234가지, 문학수첩.

권용경 · 김만수(1988), 새한글 맞춤법사전, 집현전.

권응호(1994), 영어 어원 이야기, 학일출판사.

김계곤(1989), 우리말.글살이의 바른길, 어문각.

김슬옹(1994), 우리말 산책, 미래사.

남기심 · 고영근(1986), 표준국어문법론, 탑출판사.

남기심 · 김하수(1995), 당신은 우리말을 새롭고 바르게 쓰고 있습니까?, 샘터.

류영남(1994), 말글밭, 육일문화사.

미승우(1982), 맞춤법과 校訂의 實際, 어문각.

_____(1988), 새 맞춤법과 표준어 해설, 지학사.

민현식(2001), 국어 정서법 연구, 태학사.

박숙희(1994, 1995), 뜻도 모르고 자주 쓰는 우리말 500 가지 I. II, 서운관.

박영수(1995), 만물 유래 사전, 프레스빌.

배대온(1994), 실용 문자생활, 형설출판사.

서재원(1995), 바로 쓰는 우리말 아름다운 우리말, 한길사.

서정범(1986), 어원별곡, 범조사.

신기철 · 신용철(1975), 새우리말 큰사전, 삼성출판사.

원영섭(1995), 예문으로 배우는 한글 맞춤법, 세창출판사.

이건범(2016), 한자 신기루, 피어나.

이규태(1986), 李圭泰코너(상.하), 조선일보.

이기문 감수(1995), 동아 새국어 사전, 동아출판사.

이병희 감수(1984), 英韓 醫學大辭典, 수문사.

이수열(1993), 우리말 우리글 바로 알고 바로 쓰기, 지문사.

이희승(1994), 국어대사전, 민중서림.

이희승 · 안병희(1994), 한글 맞춤법 강의, 신구문화사.

_____(2001), 한글 맞춤법 강의, 신구문화사.

임규홍(1993), 틀리기 쉬운 우리말 바로쓰기, 신아사.

_____(1995), 개정 〈한글 맞춤법〉과 〈표준어 규정〉 그 잘못에 대하여, 모국어교육 제13호.

_____(2000), 우리말 올바로 공부하기, 한국문화사.

임지룡 외(2005), 학교 문법과 문법교육, 박이정.

임지룡(1992), 국어 의미론, 탑출판사.

천소영(2007), 우리말의 문화 찾기, 한국문화사.

허재영(1994), 국어 교육과 말글 운동, 서광학술자료사.

황병순(1997), 말을 알면 문화가 보인다. 경상대학교 출판부.

과학원 외(1988), 조선의 민속놀이, 도서출판 푸른숲.

국립국어원(1999), 표준국어대사전.

_____(2010), 가나다 전화에 물어보았어요. 국립국어원.

_____(2010), 공공언어 개선의 정책 효과 분석, 보고서.

_____(2011), 표준 언어 예절, 국립국어원.

_____(2014), 쉬운 공공언어 쓰기 길잡이, 국립국어원.

국어연구소(1989), 국어 오용 사례집, 학술원 부설 국어연구소.

금성교과서(1987), 英韓 中辭典, 금성출판사.

_____(주)(1988), 뉴에이스 국어사전, 금성출판사.

금성출판사(1996), 국어대사전, 금성출판사.

네이버 어학사전.

네이버 지식백과─두산백과.

문화체육부(1996), 생활 외래어, 문화체육부고시 제1996-13.

바른말 바른글 연구회 모임(1994), 속성 맞춤법 요결, 연암출판사.

조선말규범집(1988), 조선민주주의 인민공화국 국어사정위원회, 사회과학출판사.

조선일보사 · 국립국어연구원(1996). 우리말의 예절(상, 하), 조선일보사.

총무처(1992), 행정용어순화편람.

_____(1996), 고쳐진 행정용어, 총무처고시 제1996-13호.

표준어 규정(1998), 문교부 고시 제88-2호.

표준어 모음(1990), 문화부 공고 제 36호.

한글 맞춤법(1998), 문교부 고시 제 88-1호.

한글학회(1991), 우리말큰사전, 어문각.

http://stdweb2.korean.go.kr/main.jsp(2016)

찾아보기

ㄴ